国家総合職・国家一般職・地方上級等

技術系公務員試験

工学の基礎 新版

［数学・物理］

攻略問題集

丸山大介 編著
Maruyama Daisuke

実務教育出版

新版の刊行にあたって

本書は，2014年に洋泉社から刊行された『技術系公務員試験　工学の基礎［数学・物理］攻略問題集』の新版です。

ただし，掲載している問題，内容に違いはなく，いくつかの修正を加えただけになっています。

2020年に洋泉社での重版ができなくなったものの，公務員講座で使用するため，急遽，実務教育出版から刊行することになったという経緯があり，このようになっています。

2014年の旧版刊行から6年経ち，出題傾向に細かな違いも出てはきました。しかし，最新問題のみにこだわらず，「確実な実力を付けるために必要な問題」を厳選したいという方針もあり，今でもこの問題集で合格に必要な数学・物理の実力を付けることができると確信をもっています。

最新の過去問の傾向をつかみたい場合には，本書で実力を付けた後に，『公務員試験 技術系〈最新〉過去問 工学に関する基礎（数学・物理）』（実務教育出版）に進むとよいでしょう（現時点での最新版は「平成29～令和元年度」です）。

本書を使って，公務員試験合格という結果を勝ち取れることを願っております。

2020年4月

丸山　大介

はじめに

技術系の公務員受験生にとって，一番ほしいものは情報です。技術系公務員講師を始めてから，現時点で 16 年が経ちますが，この点は変わりません。

16 年前は，そもそも問題すら公表されていませんでした。ですので，その当時の受験生は「何が出題されるのか」という情報を渇望していました。その後，国家公務員試験は試験問題が公表されました。しかし，地方上級試験に関しては，いまだに非公表です。そして，国家公務員試験と地方上級試験には，出題傾向，出題難易度に大きな違いがあるにもかかわらず，国家公務員試験の過去問のみを参考にして対策がなされているのが現状だと言えます。

幸い，私の元には，毎年のように受講生からの情報が届き，地方上級試験の出題内容をつかむことができています。本書は，このような独自の情報を元に，国家公務員だけでなく，地方上級試験をも視野に入れた対策問題集です。本書が目指すのは，工学の基礎のスタンダードを作ることです。

本書を執筆する上で難しかったのが，バランス調整です。1 つ 1 つの解説を詳細に書きすぎると，掲載できる問題数が減ってしまいます。

一方で，独学が多い技術系公務員試験では，解説を簡潔にすることも望ましいとは言えません。このバランスが難しかったのですが，本書は，問題数，解説ともに必要十分な内容にできたのではないかと思います。

最後になりましたが，本書を使って勉強したすべての受験生に合格という結果が得られることを確信しております。そのためにも，試験まで辛いときもあるでしょうが，頑張って勉強を続けていってください。

2014 年 11 月

丸山　大介

本書の特長

1　国家総合職、国家一般職、地方上級対応

本書は、国家一般職、地方上級の受験生を主な対象とし、これに加え、国家総合職の受験生の基礎作りまでを視野に入れて執筆しました。

各章の冒頭には「知っておきたい基礎知識」を掲載しました。各章の冒頭部分の説明を読み込んでから問題を解く、という順番ではなく、先に問題から解き始め、その後必要に応じて、まとめ部分を参考にしていくと、効率がよいかと思います。

2　本試験の出題順の章立て

章立ては、本試験の出題順と大体一致するように組んでいます。したがって、必ずしも数学の第１章から読み進める必要はありません。自分の得意な分野から解き始めてください。ただし、最終的には全ての章を解くことをお勧めします。試験では、時としてかなり目新しい問題が出題されることもありますが、そうした一部の例外を除いては、本書をマスターすることで、すべての分野の問題への対策ができたことになります。

3　数多くの過去問を掲載、地方上級対策も万全

本書には多くの例題、練習問題を掲載しています。すべて、実際に出題された過去問です。

また、本書は、受験生からの情報を元に再現した、地方上級の問題も比較的多く掲載していますので、地方上級を志望される方は、本書を使用することで、万全の対策をすることができます。

なお、本文中、過去問の出典にある国家Ⅰ種＝現在の国家総合職試験、国家Ⅱ種＝現在の国家一般職試験のことを指します。

4　メリハリのきいた学習が可能

各問題に重要度を加えたことで、試験直前など、時間が足りない場合、あるいは、まだ学習を始めたばかりで、実力が付いていない段階で優先すべき問題を明示しました。各問題の重要度は、

重要度A　**：重要な問題**
重要度B　**：A に次いで重要な問題**
重要度C　**：応用問題、または、参考にはなるが後回しにしてもよい問題**

と位置づけています。できる限り、全部の問題に当たってもらいたいと考えていますが、場合によっては、これらを参考に練習問題を絞ってもよいでしょう。

5　厳選した練習問題

各章の終わりには、練習問題を掲載しました。その章の内容をきちんと理解しているかを確認してください。

また、練習問題の解説は別冊になっています。とりはずして使用できますので、学習効率が格段に上がります。

本文中に登場するアイコンの意味は以下のとおりです。

ヒント　問題を解くためのちょっとしたヒントです。
アドバイス　分かりづらい点や気をつけるべき点を補足しています。
ひとこと　講師からのひと言です。

H15 国家Ⅱ種 ― その過去問題の出典元です。
その問題の重要度です。― 重要度Ａ　類 例題1－1 ― その問題の類題となる例題です。
答 P.00 ― その問題の解説が掲載されている別冊のページ数です。

技術系公務員試験の概要

●技術系公務員試験の種類と試験内容

技術系公務員試験には数多くの種類があり、それぞれに試験方法が異なります。また、年によって大きく変更されることもあります。しかし、多くの場合、1次試験(大阪府等一部は2次試験)では筆記試験が課されます。また、筆記試験の多くがマーク試験となります。

筆記試験では、教養試験と専門試験の両方または片方が課されるのが普通です。本書の工学の基礎は、専門試験の中で出題されます。試験案内では、「工学に関する基礎」「数学・物理」と表記されている部分です。

以上を踏まえて、主な技術系公務員試験の1次試験の筆記試験の試験内容は次のようになります(令和元年試験の結果)。

試験種	教養試験	専門試験	工学の基礎	注意点
国家総合職	○	○	○	工学区分 *2
国家一般職	○	○	○	電気電子情報職、化学職 機械職、土木職、建築職 *2
労働基準監督B	○	○	○	
地方上級試験 *1	(○)	(○)	(○)	
市役所試験 *1	(○)	(○)	(○)	
東京都、特別区	○	○	なし	専門は論述試験
大阪府、大阪市	なし	○	なし	専門は論述試験
国立大学法人	○	なし	なし	

*1　地方上級試験、市役所試験は、自治体によっては方式が変わります
*2　物理職、農業土木職などでも一部共通問題、あるいは共通範囲の問題があります

●専門試験の中の「工学の基礎」

専門試験の中での工学の基礎の出題数も、年によって変化する場合がありますが、多くの場合、次のようになります（令和元年試験の結果）。

試験種	専門解答数	工学の基礎出題数	注意点
国家総合職工学区分	40	20	
国家一般職	40	20	電気電子情報職、機械職、土木職
	33	20	建築職
	40	9	化学職
労働基準監督B	40	30	
地方上級試験	40	10	化学職以外[*1]
	40	7	化学職
市役所試験	30～40	2～10	

*1　自治体によっては問題数を変更している場合があります

●その他の試験

なお、国家公務員試験の場合、以下の職種でも本書の工学の基礎と共通範囲から出題されています（平成26年試験結果）。

試験種	
国家総合職 数理科学・物理・ 地球科学区分	必須問題（5問）、選択B（5問）の出題部分
国家総合職 化学・薬学・生物区分	必須問題（3問）、選択問題（数学・物理、6問）
国家総合職 農業農村工学区分	必須問題（2問）、数学のみ
国家一般職物理職	必須問題（23問程度）[*1]
国家一般職 農業土木職	必須問題（3問）、数学のみ

*1　出題の難易度、幅に違いがあり、数え方によって問題数が変わり得ます。

出題傾向分析

●試験種別出題内容

具体的に国家総合職、国家一般職、地方上級の出題内容を見ていきましょう。例年、出題分野は多少変化があります。

まず、工学系の工学の基礎の数学、物理の出題内訳は次のようになります。

試験名	工学の基礎	数学	物理
国家総合職	20	9	11
国家一般職	20	9	11
地方上級	10	6	4

このように、国家公務員試験では、物理の方がわずかに出題数が多いのに対し、地方上級は数学の方が出題数が多くなっています。

次に、それぞれの出題内訳を見てみます。ここでは、平成 26 年の出題を基準にそれぞれを見ていきます。

●試験種別出題内容

出題頻度は出題された問題の頻度ではなく、分野の頻度であることに注意してください

A：毎年出題のある分野、B：多くの年で出題のある分野、C：出題の珍しい分野

①国家一般職

問題番号	出題内容	章番号	出題頻度	参照
1	三角比の計算	数学第1章	B	練習問題 No.5
2	平面幾何	数学第2章	B	練習問題 No.3
3	微分	数学第3章	A	
4	積分	数学第4章	A	
5	対数の計算	数学第1章	B	
6	数列	数学第1章	B	例題1－6
7	空間座標	数学第2章	B	
8	確率	数学第5章	A	
9	フローチャート	数学第6章	A	例題6－1
10	モーメントのつり合い	物理第1章	A	
11	静水圧	付章	A	
12	運動量、エネルギーの保存	物理第2，3章	A	練習問題 No.6
13	等速円運動	物理第3章	A	例題3－5
14	原子物理	付章	B	練習問題 No.8
15	単振動	物理第3章	B	練習問題 No.16
16	波動	物理第5章	A	練習問題 No.7
17	熱力学	物理第4章	A	例題4－6
18	コンデンサ	物理第7章	B	練習問題 No.2
19	直流回路	物理第7章	A	例題6－2
20	電界	物理第6章	A	練習問題 No.12

②地方上級

問題番号	出題内容	章番号	出題頻度	参照
1	ベクトル	数学第２章	B	
2	微分方程式	数学第３章	B	
3	積分	数学第３章	A	
4	複素数	付章	C	練習問題 No.1
5	フローチャート	数学第６章	A	例題６－５
6	確率	数学第５章	A	
7	モーメントのつり合い	物理第１章	A	練習問題 No.10
8	単振動	物理第３章	B	練習問題 No.13
9	波動	物理第５章	A	練習問題 No.4
10	熱量	物理第４章	B	例題４－１

③国家総合職（工学区分）

問題番号	出題内容	章番号	出題頻度	参照
1	整式		B	
2	線形計画法	数学第２章	B	
3	平面図形	数学第２章	A	
4	微分	数学第３章	A	練習問題 No.12
5	積分	数学第４章	A	練習問題 No.12
6	確率	数学第５章	A	
7	統計（期待値）	数学第５章	B	
8	フローチャート	数学第６章	A	
9	統計		A	
10	運動量の保存	物理第２章	A	
11	剛体の力学		A	
12	弾性体の力学		A	
13	非等速円運動	物理第３章	A	練習問題 No.17
14	熱力学	物理第４章	A	
15	熱量	物理第４章	B	
16	波動	物理第５章	A	例題５－５
17	コンデンサ	物理第６章	A	
18	磁界	物理第６章	A	例題６－５
19	直流回路	物理第７章	A	
20	直流回路	物理第７章	A	

目 次

第2部　物理

第1部

数学

第1章 各種の基本計算

ポイント POINT

ここでは，工学の基礎のみならず，専門でも使われる，指数，対数，三角関数，数列をはじめとした各種の計算を取り扱います。そのほとんどが高校で学習した基本的な問題ですが，時間が経って忘れていることもあるかもしれません。数学は計算が出題の中心ですので，しっかりと思い出してください。

知っておきたい 基礎知識

1−1 指数，対数の公式，三角関数の公式

(1) 指数の基本公式

指数は，かけ算を行った回数を表しています。

$$a^n = \overbrace{a \times a \times a \times a \times a \times \cdots x a}^{n\text{個}}$$

ここから，次の**指数法則**が出てきます。

① $a^n \times a^m = a^{n+m}$

② $a^n \div a^m = a^{n-m}$

③ $(a^n)^m = a^{nm}$

さらに，②で $n = m$ とすれば a^0 について，$n = 0$ とすれば負の指数について，③で $m = \dfrac{1}{n}$ とすれば分数について，次のように計算されることがわかります。

$$a^0 = 1,\ a^{-n} = \frac{1}{a^n},\ a^{\frac{1}{n}} = \sqrt[n]{a}$$

ひとこと

指数関数自体が問題にな ることは多くありません しかし，積分計算などでこ れらを使います。

(2) 対数関数

指数は数の桁を決める重要な計算ですが，そのまま計算しては，数の右上の小さなところで細かく計算しなければいけません。そこで指数部分だけを取り出して計算できるようにしたのが**対数**です。つまり，次のように定義されています。

$a^n = x$ のとき $n = \log_a x$

特に計算上は，$\log_a a = 1$ となることを覚えておく必要があり

ひとこと

対数は大きな数の桁数を 求める場合に使われます。

ます。また，このときの a を**底**，x を**真数**といいます。どちらも正の数でなければいけませんが，さらに $a \neq 1$ でなければなりません。対数も指数法則に相当する公式があります。

① $\log_a x + \log_a y = \log_a xy$

② $\log_a x - \log_a y = \log_a \dfrac{x}{y}$

③ $\log_a x^n = n \log_a x$

また，これらの公式はすべて底がそろっていることが前提です。底の異なる対数を扱う場合には，まず底をそろえることが大切になります。そこで使われるのが次の**底の変換公式**です。

$$\log_a x = \frac{\log_b x}{\log_b a}$$

> **ひとこと**
> 底が e（$=2.71828\cdots$）の場合を自然対数といいます。この場合の対数を
> $\ln x$
> と書くことがあります。また，誤解が生じない場合には，底を省略して，
> $\log x$
> と書くこともあります。

(3) 三角関数の公式

三角関数の公式は多数あります。ここでは特によく使われるものを紹介していきます。三角関数の定義は2つあります。まずは直角三角形を利用したもの（左図），それに単位円を利用したもの（右図）です。どちらもよく使われます。

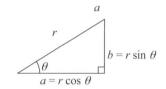

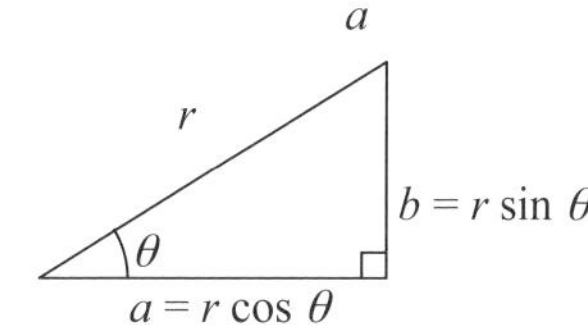

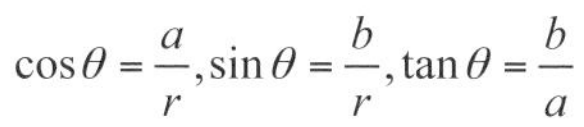

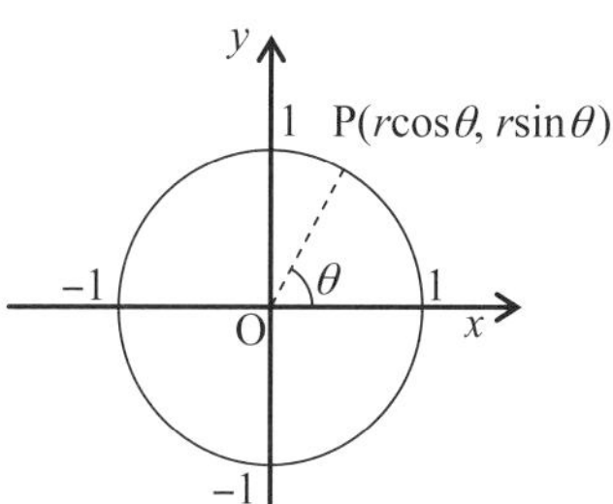

三角関数の間には次の関係式が成り立ちます。

① $\cos^2\theta + \sin^2\theta = 1$　② $\tan\theta = \dfrac{\sin\theta}{\cos\theta}$

③ $1 + \tan^2\theta = \dfrac{1}{\cos^2\theta}$

三角関数の公式で最も重要なのは，次の**加法定理**です。

① $\sin(\alpha \pm \beta) = \sin\alpha\cos\beta \pm \cos\alpha\sin\beta$

② $\cos(\alpha \pm \beta) = \cos\alpha\cos\beta \mp \sin\alpha\sin\beta$

③ $\tan(\alpha \pm \beta) = \dfrac{\tan\alpha \pm \tan\beta}{1 \mp \tan\alpha\tan\beta}$

さらにここから派生して，次の公式も成り立ちます。

① $\cos 2\theta = \cos^2\theta - \sin^2\theta = 2\cos^2\theta - 1 = 1 - 2\sin^2\theta$

② $\sin 2\theta = 2\sin\theta\cos\theta$

③ $\cos^2\dfrac{\theta}{2} = \dfrac{1+\cos\theta}{2}$， $\sin^2\dfrac{\theta}{2} = \dfrac{1-\cos\theta}{2}$

ひとこと

③の半角公式は，積分計算に使われます。

1−2 論理計算，n進法

(1) 論理変数と論理計算

0，1の値しかとらない変数を**論理変数**といいます。この論理変数の計算が論理計算です。特に代表的なものとして，論理和，論理積，排他的論理和を挙げておきます。

A	B	論理積（$A \cdot B$） $A \cap B$	論理和（$A+B$） $A \cup B$	排他的論理和 （$A \oplus B$）
0	0	0	0	0
0	1	0	1	1
1	0	0	1	1
1	1	1	1	0

ひとこと

AとBが異なるときに1となるのが排他的論理和です。
$A \cdot \overline{B} + \overline{A} \cdot B$とも表せます。

また，$\overline{A}$で表される「否定」は，0と1を逆にする計算です。

論理計算は，回路の形でも書かれます。これを論理回路といいます。主な記号は次の通りです。

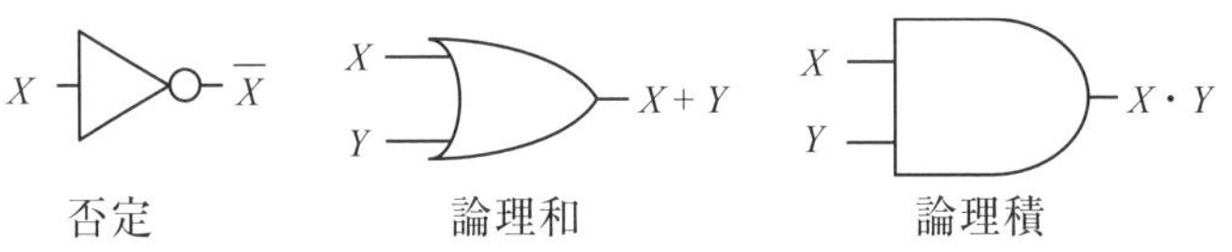

否定　論理和　論理積

ひとこと

地方上級の工学の基礎で出題される場合，こうした記号の定義が問題文中に与えられるのが普通です。一方，労基では与えられません。

論理計算で大切なことは，**取り得る値が限られている**ということです。ですので，取り得る値をすべて表を描いて調べていけば確実に解くことができます。

(2) n進法

0～$n-1$までのn個の文字を使って数字を表現する方法をn進法といいます。たとえば，2進数では0，1の2つの文字だけを使っていきます。n進法の数を10進法に直すためには，桁の数に注意します。n 進法の数では，下の位から，1の位，n の位，n^2 の位・・・と位が n 倍ずつ増えていきます。この位の数に数をかけることで10進法に直すことができます。また，小数点以下の場合には，$\frac{1}{n}$ の位，$\frac{1}{n^2}$ の位・・・と位が $\frac{1}{n}$ 倍になっていきます。

$$\overbrace{\begin{matrix} n^3 & n^2 & n & 1 & \frac{1}{n} & \frac{1}{n^2} \end{matrix}}\ (\text{位})$$

$$a_3\,a_2\,a_1\,a_0\,.\,a_{-1}\,a_{-2}\,(n\,\text{進法}) = a_3 \times n^3 + a_2 \times n^2 + a_1 \times n + a_0 + \frac{a_{-1}}{n} + \frac{a_{-2}}{n^2}$$

なお，16進法では，10以上を表す文字にアルファベットを使うのが普通です。具体的には A=10，B=11，C=12，D=13，E=14，F=15 を使います。

1−3 行列の計算

(1) 行列の計算

行列は数を縦横に並べたもので，並べた数のことを行列の成分といいます。また，縦の並びを「列」，横の並びを「行」といいます。行列の計算のうち，和，差，スカラー倍までは，成分ごとに行えばよいだけです。

$$\begin{pmatrix} a & b \\ c & d \end{pmatrix} \pm k \begin{pmatrix} p & q \\ r & s \end{pmatrix} = \begin{pmatrix} a \pm kp & b \pm kq \\ c \pm kr & d \pm ks \end{pmatrix}$$

これに対して，行列の積は複雑な形で定義されています。特に確実に計算できなければいけないのは，次の2つのパターンです。

$$\begin{pmatrix} a & b \\ c & d \end{pmatrix} \begin{pmatrix} p & q \\ r & s \end{pmatrix} = \begin{pmatrix} ap + br & aq + bs \\ cp + dr & cq + ds \end{pmatrix}, \quad \begin{pmatrix} a & b \\ c & d \end{pmatrix} \begin{pmatrix} p \\ q \end{pmatrix} = \begin{pmatrix} ap + bq \\ cp + dq \end{pmatrix}$$

上の矢印に沿ってかけ算をしています。このように複雑であるため，一般に，行列 A と B に対して，AB と BA が等しくなるとは限りません。これを交換不可といいます。ただし，かけ算も全く法則がないわけではありません。たとえば，2次正方（2行2列）行列 A に対して，次の関係が成り立ちます。

$$A=\begin{pmatrix} p & q \\ r & s \end{pmatrix} \text{のとき，} A^2-(p+s)A+(ps-qr)E=O$$

ここで出てきている行列ですが，

E：**単位行列**→数字の 1 に相当。$AE=EA=A$

O：**零行列**→数字の 0 に相当。$AO=OA=O$

です。また，$A\cdot A^{-1}=A^{-1}\cdot A=E$ となる行列 A^{-1} を A の逆行列といいます。2 次正方行列では，次のようになります。

$$A=\begin{pmatrix} p & q \\ r & s \end{pmatrix} \text{のとき，} A^{-1}=\frac{1}{ps-qr}\begin{pmatrix} s & -q \\ -r & p \end{pmatrix}$$

ただし，$ps-qr=0$ のときには，逆行列は存在しません。この $ps-qr$ を A の**行列式**といい，$|A|$ あるいは $\det A$ と表します。

ひとこと
ケーリー・ハミルトンの定理といいます。

(2) 行列の応用

行列の計算は複雑ですが，積極的に行列を利用することによって，計算を簡単にすることもできます。ここでは，どのような場合に行列が利用できるのかを紹介していきます。

① 連立方程式

$$\begin{cases} ax+by=p \\ cx+dy=q \end{cases}$$

は次のように行列の形に書き直すことができます。

$$\begin{pmatrix} a & b \\ c & d \end{pmatrix}\begin{pmatrix} x \\ y \end{pmatrix}=\begin{pmatrix} p \\ q \end{pmatrix}$$

ひとこと
逆行列を左からかければ，x，y が求まります。

② 連立漸化式

$$\begin{cases} a_{n+1}=pa_n+qb_n \\ b_{n+1}=ra_n+sb_n \end{cases}$$

は次のように行列の形に書き直すことができます。

$$\begin{pmatrix} a_{n+1} \\ b_{n+1} \end{pmatrix}=\begin{pmatrix} p & q \\ r & s \end{pmatrix}\begin{pmatrix} a_n \\ b_n \end{pmatrix}$$

ひとこと
行列をかけることで数列を 1 つ進めることができる，という意味になります。

(3) 1次変換

行列を使って点(p, q)を別の点(p', q')に移すことを**1次変換**といいます。たとえば，行列$\begin{pmatrix} a & b \\ c & d \end{pmatrix}$を使う場合には，次のように計算されます。

$$\begin{pmatrix} a & b \\ c & d \end{pmatrix}\begin{pmatrix} p \\ q \end{pmatrix}=\begin{pmatrix} p' \\ q' \end{pmatrix}$$

1次変換では，基本的に，2点の行き先が分かれば行列を求めることができます。たとえば，点(p, q)を別の点(p', q')に，点(r, s)を別の点(r', s')に移動する場合，この1次変換を表す行列を$\begin{pmatrix} a & b \\ c & d \end{pmatrix}$と表すと，次の式が成り立ちます。

$$\begin{pmatrix} a & b \\ c & d \end{pmatrix}\begin{pmatrix} p & r \\ q & s \end{pmatrix}=\begin{pmatrix} p' & r' \\ q' & s' \end{pmatrix}$$

したがって，

$$\begin{pmatrix} a & b \\ c & d \end{pmatrix}=\begin{pmatrix} p' & r' \\ q' & s' \end{pmatrix}\begin{pmatrix} p & r \\ q & s \end{pmatrix}^{-1}=\frac{1}{ps-qr}\begin{pmatrix} p' & r' \\ q' & s' \end{pmatrix}\begin{pmatrix} s & -r \\ -q & p \end{pmatrix}$$

となります。また，この行列の成分については，実際に計算すれば，

$\begin{pmatrix} a \\ c \end{pmatrix}=\begin{pmatrix} 1 \\ 0 \end{pmatrix}$の移る先，$\begin{pmatrix} b \\ d \end{pmatrix}=\begin{pmatrix} 0 \\ 1 \end{pmatrix}$の移る先

という意味があります。このことから，ある規則が1次変換であることがはっきりしている場合には，$(1, 0)$と$(0, 1)$の移る先が分かれば簡単に行列を求めることができます。

たとえば，原点を中心に角度θだけ反時計回りに回転移動させる行列は，単位円で考えれば$(1, 0) \to (\cos\theta, \sin\theta)$，$(0, 1) \to (\cos(90°+\theta), \sin(90°+\theta))=(-\sin\theta, \cos\theta)$に移るので，

$$\begin{pmatrix} \cos\theta & -\sin\theta \\ \sin\theta & \cos\theta \end{pmatrix}$$

と表すことができます。

ひとこと
座標を縦にしてから並べましょう。

(4) 行列式

行列 A の逆行列の分母を**行列式**といい，$|A|$ または $\det A$ で表します。行列式は正方行列にしか定義されません。2 次正方行列の場合，次のようになります。

$$\begin{vmatrix} a & b \\ c & d \end{vmatrix} = ad - bc$$

3 次正方行列の場合は複雑です。計算の方法を 1 つ挙げておきます。

$$\begin{vmatrix} x & y & z \\ a & b & c \\ p & q & r \end{vmatrix}$$

の場合，次の手順になります。

① 求める行列式の外の右側 2 列に左側の列を追加する。

② 右下に向けて 3 カ所かけ算して和をとり（実線矢印），左下に向けて 3 カ所かけ算して，引き算する（点線矢印）

$$\begin{vmatrix} x & y & z \\ a & b & c \\ p & q & r \end{vmatrix}\begin{matrix} x & y \\ a & b \\ p & q \end{matrix} \rightarrow \begin{vmatrix} x & y & z \\ a & b & c \\ p & q & r \end{vmatrix}\begin{matrix} x & y \\ a & b \\ p & q \end{matrix} = \begin{matrix} xbr + ycp + zaq \\ - zbp - xcq - yar \end{matrix}$$

(5) 行列式の応用

① 連立方程式

$$\begin{pmatrix} a & b \\ c & d \end{pmatrix}\begin{pmatrix} x \\ y \end{pmatrix} = \begin{pmatrix} 0 \\ 0 \end{pmatrix}$$

が，$x = y = 0$ 以外の解を持つ場合，連立方程式を表す行列の行列式は 0 になります。

$$\begin{vmatrix} a & b \\ c & d \end{vmatrix} = 0$$

もし行列式が 0 でなければ，逆行列が存在して，

$$\begin{pmatrix} x \\ y \end{pmatrix} = \begin{pmatrix} a & b \\ c & d \end{pmatrix}^{-1}\begin{pmatrix} 0 \\ 0 \end{pmatrix} = \begin{pmatrix} 0 \\ 0 \end{pmatrix}$$

と変形できるからです。

② 空間上の点 $P(x, y, z)$, $Q(a, b, c)$, $R(p, q, r)$ に対して，3つのベクトル $\overrightarrow{OP}$，$\overrightarrow{OQ}$，$\overrightarrow{OR}$ の作る平行六面体の体積 V は次の式で表されます。ただし，負になったときは絶対値をとります。なお，O は原点 (0,0,0) です。

$$V = \begin{vmatrix} x & y & z \\ a & b & c \\ p & q & r \end{vmatrix}$$

ひとこと
四面体 O-PQR の体積は $\frac{V}{6}$ になります。

1−4 数列の計算

(1) 等差数列

差が常に一定となる数列を**等差数列**といいます。初項 a，公差 d の等差数列の一般項は，$a_n = a + (n - 1)d$ となります（初項は $a_1 = a$ とした）。和を計算したい場合には，等差数列の平均の値を考えて，

$$S_n = a_1 + a_2 + \cdots + a_n = \frac{a_1 + a_n}{2} \times n = \frac{(2a + (n-1)d)n}{2}$$

となります。

(2) 等比数列

比が常に一定となる数列を**等比数列**といいます。初項が a，公比 r の等比数列の一般項は，$a_n = ar^{n-1}$ となります。和を計算したい場合には，次の公式を使います。

$$S_n = a_1 + a_2 + \cdots + a_n = \frac{a(1-r^n)}{1-r} \quad (r \neq 1)$$

(3) 階差数列，和の公式

数列 a_n の差を取った数列 $b_n = a_{n+1} - a_n$ を**階差数列**といいます。階差数列を使うと，元の数列は，$n \geqq 2$ で

$$a_n = a_1+(a_2-a_1)+(a_3-a_2)+\cdots+(a_n-a_{n-1})=a_1+b_1+b_2+b_3+\cdots+b_{n-1}$$

と計算できます。また，一般に，和 S_n と元の数列 a_n の間には，

$$S_n - S_{n-1} = a_n \ (n \geqq 2), \quad S_1=a_1$$

の関係があります。

ひとこと
Σ の記号を使うと，
$a_n = a_1 + \sum_{k=1}^{n-1} b_k$
となります。

例題 1－1 対数の計算

H.19 国家Ⅱ種 重要度 B

関数 $f(x)=a\left(\dfrac{\log_2 10}{\log_{2x}10}\right)^2+b\log_2 x+6\ (0<x<\dfrac{1}{2},\ \dfrac{1}{2}<x)$ において，$f(\dfrac{1}{4})=f(2)=12$ であるとき，定数 a，b の組合せとして正しいものはどれか。

	a	b
1	−2	2
2	−2	4
3	1	2
4	2	−4
5	2	−2

対数に関する計算問題は繰り返し出題があります。公式が複数ありますので，どの場面でどの公式を使うのかを意識して覚えていきましょう。

【正解】5

底の変換公式より，

$$\log_{2x}10=\frac{\log_2 10}{\log_2 2x}=\frac{\log_2 10}{1+\log_2 x}$$

$\log_2 2x=\log_2 2+\log_2 x$
$\log_2 2=1$

となるので，

$$f(x)=a(1+\log_2 x)^2+b\log_2 x+6$$

ここに与えられた数値を代入していく。

$\log_2\dfrac{1}{4}=-2$ なので，

$$f(\frac{1}{4})=a-2b+6=12\ \cdots①$$

次に，$\log_2 2=1$ となるので，

$$f(2)=4a+b+6=12\ \cdots②$$

これを解く。①，②を整理して，

$$a-2b=6\ \cdots③$$

$$4a+b=6\ \cdots④$$

③＋④×２より，

$$9a=18\qquad\therefore\ a=2$$

④に代入して，

$$b=6-4a=-2$$

アドバイス

対数ではまず底をそろえることが大切です。

例題 1－2 論理計算

H.22 地方上級　重要度 **B**

次の論理回路は論理変数 A, B に対して定義され，その出力は B と同じである。このとき，回路の空欄アに当てはまるものとして最も妥当なのはどれか。

ただし，論理回路に使われる記号の定義は以下の表の通りである。

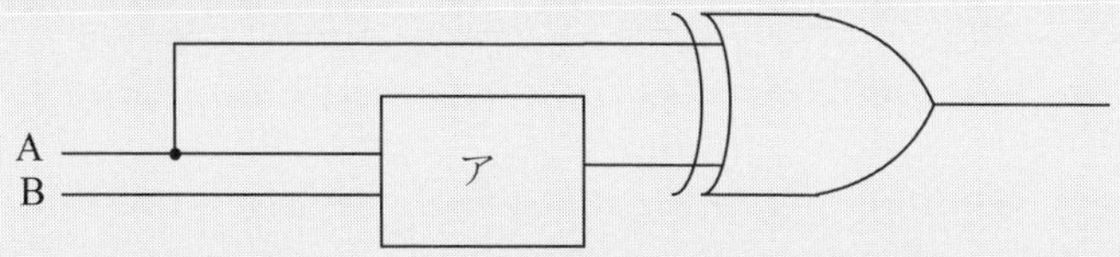

入力		AND	OR	NAND	NOR	XOR
A	B	A B	A B	A B	A B	A B
0	0	0	0	1	1	0
0	1	0	1	1	0	1
1	0	0	1	1	0	1
1	1	1	1	0	0	0

1　　2　　3　　4　　5

論理回路の練習です。一時期は地方上級で毎年出された問題ですが，近年の出題頻度は減少しています。一方，労基では毎年のように出題があります。全部の場合を調べるだけですので，総合職で情報，電気系の科目を選択する人を含め，一度練習しておくとよいでしょう。

【正解】5

まず，アが抜けている部分の回路の真理値表を書いてみる。出力が B とわかっているので，アの出力を X として，埋められる部分を埋めてみると，次のようになる。

A	B	X	出力 (B)
0	0	P	0
0	1	Q	1
1	0	R	0
1	1	S	1

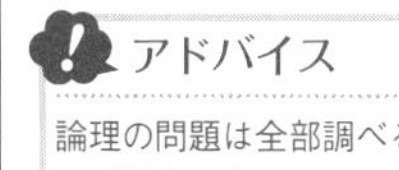

論理の問題は全部調べるのが基本です。

たとえば，P の部分は，A = 0 で，XOR を通して出力が 0 となっているが，問題文の表を見ると，XOR の出力で A = 0 のときに出力が 0 となるなら，もう一つの入力（問題文の表の B）は 0 でなければならないので，X = 0 とわかる。同じように，Q では A = 0 で出力が 1 となっているので X = 1，R では A = 1 で出力が 0 となっているので，X = 1，S では A = 1 で出力が 1 となっているので，X = 0 となる。つまり，次のような表となる。

A	B	X	出力 (B)
0	0	0	0
0	1	1	1
1	0	1	0
1	1	0	1

出力が上から 0，1，1，0 となっているのは，与えられた表の中では XOR となる。

例題 1－3 n 進法

H.25 地方上級　重要度 **B**

8 進法で表された数 74 を 16 進法で表すとどのように表されるか。

1　2E　　2　3C　　3　4A　　4　52　　5　60

n 進法の問題は教養でも出題がありますが，工学の基礎では，16 進法や小数が出題されるのが特徴です。特殊な計算法もありますが，ここでは地道に計算する方法を紹介します。

【正解】2

8 進法の 74 を 10 進法に直すと，

$7 \times 8 + 4 = 60$

となる。次に，60 を 16 で割ると，

$60 \div 16 = 3 \cdots$ 余り 12

となり，16 進法の 12 は C で表されるので，16 進法では「3C」と表すことができる。

なお，選択肢をすべて 10 進法に直すと，

$2E_{(16)} = 2 \times 16 + 14 = 46$

$3C_{(16)} = 3 \times 16 + 12 = 60$

$4A_{(16)} = 4 \times 16 + 10 = 74$

$52_{(16)} = 5 \times 16 + 2 = 82$

$60_{(16)} = 6 \times 16 + 0 = 96$

ヒント

16 進法では，A = 10，B = 11，C = 12，D = 13，E = 14，F = 15 です。

例題 1－4 行列の計算

H.23 国家Ⅱ種　重要度A

行列に関する次の記述のア，イに当てはまるものの組合せとして正しいのはどれか。

「$A=\begin{pmatrix}\frac{\sqrt{2}}{2} & -\frac{\sqrt{2}}{2}\\ \frac{\sqrt{2}}{2} & \frac{\sqrt{2}}{2}\end{pmatrix}$のとき，$A^4=$［ア］であり，$A^{2011}=$［イ］である。」

	ア	イ
1	$\begin{pmatrix}1 & 0\\ 0 & 1\end{pmatrix}$	$\begin{pmatrix}\frac{\sqrt{2}}{2} & -\frac{\sqrt{2}}{2}\\ \frac{\sqrt{2}}{2} & \frac{\sqrt{2}}{2}\end{pmatrix}$
2	$\begin{pmatrix}0 & -1\\ 1 & 0\end{pmatrix}$	$\begin{pmatrix}\frac{\sqrt{2}}{2} & -\frac{\sqrt{2}}{2}\\ \frac{\sqrt{2}}{2} & \frac{\sqrt{2}}{2}\end{pmatrix}$
3	$\begin{pmatrix}0 & -1\\ 1 & 0\end{pmatrix}$	$\begin{pmatrix}-\frac{\sqrt{2}}{2} & -\frac{\sqrt{2}}{2}\\ \frac{\sqrt{2}}{2} & -\frac{\sqrt{2}}{2}\end{pmatrix}$
4	$\begin{pmatrix}-1 & 0\\ 0 & -1\end{pmatrix}$	$\begin{pmatrix}\frac{\sqrt{2}}{2} & -\frac{\sqrt{2}}{2}\\ \frac{\sqrt{2}}{2} & \frac{\sqrt{2}}{2}\end{pmatrix}$
5	$\begin{pmatrix}-1 & 0\\ 0 & -1\end{pmatrix}$	$\begin{pmatrix}-\frac{\sqrt{2}}{2} & -\frac{\sqrt{2}}{2}\\ \frac{\sqrt{2}}{2} & -\frac{\sqrt{2}}{2}\end{pmatrix}$

行列の積の計算練習です。公務員試験では，行列の n 乗に関係する問題は，A^2，A^3… と計算して答えを類推するものがほとんどです。今回もまずは A^4 を計算しましょう。

【正解】5

$$A^2=\begin{pmatrix}\frac{\sqrt{2}}{2} & -\frac{\sqrt{2}}{2}\\ \frac{\sqrt{2}}{2} & \frac{\sqrt{2}}{2}\end{pmatrix}\begin{pmatrix}\frac{\sqrt{2}}{2} & -\frac{\sqrt{2}}{2}\\ \frac{\sqrt{2}}{2} & \frac{\sqrt{2}}{2}\end{pmatrix}=\begin{pmatrix}0 & -1\\ 1 & 0\end{pmatrix}$$

次に，

$$A^4=A^2\times A^2=\begin{pmatrix}0 & -1\\ 1 & 0\end{pmatrix}\begin{pmatrix}0 & -1\\ 1 & 0\end{pmatrix}=\begin{pmatrix}-1 & 0\\ 0 & -1\end{pmatrix}=-E$$

ここで，$2011\div4=502\cdots3$ より，$2011=4\times502+3$ と表されるので，

$$A^{2011}=A^{4\times502+3}=(A^4)^{502}\times A^3=(-E)^{502}\times A^2\times A=A^2\times A$$

したがって，

$$A^{2011}=\begin{pmatrix}0 & -1\\ 1 & 0\end{pmatrix}\begin{pmatrix}\frac{\sqrt{2}}{2} & -\frac{\sqrt{2}}{2}\\ \frac{\sqrt{2}}{2} & \frac{\sqrt{2}}{2}\end{pmatrix}=\begin{pmatrix}-\frac{\sqrt{2}}{2} & -\frac{\sqrt{2}}{2}\\ \frac{\sqrt{2}}{2} & -\frac{\sqrt{2}}{2}\end{pmatrix}$$

ひとこと

行列 A は，45° の回転行列です。$45°\times8=360°$ となりますから，$A^8=E$ となるのも当然ですね。

例題 1－5 1次変換

H.25 地方上級 重要度 B

2次正方行列で表される1次変換fによって，点(1, 0)，(0, 1)はそれぞれ(1, 2)，(2, −1)に移される。fによって点(−1, 1)はどこに移されるか。

1 (3, 1)　2 (1, −3)　3 (−3, −3)　4 (−1, 3)　5 (3, −1)

行列の応用としての1次変換を見てみましょう。簡単な問題だけにいろいろな解法が考えられます。まずは丁寧に行列を作るところを目標としましょう。

【正解】2

解法1－1 行列を求める

fを表す行列を $A=\begin{pmatrix} a & b \\ c & d \end{pmatrix}$ とする。点(1, 0)，(0, 1)の移った先が(1, 2)，(2, −1)なので，

$$\begin{pmatrix} a & b \\ c & d \end{pmatrix}\begin{pmatrix} 1 \\ 0 \end{pmatrix}=\begin{pmatrix} a \\ c \end{pmatrix}=\begin{pmatrix} 1 \\ 2 \end{pmatrix},\quad \begin{pmatrix} a & b \\ c & d \end{pmatrix}\begin{pmatrix} 0 \\ 1 \end{pmatrix}=\begin{pmatrix} b \\ d \end{pmatrix}=\begin{pmatrix} 2 \\ -1 \end{pmatrix}$$

これより，$A=\begin{pmatrix} 1 & 2 \\ 2 & -1 \end{pmatrix}$ とわかるので，(−1, 1)の移った先は，

$$A=\begin{pmatrix} 1 & 2 \\ 2 & -1 \end{pmatrix}\begin{pmatrix} -1 \\ 1 \end{pmatrix}=\begin{pmatrix} 1 \\ -3 \end{pmatrix}$$

解法1－2 行列を求める

fを表す行列を$A=\begin{pmatrix} a & b \\ c & d \end{pmatrix}$ とする。点(1, 0)，(0, 1)の移った先が(1, 2)，(2, −1)なので，これを並べて，

$$\begin{pmatrix} a & b \\ c & d \end{pmatrix}\begin{pmatrix} 1 & 0 \\ 0 & 1 \end{pmatrix}=\begin{pmatrix} 1 & 2 \\ 2 & -1 \end{pmatrix}\quad \therefore\quad \begin{pmatrix} a & b \\ c & d \end{pmatrix}=\begin{pmatrix} 1 & 2 \\ 2 & -1 \end{pmatrix}$$

（以下解1－1と同じ）

解法2 線形性を利用する

$$\begin{pmatrix} -1 \\ 1 \end{pmatrix}=-\begin{pmatrix} 1 \\ 0 \end{pmatrix}+\begin{pmatrix} 0 \\ 1 \end{pmatrix}$$

となるので，fを表す行列をAとすると，

$$A\begin{pmatrix} -1 \\ 1 \end{pmatrix}=-A\begin{pmatrix} 1 \\ 0 \end{pmatrix}+A\begin{pmatrix} 0 \\ 1 \end{pmatrix}=-\begin{pmatrix} 1 \\ 2 \end{pmatrix}+\begin{pmatrix} 2 \\ -1 \end{pmatrix}=\begin{pmatrix} 1 \\ -3 \end{pmatrix}$$

例題 1－6 等差数列

H.26 国家一般職 重要度 B

等差数列 $\{a_n\}$ において，$a_{10} - a_6 = 8$，$5a_3 = 7a_2$ であるとき，$a_8 + a_9 + a_{10}$ はいくらか。

1 57　2 60　3 63　4 66　5 69

等差数列の計算の練習です。数列は出題数が多くないだけに，練習量が少なくなってしまいます。しかし，突然出題されることがありますから，等差数列，等比数列，階差数列まではしっかりと見ておきましょう。

【正解】1

等差数列の初項を $a_1 = a$，公差を d とすると，一般項は，

$$a_n = a + (n - 1)d$$

となる。これに代入すると，

$$a_{10} - a_6 = (a + 9d) - (a + 5d) = 4d = 8 \qquad \therefore \quad d = 2$$

$$5a_3 - 7a_2 = 5(a + 2d) - 7(a + d) = -2a + 3d = -2a + 6 = 0$$

$$\therefore \quad a = 3$$

したがって，$a_n = 3 + 2(n - 1) = 2n + 1$ となるので，

$$a_8 + a_9 + a_{10} = 17 + 19 + 21 = 57$$

練習問題

No.1　方程式 $3^{x-2} \times 9^{x^2} = \dfrac{1}{3}$ を満たす x の値は二つあるが，この二つの値の和はいくらか。

1　-1　　2　$-\dfrac{1}{2}$　　3　0　　4　$\dfrac{1}{2}$　　5　1

H.22 国家Ⅱ種
重要度 A
答 P.2

No.2　次の方程式の解として正しいのはどれか。

$\log_3 x = \log_9(x+132)$

1　-12　　2　-11　　3　$-11, 12$　　4　11　　5　12

H.25 労基 B
重要度 A 類 例題 1－1
答 P.2

No.3　不等式

$\log_{\frac{1}{2}}(x-4) > \log_{\frac{1}{4}} x + \log_{\frac{1}{4}} 2$

を満たす x の範囲を求めよ。

1　$2<x<4$　　2　$2<x<8$　　3　$4<x<8$

4　$x>4$　　5　$x>8$

H.25 市役所試験
重要度 B 類 例題 1－1
答 P.2

No.4　$0 \leqq \theta < 2\pi$ のとき，方程式 $2\cos^2\theta + \sin\theta - 1 = 0$ を満たす **θの個数**はいくらか。

1　0　　2　1　　3　2　　4　3　　5　4

H.21 国家Ⅱ種
重要度 A
答 P.3

No.5 $\sin\theta+\cos\theta=a$（a は定数）のとき，$\sin\theta\cos\theta$ 及び $\sin\theta-\cos\theta$ の組合せとして正しいのはどれか。

ただし，$0<\theta<\dfrac{\pi}{4}$ とする。

	$\sin\theta\cos\theta$	$\sin\theta-\cos\theta$		$\sin\theta\cos\theta$	$\sin\theta-\cos\theta$
1	$\dfrac{a^2-1}{2}$	$-\sqrt{2-a^2}$	2	$\dfrac{a^2-1}{2}$	$-\sqrt{\dfrac{4-a^2}{2}}$
3	a^2-1	$\sqrt{2-a^2}$	4	a^2-1	$-\sqrt{\dfrac{4-a^2}{2}}$
5	a^2-1	$\sqrt{\dfrac{4-a^2}{2}}$			

H.26 国家一般職
重要度 A
答 P.3

No.6 次の 10 進数で表した小数を 2 進数に直すとき，無限小数となるものを選べ。

1 0.1　　2 0.25　　3 0.5　　4 0.625　　5 0.75

H.25 市役所試験
重要度 B 類 例題 1 − 3
答 P.3

No.7 行列 $A=\begin{pmatrix}1&2&1\\0&1&1\\0&0&1\end{pmatrix}$ のとき，A^{100} として正しいのはどれか。

1 $\begin{pmatrix}1&200&100\\0&1&100\\0&0&1\end{pmatrix}$　　2 $\begin{pmatrix}1&200&1000\\0&1&100\\0&0&1\end{pmatrix}$　　3 $\begin{pmatrix}1&200&10000\\0&1&100\\0&0&1\end{pmatrix}$

4 $\begin{pmatrix}1&2^{100}&100\\0&1&100\\0&0&1\end{pmatrix}$　　5 $\begin{pmatrix}1&2^{100}&1000\\0&1&100\\0&0&1\end{pmatrix}$

H.25 国家総合職
重要度 A 類 例題 1 − 4
答 P.4

No.8 図のように xy 座標の $x \geqq 0$, $y \geqq 0$ の部分の格子点に 1 から 100 までの自然数を置いていく。このとき，$y = x$ の上にある数字の総和はいくらか。なお，格子点とは，x, y 座標ともに整数の点のことである。

H.20 地方上級
重要度 A 類 例題 1－6
答 P.4

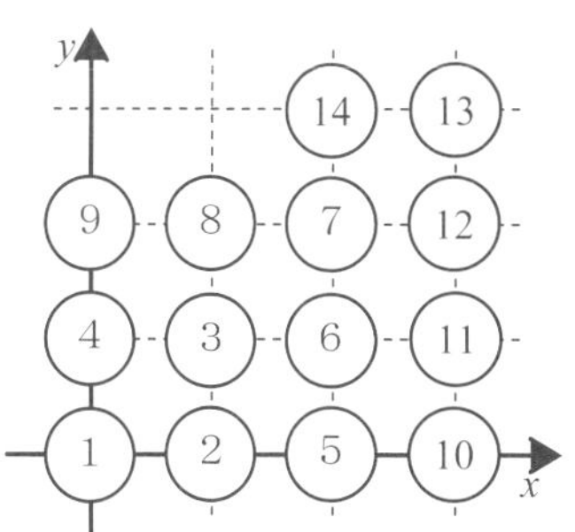

1　249　　2　273　　3　302　　4　340　　5　366

No.9 数列 $\{a_n\}$ の第 n 項までの和を $S_n(S_n = a_1 + a_2 + \cdots + a_n)$ とする。

$S_n = 2a_n + 1$

の関係が成り立つ数列は次のどれか。

1　$a_n = -2n + 1$　　2　$a_n = 2n - 3$　　3　$a_n = 2^{n-1} - 2$

4　$a_n = (-2)^{n-1}$　　5　$a_n = -2^{n-1}$

H.14 国家Ⅱ種化学職
重要度 B 類 例題 1－6
答 P.5

No.10 xy 平面上に直線 $y = 2x$ がある。いま，この xy 平面上の任意の点 $P(\alpha, \beta)$ から直線 $y = 2x$ に垂線を引き，その引いた垂線の足を点 $Q(\alpha', \beta')$ とするとき，点 P を点 Q に移す変換は 1 次変換であり，行列を用いた式，$\begin{pmatrix} \alpha' \\ \beta' \end{pmatrix} = \begin{pmatrix} a & b \\ c & d \end{pmatrix} \begin{pmatrix} \alpha \\ \beta \end{pmatrix}$ で表される。行列の成分 c はいくらか。

1　$-\frac{1}{2}$　　2　$-\frac{1}{3}$　　3　$\frac{1}{4}$　　4　$\frac{2}{5}$　　5　$\frac{3}{5}$

H.22 国家Ⅰ種
重要度 C 類 例題 1－5
答 P.5

第2章 図形・ベクトル

ポイント POINT

図形及びベクトルの問題を取り上げましょう。図形の問題では，最近は初等幾何の問題が見られます。ただし，初等幾何は，教養試験にも出題があります。そちらの問題の方が出題数も多いため，教養試験対策と同時に勉強するとよいでしょう。ベクトルは工学の基礎独自の分野です。使い方を確認していきましょう。

知っておきたい 基礎知識

2-1 幾何

(1) 幾何の代表的な定理

幾何に関する定理はきりが無いくらいあります。ここでは代表的なものを取り上げておきます。

① 三平方の定理

直角三角形の斜辺の長さを a，他の2辺の長さを b，c とするとき，

$$a^2 = b^2 + c^2$$

が成り立ちます。これが**三平方の定理**です。特に，半径 R の球を平面で切断した場合に，平面にできる円の半径を r，球の中心と平面との距離を h としたときに，右図のように直角三角形ができ，

$$R^2 = h^2 + r^2$$

となることは覚えておくとよいでしょう。

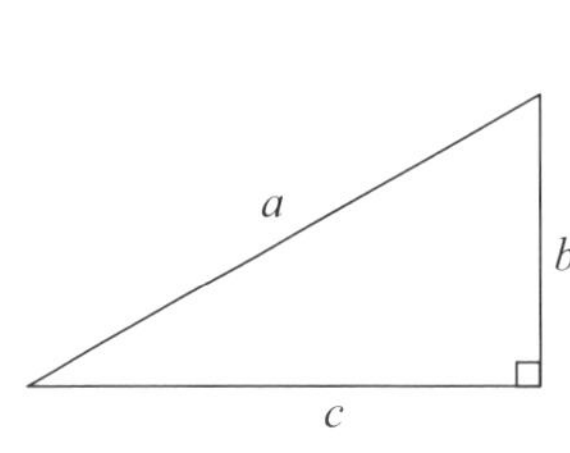

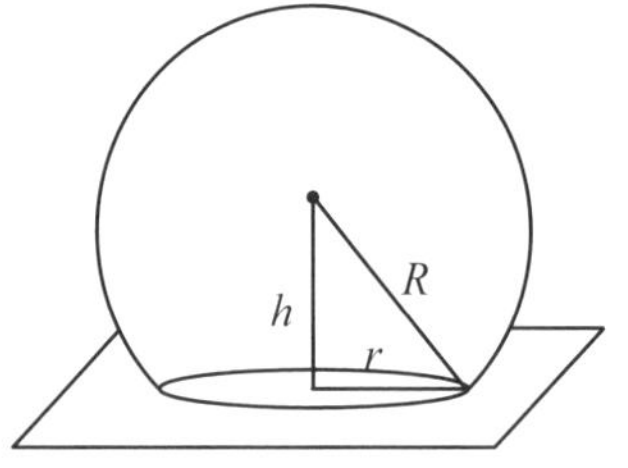

② 角の二等分線の定理

△ABCの内角の∠Aの二等分線とBCとの交点をDとすると，

AB：AC = DB：DC

が成立します。これを**角の二等分線の定理**といいます。

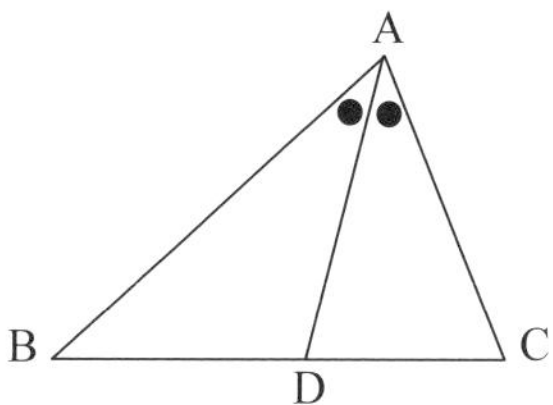

(2)　三角比の定理

三角比を使った，三角形に関する定理を紹介しましょう。

①　三角形の面積

図の三角形 ABC の面積は，次のようになります。

$$S=\frac{1}{2}bc\sin\theta$$

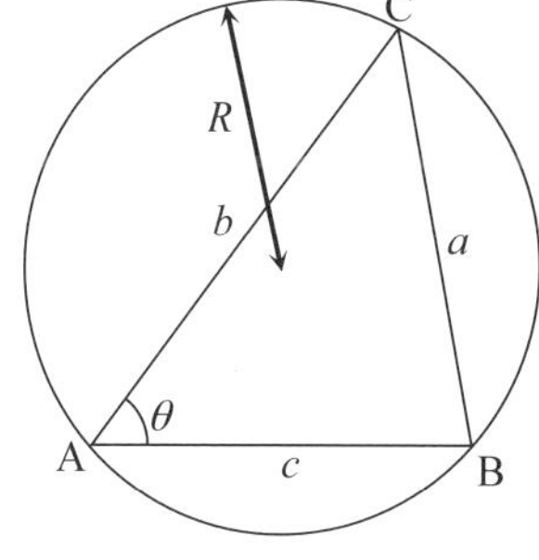

②　余弦定理

$$a^2=b^2+c^2-2bc\cos\theta$$

③　正弦定理

$$\frac{a}{\sin A}=\frac{b}{\sin B}=\frac{c}{\sin C}=2R$$

(R：外接円の半径)

なお，三角比とは直接関係はありませんが，内接円の半径を r，中心を O とし，△ ABC の面積を S とするとき，△ OAB，△ OBC，△ OCA に分けて面積を計算すると，

$$S=\frac{1}{2}r(a+b+c)$$

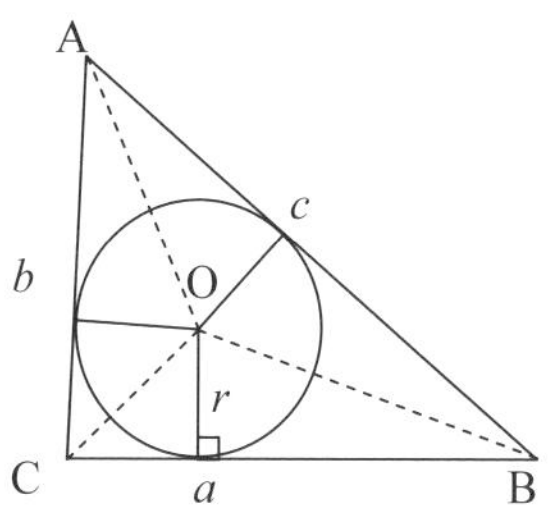

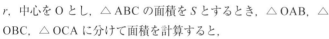

2-2　平面座標とその利用

(1)　平面座標と直線

平面座標の直線 $y=ax+b$ において，直線と x 軸正方向のなす角度を θ とすると，

$a = \tan\theta$

の関係が成り立ちます（下図）。また，傾きが a_1 の直線 l_1 と傾きが a_2 の直線 l_2 について，

$a_1 = a_2$ → l_1 と l_2 は平行

$a_1 \times a_2 = -1$ → l_1 と l_2 は垂直

となります。

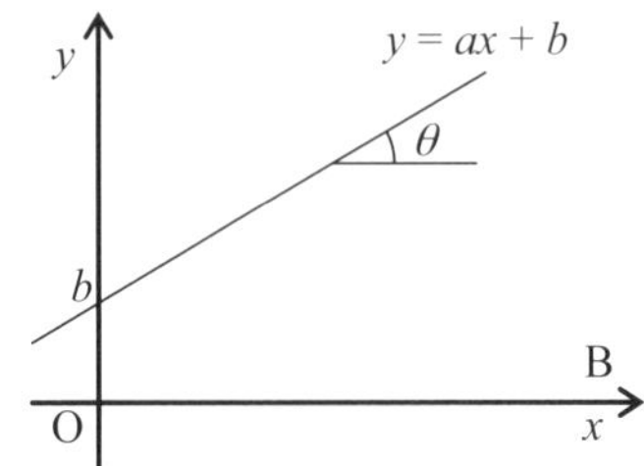

また，点 P（p，q）と直線 $ax + by + c = 0$ の距離 h は，次の式で計算できます。

$$h = \frac{|ap + bq + c|}{\sqrt{a^2 + b^2}}$$

(2)　不等式と領域

平面座標で不等式は領域を表します。

$y > f(x)$ → $y = f(x)$ より下側の部分の領域(境界は含まず)

$y < f(x)$ → $y = f(x)$ より上側の部分の領域(境界は含まず)

(3)　平面座標と面積

点 P(a，b)，点 Q(c，d) とするとき，△OPQ の面積 S は次の式で計算できます。

$$S = \frac{1}{2}|ad - bc|$$

2–3　ベクトル

(1)　ベクトルの計算

ベクトルとは，長さと向きをもった量のことです。図形においては，平面でも空間でも同じように使うことができ，また，座標でも幾何でも使うことができるため，いろんな場面に応用することができます。まずはベクトルの計算をまとめておきましょう。なお，成分は z 座標を含めた空間座標で示しておきますが，平

面座標の場合には，z 座標を省略します。

以下，$\vec{a}=\begin{pmatrix} x_1 \\ y_1 \\ z_1 \end{pmatrix}$，$\vec{b}=\begin{pmatrix} x_2 \\ y_2 \\ z_2 \end{pmatrix}$としします。

①　ベクトルの和・差

下の図において，いずれも次の関係式が成り立ちます。ただし，左下図では $\vec{b}$ が平行四辺形の対角線になるようにしています。

$\vec{a}+\vec{c}=\vec{b}$，$\vec{b}-\vec{a}=\vec{c}$

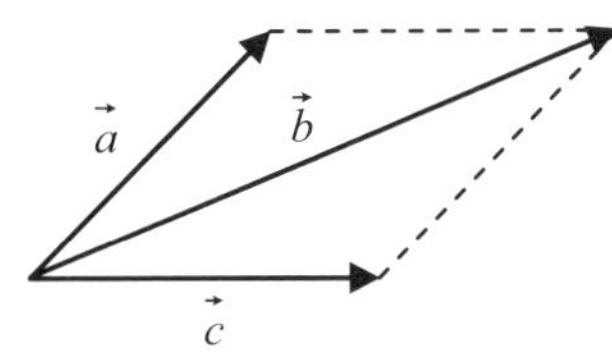

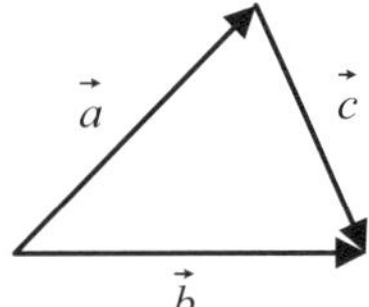

通常，ベクトルの和は左上図の場合に想定されています。つまり，力の合力を求める場合になります。一方，ベクトルの差は，2 点を結ぶベクトルを作りたいときに利用されます。右上図で $\vec{c}$ は，$\vec{a}$ と $\vec{b}$ の終点を結ぶベクトルになっています。なお，座標では単純に成分ごとに和・差を取ります。

$$\vec{a}+\vec{b}=\begin{pmatrix} x_1+x_2 \\ y_1+y_2 \\ z_1+z_2 \end{pmatrix}$$

②　ベクトルのスカラー倍

ベクトルをスカラー（定数）倍すると，その分長さが長くなります。また，負の数をかけると，向きが逆になります。成分では，各成分をスカラー倍します。

$$k\vec{a}=\begin{pmatrix} kx_1 \\ ky_1 \\ kz_1 \end{pmatrix}$$

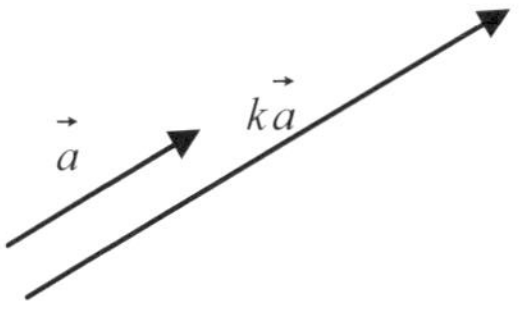

③　ベクトルの大きさ

ベクトル $\vec{a}$ の大きさは次のように三平方の定理で計算できます。

$$\left|\vec{a}\right|=\sqrt{{x_1}^2+{y_1}^2+{z_1}^2}$$

ひとこと

逆に，2 つのベクトル $\vec{a}$，$\vec{b}$ が平行なとき，定数 k を使って，$\vec{a}=k\vec{b}$ と書けます。

第2章　図形・ベクトル

図形的には，ベクトルの長さを表します。

④　ベクトルの内積

ベクトル$\vec{a}$, $\vec{b}$の内積は以下のように定義され，その結果はスカラーとなります。ただし，ベクトルのなす角度をθとしています。

$$\vec{a}\cdot\vec{b}=|\vec{a}||\vec{b}|\cos\theta=x_1x_2+y_1y_2+z_1z_2$$

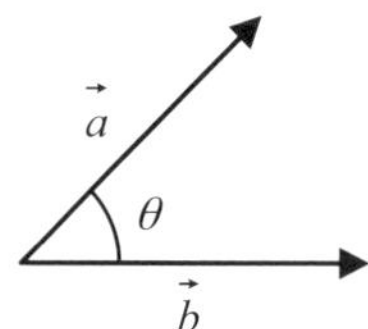

さらに，これを以下のように変形することができます。

$$\cos\theta=\frac{\vec{a}\cdot\vec{b}}{|\vec{a}||\vec{b}|}=\frac{x_1x_2+y_1y_2+z_1z_2}{\sqrt{x_1{}^2+y_1{}^2+z_1{}^2}\sqrt{x_2{}^2+y_2{}^2+z_2{}^2}}$$

空間図形で角度を考える場合に，内積を利用すると便利な場合があります。

⑤　ベクトルの外積

ベクトル$\vec{a}$, $\vec{b}$の外積は以下のように定義されて，その結果はベクトルとなります。

$$\vec{a}\times\vec{b}=\begin{pmatrix}x_1\\y_1\\z_1\end{pmatrix}\times\begin{pmatrix}x_2\\y_2\\z_2\end{pmatrix}=\begin{pmatrix}y_1z_2-z_1y_2\\z_1x_2-x_1z_2\\x_1y_2-y_1x_2\end{pmatrix}$$

これは，2つのベクトルを並べて，さらに文字x, y, zを付加して作った行列式

$$\begin{vmatrix}x&y&z\\x_1&y_1&z_1\\x_2&y_2&z_2\end{vmatrix}=(y_1z_2-z_1y_2)x+(z_1x_2-x_1z_2)y+(x_1y_2-y_1x_2)z$$

のx, y, zの各係数を成分に持つベクトルとして計算できます。

外積には次の性質があります。

(i)　外積$\vec{a}\times\vec{b}$の大きさは$\vec{a}$, $\vec{b}$の作る平行四辺形の面積と等しくなります。つまり，

$$|\vec{a}\times\vec{b}|=|\vec{a}||\vec{b}|\sin\theta$$

(ii)　$\vec{a}\times\vec{b}$は，元のベクトル$\vec{a}$, $\vec{b}$と直交します。つまり，

$$(\vec{a}\times\vec{b})\cdot\vec{a}=0,\quad(\vec{a}\times\vec{b})\cdot\vec{b}=0$$

(iii)　$\vec{a}/\!/\vec{b}$のとき，$\vec{a}\times\vec{b}=\vec{0}$

外積の使い道は多くありません。代表例は空間図形で三角形の面積を求める場合です。電気職の人は，フレミングの法則の計算に使う場合もあります。

(2)　内分点の公式

$\overrightarrow{OA}=\vec{a}$，$\overrightarrow{OB}=\vec{b}$とします。辺 AB を $p:q$ に内分する点を C とするとき，

$$\overrightarrow{OC}=\frac{q\overrightarrow{OA}+p\overrightarrow{OB}}{p+q}$$

となります。これを**内分点の公式**といいます。

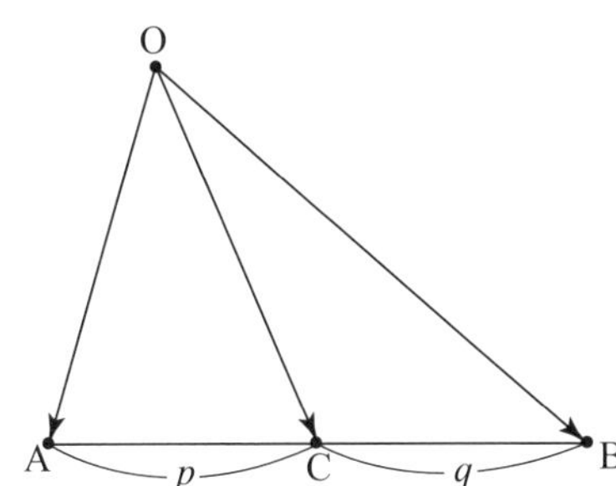

例題 2－1 平面幾何

H.20 国家Ⅱ種 重要度 B

図のように，三角形 ABC の内心を I とし，A，I を通る直線と辺 BC の交点を D とする。AB = 6，BC = 5，CA = 4 であるとき，AI：ID として正しいのはどれか。

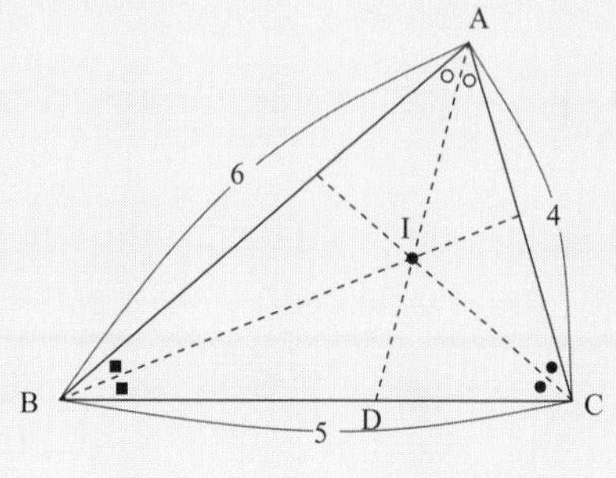

1　6:5　　2　5:4　　3　4:3　　4　3:2　　5　2:1

角の二等分線の定理の練習です。「内心」とは３つの角の２等分線の交点のことですが，図にそのことが書かれています。比の扱いにも注意しましょう。

【正解】5

∠ A についての角の二等分線の定理から，

AB：AC = DB：DC = 3：2

したがって，DB = 3，DC = 2 となる。

今度は，△ ABD について，∠ B に対する角の二等分線の定理より，

AB：BD = AI：ID = 6：3 = 2：1

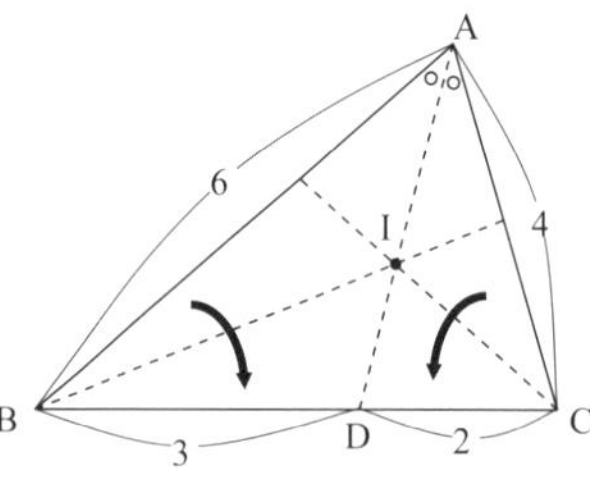

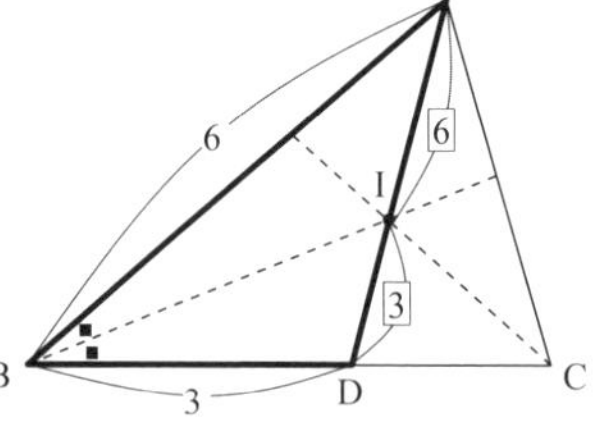

ひとこと

△ ACD と∠ C についての角の二等分線の定理を使っても解くことができます。

例題 2－2 立体図形

H.19 国家Ⅱ種 重要度 B

図のように，半径 1 の球 4 つを球の中心を頂点とする四角形が一辺 2 の正方形となるように水平面に置き，その上に同じ大きさの球を下の四つの球と接するように置いた。このとき，水平面から上の球の最上部までの高さ h はいくらか。

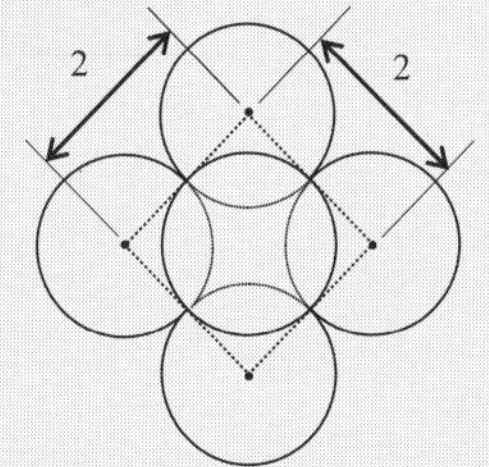

平面図

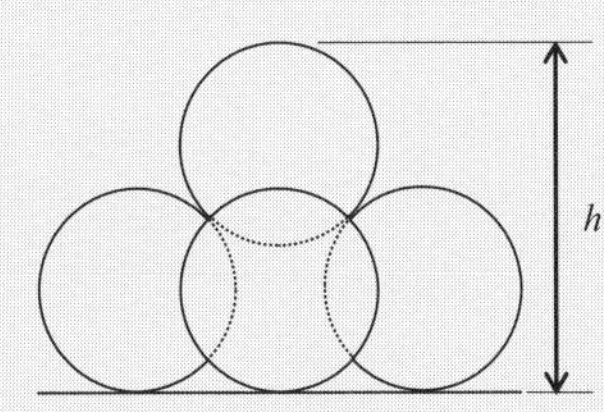

立面図

1 $2+\frac{3}{4}\sqrt{3}$　2 $2+\sqrt{2}$　3 $4-\frac{\sqrt{3}}{3}$　4 $4-\frac{\sqrt{2}}{4}$　5 $2+\sqrt{3}$

立体図形の問題を練習してみましょう。決まった解き方があるわけではありませんが，球のままでは考えにくくなります。そこで，中心を結んだ図形を考えてみるとよいでしょう。

【正解】2

問題の 5 つの球の中心を結ぶと，対称性から辺の長さがすべて 2 の正四角錐ができる。そこでまずはこの正四角錐の高さを求める。右図の∠ O が直角の△ AOB について，

$$AB = 2,\ OB = \sqrt{2}$$

となるので，三平方の定理から，

$$AO = \sqrt{2^2 - (\sqrt{2})^2} = \sqrt{2}$$

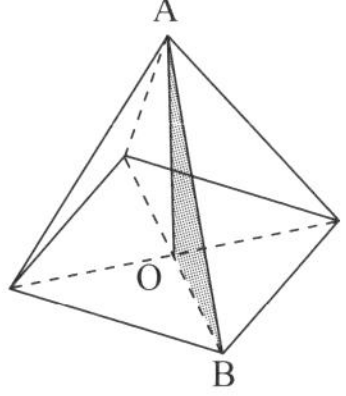

これは下の球の中心の高さから上の球の中心までの高さである。

ここに，下の球の中心までの高さの 1 と，上の球の中心と球の一番高いところまでの高さの 1 を加えた $2+\sqrt{2}$ が求める高さである。

底面は 1 辺の長さが 2 の正方形なので，その対角線は $2\sqrt{2}$ となります。その半分で OB は $\sqrt{2}$ です。直角二等辺三角形の長さの比を使ってもよいでしょう。

例題 2－3 立体図形

H.23 国家Ⅰ種 重要度 **B**

球面上に 3 点 A，B，C があり，AB = BC = CA = a とする。△ ABC の定める平面に，△ ABC の外心 O を通る垂線を立て，これが球面と交わる 2 点のうち，O に近い方を P とし，OP = h とする。この球の半径として正しいのはどれか。

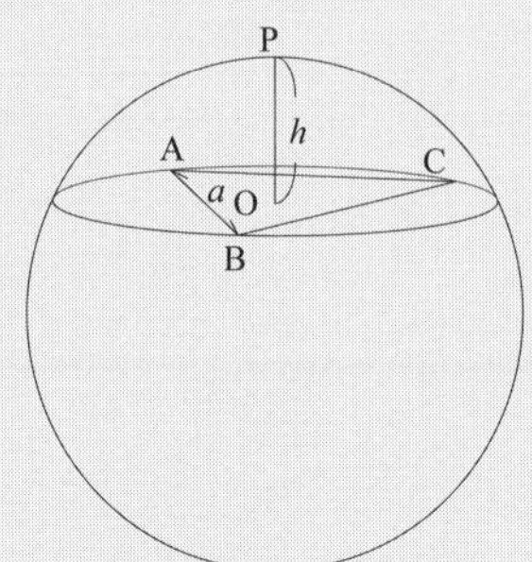

1 $\frac{1}{2}\left(h+\frac{a^2}{2h}\right)$　2 $\frac{1}{2}\left(h+\frac{a^2}{3h}\right)$　3 $\frac{1}{2}\left(h+\frac{a^2}{6h}\right)$

4 $\frac{\sqrt{3}}{2}\left(h+\frac{a^2}{2h}\right)$　5 $\frac{\sqrt{3}}{2}\left(h+\frac{a^2}{6h}\right)$

球とそれを平面で切ったときの切り口の円がつくる図形の問題です。かつては国家Ⅱ種（一般職）でも頻出だった図形です。補助線の引き方をよく覚えておきましょう。

【正解】2

次ページ左の図のように，球の中心と点 O，及び切り口の円上の点を結んでできる直角三角形を作る。また，切り口の円の半径を r とする。このとき，三平方の定理より，

$$R^2 = r^2 + (R-h)^2 \qquad \therefore \quad R = \frac{h}{2} + \frac{r^2}{2h}$$

一方，切り口の円について，この円は正三角形 ABC の外接円なので，正弦定理より，

$$2r = \frac{a}{\sin 60^\circ} \qquad \therefore \quad r = \frac{a}{\sqrt{3}}$$

以上から，

$$R = \frac{h}{2} + \frac{r^2}{2h} = \frac{h}{2} + \frac{a^2}{6h} = \frac{1}{2}\left(h + \frac{a^2}{3h}\right)$$

ひとこと

球の切り口の円が出てきていますから，考えにくい a にこだわらず，まずは円の半径を求めましょう。なお，「外心」とは，外接円の中心のことです。

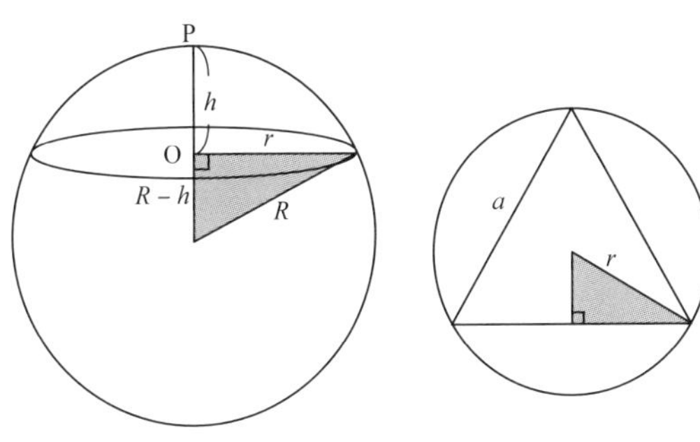

なお，r と a の関係については，正弦定理を使うほかに，右上図の色の付いた直角三角形が 30°−60° の直角三角形であることを使って，

$$r:\frac{a}{2}=2:\sqrt{3} \qquad \therefore \quad r=\frac{a}{\sqrt{3}}$$

としてもよい。

例題 2－4 平面座標

H.20 国家Ⅰ種 重要度 A

図のように，楕円 $x^2+\frac{y^2}{4}=1$ 上に点Pをとり，点Pにおける接線と x 軸との交点を点Qとする。∠POQ＝θ，∠PQO＝ϕとするとき，θとϕの関係として正しいのはどれか。ただし，$0<\theta<\frac{\pi}{2}$ とする。

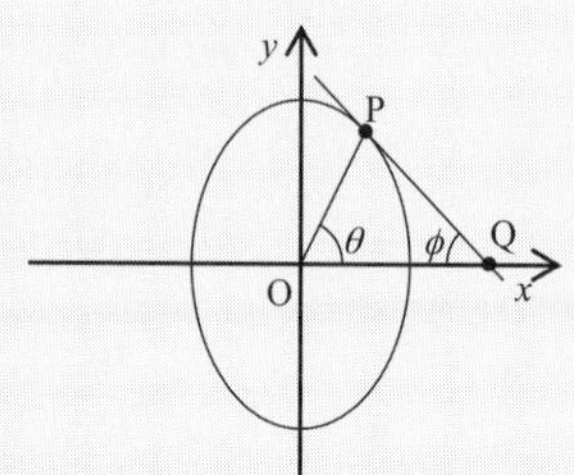

1　$\tan\theta\cdot\tan\phi=\sqrt{2}$　2　$\tan\theta\cdot\tan\phi=2$　3　$\tan\theta\cdot\tan\phi=2\sqrt{2}$

4　$\tan\theta\cdot\tan\phi=4$　5　$\tan\theta\cdot\tan\phi=4\sqrt{2}$

地方上級，国家一般職志望の場合，やや難しい問題かもしれません。しかし，様々な解法が考えられるため，学習用には重要な問題です。それぞれの解法の考え方をゆっくりみていってください。

【正解】4

解法1 円に直して考える

楕円 $x^2+\frac{y^2}{4}=1$ は，(1，0)，(−1，0)，(0，2)，(0，−2) の4点を通る楕円であるが，y 方向に $\frac{1}{2}$ 倍すれば，円 $x^2+y^2=1$ となる。まずはこの円で考える。

θに対応する角度をθ'，ϕに対応する角度をϕ'とする。

円では接線と半径は直交するので，

$$\theta'+\phi'=90°$$

したがって，

$$\tan\theta'\tan\phi'=\tan\theta'\tan(90°-\theta')$$
$$=\tan\theta'\times\frac{1}{\tan\theta'}=1$$

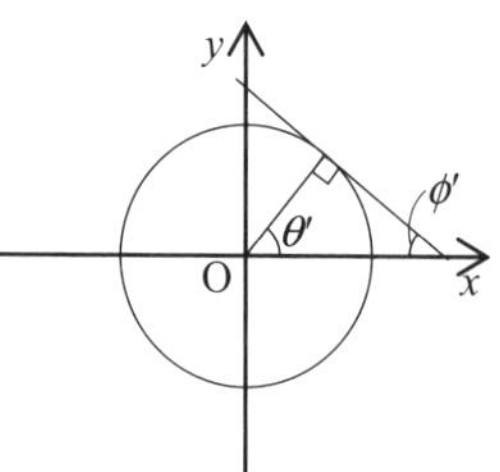

最後に，円を y 方向に 2 倍して元の楕円に戻す。下図の直角三角形において，

$$\tan\gamma=\frac{y}{x}$$

となるので，y が 2 倍になれば，tan の値も 2 倍になる。

つまり，$\tan\phi=2\tan\phi'$，$\tan\theta=2\tan\theta'$ となる。

したがって，

$$\tan\theta\tan\phi=2\tan\theta'\times2\tan\phi'=4$$

解法 2　楕円のまま接線の傾きを求める

P$(a,\ b)$ とおく。このとき，

$$\tan\theta=\frac{b}{a}$$

次に，点 P における接線の傾きを求める。楕円の式をそのまま x で微分して，

$$2x+\frac{y}{2}\frac{dy}{dx}=0$$

点 P の座標を代入すると，

$$\frac{dy}{dx}=-\frac{4a}{b}$$

ここで，$\dfrac{dy}{dx}$ は接線の傾きであるが，ϕ が x 軸の負方向となす角度であることに注意すれば，

$$\tan(180^\circ-\phi)=-\tan\phi=-\frac{4a}{b}\qquad\therefore\quad\tan\phi=\frac{4a}{b}$$

これより，

$$\tan\theta\tan\phi=\frac{b}{a}\times\frac{4a}{b}=4$$

ヒント

この微分については例題3－6を見てください。

ひとこと

楕円 $\dfrac{x^2}{a^2}+\dfrac{y^2}{b^2}=1$ 上の点 (p,q) における楕円の接線の方程式は，$\dfrac{px}{a^2}+\dfrac{qy}{b^2}=1$ となります。解答と同様に計算して証明できますが，これを覚えてもよいでしょう。

例題 2－5 線形計画法

H.21 国家Ⅰ種　重要度 A

実数 x, y が次の4つの不等式をすべて満たすとき，$x + 3y$ の最大値はいくらか。

$3x + y \leqq 36$,　$x + 5y \leqq 75$,　$x \geqq 0$,　$y \geqq 0$

1　45　　2　46　　3　47　　4　48　　5　49

近年国家総合職で頻出の問題です。教養試験でも出題される上，一般職レベルでも過去に工学の基礎のみではなく，土木職，電気・電子・情報職の専門試験でも出題があります。パターン問題ですので，解き方を用意しておきましょう。

【正解】4

与えられた4つの不等式を変形して図示する。

$3x + y \leqq 36 \rightarrow \dfrac{x}{12} + \dfrac{y}{36} \leqq 1 \rightarrow (12,\ 0),\ (0,\ 36)$

を通る直線の下側

$x + 5y \leqq 75 \rightarrow \dfrac{x}{75} + \dfrac{y}{15} \leqq 1 \rightarrow (75,\ 0),\ (0,\ 15)$

を通る直線の下側

これに $x \geqq 0$, $y \geqq 0$ の合計4つを満たす共通部分が $(x,\ y)$ の取り得る領域となる。これを図示すると，次のようになる。

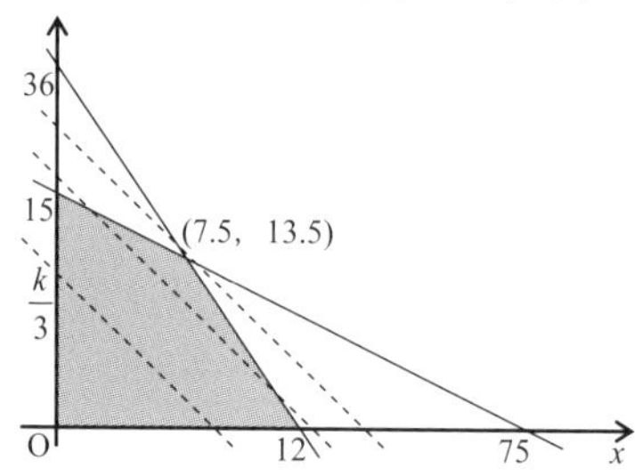

領域がすべて1次不等式で書かれており，さらに最大にしたい関数も1次関数なので，最大，または最小値があるなら頂点がその答えになる。原点で最大にはならないので，今回は3つの頂点を調べればよい。

$(0,\ 15) \rightarrow x + 3y = 45$

$(12,\ 0) \rightarrow x + 3y = 12$

$(7.5,\ 13.5) \rightarrow x + 3y = 48$

よって，$x + 3y = 48$ で最大値となる。

直線 $\dfrac{x}{a} + \dfrac{y}{b} = 1$ は，$(a,\ 0)$ と $(0,\ b)$ を通る直線になります。線形計画法では，これを利用すると比較的容易に図示ができます。

ひとこと

全てが1次式なら頂点を調べれば十分です。通常は図に点線で示したとおり，$x + 3y = k$ とおいて，直線が領域を通る k の範囲を考えます。この方法では，傾きの大小関係を正しく図示する必要があります。

例題 2－6 ベクトルと内積

H.24 地方上級 重要度 A

2つのベクトル $\vec{A} = (0, 1, 1)$, $\vec{B} = (1, 0, 1)$ のなす角度を求めよ。

1 15°　2 30°　3 45°　4 60°　5 75°

ねらい

内積の練習問題です。今回はベクトルで与えられていますが，空間図形で角度が関係する場合には，内積の利用を考えてみるとよいでしょう。

【正解】4

求める角度を θ として2つのベクトルの内積を考えると，

$$\cos\theta = \frac{\vec{A}\cdot\vec{B}}{|\vec{A}||\vec{B}|}$$

ここで，

$$\vec{A}\cdot\vec{B} = 1, \quad |\vec{A}| = |\vec{B}| = \sqrt{1^2 + 1^2} = \sqrt{2}$$

となるので，

$$\cos\theta = \frac{\vec{A}\cdot\vec{B}}{|\vec{A}||\vec{B}|} = \frac{1}{2} \qquad \therefore \quad \theta = 60^\circ$$

ひとこと

O(0, 0, 0)とすると，△OABが正三角形になることは，距離を計算すればすぐに確認できますね。

例題 2－7 ベクトルと比

H.19 労基B　重要度 A

△ABC の内部に点 P があり，$12\overrightarrow{PA}+2\overrightarrow{PB}+\overrightarrow{PC}=\vec{0}$ が成り立つとき，各三角形の面積の比△PAB：△PBC：△PCA として正しいのはどれか。

1　12:1:6　　2　9:18:2　　3　2:1:9　　4　1:12:2　　5　1:9:3

教養でも工学の基礎でも時々出題のある問題です。内分点の公式を応用するのが典型的な解き方ですが，結論が単純ですから，結論を覚えてしまってもよいでしょう。

【正解】4

$$\overrightarrow{PC}=-12\overrightarrow{PA}-2\overrightarrow{PB}=-14\times\frac{6\overrightarrow{PA}+\overrightarrow{PB}}{7}$$

と変形する。ここで，このうち $\dfrac{6\overrightarrow{PA}+\overrightarrow{PB}}{7}$ の部分は線分 AB を1：6に内分する点を表している。したがって，直線 PC と AB の交点は，AB を 1：6 に内分する点である。同様にして，

$$\overrightarrow{PB}=-6\overrightarrow{PA}-\frac{1}{2}\overrightarrow{PC}=-\frac{13}{2}\cdot\frac{12\overrightarrow{PA}+\overrightarrow{PC}}{13}$$

$$\overrightarrow{PA}=-\frac{1}{6}\overrightarrow{PB}-\frac{1}{12}\overrightarrow{PC}=-\frac{1}{4}\cdot\frac{2\overrightarrow{PB}+\overrightarrow{PC}}{3}$$

となるので，直線 PB と CA の交点は，CA を 12：1 に内分し，直線 PA と BC の交点は，BC を 1：2 に内分する。つまり，下の左図のようになる。

まず△PAB：△PCA を考える。これは下右図から△PAB：△PCA＝1：2 となる。なぜなら，底辺を AP（共通）とすると，高さは△PAB については h_1，△PCA については h_2 となるが，打点部分の三角形は相似で相似比が 1：2 になるので，$h_1:h_2=1:2$ となるからである。

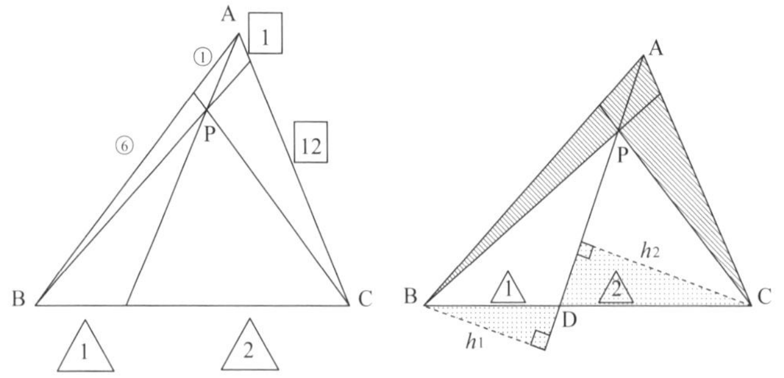

内分点の公式を意識して変形しています。

図で，△PAB：△PCA＝DB：DC となることは覚えておきましょう。

同様に，△PAB：△PBC=1：12，△PBC：△PCA=6：1となる。これらの比を，△PAB = 1にしてそろえると，△PAB：△PBC：△PCA = 1：12：2

なお，ここでは以上の結果を導いたが，同様に考えると一般に

$$k\overrightarrow{\mathrm{PA}}+l\overrightarrow{\mathrm{PB}}+m\overrightarrow{\mathrm{PC}}=\vec{0}\quad(k,\ l,\ m>0)$$

が成立する場合，点Pは△ABCの内部にあって

$$\triangle \mathrm{PAB}:\triangle \mathrm{PBC}:\triangle \mathrm{PCA}=m:k:l$$

となる。この結果を覚えていれば，本問はすぐに答えがわかる。

アドバイス

$\overrightarrow{\mathrm{PA}}$ の係数 k は，Aを含まない△PBCに対応する，と覚えましょう。

練習問題

No.1 △ABC の辺 AB，BC，CA 上に，それぞれ点 P，Q，R をとる。
AP：PB ＝ 2：3，BQ：QC ＝ 3：4，CR：RA ＝ 4：5 であるとき，△APQ と△ARQ の面積の比はいくらか。

1　1:2　　2　3:5　　3　12:25　　4　21:50　　5　27:50

H.24 国家一般職
重要度 A 類 例題 2－7
答 P.6

No.2 半径 1 の円に内接する正十二角形の面積はいくらか。

1　3　　2　$2\sqrt{2}$　　3　$\frac{3\sqrt{3}}{2}$　　4　$\sqrt{6}$　　5　$\frac{4\sqrt{3}}{3}$

H.21 国家Ⅱ種
重要度 A 類 例題 2－1
答 P.6

No.3 図のように，△ABC，△DEF 及び直線 BF 上の線分 CE に接する円の半径 r を，L を用いて表したものとして正しいのはどれか。
ただし，AB：BC：CA ＝ 4：3：5，DE：EF：FD ＝ 5：3：4 とし，CE の長さを L とする。

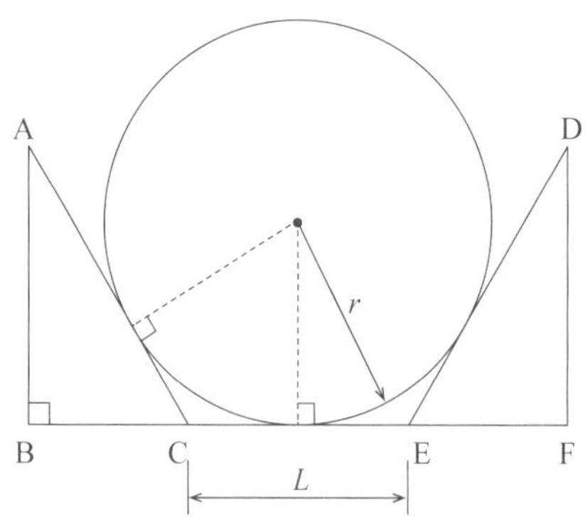

1　$\frac{3}{4}L$　　2　$\frac{4}{5}L$　　3　L　　4　$\frac{5}{4}L$　　5　$\frac{4}{3}L$

H.26 国家一般職
重要度 B 類 例題 2－1
答 P.7

No.4 図のように，ある立方体の各面に内接する球の表面積 S_1 と，同じ立方体の 8 つの頂点を通る球の表面積 S_2 の比 $S_1:S_2$ として正しいのはどれか。

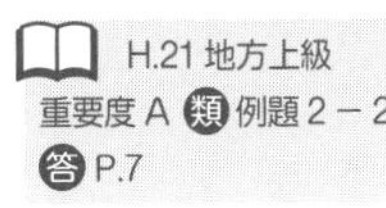

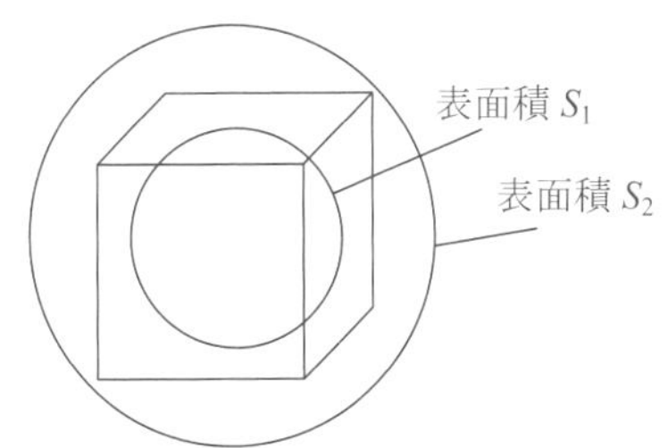

1　$1:\sqrt{2}$

2　$1:\sqrt{3}$

3　$1:2$

4　$1:3$

5　$1:3\sqrt{3}$

No.5 立体幾何に関する次の記述のア，イ，ウに当てはまるものの組合せとして最も妥当なのはどれか。

「半径が 1 の球四つを，各球の中心を結ぶ線によって構成される図形が正四面体となるように配置した。各球が接しているとき，四つの球の間隙に収まる最大の球の半径 x を求める。

図のように，この球の中心を点 O とすると，点 O から正四面体の頂点までの長さは $1 + x$ である。また，正四面体の各辺の長さは 2 である。ここで，正四面体のある辺の中点を点 A とし，点 A を含む辺上にない頂点をそれぞれ点 B，C とする。点 A，B，C で構成される三角形は二等辺三角形であり，辺 AB 及び辺 AC の長さは［ア］である。また，点 A から辺 BC に下ろした垂線の足を点 D とすると，線分 AD は点 O を通り，点 O によって二等分される。したがって，線分 OD の長さは［イ］である。以上から，x は［ウ］と求まる。」

	ア	イ	ウ
1	$\sqrt{2}$	$\frac{\sqrt{2}}{2}$	$\frac{\sqrt{6}}{2}-1$
2	$\sqrt{2}$	$\frac{\sqrt{3}}{2}$	$\frac{\sqrt{5}}{2}-1$
3	$\sqrt{3}$	$\frac{\sqrt{2}}{2}$	$\frac{\sqrt{5}}{2}-1$
4	$\sqrt{3}$	$\frac{\sqrt{2}}{2}$	$\frac{\sqrt{6}}{2}-1$
5	$\sqrt{3}$	$\frac{\sqrt{3}}{2}$	$\frac{\sqrt{5}}{2}-1$

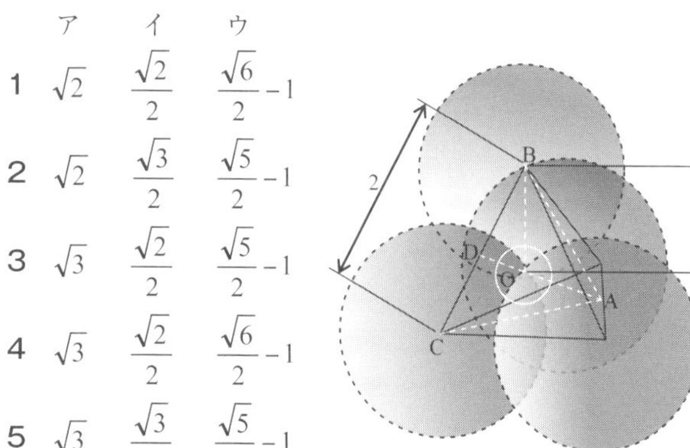

H.23 国家Ⅱ種
重要度 B 類 例題 2－2
答 P.8

No.6 放物線 $y = x^2$ 上の異なる 2 点 A，B における接線が点 P(0，−2) で交わっている。点 O を原点，∠APO = θ とするとき，$\tan\theta$ はいくらか。

1 $\frac{\sqrt{2}}{4}$ 2 $\frac{\sqrt{3}}{5}$ 3 $\frac{\sqrt{3}}{6}$ 4 $\frac{\sqrt{2}}{5}$ 5 $\frac{\sqrt{2}}{6}$

H.21 国家Ⅰ種
重要度 B 類 例題 2－4
答 P.8

No.7 ある工場では，原料 a，b を用いて製品 X，Y を製造している。X を 1t 生産するには，a，b それぞれ 2t，5t 必要であり，Y を 1t 生産するには a, b それぞれ 8t, 5t 必要である。また，原料の供給可能量は，a，b ともに 1 日当たり 200t である。X，Y による利益がそれぞれ 10 万円 /t，20 万円 /t であるとすると，1 日の最大利益はいくらか。

H.9 国家Ⅱ種
重要度 A 類 例題 2－5
答 P.9

1　400 万円　　2　450 万円　　3　500 万円
4　550 万円　　5　600 万円

No.8 空間内に 3 点 A(2，1，2)，B(3，2，2)，C(1，−1，3) がある。このとき，∠ BAC の大きさはいくらか。

H.25 労基 B
重要度 A 類 例題 2－6
答 P.9

1　30°　　2　60°　　3　90°　　4　120°　　5　150°

No.9 3 次元空間内の一直線上にない 3 点 A，B，C がある。点 A から 2 点 B, C を通る直線までの距離は次のうちではどれで表されるか。
ただし，$\vec{X}\times\vec{Y}$ は $\vec{X}$ と $\vec{Y}$ の外積を，$\vec{X}\cdot\vec{Y}$ は $\vec{X}$ と $\vec{Y}$ の内積を表す。

H.17 国家Ⅰ種
重要度 B 類 例題 2－6
答 P.10

1　$\dfrac{|\overrightarrow{AB}\times\overrightarrow{CA}|}{|\overrightarrow{CA}|}$　　2　$\dfrac{|\overrightarrow{AB}\times\overrightarrow{BC}|}{|\overrightarrow{BC}|}$　　3　$\dfrac{|\overrightarrow{BC}\times\overrightarrow{CA}|}{|\overrightarrow{AB}|}$

4　$\dfrac{|\overrightarrow{AB}\cdot\overrightarrow{BC}|}{|\overrightarrow{AB}|}$　　5　$\dfrac{|\overrightarrow{AB}\cdot\overrightarrow{CA}|}{|\overrightarrow{BC}|}$

No.10 3 点 A，B，C の座標が A（3，1，2），B（1，−1，1），C（−1，0，3）であるとき，△ ABC の面積はいくらか。

H.10 労基 B
重要度 B
答 P.10

1　$\dfrac{3}{2}$　　2　$\dfrac{3\sqrt{2}}{2}$　　3　$3\sqrt{2}$　　4　$\dfrac{9}{2}$　　5　$6\sqrt{2}$

No.11 三角形 ABC と点 P が $6\overrightarrow{PA}+3\overrightarrow{PB}+\overrightarrow{PC}=k\overrightarrow{BC}$ を満たしている。点 P が三角形 ABC の内部にあるための k の必要十分条件はどれか。

H.18 国家Ⅱ種
重要度 C 類 例題 2－7
答 P.11

1　$0<k<3$　　2　$0<k<1$　　3　$-3<k<3$
4　$-3<k<1$　　5　$-3<k<0$

第3章 微分

ポイント POINT

微分計算を中心とする問題，あるいは基本的な問題を中心にまとめました。

微分計算は，工学の基礎のみならず専門でも出題されます。また，次の章では様々な応用問題を取り上げますが，うまく解くだけでなく，強引に解く計算力も欲しいところです。

知っておきたい 基礎知識

3−1 微分の公式

(1) 微分の基本公式

基本的な関数の微分は覚えなければいけません。ここでは以下の微分については必須です。

$f(x)$	$f'(x)$	$f(x)$	$f'(x)$
x^n	$n\,x^{n-1}$	C（定数）	0
$\sin x$	$\cos x$	$e^x\ (=\exp(x))$	$e^x\ (=\exp(x))$
$\cos x$	$-\sin x$	$e^{ax}(=\exp(ax))$	$ae^{ax}(=a\exp(ax))$
$\tan x$	$\dfrac{1}{\cos^2 x}$	$\ln x\ (=\log_e(x))$	$\dfrac{1}{x}$

アドバイス

$(x^n)' = nx^{n-1}$ の公式は，が自然数でなくても成り立ちます。平方根や分数の微分でも，x^n の形にして微分しましょう。

(2) 偏微分

2つ以上変数がある場合に，1文字のみを変数とみて，あとは定数として扱って微分することを**偏微分**といいます。たとえば，関数 f を変数 x で偏微分する場合には $\dfrac{\partial f}{\partial x}$ と書きます。

(3) 極大・極小，最大・最小

連続で微分可能な関数 $f(x)$ が極大（グラフの頂上）や極小（グラフの底）になるとき，$f'(x)=0$ となります。このような関数が最大，最小となるのは，極大・極小のときか，考えている範囲の一番端かのいずれかです。

(4) 微分の各種公式

実際に微分する場合には，基本公式だけでなく，他にも様々な公式が使われます。いくつかを列挙しましょう。

① 積の微分公式

$$\{f(x)g(x)\}' = f'(x)g(x) + f(x)g'(x)$$

② 商の微分公式

$$\left(\frac{f(x)}{g(x)}\right)' = \frac{f'(x)g(x) - f(x)g'(x)}{\{g(x)\}^2}$$

③ 合成関数の微分

$$\frac{d}{dx}\{f(y)\} = \frac{df}{dy}\frac{dy}{dx} = f'(y)\frac{dy}{dx}$$

④ パラメータ付きの関数の微分

$x = x(t)$，$y = y(t)$ のとき

$$\frac{dy}{dx} = \frac{dy/dt}{dx/dt} = \frac{y'(t)}{x'(t)}$$

アドバイス

積の微分では，1 つずつ微分をしていきます。

アドバイス

合成関数の微分は，微分の問題の重要公式です。$\frac{df}{dx}$ と書いて「x で微分する」という意味を読み取れるようにしましょう。

3-2 極限

極限の問題はパターンごとに解き方が大きく変わります。ここでは，いくつかの方法を紹介しましょう。

(1) ロピタルの定理

$g(a) = f(a) = 0$ のとき，

$$\lim_{x \to a}\frac{f(x)}{g(x)} = \lim_{x \to a}\frac{f'(x)}{g'(x)}$$

(2) 無限等比級数の公式

$|r| < 1$ のとき，

$$1 + r + r^2 + \cdots + r^n + \cdots = \frac{1}{1-r}$$

(3) 分子の有理化

$$\sqrt{n} - \sqrt{m} = \frac{(\sqrt{n} - \sqrt{m})(\sqrt{n} + \sqrt{m})}{\sqrt{n} + \sqrt{m}} = \frac{n-m}{\sqrt{n} + \sqrt{m}}$$

の形に変形することを**分子の有理化**といいます。平方根の差の形の極限で用いられます。

(4) 部分分数展開

$$\frac{1}{n(n+a)}=\frac{1}{a}\left(\frac{1}{n}-\frac{1}{n+a}\right)$$

の形に変形することを**部分分数展開**といいます。一般に,

$$F(s)=\frac{1}{(s-a_1)(s-a_2)\cdots(s-a_n)}=\frac{b_1}{s-a_1}+\frac{b_2}{s-a_2}+\cdots+\frac{b_n}{s-a_n}$$

と変形したい（a_i はすべて異なる定数）ときには,

$$b_k=(s-a_k)F(s)\Big]_{s=a_k}$$

ひとこと

この公式は,電気系の「逆ラプラス変換」に使われます。

3–3 接線

曲線 $y=f(x)$ の $x=a$ における接線の傾きは $f'(a)$ となります。さらに接線は，点（$a, f(a)$）を通りますので，この接線の式は,

$y=f'(a)(x-a)+f(a)$

と表されます。

ひとこと

この他に，第4章の区分求積法もチェックしましょう。

アドバイス

接線を微分で求める場合，接点の座標を文字でおくのが定石です。

3–4 最適化の問題（ラグランジュの未定乗数法）

条件 $f(x, y)=0$ が成り立つ条件で，関数 $F(x, y)$ を極大または極小にする値を調べる問題を，**条件付きの最適化**といいます。

このとき，極大または極小にしたい関数 $F(x, y)$ は，目的関数と呼ばれます。

条件付最適化の問題は1文字を消去して微分する方法が有名ですが，計算が多くなります。

そこで，次の手順で計算する**ラグランジュの未定乗数法**も用意しておくとよいでしょう。

① まず，新しい文字 k を使って，新しい関数 $G(x, y, k)$ を次のように作ります。

$G(x, y, k)=F(x, y)+kf(x, y)$

② 次に各文字（特に x, y）で偏微分して「=0」として連立方程式を作ります。

$$\frac{\partial G}{\partial x}=0,\quad \frac{\partial G}{\partial y}=0$$

③ ②の連立方程式を解きます。

3−5 微分係数

(1) 速度，加速度

座標 x を時間で微分すると，x 方向の速度 v_x が求められます。

$$v_x = \frac{dx}{dt}$$

さらに速度を時間で微分すると加速度 a_x が求められます。

$$a_x = \frac{dv_x}{dt} = \frac{d^2x}{dt^2}$$

座標以外でも時間で微分すれば，時間変化率を求めることができます。

(2) 合成関数の微分公式

合成関数の微分公式を応用して，関係式を直接微分することができます。たとえば，$x^2 + y^2 = 1$ を時間 t で微分すると，

$$2x\frac{dx}{dt} + 2y\frac{dy}{dt} = 0$$

となります。どの式からも，微分係数や時間変化率を計算できるのです。

アドバイス

この計算の応用例は，本章のほかに，例題２－４の解法２も見てください。

例題 3－1　多項式の微分

H.20 地方上級　重要度 A

関数 $y = 3x^3 - ax^2 - 3bx$ が $x = -1$ で極大値を，$x = 3$ で極小値をとるとき，a，b の値として正しいのはどれか。

	a	b
1	3	3
2	3	9
3	9	3
4	9	9
5	12	3

3 次関数の決定の問題です。極大値，極小値をとるとき $y' = 0$ です。微分して丁寧に連立方程式を解いていきましょう。易しいですが，時々出されるタイプの問題です。ここでは，多項式の扱いをいくつか紹介しておきます。

【正解】4

解法 1　直接代入する

$y' = 9x^2 - 2ax - 3b$

極大値でも極小値でも $y' = 0$ なので，$x = -1$ と 3 を代入して，

$9 + 2a - 3b = 0$

$81 - 6a - 3b = 0$

辺ごと引き算をして，

$-72 + 8a = 0$　　$\therefore\ a = 9$

最初の式に代入すれば，$b = 9$ となる。

解法 2　解と係数の関係を使う

$y' = 9x^2 - 2ax - 3b = 0$

が，$x = -1$，3 を解に持てばよいので，解と係数の関係より，

$$-1+3=\frac{2a}{9},\quad -1\times3=-\frac{3b}{9}\qquad \therefore\ a=9,\ b=9$$

解法 3　因数分解を考える

$y' = 9x^2 - 2ax - 3b = 0$

が，$x = -1$，3 を解に持つのであれば，因数分解した形を考えて，

$9x^2 - 2ax - 3b = 9(x + 1)(x - 3) = 9x^2 - 18x - 27$

係数比較をして，

$-2a = -18$，$-3b = -27$　→　$a = 9$，$b = 9$

解と係数の関係

2 次方程式

$ax^2 + bx + c = 0$

の 2 つの解を $x = p$，q とすると，

$$\begin{cases} p+q=-\dfrac{b}{a} \\ pq=\dfrac{c}{a} \end{cases}$$

例題 3－2 微分の計算

H.20 国家Ⅱ種 重要度 A

関数 $y = x\sqrt{1-x^2}\ (-1 \leqq x \leqq 1)$ の最大値はいくらか。

1 $\dfrac{\sqrt{15}}{16}$　2 $\dfrac{2\sqrt{2}}{9}$　3 $\dfrac{\sqrt{3}}{4}$　4 $\dfrac{2\sqrt{5}}{9}$　5 $\dfrac{1}{2}$

少々複雑な微分計算の練習をしましょう。問題を解くためには，うまい手法を学ぶだけではなく，強引に解ききる計算力も必要になりますね。ここでは，積の微分と合成関数の微分公式が出てきます。

【正解】5

解法 1　直接微分する

$$y = x(1-x^2)^{\frac{1}{2}}$$

として，x で微分すると，

$$y' = (x)'(1-x^2)^{\frac{1}{2}} + x\{(1-x^2)^{\frac{1}{2}}\}' \quad \Leftarrow \text{積の微分公式}$$

$$= (1-x^2)^{\frac{1}{2}} + x \times \frac{1}{2}(1-x^2)^{-\frac{1}{2}} \times (1-x^2)' \quad \Leftarrow \text{合成関数の微分公式}$$

$$= \sqrt{1-x^2} + \frac{x \times (-2x)}{2\sqrt{1-x^2}}$$

$$= \sqrt{1-x^2} - \frac{x^2}{\sqrt{1-x^2}} = \frac{1-2x^2}{\sqrt{1-x^2}}$$

$y' = 0$ とすると最大値が明らかに正であることも考えて，$x = \dfrac{1}{\sqrt{2}}$

したがって，求める最大値は，

$$y = \frac{1}{\sqrt{2}} \times \sqrt{1 - \left(\frac{1}{\sqrt{2}}\right)^2} = \frac{1}{2}$$

なお，

$$x\sqrt{1-x^2} = \sqrt{x^2(1-x^2)}$$

として，平方根の中身の 4 次関数

$$f(x) = x^2 - x^4$$

を考える方法や，さらに $x^2 = t$ とし，

$$x\sqrt{1-x^2} = \sqrt{x^2(1-x^2)} = \sqrt{t(1-t)}$$

として，$t(1-t) = -(t-\frac{1}{2})^2 + \frac{1}{4}$ から，

ヒント

微分しやすくするために，平方根を n 乗の形にしました。

アドバイス

マーク式ですので，増減表を書かずに極値と端だけを調べてもよいでしょう。本書では，以下，図形的，物理的理由から明らかに極値が答えのときは増減表を省いています。

答えを $\sqrt{\frac{1}{4}}=\frac{1}{2}$ として求めることもできる。

解法2 **文字を置き換える**

$x=\sin\theta$ とおく。このとき,

$$y=\sin\theta\sqrt{1-\sin^2\theta}=\sin\theta\cos\theta$$

$$=\frac{1}{2}\times 2\sin\theta\cos\theta=\frac{1}{2}\sin 2\theta$$ ← 倍角の公式

$-1\leqq x\leqq 1$ より, $0\leqq\theta\leqq 2\pi$ なので, 最大値は $\frac{1}{2}$

ひとこと

$\sqrt{1-x^2}$ の形に注目しました。途中,

$\sqrt{1-\sin^2\theta}=|\cos\theta|$

ですが, 最大値がほしいだけなので, 絶対値は無視しました。

例題 3−3 極限

H.25 労基 B 重要度 B

次の極限値はいくらか。

$$\lim_{x\to1}\frac{\sqrt{2x+7}-3}{x-1}$$

1 $\frac{1}{3}$　2 $\frac{1}{2}$　3 $\frac{2}{3}$　4 1　5 $\frac{3}{2}$

ロピタルの定理を使うとともに，微分計算も一緒に練習しましょう。極限の求め方にはパターンがありますので，これを覚えてください。

【正解】1

解法1 ロピタルの定理を使う

分母も分子も $x\to1$ で 0 になるため，ロピタルの定理を使う。

分子の微分は，

$$\{\sqrt{2x+7}-3\}'=\{(2x+7)^{\frac{1}{2}}-3\}'$$

$$=\frac{1}{2}(2x+7)^{-\frac{1}{2}}\times(2x+7)'$$ ← 合成関数の微分公式

$$=\frac{2}{2\sqrt{2x+7}}=\frac{1}{\sqrt{2x+7}}$$

分母の微分は，$(x-1)'=1$ なので，ロピタルの定理から，

$$\lim_{x\to1}\frac{\sqrt{2x+7}-3}{x-1}=\lim_{x\to1}\frac{(\sqrt{2x+7}-3)'}{(x-1)'}=\lim_{x\to1}\frac{1}{\sqrt{2x+7}}=\frac{1}{\sqrt{2\cdot1+7}}=\frac{1}{3}$$

解法2 分子の有理化を使う

$$\frac{\sqrt{2x+7}-3}{x-1}=\frac{(\sqrt{2x+7}-3)(\sqrt{2x+7}+3)}{(x-1)(\sqrt{2x+7}+3)}$$

$$=\frac{(2x+7)-9}{(x-1)(\sqrt{2x+7}+3)}$$ ← $(x-a)(x+a)=x^2-a^2$

$$=\frac{2(x-1)}{(x-1)(\sqrt{2x+7}+3)}$$

$$=\frac{2}{\sqrt{2x+7}+3}$$

これより，

$$\lim_{x\to1}\frac{\sqrt{2x+7}-3}{x-1}=\lim_{x\to1}\frac{2}{\sqrt{2x+7}+3}=\frac{2}{\sqrt{2\cdot1+7}+3}=\frac{1}{3}$$

ヒント

微分しやすくするために，平方根を n 乗の形にしました。

ひとこと

平方根を含む極限で使える方法です。

例題 3－4 最大・最小

H.11 国家II種 重要度A

図のように，一辺の長さが 3 の正方形の紙の斜線部を切り取り，点線に沿って折り，直方体を作る。このときできる直方体の体積を最大にするような x の値はいくらか。

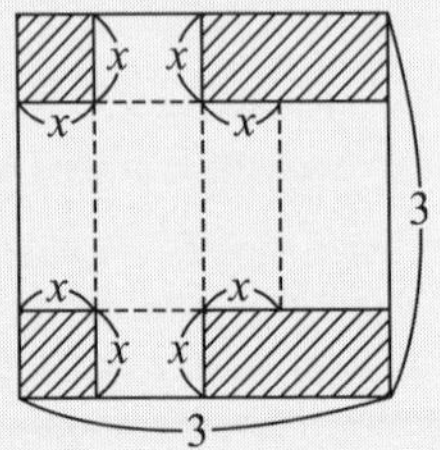

1 $\frac{\sqrt{2}}{4}$　2 $\frac{\sqrt{2}}{3}$　3 $\frac{1}{2}$　4 $\frac{\sqrt{2}}{2}$　5 1

最大・最小は微分が最も活躍するところです。「立式」→「微分」という流れをよく確認してください。

【正解】3

長方形の x 以外の辺について，下の展開図のように奥行きは $3-2x$ とわかるので，横の長さを y とおくと，展開図から，

$$2x+2y=3 \qquad \therefore \quad y=\frac{3}{2}-x$$

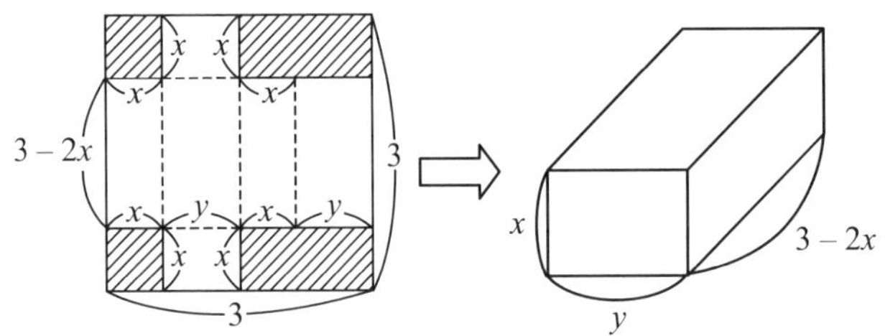

以上から，求める体積を $V(x)$ とすると，

$$V(x)=xy(3-2x)=x(-x+\frac{3}{2})(3-2x)=\frac{1}{2}x(3-2x)^2$$

$$\therefore \quad V'(x)=\frac{1}{2}(3-2x)^2+\frac{1}{2}x\{(3-2x)^2\}'$$ ← 積の微分公式

立式がしにくい場合には，とりあえず必要な文字をおいてみましょう。文字が多くても，例題３－５のようにも解けますからね。

ひとこと

展開してから微分してもいいのですが，最後に因数分解の手間が増えてしまいます。

$$= \frac{1}{2}(3-2x)^2 + x(3-2x) \times (-2)$$

合成関数の微分公式

$$= (3-2x)\left(\frac{3}{2} - x - 2x\right) = (3-2x)\left(\frac{3}{2} - 3x\right) = 0$$

よって，辺の長さはいずれも正のことから，$0 < x < \frac{3}{2}$ なので，この中の唯一の極値となる $x = \frac{1}{2}$ で最大となる。

アドバイス

極値で最大であるのは明らかです。択一なので増減表を書かなくてもよいでしょう。

例題 3－5 条件付きの最適化

H.24 地方上級　重要度 A

x 軸に一辺 PQ を置き，楕円 $4x^2 + y^2 = 16$ に内接する長方形 PQRS がある。この長方形の面積が最大となるとき，RQ の長さはいくらか。

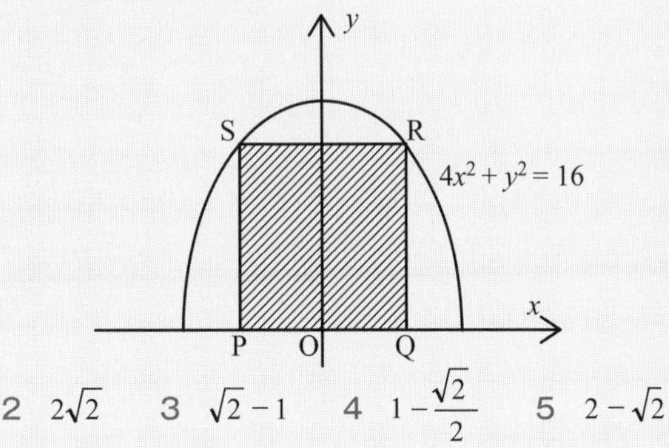

1　$\sqrt{2}$　　2　$2\sqrt{2}$　　3　$\sqrt{2}-1$　　4　$1-\frac{\sqrt{2}}{2}$　　5　$2-\sqrt{2}$

立式→微分という流れは変わりませんが，微分しにくい関数が出てきます。そんなときが，ラグランジュの未定乗数法の出番です。偏微分も含め，その手順を確認してください

【正解】2

解法 1　ラグランジュの未定乗数法を使う

まず立式を行う。R の座標を（x，y）とおくと，楕円上にあるので $4x^2 + y^2 = 16$ である。長方形の面積は，OQ が x，QR が y なので $2xy$ となる。これを最大とすればよい。

$$f(x,\ y) = 2xy + k(4x^2 + y^2 - 16)$$

とおく。各文字で偏微分して，

$$\frac{\partial f}{\partial x} = 2y + 8kx = 0 \qquad \therefore \quad 2y = -8kx$$

$$\frac{\partial f}{\partial y} = 2x + 2ky = 0 \qquad \therefore \quad 2x = -2ky$$

この連立方程式を解く。そのまま割り算をして，k を消去すると，

$$\frac{2y}{2x} = \frac{-8kx}{-2ky} \qquad \therefore \quad y^2 = 4x^2 \quad \rightarrow \quad y = 2x$$

これを楕円の式に代入して，x，$y > 0$ に注意すると，

$$4x^2 + y^2 = 4x^2 + (2x)^2 = 8x^2 = 16 \quad \rightarrow x = \sqrt{2}\ ,\quad y = 2\sqrt{2}$$

求める長さはこの y 座標に等しい。

ひとこと

この関数を作るところがポイントです。k は新しい変数です。

ひとこと

ここからすぐに，

$4x^2 + y^2 = 2y^2 = 8$

ともできます。

解法２ **直接微分する**

面積を求めるまでは解法１と同じ。

楕円の式を $y=\sqrt{16-4x^2}=2\sqrt{4-x^2}$

これより面積は,

$$2xy=4x\sqrt{4-x^2}$$

となる。

$$g(x)=x\sqrt{4-x^2}=x(4-x^2)^{\frac{1}{2}}$$

とおくと,

$$g'(x)=(4-x^2)^{\frac{1}{2}}+x\times\frac{1}{2}(4-x^2)^{-\frac{1}{2}}\times(-2x)$$

積の微分,
合成関数の微分

$$=\sqrt{4-x^2}-\frac{x^2}{\sqrt{4-x^2}}$$

$$=\frac{4-2x^2}{\sqrt{4-x^2}}=0$$

$$\therefore\ x=\sqrt{2}\ (x>0\ とする)$$

これより, $y=\sqrt{16-4\cdot 2}=2\sqrt{2}$

ひとこと

例題３－２と同じ形ですから, 例題３－２と同じ解法２（平方根の中に入れる, 三角関数でおく）が使えます。

例題 3－6 速度，微分係数

H.13 国家Ⅱ種　重要度 **B**

図Ⅰのように，船の甲板から高さ 20m の岸壁の頂上にローラーがあり，ローラーから引き出されたロープは，海上に静止している船と距離 l[m] を隔てて結ばれている。

いま，図Ⅱのように，この状態からローラーを回転させて，v[m/s] の速さでロープを巻いていくとき，t 秒後の船の速度は次のどれで表されるか。

ただし，t 秒後の船首と岸壁の水平距離を x[m] とする。

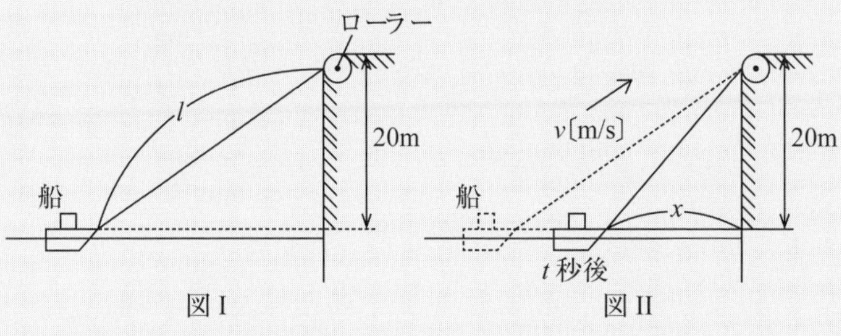

図Ⅰ　　図Ⅱ

1 $\dfrac{v(vt+l)}{x}$　2 $\dfrac{v(vt-l)}{x}$　3 $\dfrac{v(vt-l+20)}{x}$

4 $\dfrac{v(vt-l-20)}{x}$　5 $\dfrac{(vt-20)(vt-l)}{x}$

速度を求めるときに，微分を使う方法を頭に入れておきましょう。このときに，無理な式変形をするのではなく，距離の関係式が 1 つあればどこからでも速度が計算できることを知っておいてください。

【正解】2

ロープの長さを L で表す。三平方の定理より，

$$L^2 = x^2 + 20^2$$

この式の両辺を時間で微分して，

$$2L\frac{dL}{dt} = 2x\frac{dx}{dt}$$ ← 合成関数の微分公式

$$\therefore \quad \frac{dx}{dt} = -\frac{L}{x}\left(-\frac{dL}{dt}\right)$$

ロープの長さは，単位時間当たり v だけ短くなるので，$-\dfrac{dL}{dt} = v$

以上より，船の速度は，x が増加する向きを正として，$L = l - vt$ に注意すると，

$$\frac{dx}{dt} = -\frac{(l-vt)v}{x} = \frac{(vt-l)v}{x}$$

「x=」の形にすると微分が大変です。そうしなくても，そのまま微分できることに注意しましょう。

ひとこと

減少する量を微分するとマイナスになりますので $\dfrac{dL}{dt}$ はマイナスです。速さはプラスにしたいので「−」をつけました。

練習問題

No.1 3 次関数 $f(x) = ax^3 + bx^2 + cx + 7$ が，$x = -3,\ 2$ で極値をとり，$f(0) = -36$ を満たすように，定数 a，b，c を定める。このとき，$f(x)$ の極小値はいくらか。

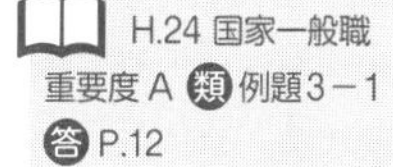

H.24 国家一般職
重要度 A 類 例題3－1
答 P.12

1 -17　　2 -27　　3 -37　　4 -47　　5 -57

No.2 関数 $f(x) = x^2e^{-x}$ の極大値はどれか。

H.25 地方上級
重要度 A 類 例題3－2
答 P.12

1 $3e^{-\sqrt{3}}$　　2 $2e^{-\sqrt{2}}$　　3 e^{-1}　　4 $4e^{-2}$　　5 $\dfrac{1}{4}e^{-\frac{1}{2}}$

No.3 $\phi(x, y) = \dfrac{1}{2}\ln(x^2 + y^2)\ (x^2 + y^2 \neq 0)$，$w(x, y) = \dfrac{\partial^2\phi}{\partial x^2} + \dfrac{\partial^2\phi}{\partial y^2}$ とするとき，$w(1,2)$ の値はいくらか。

H.20 国家Ⅰ種
重要度 A 類 例題3－2
答 P.12

1 2　　2 1　　3 0　　4 -1　　5 -2

No.4 $a > b > 0$ のとき，次の極限値を求めよ。

H.25 地方上級
重要度 B 類 例題3－3
答 P.13

$$\lim_{x \to +\infty}\left(\sqrt{x^2 + ax} - \sqrt{x^2 + bx}\right)$$

1 $a - b$　　2 $\dfrac{a-b}{2}$　　3 $\dfrac{1}{b} - \dfrac{1}{a}$　　4 $\sqrt{ab}$　　5 ∞

No.5 $y = ax$ が $y = e^{ex}$ の接線であるとき，a として正しいのはどれか。

H.16 国家Ⅱ種化学職
重要度 B
答 P.14

1 1　　2 e　　3 e^{-1}　　4 e^2　　5 e^{-2}

No.6 半径 1 の球に内接する直円錐の体積が最大になるとき，直円錐の高さはいくらか。

H.23 国家Ⅱ種
重要度 A 類 例題3－4
答 P.14

1 $\frac{2\sqrt{2}}{3}$　　2 $\frac{2\sqrt{3}}{3}$　　3 $\frac{4}{3}$　　4 $\frac{2\sqrt{5}}{3}$　　5 $\frac{2\sqrt{6}}{3}$

No.7 図のように，薄い鉄板を用いて上ぶたのない円筒（直円柱）形の容器を作る。容積を一定に保ちながら，鉄板の使用量を最も少なくするとき，底面の半径 r と高さ h の比（$r:h$）として最も妥当なのはどれか。

ただし，鉄板の厚さは無視できるものとする。

H.19 国家Ⅱ種
重要度 A 類 例題3－4
答 P.14

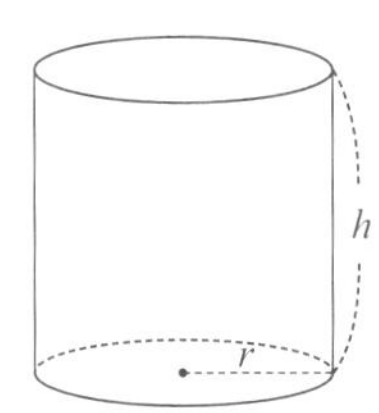

1 1:1　　2 1:2　　3 2:1　　4 2:3　　5 3:2

No.8 扇形をしたうちわがある。扇形の全周の長さを一定にした状態でうちわの扇の面積を最大にしたい。そのときの扇形の中心角 θ はいくらか。

H.12 国家Ⅱ種
重要度 A 類 例題3－5
答 P.15

1 1.2rad　　2 1.4rad　　3 1.6rad　　4 1.8rad　　5 2.0rad

No.9 図のように，水平面上から垂直に立っている壁に長さ 10m のはしごが立てかけられている。

いま，はしごの端 B を，水平面に接したまま一定速度 3 m/s で図の右向きに滑らせたところ，はしごの端 A は壁に接したまま，鉛直下向きに滑った。はしごの端 B が壁から 6m 離れたときの，はしごの端 A の速度の大きさはいくらか。

H.15 国家Ⅰ種
重要度 A 類 例題3－6
答 P.16

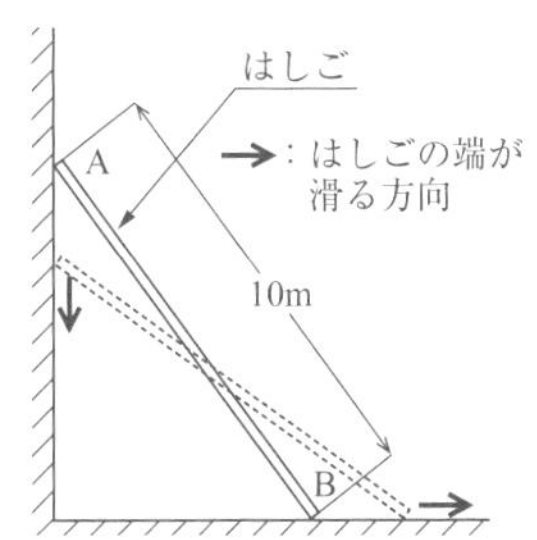

1 $\frac{5}{8}$ m/s　2 $\frac{3}{4}$ m/s　3 $\frac{7}{8}$ m/s　4 1 m/s　5 $\frac{9}{4}$ m/s

No.10 曲線 $(x-a)^2+(y-a)^2=r^2$ の y の x に関する第 1 次導関数 $\frac{dy}{dx}$ が $(x,\ y)=(1,\ 3)$ で 3 になるとき，定数 a はいくらか。ただし，r は定数とする。

H.22 国家Ⅰ種
重要度 A 類 例題3－6
答 P.17

1 $\frac{1}{2}$　2 1　3 $\frac{3}{2}$　4 2　5 $\frac{5}{2}$

No.11 しぼんだゴム風船に，15cm³/s の割合で水を入れてふくらませる。半径が 15cm となる瞬間での半径が増加する速度はいくらか。

ただし，ゴム風船は球状を保ちながら，体積が増加するものとする。

H.9 国家Ⅱ種
重要度 A 類 例題3－6
答 P.17

1 $\frac{1}{30\pi}$ cm/s　2 $\frac{1}{45\pi}$ cm/s　3 $\frac{1}{60\pi}$ cm/s
4 $\frac{1}{75\pi}$ cm/s　5 $\frac{1}{90\pi}$ cm/s

練習問題

No.12 曲線 $y = x^2$ 上の点 $P(a,\ a^2)(a > 0)$ における接線と x 軸との交点を Q とする。原点を O として，$\angle OPQ = \theta$ とすると，$\tan\theta$ の最大値はいくらか。

なお，必要ならば，

$$\tan(\alpha+\beta) = \frac{\tan\alpha + \tan\beta}{1 - \tan\alpha\tan\beta}$$

を用いてよい。

H.26 国家総合職
重要度 C
答 P.17

1 $\frac{\sqrt{3}}{3}$

2 $\frac{\sqrt{6}}{6}$

3 $\frac{\sqrt{2}}{4}$

4 $\frac{\sqrt{3}}{6}$

5 $\frac{\sqrt{6}}{12}$

MEMO

第4章 積分

ポイント POINT

積分計算を中心とする問題，あるいは基本的な問題を中心にまとめました。

積分は工学の基礎の場合，ほとんど計算問題として出題されており，応用問題としても単純に公式の知識と計算力が問われる場合が多くなっています。多少複雑なものも含め，計算力を鍛えることが大切です。

知っておきたい 基礎知識

4−1 積分の公式

(1) 積分の基本公式

基本的な不定積分の公式は，微分の公式の逆となっています。しかし，微分と比べると，複雑なものが多いため，確実に覚える必要があります。

$f(x)$	$F(x)$	$f(x)$	$F(x)$
$x^n \ (n \neq -1)$	$\dfrac{x^{n+1}}{n+1}$	$e^x (= \exp(x))$	$e^x (= \exp(x))$
$\dfrac{1}{x}$	$\ln x$	$e^{ax} (= \exp(ax))$	$\dfrac{e^{ax}}{a} (= \dfrac{\exp(ax)}{a})$
$\sin x$	$-\cos x$	$\ln x (= \log_e(x))$	$x \ln x - x$
$\cos x$	$\sin x$		

ひとこと

$\log x$ の積分は，部分積分で求められます。

(2) 奇関数，偶関数の積分

奇関数とは，$\sin x$，x^3 など，x の符号を変えると，全体の符号だけが変わる関数のことです。数式では次のように表されます。

$$f(-x) = -f(x)$$

この場合，ちょうど y 軸を挟むように積分すると，正負の部分が打ち消されるため，積分結果は 0 となります。

$$\int_{-a}^{a} f(x)dx = 0$$

一方，**偶関数**とは，$\cos x$，x^2 のように x の正負を変えても関数の値が変化しない関数のことで，数式で書くと次のようになります。

$$f(-x) = f(x)$$

この場合，ちょうど y 軸を挟むように積分すると，対称性から正の部分だけを積分した場合の2倍となります。

$$\int_{-a}^{a} f(x)dx = 2\int_{0}^{a} f(x)dx$$

(3) 部分積分

積の形をしている場合に使われることの多いのが**部分積分**です。これは次の形で表されます。

$$\int f(x)g(x)dx = F(x)g(x) - \int F(x)g'(x)dx$$

ただし，$F(x)$ は $f(x)$ の不定積分です。

最初に積分をしてから，微分をして計算をします。

アドバイス
先に積分を行うことと，右辺の第2項の「−」の符号には気をつけましょう。

(4) 置換積分

文字を置き換える場合の積分です。ただし，積分の場合，単純に文字を置き換えるだけではなく，積分区間や被積分変数なども変えなければいけません。具体的に，次の手順が必要となります。

① 文字の置き換え
② 積分区間の置き換え
③ 被積分変数の置き換え

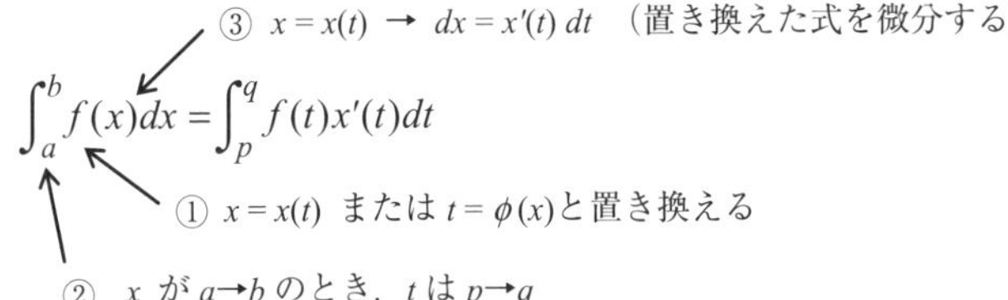

③ $x = x(t)$ → $dx = x'(t)\,dt$ （置き換えた式を微分する）
$\int_{a}^{b} f(x)dx = \int_{p}^{q} f(t)x'(t)dt$
① $x = x(t)$ または $t = \phi(x)$ と置き換える
② x が a→b のとき，t は p→q

4-2 平面図形と積分

(1) 面積の公式

$y = f(x)\ (>0)$ と x 軸，$x = a$，$x = b$ で囲まれた部分の面積は，次のように積分で計算できます。

$$S = \int_{a}^{b} f(x)dx$$

また，$y = f(x)$ と $y = g(x)$ とで囲まれた部分の，$a \leqq x \leqq b$ の部分の面積は，次の積分で計算できます。

$$S=\int_a^b |f(x)-g(x)|\,dx$$

なお，積分に絶対値が残っている場合，場合分けをして絶対値を外します。また，多項式の積分では，次の公式を使うことができます。ただし，$a<b$ とします。

$$\int_a^b (b-x)^n(x-a)^m\,dx=\frac{m!n!}{(m+n+1)!}(b-a)^{m+n+1}$$

$m=n=1$ では，$\displaystyle\int_a^b (b-x)(x-a)dx=\frac{1}{6}(b-a)^3$

$m=2$，$n=1$ では，$\displaystyle\int_a^b (b-x)(x-a)^2\,dx=\frac{1}{12}(b-a)^4$

$m=n=2$ では，$\displaystyle\int_a^b (b-x)^2(x-a)^2\,dx=\frac{1}{30}(b-a)^5$

(2)　曲線の長さの公式

$y=f(x)$ の $a\leqq x\leqq b$ の部分の長さ L は，次の積分で計算できます。

$$L=\int dL=\int\sqrt{(dx)^2+(dy)^2}$$

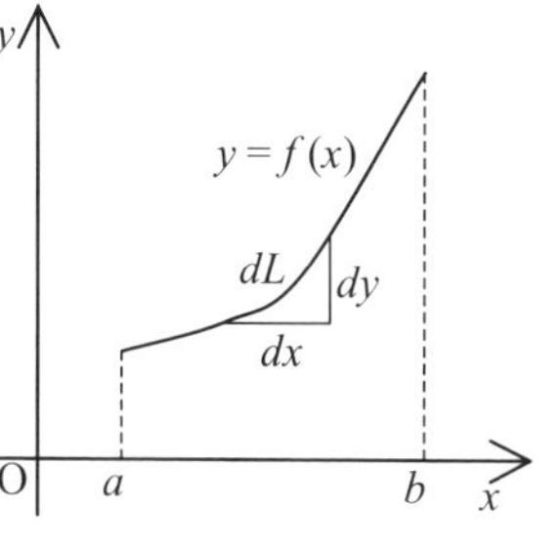

実際の計算では，積分したい変数に合わせて変形します。x で積分したい場合には，

$$L=\int\sqrt{(dx)^2+(dy)^2}=\int_a^b\frac{\sqrt{(dx)^2+(dy)^2}}{dx}dx=\int_a^b\sqrt{1+\left(\frac{dy}{dx}\right)^2}dx$$

とします。また，曲線が，文字 t を使って，$x=x(t)$，$y=y(t)$ と表される場合には，次の式で計算をします。ただし，$t=t_a$ で $x=a$，$t=t_b$ で $x=b$ とします。

$$L=\int\sqrt{(dx)^2+(dy)^2}=\int\frac{\sqrt{(dx)^2+(dy)^2}}{dt}dt=\int_{t_a}^{t_b}\sqrt{\left(\frac{dx}{dt}\right)^2+\left(\frac{dy}{dt}\right)^2}dt$$

4-3 空間図形と積分

(1) 切断面と体積の公式

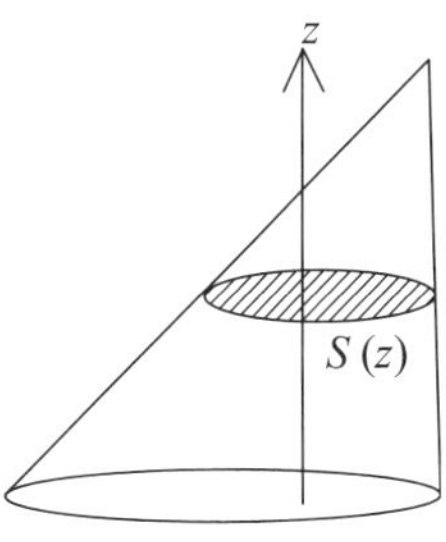

z 軸をとって，空間図形を z 軸に垂直な平面で切断したときの切断面の面積を $S(z)$ とすると，この空間図形の体積 V は，次の積分で計算できます。

$$V = \int S(z)dz$$

(2) 回転体の体積の公式

$y = f(x)$ の $a \leqq x \leqq b$ の部分と x 軸の間の部分を x 軸を中心に回転してできた回転体の体積 V は、次の式で計算できます。

$$V = \pi\int_a^b \{f(x)\}^2 dx$$

また，$f(x)$ と $g(x)$ で挟まれた部分を回転してできた回転体の体積 V は，$f(x) \geqq g(x) \geqq 0$ のとき，$a \leqq x \leqq b$ として，

$$V = \pi\int_a^b \{f(x)\}^2 dx - \pi\int_a^b \{g(x)\}^2 dx$$

ひとこと

$x = g(y)$ の $p \leqq y \leqq q$ の部分と y 軸の間の部分を y 軸を中心に回転させた場合は，左の公式の x と y を交換して

$$V = \pi\int_p^q \{g(y)\}^2 dy$$

となります。

4-4 積分計算の応用

(1) 微分方程式の変数分離法

微分方程式

$$\frac{dy}{dx} = f(x)g(y)$$

から $y(x)$ を求めるためには，次の手順をとります。

① 左辺と右辺に変数を分ける

$$\frac{dy}{g(y)} = f(x)dx$$

② ①を積分する（積分定数を忘れないこと）

$$\int \frac{dy}{g(y)} = \int f(x)dx$$

③ 条件を代入する

(2) 区分求積法

和の形をした極限の一部は積分の形で計算できます。

$$\lim_{n\to\infty}\frac{1}{n}\sum_{k=1}^{n} f\left(\frac{k}{n}\right)=\frac{1}{n}\left\{f\left(\frac{1}{n}\right)+f\left(\frac{2}{n}\right)+\cdots+f\left(\frac{n}{n}\right)\right\}=\int_0^1 f(x)dx$$

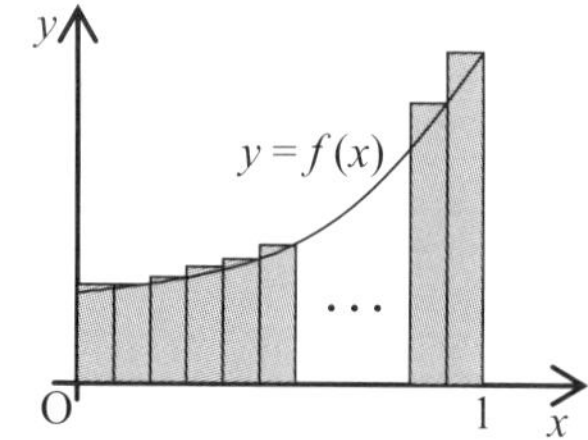

ひとこと

この式は，下の図のよ
に面積を細かい長方形
近似したことになります。

例題 4－1 定積分，置換積分

H.24 地方上級 重要度 A

次の定積分の値はいくらか。

$$\int_0^{\pi}\cos\left(\frac{3}{2}\pi-\frac{x}{2}\right)dx$$

1 −1　2 1　3 2　4 −2　5 $-\sqrt{2}$

三角関数の定積分の計算問題です。決して易しくありませんが，様々な計算方法が考えられるため，非常に勉強に向いた問題です。1つの方法だけではなく，様々な方法からのアプローチを学んでください。

【正解】4

解法 1 直接積分する

$$\left\{\sin\left(\frac{3}{2}\pi-\frac{x}{2}\right)\right\}'=\cos\left(\frac{3}{2}\pi-\frac{x}{2}\right)\times\left(\frac{3}{2}\pi-\frac{x}{2}\right)'=-\frac{1}{2}\cos\left(\frac{3}{2}\pi-\frac{x}{2}\right)$$

より，

$$\left\{-2\sin\left(\frac{3}{2}\pi-\frac{x}{2}\right)\right\}'=\cos\left(\frac{3}{2}\pi-\frac{x}{2}\right)$$

したがって，

$$\int_0^{\pi}\cos\left(\frac{3}{2}\pi-\frac{x}{2}\right)dx=\left[-2\sin\left(\frac{3}{2}\pi-\frac{x}{2}\right)\right]_0^{\pi}=-2\sin\pi+2\sin\frac{3}{2}\pi=-2$$

ヒント

cos を積分すると sin になることに注目しています。ただし，定数を調整するために，微分して確認をしています。

解法 2 加法定理を使う

加法定理

$$\cos(x-y)=\cos x\cos y+\sin x\sin y$$

を使うと，

$$\cos\left(\frac{3}{2}\pi-\frac{x}{2}\right)=\cos\frac{3}{2}\pi\cos\frac{x}{2}+\sin\frac{3}{2}\pi\sin\frac{x}{2}=-\sin\frac{x}{2}$$

これを積分して，

$$\int_0^{\pi}\cos\left(\frac{3}{2}\pi-\frac{x}{2}\right)dx=-\int_0^{\pi}\sin\frac{x}{2}dx=-\left[-2\cos\frac{x}{2}\right]_0^{\pi}=-2$$

アドバイス

符号に気をつけて計算してください。選択肢に 2 と −2 があるので，符号は間違えられません。

解法 3 置換積分を使う

$\frac{3}{2}\pi-\frac{x}{2}=t$ と置換する。両辺を微分して，$-\frac{dx}{2}=dt\rightarrow dx=-2\,dt$

第4章 積分

また，積分範囲は，次の表のようになる。

x	0	$\cdots$	π
t	$\frac{3}{2}\pi$	$\cdots$	π

これより，

$$\int_0^{\pi}\cos\left(\frac{3}{2}\pi-\frac{x}{2}\right)dx=\int_{\frac{3}{2}\pi}^{\pi}\cos t\times(-2dt)=-2\left[\sin t\right]_{\frac{3}{2}\pi}^{\pi}$$

$$=-2(0-(-1))=-2$$

例題 4－2 部分積分

H.25 国家一般職 重要度 A

定積分 $\int_0^{\pi} x\cos x dx$ はいくらか。

1 -2　　2 -1　　3 0　　4 1　　5 2

部分積分の計算練習です。少々複雑な計算になりますが，ここで公式を覚えて，手順を身につけてください。

【正解】1

部分積分を使う。$\int \cos x dx = \sin x$，$(x)' = 1$ より，

$$\int_0^{\pi} x\cos x dx = \left[x\sin x\right]_0^{\pi} - \int_0^{\pi} \sin x dx = -\left[-\cos x\right]_0^{\pi} = -1-1 = -2$$

例題 4－3 平面図形の面積

H.23 国家Ⅱ種農業土木職 重要度 B

図のような $y = \dfrac{\log x}{x} - \dfrac{(\log x)^2}{x}$ で表される曲線と x 軸で囲まれる部分の面積として正しいのはどれか。

ただし，log は自然対数とする。

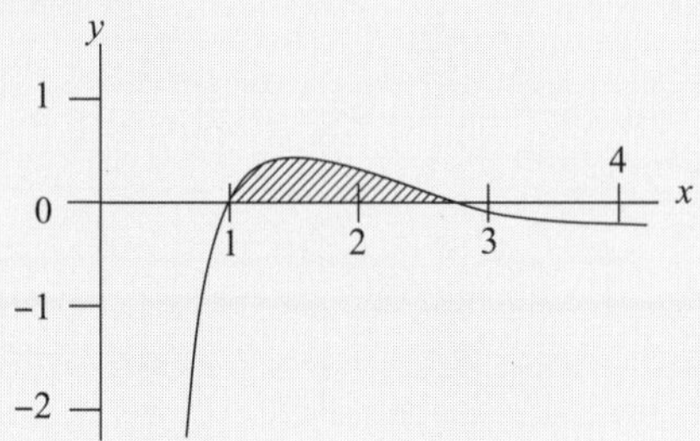

1 $\dfrac{1}{8}$　2 $\dfrac{1}{7}$　3 $\dfrac{1}{6}$　4 $\dfrac{1}{5}$　5 $\dfrac{1}{4}$

平面図形の面積の問題の練習です。ただし，この問題では，積分計算自体も難しくなっています。自分が知っている方法のどれを使えばよいのか，と考えてください。

【正解】3

まず，曲線と x 軸の交点の x 座標を求める。$y = 0$ として，

$$\frac{\log x}{x} - \frac{(\log x)^2}{x} = \frac{\log x(1 - \log x)}{x} = 0$$

したがって，

$$\log x = 0,\ 1 \qquad \therefore\ x = 1,\ e$$

これより，求める面積は，

$$\int_1^e \frac{\log x}{x} - \frac{(\log x)^2}{x} dx$$

で計算できる。置換積分を使ってこれを計算する。$\log x = t$ とおくと $\dfrac{dx}{x} = dt$ であり，

x	1	⋯	e
t	0	⋯	1

となるので，

$$\int_1^e \frac{\log x}{x} - \frac{(\log x)^2}{x} dx = \int_0^1 \left(\frac{t}{x} - \frac{t^2}{x}\right) x dt$$

$$= \int_0^1 t(1-t)dt = \frac{1}{6}(1-0)^3 = \frac{1}{6}$$

$$\int_a^b (b-x)(x-a)dx = \frac{1}{6}(b-a)^3$$

部分積分でも計算できますが，置換積分の方が簡単になります。

例題 4－4 回転図形の体積

H.18 国家Ⅱ種　重要度 A

図に示す曲線 $y = \cos x + 1 (0 \leqq x \leqq \pi)$ と，x 軸，y 軸で囲まれる斜線部の領域を，x 軸まわりに回転させてできる立体の体積はいくらか。

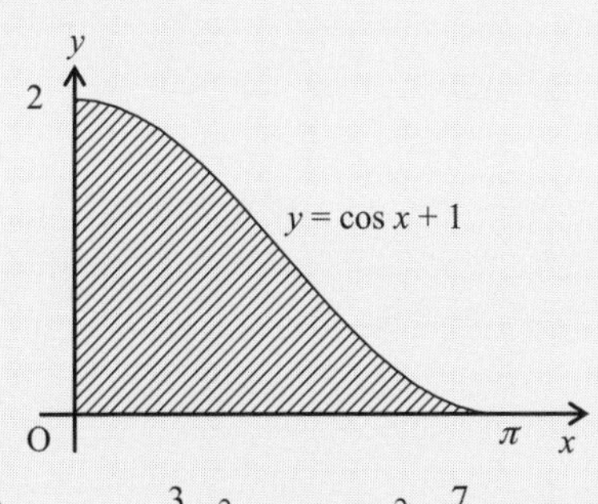

1　π^2　　2　$\pi^2 + \frac{4}{3}\pi$　　3　$\frac{3}{2}\pi^2$　　4　$\pi^2 + \frac{7}{3}\pi$　　5　$\frac{3}{2}\pi^2 + \frac{7}{3}\pi$

回転体はよく題材にされます。計算公式を覚えるとともに，三角関数の 2 乗の積分の方法について確認してください。

【正解】3

回転体の体積の公式より，求める体積を V とすると，

$$V = \pi\int_0^{\pi}(\cos x + 1)^2 dx = \pi\int_0^{\pi}(\cos^2 x + 2\cos x + 1)dx$$

第 1 項について，

$$\int_0^{\pi}\cos^2 x dx = \int_0^{\pi}\frac{1+\cos 2x}{2}dx = \left[\frac{x}{2} + \frac{\sin 2x}{4}\right]_0^{\pi} = \frac{\pi}{2}$$

第 2 項，第 3 項について，

$$\int_0^{\pi}(2\cos x + 1)dx = \left[2\sin x + x\right]_0^{\pi} = \pi$$

したがって，

$$V = \pi \times \left(\frac{\pi}{2} + \pi\right) = \frac{3}{2}\pi^2$$

ヒント

$\sin^2 x$ や $\cos^2 x$ の積分では，半角の公式が使われます。

例題 4－5　微分方程式の変数分離による解法

H.20 地方上級　重要度 **A**

微分方程式 $\dfrac{dy}{dx} = xy$ の解のうち，$(x, y) = (0, 2)$ を通るものの，$x = 1$ のときの y の値を求めよ。

1　e　　2　$2e$　　3　$4e$　　4　$\sqrt{e}$　　5　$2\sqrt{e}$

微分方程式の変数分離法による解法を確認しましょう。微分方程式に慣れていないかもしれませんが，解き方は決まっています。確実に身につけましょう。専門の問題でも使われる場合があります。

【正解】5

与えられた微分方程式 $\dfrac{dy}{dx} = xy$ を変形して，

$$\frac{dy}{y} = xdx \quad \rightarrow \quad \int\frac{dy}{y} = \int xdx$$

積分を実行して，

$$\log y = \frac{1}{2}x^2 + C \qquad (C\text{ は積分定数})$$

$x = 0$ のとき，$y = 2$ なので，$C = \log 2$

$$\therefore \quad \log y = \frac{1}{2}x^2 + \log 2 \quad \rightarrow \quad \log y - \log 2 = \log\frac{y}{2} = \frac{1}{2}x^2$$

これより，

$$\frac{y}{2} = e^{\frac{1}{2}x^2} \quad \therefore \quad y = 2e^{\frac{1}{2}x^2}$$

ここに $x = 1$ を代入して，

$$y = 2e^{\frac{1}{2}} = 2\sqrt{e}$$

なお，積分を実行するところで，不定積分ではなく定積分を使ってもよい。

$$\int_2^{y(1)}\frac{dy}{y} = \int_0^1 xdx \qquad \therefore \quad \log\frac{y(1)}{2} = \frac{1}{2} \quad \rightarrow y(1) = 2\sqrt{e}$$

定積分の積分区間の上と下が対応するようにします。つまり，$x = 0$，$y = 2$ がともに下限，$x = 1$，$y = y(1)$ がともに上限になっています。

例題 4－6 区分求積法

H.25 地方上級 重要度 B

次の極限値を求めよ。

$$\lim_{n\to\infty}\frac{1}{n}\left(\frac{1}{\sqrt{1+\frac{1}{n}}}+\frac{1}{\sqrt{1+\frac{2}{n}}}+\cdots+\frac{1}{\sqrt{1+\frac{n}{n}}}\right)$$

1 $\sqrt{2}$　2 $\sqrt{2}-1$　3 $2\sqrt{2}$　4 $2\sqrt{2}-1$　5 $2\sqrt{2}-2$

ここでは区分求積法を紹介します。この問題は事実上，公式を知っているかどうかの知識問題になります。なお，式の $\frac{1}{n}$ の部分を x に直した関数を積分すると，公式を使えたことになります。

【正解】5

$$f(x)=\frac{1}{\sqrt{1+x}}=(1+x)^{-\frac{1}{2}}$$

とおくと，

$$\lim_{n\to\infty}\frac{1}{n}\left(\frac{1}{\sqrt{1+\frac{1}{n}}}+\frac{1}{\sqrt{1+\frac{2}{n}}}+\cdots+\frac{1}{\sqrt{1+\frac{n}{n}}}\right)$$

$$=\lim_{n\to\infty}\frac{1}{n}\left\{f\left(\frac{1}{n}\right)+f\left(\frac{2}{n}\right)+\cdots+f\left(\frac{n}{n}\right)\right\}$$

これより，区分求積法の公式から，

$$(\text{与式})=\int_0^1 f(x)dx=\int_0^1(1+x)^{-\frac{1}{2}}dx=\left[2(1+x)^{\frac{1}{2}}\right]_0^1=2\sqrt{2}-2$$

$\frac{1}{n}$，$\frac{2}{n}$ の形から，区分求積法の公式を思い出します。

第4章 積分

練習問題

No.1 定積分 $\int_{-1}^{1}|e^x-1|dx$ の値はいくらか。

1 $e+\frac{1}{e}-2$　2 $e+\frac{2}{e}-2$　3 $2e+\frac{1}{e}-2$

4 $2e+\frac{2}{e}-1$　5 $2e+\frac{2}{e}-2$

H.22 国家Ⅱ種
重要度 A
答 P.19

No.2 $I=\int_0^1\frac{x}{\sqrt{3x+1}}dx$ はいくらか。

1 $-\frac{8}{27}$　2 $-\frac{4}{27}$　3 $\frac{2}{27}$　4 $\frac{4}{27}$　5 $\frac{8}{27}$

H.19 国家Ⅱ種農業土木職
重要度 A 類 例題 4－1
答 P.19

No.3 重積分 $\iint_D xydxdy$ はいくらか。

ただし，$D=\{(x,\ y)|\ 0\leqq x\leqq 1,\ 0\leqq y\leqq x\}$ とする。

1 $\frac{1}{8}$　2 $\frac{1}{6}$　3 $\frac{1}{4}$　4 $\frac{1}{3}$　5 $\frac{1}{2}$

H.26 国家一般職
重要度 C
答 P.20

No.4 曲線 $y=\ln x$，x 軸，y 軸及び直線 $y=2$ で囲まれる部分の面積はいくらか。

1 e^2-1　2 e^2-2　3 e　4 $e-1$　5 $e-2$

H.22 労基 B
重要度 A 類 例題 4－3
答 P.20

No.5 曲線 $y=(1-x^2)e^x$ の $y\geqq 0$ の部分と x 軸とで囲まれた部分の面積はいくらか。

1 $\frac{4}{e}$　2 $\frac{4}{e}+e$　3 $\frac{6}{e}$　4 $\frac{6}{e}+e$　5 $\frac{6}{e}+2e$

H.24 国家総合職
重要度 B 類 例題 4－2
答 P.20

No.6 図は，曲線 $y = \sin \pi x + (ax + b)$ （ただし，a，b は定数）を示したものである。

このとき，図の曲線と x 軸，y 軸とで囲まれた斜線部分の面積はいくらか。

H.15 国家Ⅱ種
重要度 A
答 P.21

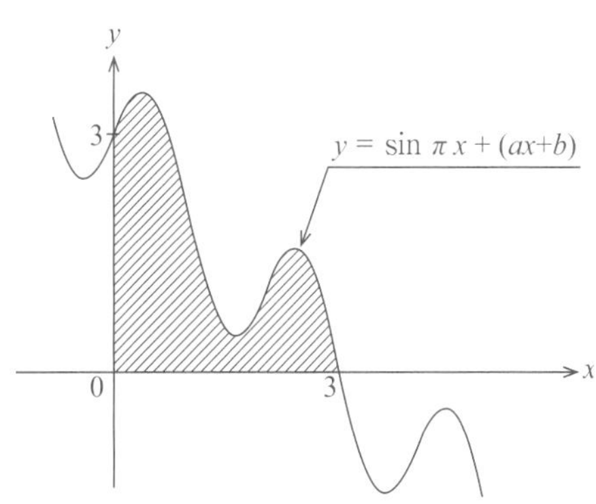

1 $\dfrac{9}{2} - \dfrac{2}{\pi}$　　2 $\dfrac{9}{2}$　　3 $\dfrac{9}{2} + \dfrac{2}{\pi}$

4 $\dfrac{13}{2}$　　5 $1 + 2\pi$

No.7 曲線 $y = \dfrac{x^2}{2} - \dfrac{\log_e x}{4}$ $(1 \leqq x \leqq e)$ の長さはいくらか。なお，曲線 $y = f(x)$ $(a \leqq x \leqq b)$ の長さ s は，次式で表される。

H.19 国家Ⅱ種
重要度 B
答 P.21

$$s = \int_a^b \sqrt{1 + \left(\frac{dy}{dx}\right)^2}\, dx$$

1 $e - \dfrac{1}{4e}$　　2 $e + \dfrac{1}{4e}$　　3 $\dfrac{e^2}{2} + \dfrac{1}{4e^2}$

4 $\dfrac{e^2}{2} - \dfrac{1}{4}$　　5 $\dfrac{e^2}{2} + \dfrac{1}{4}$

練習問題

No.8 曲線 $y = x^2 - 2x$ と x 軸で囲まれた図形を，x 軸のまわりに一回転させてできる立体の体積はいくらか。

H.24 国家一般職
重要度 A 類 例題 4－4
答 P.22

1 $\dfrac{16}{15}\pi$　2 $\dfrac{4}{3}\pi$　3 $\dfrac{8}{5}\pi$　4 $\dfrac{32}{15}\pi$　5 $\dfrac{38}{15}\pi$

No.9 図の斜線部の領域を x 軸の回りに回転させてできる立体の体積はいくらか。

H.21 国家Ⅰ種
重要度 A 類 例題 4－4
答 P.22

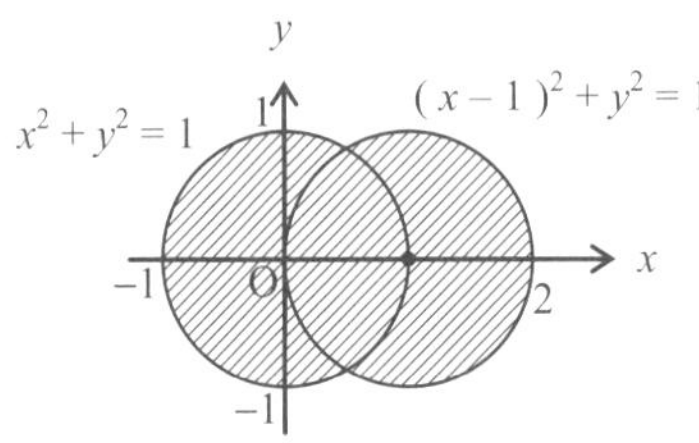

1 $\dfrac{29}{12}\pi$　2 $\dfrac{9}{4}\pi$　3 $\dfrac{25}{12}\pi$　4 $\dfrac{11}{6}\pi$　5 $\dfrac{19}{12}\pi$

No.10 曲線 $y = e^x$ の $x = 1$ における接線を l とする。$y = e^x$，l 及び y 軸で囲まれた図形を x 軸のまわりに回転してできる立体の体積はいくらか。

H.23 国家Ⅱ種
重要度 B 類 例題 4－4
答 P.23

1 $\left(\dfrac{1}{6}e^2 - \dfrac{1}{2}\right)\pi$　2 $\left(\dfrac{1}{3}e^2 - \dfrac{1}{2}\right)\pi$　3 $\left(\dfrac{5}{6}e^2 - \dfrac{1}{2}\right)\pi$

4 $\left(\dfrac{1}{6}e^2 + 2e - \dfrac{1}{2}\right)\pi$　5 $\left(\dfrac{1}{3}e^2 + 2e - \dfrac{1}{2}\right)\pi$

No.11 微分方程式 $\frac{dy}{dx}-\frac{1}{y}=0$ の解で，$(x,\ y)=(0,\ 1)$ を通るものの，$y=3$ における x の値として正しいのはどれか。

1 $\sqrt{2}$　　2 $\sqrt{3}$　　3 2　　4 $\sqrt{5}$　　5 4

H.23 地方上級
重要度 A 類 例題 4－5
答 P.23

No.12 時刻 $t=0$ において原点にある動点 P，Q が，それぞれ以下の式で表される速さ v_P，v_Q で x 軸上を正の方向に動く。$t=0$ から Q が P に追いつくまでの時間における PQ 間の距離の最大値はいくらか。

ただし，a は正の実数とする。

$$v_P = at \qquad (0 \leqq t)$$

$$v_Q = \begin{cases} 0 & (0 \leqq t < 1) \\ t\log_e t & (1 \leqq t) \end{cases}$$

1 $\frac{1}{4}(e^a-1)$　　2 $\frac{1}{4}(e^{2a}-1)$　　3 $\frac{1}{2}(e^a-1)$

4 $\frac{1}{2}(e^{2a}-1)$　　5 $\frac{1}{2}\left(e^{2a}-\frac{1}{4}\right)$

H.26 国家総合職
重要度 C 類 例題 4－6
答 P.23

第5章 確率

ポイント POINT

確率の問題は，教養試験だけではなく工学の基礎でも出題されます。その意味で，他の分野よりも重要度が高いといえます。

教養試験の問題と比べると，難易度が低く基本的な問題が多いのですが，教養試験では出題されないタイプの問題も見られます。後者の問題は注意が必要です。

知っておきたい 基礎知識

5−1 場合の数と確率

(1) 場合の数の公式

① 順列

n 個の物の中から r 個の物を取り出して並べる並べ方を順列といい，$_n\mathrm{P}_r$ と書きます。計算は次のようになります。

$$_n\mathrm{P}_r = n\times(n-1)\times(n-2)\times(n-3)\times\cdots\times(n-r+1)$$

アドバイス
n から始めて r 個かけ算と覚えましょう。

特に n 個の物をすべて並べる並べ方は次のようになります。

$$n! = n\times(n-1)\times(n-2)\times\cdots\times3\times2\times1$$

② 組合せ

n 個の物の中から r 個の物を取り出す場合の数を**組合せ**といい，$_n\mathrm{C}_r$ と書きます。計算は次のようになります。

$$_n\mathrm{C}_r = \frac{n\times(n-1)\times(n-2)\times\cdots\times(n-r+1)}{r\times(r-1)\times(r-2)\times\cdots\times2\times1} = \frac{n!}{(n-r)!r!}$$

ひとこと
分子は n から始めて r 個かけ算の形ですね。

n 個の物の中から r 個の物を取り出すということは，逆に選ばれない $n-r$ 個を選ぶことと同じですから，次の式が成り立ちます。

$$_n\mathrm{C}_r = {}_n\mathrm{C}_{n-r}$$

これを使って数を小さくしてから計算するのが普通です。

(2) 場合の数と確率

同様に確からしい n 通りの中で，ある事柄が起こる場合の数が a 通りだとすると，この事柄が起こる確率 P は次の比で表されます。

$$P = \frac{a}{n}$$

これにより，確率の問題を場合の数で解くことができますが，数えている場合が **同様に確からしい** かどうかは注意が必要です。

ひとこと

「同様に確からしい」というのは要するに場合が全て平等ということです。出やすい場合と出にくい場合を同じように数えてはいけません。たとえば，サイコロ2つを投げてその和が2になる場合と7になる場合では，後者の方が出やすいので，同じ1通りとは数えられません。

(3)　和の法則と積の法則

簡単な確率計算を使って複雑な確率を計算する法則として使われるのが次の2つの法則です。

①　和の法則

2つの事柄 A と B が同時には起きないとします。このとき，A または B のどちらかが起こる確率は，次の式で表します。ただし，$P(\mathrm{X})$ で X の起こる確率を表します。

$$P(\mathrm{A}\ または\ \mathrm{B}) = P(\mathrm{A}) + P(\mathrm{B})$$

これはつまり，「確率は場合分けして求めることができる」ということを意味します。もし，A と B が同時に起こることがある場合，上の式ではそれを $P(\mathrm{A})$，$P(\mathrm{B})$ の両方で重複して数えてしまっていますので，次の式になります。

$$P(\mathrm{A}\ または\ \mathrm{B}) = P(\mathrm{A}) + P(\mathrm{B}) - P(\mathrm{A}\ かつ\ \mathrm{B})$$

しかし，これでは複雑になってしまいます。そこで，場合分けをして考えるときには，できる限り重複して両方に入る場合がないようにするべきです。

②　積の法則

お互いに影響しない2つの事柄 A と B が連続して起こる場合に，それぞれの確率を $P(\mathrm{A})$，$P(\mathrm{B})$ とすると，これが A → B と連続して起こる確率は，次のように計算できます。

$$P(\mathrm{A}\to\mathrm{B}) = P(\mathrm{A})\times P(\mathrm{B})$$

これは，連続して物事が起こる場合には，それぞれの段階で場合が絞られていることを意味しています。つまり，確率 P(A) で場合が絞られた後，さらにその中で確率 P(B) で絞られるということです。

積の法則を使う場合には2つ注意が必要です。まず，前の結果によって後の結果が影響を受けない，つまり，前の結果の確率と後の結果の確率が別々に求められる場合にしか使えないということです。前の結果によって後の結果が変わる場合，①の和の法則で場合分けをする必要があります。さらに，「順番が決められている」ことにも注意が必要です。A が1回，B が1回起こる確率は，A→B と B→A の2つを考えなければいけません。ただし，お互いの確率が全く影響しないのであれば，この2つの確率は同じになります。したがって，

$$P(\text{A，B が 1 回ずつ}) = 2\times P(\text{A})\times P(\text{B})$$

と計算できます。この2が起こる順番の数です。いずれにしても，順番を決めて，場合の数をかけることを忘れないようにする必要があります。

(4)　全事象，余事象

全部の場合の確率は，確率の公式で $a = n$ とすればよいので，

$$P(\text{全部の場合}) = 1$$

となります。これを使えば，ある事柄 A が起きる確率は，A が起きない場合の裏返しですので，

$$P(\text{A}) = 1 - P(\text{A が起きない})$$

となります。この P(A が起きない) 場合を**余事象**の確率といいます。A が起きない確率が計算しやすい場合には，この方法で計算をします。

ひとこと
「少なくとも1回以上」という確率を計算する場合によく使われます。

(5)　独立試行の確率

各回ごとに互いに影響を及ぼさない事柄を n 回続けて行うとします。1回ごとに結果が A となる確率を a，B となる確率を b として，A が k 回，B が $n-k$ 回起こる確率を求めます。もし，最初に A が連続して k 回起きたのであれば，積の法則によって，

$$p \times p \times p \times \cdots \times p \times q \times q \times \cdots q = p^k q^{n-k}$$

となります。そして，これ以外の順番で起きる場合もかけ算の順番が異なるだけですから確率は同じです。AとBの起こり方は，n回の中でどのk回にAが起きた場合なのかを選ぶため，${}_nC_k$通りとなります。結局求める確率は次のようになります。

$$P(\text{A が } k \text{ 回，B が } n-k \text{ 回}) = {}_nC_k p^k q^{n-k}$$

これを**独立試行の確率**といいます。起こる場合の数をかけることを忘れてはいけません。

(6) 条件付の確率

考えている前提の場合に条件が付いたり，結果から原因の確率を求める方法を広く**条件付の確率**といいます。たとえば，A工場とB工場から同じ製品が出荷されたとき，A工場とB工場のそれぞれの製品には不良品がある割合で混ざっているとします。この状況は下のようにまとめることができます。

A工場	A工場の良品	①
	A工場の不良品	②
B工場	B工場の良品	③
	B工場の不良品	④

このとき，自分の手元にある製品がA工場で作られた良品である確率は①で表されます。

しかし，逆に，「手元にある製品が不良品であることが判明した」場合に，それがA工場から出荷されたものである確率を考えるとき，すでに「不良品」であることは決まってしまいましたから，①や③の可能性はあり得ません。つまり，②か④かどちらかで悩んでいるわけです。したがって，この場合，②か④の中で②となる確率ということで $\frac{②}{② + ④}$ になります。

このように，前提に条件がつくのが条件付の確率です。まず問題文をよく読んで求める条件を正しく把握した上で，全ての場合を書き出し，その中で考えられている分母が何なのかを考えて計算していく必要があります。

5-2 確率分布

(1) 確率分布

何らかの点数 X を取る確率が $P(X)$ で表されるとき，この X と $P(X)$ の対応関係は，関数と同じように見えます。このとき，この得点 X を**確率変数**，$P(X)$ を**確率分布**といいます。特に X が整数のように飛び飛びの値をとる場合には**離散型確率分布**といいます。

全確率は1ですので，すべての $P(X)$ を合計すれば1となります。つまり，

$$\sum P(X) = 1$$

となります。

(2) 期待値

点数 X の平均点を X の**期待値**といい，$E(X)$ または μ と書きます。これは次の式で計算できます。

$$E(X) = \sum XP(X)$$

つまり，すべての場合において，「点数と確率を求めてかけ算」して合計を取ることになります。

期待値で重要な公式は次の式です。

$$E(X + Y) = E(X) + E(Y)$$

これは要するに，和の期待値は分けて計算してもよいということを意味します。つまり，X と Y の期待値を計算する場合に，X と Y の和の確率を出さなくとも，X と Y とを別に求め，それを合計してもよいということです。また，期待値が $E(X)$ となる試行 X を a 回行う場合，1回1回がお互いに影響しない場合には，その合計の期待値 $E(aX)$ は，単純に a 倍で求めることができます。つまり，

$$E(aX) = aE(X)$$

となります。

(3) 連続型確率分布

ここまでで出てきた確率変数 X は，整数のように飛び飛びの値をとることが前提でした。これを拡張して，点数（確率変数）が実数 x 全体をとれるようにしたのが，**連続型確率分布**です。このときの確率分布を $f(x)$ と書きます。

$f(x)$ は，確率密度関数ともよばれます。

連続型確率分布は，離散型確率分布と同じように考えることができますが，確率の求め方には大きな違いがあります。すなわち，$f(x)$ の値そのものは，確率を表さず，積分をすることで確率を求めることになります。つまり，$y=f(x)$ と x 軸の間の面積が確率になります。

$$P(a<x<b)=\int_a^b f(x)dx$$

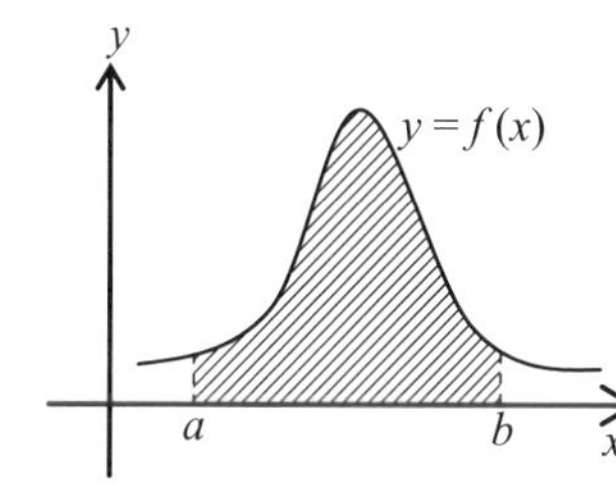

連続分布では，必ず幅を指定して確率を計算します。つまり，$f(a)$ は $x=a$ になる確率ではありません。$x=a$ になる確率は，幅がないので0になります。

これに注意すれば，あとは離散型の確率の公式の和を積分にかえるだけで，連続型確率分布の公式を出すことができます。以下に列挙します。

① 確率分布になる条件

$$\int_{全範囲} f(x)dx=1$$

② 期待値

$$E(x)=\int_{全範囲} xf(x)dx$$

例題 5－1　3つのサイコロの確率

H.25 市役所試験　重要度 A

さいころを3つ同時に投げたとき，一番小さな目が2となる確率はどれか。

1 $\frac{7}{216}$　2 $\frac{61}{216}$　3 $\frac{91}{216}$　4 $\frac{125}{216}$　5 $\frac{155}{216}$

確率を考える場合，「計算する」「場合の数を数える」という大きな2つの方針があります。どうしても計算する方法を考えがちですが，数える方法があることも忘れないようにしましょう。計算する場合には，場合の重複に注意が必要になります。

【正解】2

解法1　場合の数を数える

3つのサイコロを仮にA，B，Cとし，Aの結果を横，Bの結果を縦にとって，次のような表を作る。そして，一番小さな目が2となるときのCの結果を表の中に埋めていくと，次のようになる。

B＼A	1	2	3	4	5	6
1						
2		2～6	2～6	2～6	2～6	2～6
3		2～6	2	2	2	2
4		2～6	2	2	2	2
5		2～6	2	2	2	2
6		2～6	2	2	2	2

全部の場合は $6^3 = 216$ 通りであり，これはすべて同様に確からしい。

一番小さな目が2になる場合の数は，表を見て，2～6の5通りある場合と，2のみの1通りしかない場合があるので，

$5 \times 9 + 1 \times 16 = 61$

したがって，求める確率は $\frac{61}{216}$

解法2 **計算で求める**

3つのサイコロの最も小さい目が2になるということは,①「すべてのサイコロが2以上」で,②「2も1回以上出る」ということである。②については余事象を考えると,要するに,①「すべてのサイコロが2以上」の場合の中で,②「2が全く出ない,つまりすべてのサイコロが3以上」の場合を引けばよい。

3つとも2以上になる確率は $\left(\frac{5}{6}\right)^3=\frac{125}{216}$

一方,3つとも3以上になる確率は $\left(\frac{4}{6}\right)^3=\frac{64}{216}$

したがって,求める確率は $\frac{125-64}{216}=\frac{61}{216}$

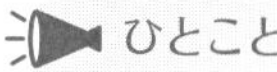

2以上になるということは1～6のうち2～6の5通りが出るということです。

例題 5－2 確率の計算

H.21 国家I種 重要度A

袋の中に，白玉が5個，黒玉が3個入っている。いま，袋から任意にすべての玉を一つずつ取り出し，その順に一列に並べるとき，黒玉が3個連続して並ぶ確率はいくらか。

ただし，取り出した玉は袋に戻さないものとする。

1 $\frac{3}{56}$　2 $\frac{1}{14}$　3 $\frac{5}{56}$　4 $\frac{3}{28}$　5 $\frac{1}{8}$

球を袋から取り出す問題は，確率ではよく出題されます。場合の数を調べても解くことができますし，積の法則も使えます。いろいろな方法を学びましょう。

【正解】4

解法1 場合の数を数える

合計8個の球を皿に並べると考えても同じことである。この場合，8枚の皿の中から，黒を入れる3枚を選べばよい。したがって，8枚の中から3枚を選ぶ場合の数として，

$${}_8C_3 = \frac{8\times7\times6}{3\times2\times1} = 56 \text{ 通り}$$

となる。

次に，3つの黒玉が連続して並ぶ場合を考える。皿に次のように番号をつけると，

1　2　3　4　5　6　7　8

3つ並ぶのは，(1，2，3)(2，3，4)(3，4，5)･･･(6，7，8)の6通りである。

したがって，求める確率は，

$$\frac{6}{56} = \frac{3}{28}$$

解法２ **積の法則を考える**

まず，白球を５つ一列に並べる。その間に黒球を３つ挿入すると考える。まず，1つ目の黒球はどこに入れても同じことである。そこで，仮に下図のように一番左に置いておく。

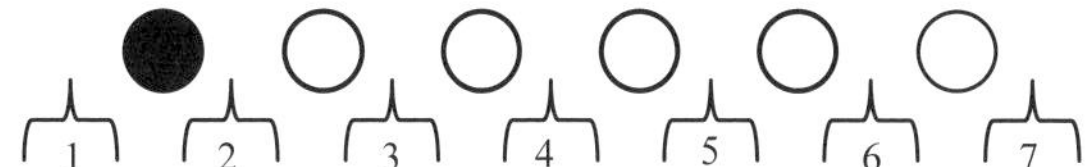

次に図の印の付いている部分に，２つ目の黒球を入れると考える。１～７のうちで１か２に入れば黒球が隣り合う。そうなる確率は $\frac{2}{7}$ である。この時点で次のようになる。なお，番号は左から振り直している。

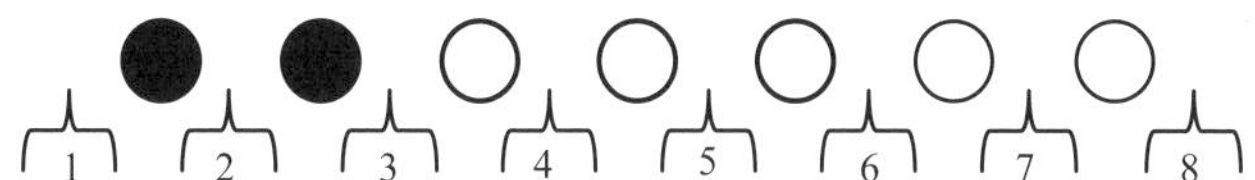

この状態で，１～８の中で1，2，３に３個目の黒球が入れば，３つが連続する。そうなる確率は $\frac{3}{8}$ である。

したがって，全体として黒球３つが隣り合う確率は，

$$\frac{2}{7}\times\frac{3}{8}=\frac{3}{28}$$

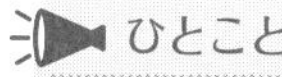

このような考え方は，並べる問題では時々使われます。

例題 5－3 余事象

H.16 国家Ⅱ種 重要度 **B**

中の見えない袋に赤玉 9 個と白玉 1 個が入っている。袋から玉を 1 個取り出して再び元に戻す作業を繰り返し行う。少なくとも 1 度は白玉を取り出す確率を 0.9 より大きくするには，何回以上玉を取り出さなければならないか。

ただし，$\log_{10} 2 = 0.301$，$\log_{10} 3 = 0.477$ とする。

1　20　　2　22　　3　24　　4　26　　5　28

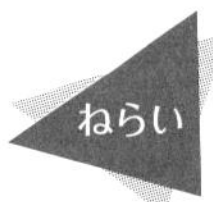

「少なくとも 1 度」とあるので余事象を考えましょう。この問題では，余事象だけではなく，対数の計算もする必要があります。この両方を学習しましょう。

【正解】2

余事象を使う。n 回行って 1 回も白玉が出ない確率は，常に赤玉が出ればよいので，$\left(\frac{9}{10}\right)^n$ となる。したがって，1 回以上白玉が出る確率は，余事象になるので，

$$1-\left(\frac{9}{10}\right)^n$$

となる。したがって，

$$1-\left(\frac{9}{10}\right)^n > 0.9 \qquad \therefore \quad \left(\frac{9}{10}\right)^n < 0.1$$

となればよい。ここで，最後の式の両辺の常用対数を取る。左辺は，

$$\log\left(\frac{9}{10}\right)^n = n\log\frac{9}{10}$$ ← $\log x^n = n\log x$

$$= n(\log 9 - \log 10)$$ ← $\log\frac{x}{y} = \log x - \log y$

$$= n(\log 3^2 - 1) = n(2\log 3 - 1) = -0.046n$$

右辺については，$\log 0.1 = \log 10^{-1} = -1$ となるので，

$$-0.046n < -1 \qquad \therefore \quad n > \frac{1}{0.046} = 21.7$$

したがって，22 回以上となる。

「少なくとも 1 度」という条件がある場合は，余事象を念頭にいれましょう。

ひとこと

常用対数とは，底が 1
の対数のことです。

例題 5－4 場合分け

H.17 国家Ⅱ種　重要度 B

図に示すのは都市 A，B，C における物資の輸送の経路の模式図である。各経路上の数値は台風が接近してきた際にその経路が使用不能となる確率を表している。

このとき，台風が接近した際に都市 C に都市 A からの物資が全く届かなくなる確率はおよそいくらか。

ただし，物資は矢印に示す向きにだけ輸送されるものとする。

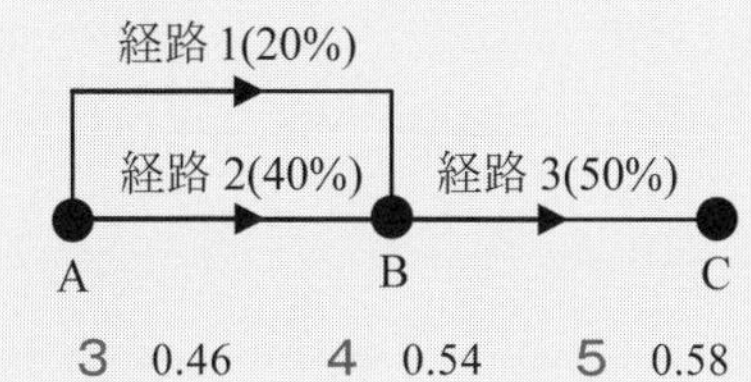

1　0.30　　2　0.42　　3　0.46　　4　0.54　　5　0.58

場合分けの複雑な問題の練習です。全部で経路の使用の可否は 8 通りしかありませんので，すべて調べることも可能ですが，できる限り場合は少ない方がよいでしょう。重複なく考える方法を学んでください。

【正解】4

解法 1　直接場合分けをする

次のように 2 つに場合を分ける。

① 経路 3 が使用不可の場合

この場合には，経路 1，2 の使用の可否に関わらず物資は届かなくなる。こうなる確率は 0.50 である。

② 経路 3 が使用可能のときで，かつ経路 1，2 が両方とも使用不可のとき

経路 1 が使用不可，かつ，経路 2 が使用不可，かつ，経路 3 が使用可能と順番に考えて，積の法則から，$0.2 \times 0.4 \times 0.5 = 0.04$

以上の 2 通りで全ての場合が出ているので，求める確率は，

$$0.50 + 0.04 = 0.54$$

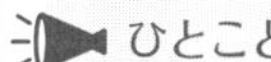

②では最初に「経路 3 が使用可能」と限定することで，①との重複を避けています。

解法2　余事象を考える

物資が届く確率を求める。そのためには，まず，経路1と経路2の少なくとも片方が使用できる確率が必要となるが，これは経路1と2が両方使用不可となる場合の余事象なので，

$$1 - 0.2 \times 0.4 = 0.92$$

となる。これに加えて経路3が使用可能なら物資が届くので，物資が届く確率は，

$$0.92 \times 0.5 = 0.46$$

この余事象が求める物資が届かない確率となるので，求める確率は，

$$1 - 0.46 = 0.54$$

例題 5－5 独立試行の確率

H.25 国家総合職 重要度 A

x 軸上を動く点 P が原点にある。1 ～ 6 の目をもつさいころを振り，偶数の目が出た場合は P を正方向に 3 動かし，奇数の目が出た場合は P を負方向に 1 動かすものとする。さいころを 10 回振った後，P が $x = 2$ にある確率はいくらか。

1 $\frac{7}{10}$　2 $\frac{3}{10}$　3 $\frac{105}{512}$　4 $\frac{15}{128}$　5 $\frac{7}{64}$

さいころを繰り返し投げる，というのは独立試行の確率の典型例です。今回は，最初に回数を求める必要がありますが，確率部分では，独立試行の確率の公式を確認してください。

【正解】4

まず，10 回の中で偶数が出た回数 n を求める。このとき，奇数は $10 - n$ 回出ているので，P の位置について，

$$3n - (10 - n) = 4n - 10 = 2 \qquad \therefore \quad n = 3$$

つまり，10 回サイコロを投げて 3 回偶数が，7 回奇数が出る確率を求めればよい。サイコロを 1 回投げて偶数が出る確率も奇数が出る確率も $\frac{1}{2}$ なので，独立試行の確率の公式より，求める確率は，

$${}_{10}C_3\left(\frac{1}{2}\right)^3\left(\frac{1}{2}\right)^7 = \frac{10\times9\times8}{3\times2\times1}\times\left(\frac{1}{2}\right)^{10} = \frac{15}{128}$$

10 回中どの 3 回で偶数が出たのか，という場合の数が ${}_{10}C_3$ です。

例題 5－6 条件付の確率

H.13 労基 B　重要度 A

ある病気を発見するためにある検査法が適用された。その検査法によれば，その病気に実際に冒されている人々の 80% が陽性と判定され，その病気には冒されていない人々の 10% が陽性と判定される。その病気に実際に冒されている人の割合が 10% である集団から，ある一人を無作為に選んでこの検査を行い陽性と判定されたとき，その人がその病気に実際に冒されている確率はいくらか。

1　0.33　　2　0.47　　3　0.61　　4　0.72　　5　0.88

工学の基礎ではよく出題される条件付確率の典型的問題です。今回の病気の検査薬と，工場の不良品検査は，条件付確率の 2 大題材です。その解き方などを確認しましょう。

【正解】2

この問題に登場しているのは，次の表にまとめられる 4 種類の人である。

健康状況	検査	確率
健康（90%）	陽性（10%）	① 0.9 × 0.1 = 0.09
	陰性（90%）	② 0. 9 × 0.9 = 0.81
病気（10%）	陽性（80%）	③ 0. 1 × 0.8 = 0.08
	陰性（20%）	④ 0. 1 × 0.2 = 0.02

しかし今，陽性の結果が出ているので，可能性があるのは上の表の①，③のみである。この中で③になる確率が求める確率なので，

$$\frac{③}{① + ③} = \frac{0.08}{0.09 + 0.08} = \frac{8}{17} = 0.47$$

ひとこと

工場の不良品検査の問題は，練習問題 No. 10 にあります。

アドバイス

条件付の確率は，わかりにくいときにはこのように一度全ての場合を書き出すとよいでしょう。なお，確率が求まらない場合も，①～④の起こる比がわかれば，確率が計算できます。

例題 5－7 期待値

H.23 国家 II 種　重要度 B

プレイヤーが 100 円を支払って 10 円玉 3 枚と 100 円玉 2 枚を投げる。投げた硬貨のうち，表が出た硬貨をもらうことができるとして，このゲームを 1 回行ったとき，プレイヤーにとって，利益の期待値はいくらか。

ただし，いずれの硬貨も表が出る確率と裏が出る確率に偏りはないものとする。

1　−15 円　　2　−5 円　　3　0 円　　4　＋5 円　　5　＋15 円

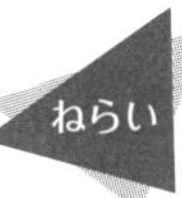

和の期待値の計算問題です。期待値の公式を確認するとともに，和の期待値の考え方に慣れておいてください。利益がいくらになるのかを素直に考えては大変です。硬貨 1 枚ずつ考えていきましょう。

【正解】5

硬貨 1 枚のもらえる金額の期待値を考える。表が出るか，裏が出るかは同じ 0.5 の確率なので，10 円玉 1 枚を投げてもらえる金額の期待値は 5 円，100 円玉なら 50 円である。

ここで，10 円玉 3 枚，100 円玉 2 枚ならば，これをそのまま合計すればよいので，最初に 100 円支払うことを考えて，求める利益の期待値は次のようになる。

$$5\times3 + 50\times2 - 100 = 15$$

ひとこと

確率を，もらえる金額が 0 円の時，10 円の時，20 円の時 … と求めては大変です。

例題 5－8 連続型確率分布

H.23 地方上級　重要度 A

確率密度関数 $f(x)$ を以下のように定義したときの a の値と $x \geqq \frac{1}{2}$ となる確率を求めよ。

$$f(x) = \begin{cases} ax^2 & (0 \leqq x \leqq 1) \\ 0 & (0 > x,\ x > 1) \end{cases}$$

	a の値	確率
1	2	$\frac{3}{4}$
2	2	$\frac{7}{12}$
3	3	$\frac{1}{8}$
4	3	$\frac{7}{8}$
5	3	$\frac{5}{12}$

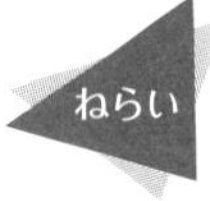

確率分布の問題は公式を覚えていれば確実に解くことができます。積分計算が必要になりますが，複雑なものは出題されませんので，この問題でしっかり覚えておきましょう。

【正解】4

全確率は 1 でなければいけないので，

$$\int_0^1 ax^2 dx = a\left[\frac{x^3}{3}\right]_0^1 = \frac{a}{3} = 1 \qquad \therefore \quad a = 3$$

ここで，$x \geqq \frac{1}{2}$ となる確率は，この範囲で確率密度関数を積分して，

$$\int_{\frac{1}{2}}^1 3x^2 dx = \left[x^3\right]_{\frac{1}{2}}^1 = 1 - \frac{1}{8} = \frac{7}{8}$$

ひとこと

確率が 0 のところは起こらないので，この問題の起こりうる全範囲は $0 \leqq x \leqq 1$ です。

練習問題

No.1　A，B，C，D，E の 5 枚のカードを横一列に無作為に並べるとき，A と B が**隣り合わない**確率はいくらか。

1　$\frac{1}{5}$　　2　$\frac{3}{10}$　　3　$\frac{2}{5}$　　4　$\frac{1}{2}$　　5　$\frac{3}{5}$

H.20 労基 B
重要度 B
答 P.25

No.2　赤玉 5 個，青玉 4 個，白玉 1 個が入っている袋から，無作為に 3 個の玉を同時に取り出すとき，3 個とも同じ色である確率はいくらか。

1　$\frac{7}{60}$　　2　$\frac{11}{60}$　　3　$\frac{13}{60}$　　4　$\frac{17}{60}$　　5　$\frac{19}{60}$

H.22 国家Ⅱ種
重要度 A　類 例題 5 − 2
答 P.25

No.3　箱の中に赤玉 6 個，白玉 5 個，青玉 5 個，黒玉 4 個が入っている。箱から無作為に玉を 1 個取り出してその色を記録し，再び箱の中に戻す操作を 4 回行ったとき，2 回目に初めて赤，4 回目に初めて黒が記録される確率はいくらか。

1　$\frac{3}{200}$　　2　$\frac{3}{125}$　　3　$\frac{3}{100}$　　4　$\frac{1}{25}$　　5　$\frac{3}{50}$

H.12 国家Ⅱ種農業土木職
重要度 A　類 例題 5 − 2
答 P.26

No.4　あるお菓子には，おまけのカードがお菓子 1 個につき 1 枚ついている。カードは A，B，C の 3 種類あるが，袋に入っているため，どの種類が入っているかは買って開けるまで分からない。また，どの種類のカードも等確率で入っている。

いま，このお菓子をまとめて 4 個買ったときに，A，B，C の 3 種類とも手に入る確率はいくらか。

1　$\frac{8}{27}$　　2　$\frac{1}{3}$　　3　$\frac{10}{27}$　　4　$\frac{4}{9}$　　5　$\frac{5}{9}$

H.18 国家Ⅱ種
重要度 B　類 例題 5 − 4
答 P.26

第5章　確率

練習問題

No.5 AとBの2人で，じゃんけんを6回行った。Aの結果が，勝ち，負け，引き分けそれぞれ2回ずつとなる確率はいくらか。

1 $\frac{1}{729}$　2 $\frac{10}{81}$　3 $\frac{41}{243}$　4 $\frac{5}{27}$　5 $\frac{1}{3}$

H.22 国家Ⅰ種
重要度A 類 例題5－2
答 P.26

No.6 3人でじゃんけんを行う。3人がそれぞれ違うものを出した場合又は3人が同じものを出した場合は3人で再びじゃんけんを行い，2人が他の1人に勝った場合は2人で再びじゃんけんを行う。このとき，第2回目に1人の勝者が決まる確率はいくらか。

1 $\frac{2}{9}$　2 $\frac{1}{3}$　3 $\frac{4}{9}$　4 $\frac{5}{9}$　5 $\frac{2}{3}$

H.9 国家Ⅱ種
重要度A 類 例題5－4
答 P.27

No.7 表と裏が等確率で出るコインを繰り返し投げていくとき，4回目までに同じ面が連続して出る確率はいくらか。

1 $\frac{15}{16}$　2 $\frac{7}{8}$　3 $\frac{3}{4}$　4 $\frac{1}{2}$　5 $\frac{3}{32}$

H.20 地方上級
重要度B 類 例題5－3
答 P.27

No.8 A，B，Cの3人がクイズに挑戦したところ，正解できる確率は，それぞれ $\frac{5}{6}$，$\frac{4}{5}$，$\frac{3}{4}$ であった。この3人が同時にクイズに挑戦したときに，3人のうち少なくとも2人が正解できる確率はいくらか。

ただし，A，B，Cの判断は独立であるとする。

1 $\frac{1}{15}$　2 $\frac{47}{120}$　3 $\frac{1}{2}$　4 $\frac{3}{4}$　5 $\frac{107}{120}$

H.24 労基B
重要度B
答 P.28

No.9 箱の中に色以外は区別が付かない3個の赤球，3個の黄球，4個の青球が入っている。この箱から無作為に3個の球を取り出すとき，取り出した球の色の種類が2色となる確率はいくらか。

1 $\frac{1}{120}$　2 $\frac{1}{20}$　3 $\frac{13}{120}$　4 $\frac{13}{60}$　5 $\frac{13}{20}$

H.19 労基B
重要度A 類 例題5－3
答 P.28

No.10 ある製品を三つの工場A，B，Cで生産しており，不良品が発生する確率は，工場Aが2%，工場Bが2.5%，工場Cが1%である。いま，工場Aで生産した100個，工場Bで生産した200個，工場Cで生産した300個を混ぜて，その中から1個を取り出したとき，それが不良品であった。このとき，その不良品が工場Aで生産された製品である確率はいくらか。

1 $\frac{1}{300}$　2 $\frac{1}{50}$　3 $\frac{1}{6}$　4 $\frac{2}{11}$　5 $\frac{1}{5}$

H.26 労基B
重要度A 類 例題5－6
答 P.29

No.11 ある機械で作る製品について，良品か不良品かを判断する検査がある。この検査では良品を良品と正しく判断する確率が $\frac{4}{5}$，不良品を不良品と正しく判断する確率が $\frac{9}{10}$ である。

いま，良品と不良品の数の比が10：1である製品の山の中から，ランダムに1個を選び出し，検査を行ったところ，良品と判断された。これが本当は不良品である確率はいくらか。

1 $\frac{1}{10}$　2 $\frac{1}{11}$　3 $\frac{1}{50}$　4 $\frac{1}{81}$　5 $\frac{1}{100}$

H.18 国家Ⅰ種
重要度A 類 例題5－6
答 P.29

No.12 1から100までの互いに異なる数字が記入された100枚のカードのうちから無作為に1枚を引き，偶数が記入されていればその数が，奇数が記入されていれば−1が得点となるゲームがある。このゲームを1回行うとき，得点の期待値はいくらか。

1 10　2 15　3 20　4 25　5 40

H.23 国家Ⅰ種
重要度B 類 例題5－7
答 P.30

No.13 ある通信路線に流れる電流の大きさが i である確率を表す確率密度関数 $f(i)$ は，以下の式で表されるという。

$$f(i) = \begin{cases} \frac{1}{2}i-1 & (2 \leqq i \leqq 4 \text{ のとき}) \\ 0 & (\text{その他のとき}) \end{cases}$$

この通信路線に流れる電流 i の平均値はいくらか。

1 1　2 $\frac{5}{2}$　3 3　4 $\frac{10}{3}$　5 $\frac{7}{2}$

H.12 国家Ⅱ種
重要度 B 類 例題 5－8
答 P.30

No.14 確率密度関数 $P(x)$ が以下のように与えられているとき，分散 σ^2 として正しいものはどれか。ただし，$\mu = \int_{-\infty}^{\infty} xP(x)dx$，$\sigma^2 = \int_{-\infty}^{\infty} (x-\mu)^2 P(x)dx$ である。

H.22 地方上級
重要度 C 類 例題 5－8
答 P.30

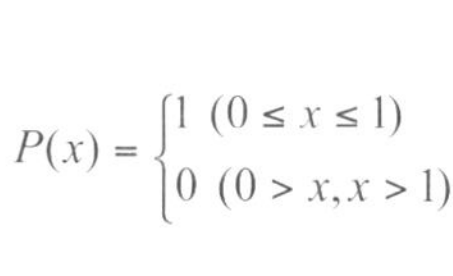

$$P(x) = \begin{cases} 1 & (0 \leq x \leq 1) \\ 0 & (0 > x, x > 1) \end{cases}$$

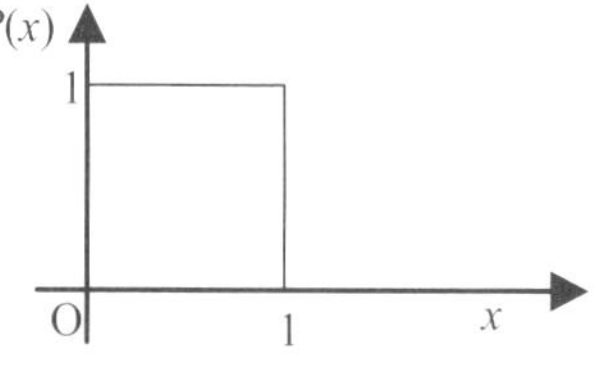

1 $\frac{1}{2}$　2 $\frac{1}{3}$　3 $\frac{1}{6}$　4 $\frac{1}{12}$　5 $\frac{1}{18}$

MEMO

第6章 フローチャート

ポイント POINT

フローチャートは高校ではあまり扱わない分野です。そのため，苦手意識を持っている人も少なくないと思いますが，工学の基礎ではよく出題されています。

後回しになりがちな分野ですが，慣れてしまえば知識も少なくて，解きやすい問題とも言えます。ここでは，フローチャートの基本から見ていきましょう。

知っておきたい 基礎知識

6-1 フローチャートの基本

(1) フローチャートの基本

フローチャートは，作業の手順を示した図です。このとき，次のルールに従って書かれます。

① 手順としては「Start」から始め，「End」で終了する。

② 通常，上から下へと作業を進める（1つの作業内でも上から下へ読む）。

③ ②以外の方向の場合には，矢印で読む方向を記す。

④ 作業の内容は四角で囲む。

⑤ 条件を分岐する場合には，分岐するための条件をひし形で囲み，分岐の先を行き先の分かりやすいところに書く。

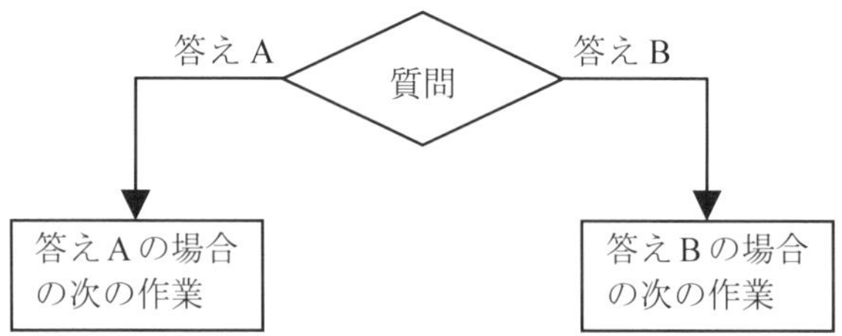

(2) 変数

フローチャートでは，数学の文字と似たようなものとして**変数**が使われます。変数には，i，j，a，n などの文字が使われますが，文字式と異なり，2文字以上で1つの変数を表す場合があります。たとえば，min，$temp$ などです。なお，代わりにかけ算の「×」記号は，誤解がない場合を除いて，省略されません。

(3) 代入文

フローチャートの計算で最もよく使われるのがこの**代入文**です。たとえば，「$a \leftarrow b$」と書かれた場合「b の値を a の値に代入する」ことになります。この代入文で注意することは，「先に右辺の計算をしてから代入する」ということです。たとえば，次のように使われます。

$a \leftarrow a+1$：a の値を 1 つ増やす

$a \leftarrow 2 \times a$：a の値を 2 倍する

(4) 配列

数列と同様に，$a[1]$，$a[2]$，… という番号付きの変数が使われる場合があります。これは**配列**と呼ばれます。実際には，異なる変数として扱われます。

(5) フローチャートの解法の基本

フローチャートは，結局のところ，変数の値を計算することによって目的のものを求めるものです。そこで，フローチャートを解く方法の最も基本的なことは，変数の値の変化を計算する表を書いていくことになります。そのため，フローチャートを見るときには，まずどの変数が使われているのかを探していきます。

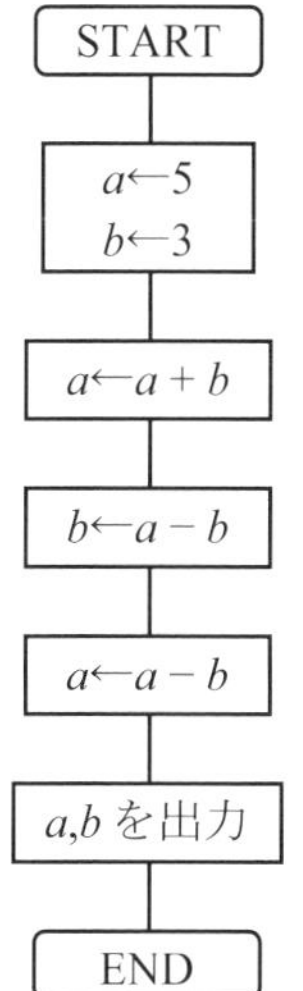

a	5	8		3
b	3		5	

6-2 フローチャートの解法

(1) ループ処理（繰り返し処理）

実際のフローチャートでは，繰り返しの処理がよく使われます。この繰り返しのパターンを頭に入れておくと，フローチャートで何が行われているのかが読める場合があります。繰り返しの基本的な処理パターンは次のようになります。

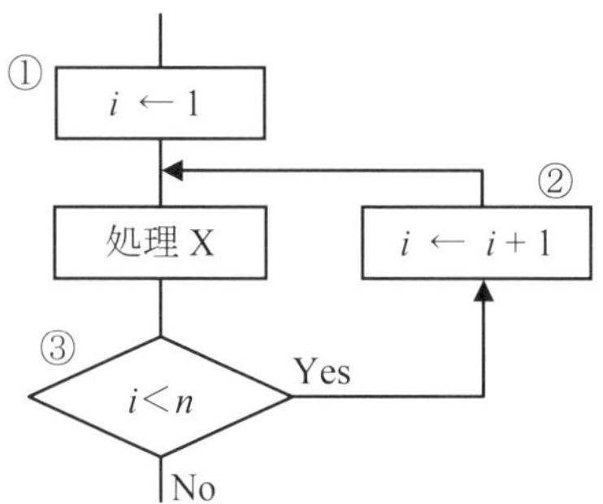

> **アドバイス**
> ③の終了条件は，答え
> yes, no のつく場所によ
> て，不等号の向きも変
> ります。この③を身に
> けると，空欄補充の問
> が解きやすくなります。

このフローチャートでは，「処理 X」が n 回繰り返されます。ここから，この繰り返し処理を行うために，1つの変数と，次の3つの処理が必要であることがわかります。つまり，変数 i は，$i = 1,\ 2,\ \cdots,\ n$ と増えることから，繰り返しの回数を制御する変数であることがわかります。

① **初期条件**：変数 i の最初の値を決めます。

② **増分**：変数 i の値を増やして（場合によっては減らして）います

③ **終了条件**：変数 i の値が所定の値（n）になったときに繰り返しを終了します。

ただし，②の増分の位置，③の不等号の形は，問題によって細かく変化するため，注意が必要です。

フローチャートの空欄を埋める問題では，その空欄が繰り返し処理に関係するのか，それとも，処理 X に関係するのかで分けて考えると考えやすくなります。

(2) ループ処理を利用した基本処理

ループ構造が頭に入ったら，さらに基本的な処理についてその仕組みを覚えておくと便利です。ここでは以下の3つを取り上げておきます。

① 漸化式の計算

フローチャートでは，漸化式をそのまま計算することで，漸化式を計算することができます。

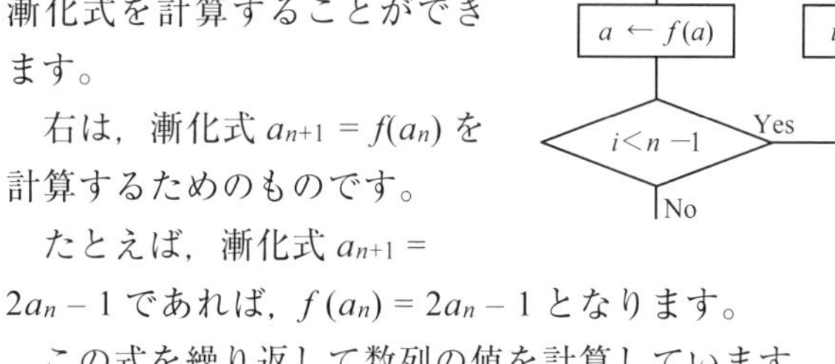

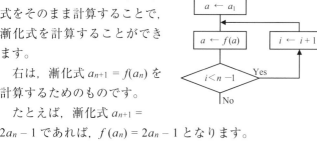

右は，漸化式 $a_{n+1} = f(a_n)$ を計算するためのものです。

たとえば，漸化式 $a_{n+1} = 2a_n - 1$ であれば，$f(a_n) = 2a_n - 1$ となります。

この式を繰り返して数列の値を計算しています。また，番号は必要ないため，一つの変数 a で計算していること，a_n を求めるために，漸化式を $n-1$ 回計算する必要があることに気をつけてください。

ひとことここで載せたフローチャートは1つの例です。他の形でも同じ結果が出せることに注意してください。

② 和の計算

繰り返し足し算をすることで，総和を計算することができます。図のフローチャートでは，数列 a_i の和 $S = \sum_{i=1}^{n} a_n$ を計算しています。

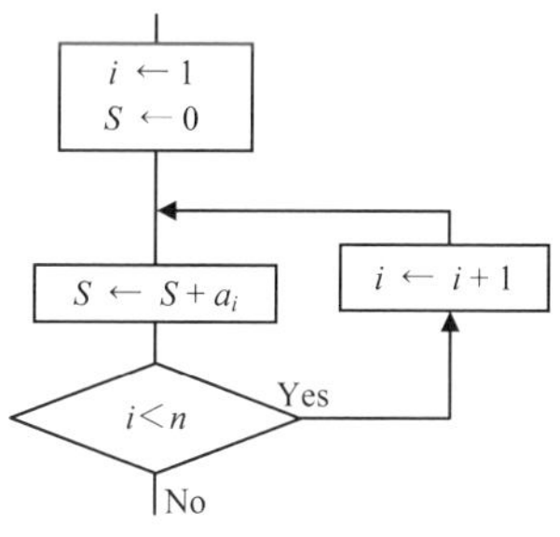

a_i の部分を変えることで様々な和を計算できます。

③ 線形探索法

配列 $a[1]$，$a[2]$，… $a[n]$ の中から最小値や最大値を求めるフローチャートです。

線形探索では，$a[1]$ から順に比較しながらより適切な値が見つかったら値を更新します。例は最小値を見つけるフローチャートで，ここでは min がそれまでに見つかった最小値が格納されている配列の番号です。

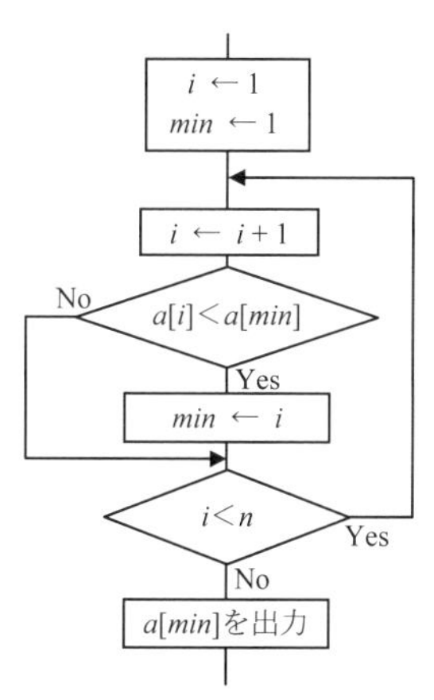

第6章 フローチャート

例題 6－1 フローチャートの実行

H.26 国家一般職 重要度 A

図のフローチャートにおいて，出力される a はいくらか。

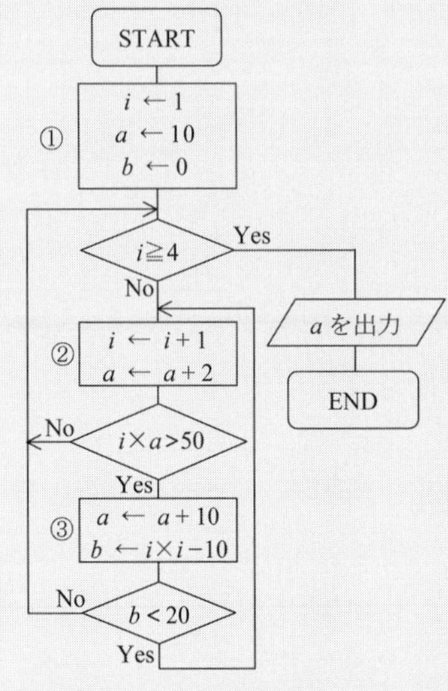

1 16　　2 20　　3 36　　4 50　　5 64

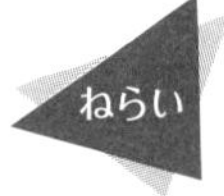

フローチャートの基本は実際に計算することです。しかし，適当に余白に計算するだけでは計算ミスも多くなります。表を描いて整理しながら計算する癖を付けましょう。

【正解】4

変数の変化の様子を表にまとめる。そうすると次のようになる。なお，作業の直後の分岐の結果を一番下に示した。

作業	①	②	②	②	③	②	③	②	③
i	1	2	3	4		5		6	
a	10	12	14	16	26	28	38	40	50
b	0				6		15		26
分岐	No	No No	No No	Yes	Yes	Yes	Yes	Yes	No Yes

最後に a の値が出力される。

例題 6－2 ループ処理の計算

H.22 国家Ⅱ種　重要度 A

図のフローチャートを実行したとき，出力される S の値はいくらか。

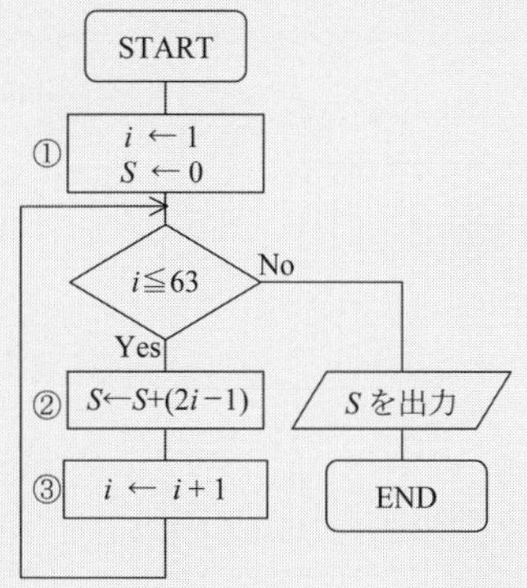

1　125　　2　1254　　3　2016　　4　3844　　5　3969

本問のフローチャートも実行できますが，繰り返し回数が多く，さすがに最後まで実行するわけにはいきません。そのため，規則を探したり，フローチャートの意味を考えたりという工夫をしましょう。

【正解】5

解法 1　実行して規則を類推する

作業	①	②	③	②	③	②	③	②	③
i	1		2		3		4		5
S	0	1		4		9		16	
分岐	Yes		Yes		Yes		Yes		Yes

S の行を見ると，1，4，9，16，…と続くため，平方数を計算していると類推できる。「$i \leqq 63$」が No となるのは，$i = 64$ であるが，上の表を見ると，$i = 5$ で Yes で分岐するときの S は $4^2 = 16$ であり，同様に考えれば，$i = 64$ なら $S = 63^2 = 3969$ が出力されることがわかる。

解法 2　ループ構造に注目する

ループ構造に注目すると，上のフローチャートの①がループ構造の初期条件，③が増分である。したがって，②がこのフローチャートの本質的な処理となるが，

$$S \leftarrow S + a_i$$

の形の場合，a_i の和を取っていることになる。今回は $2i - 1$ なので，$i = 1$ から奇数の和を計算したことになる。したがって，求める S は，

$$1 + 3 + 5 + \cdots + 125 = \frac{1+125}{2} \times 63 = 3969$$

← 等差数列の和の公式

終了条件 $i \leqq 63$ が N
になって終了するのは
= 64 ですが，その 1 つ前
が増分の③ですから，i =
63 が最後に和に加えられ
た数だとわかります。

例題 6－3 配列の計算

H.20 国家II種 重要度 B

図は，数列 $\{a_1, a_2, a_3, a_4, a_5\}$ の各項の値の入れ替えを行うフローチャートである。

ここで, swap(x, y) は, 二つの項 x, y 間で値を交換する操作を表している。例えば, $x=1$, $y=2$ に対して swap(x, y) を実行すれば, $x=2$, $y=1$ となる。

いま, $\{a_1, a_2, a_3, a_4, a_5\}=\{1, 2, 3, 4, 5\}$ を入力して，このフローチャートを実行したとき，出力される数列として最も妥当なのはどれか。

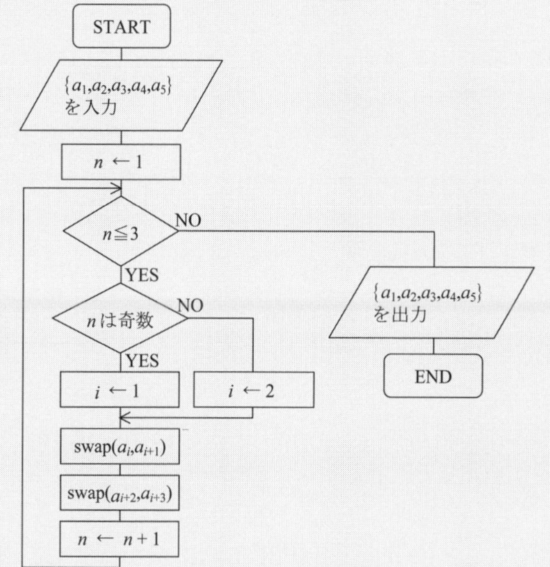

1 $\{2, 1, 4, 3, 5\}$ 2 $\{3, 4, 5, 1, 2\}$ 3 $\{4, 2, 5, 1, 3\}$

4 $\{4, 3, 2, 5, 1\}$ 5 $\{5, 4, 3, 2, 1\}$

配列，数列を扱うフローチャートの問題を取り上げましょう。配列，数列が出てくると変数が多くなりますが，結局すべきことは変わりません。表を書いて調べていきましょう。

【正解】3

フローチャートの通りに実際に入れ替えを行うと次のようになる。

n		1	2	3	4
i		1	2	1	
a_1	1	2	2	4	
a_2	2	1	4	2	
a_3	3	4	1	5	
a_4	4	3	5	1	
a_5	5	5	3	3	

数列の最後の部分が出力される。

例題 6－4 ループ構造の空欄補充

H.25 地方上級　重要度 A

配列 D(1), D(2), …D(N) の算術平均を求めるフローチャートを作りたい。空欄ア～ウにあてはまるものはどれか。

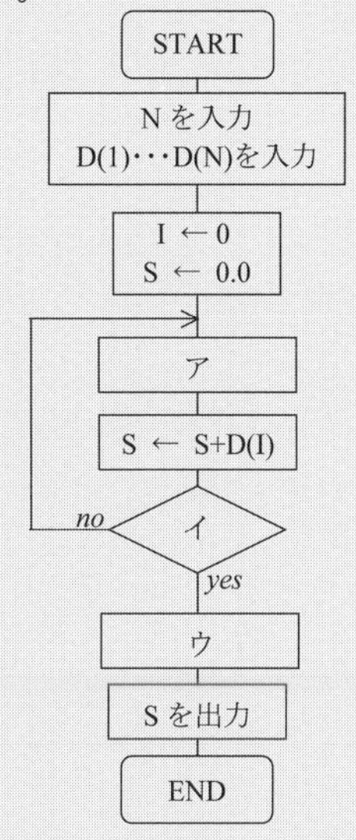

	ア	イ	ウ
1	I←1	I = N	S←S + D(N)
2	I←1	I > N	S←S / N
3	I←I+1	I = N	S←S + D(N)
4	I←I+1	I = N	S←S / N
5	I←I+1	I > N	S←S + D(N)

空欄補充のタイプの問題を取り上げます。表を書くわけにはいかないため，難易度は上がります。あまり細かいことまで考えるのではなく，まずはループ構造を念頭に置いてフローチャートを見ましょう。

【正解】4

問題のフローチャートを見ると，「I←0」がループ構造の初期条件であることがわかる。一方で，イが終了条件であり，増分が欠けていることもわかる。したがって，アには増分の「I←I + 1」が入る。また，「S←S + D(I)」の処理によって D(I) の和を計算していることがわかるが，最後に加えられるのは D(N) なので，I = N で yes となる処理がイとなる。これは選択肢の中の I > N では当てはまらない。最後に，ウは出力の直前で行われるもので，S は D(I) の和なので，これを配列の数である N で割ればよい。つまり，S ← S / N が妥当である。

ヒント

選択肢を見れば，アが増分，イが終了条件であることはすぐにわかりますね。

例題 6－5 線形探索法

H.26 地方上級　重要度 A

次のフローチャートは，N 個の配列 $D(1)$，$D(2)$，…，$D(N)$ の中から，最小値と最大値を見つけ，この順に出力するものである。空欄のア，イ，ウにあてはまるものとして正しいのはどれか。

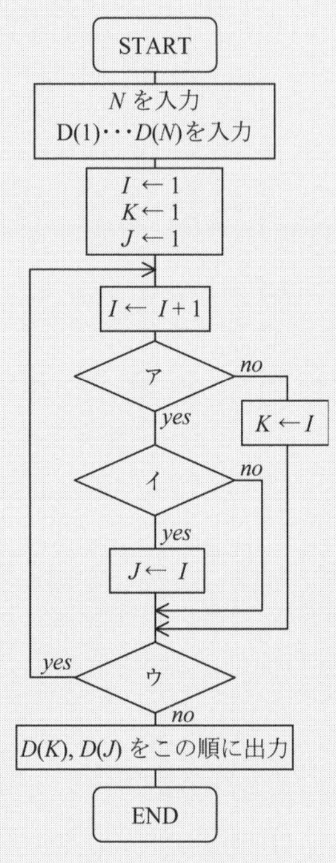

	ア	イ	ウ		ア	イ	ウ
1	$D(I) < D(K)$	$D(I) < D(J)$	$I < N$	2	$D(I) < D(K)$	$D(I) < D(J)$	$I > N$
3	$D(I) > D(K)$	$D(I) > D(J)$	$I < N$	4	$D(I) > D(K)$	$D(I) > D(J)$	$I > N$
5	$D(I) > D(K)$	$D(I) < D(J)$	$I < N$				

線形探索法の問題です。フローチャートではよく出題されるものの一つです。まず仕組みを覚えた上でフローチャートを見ることにしましょう。ループ構造にも注意が必要です。

【正解】3

問題文から，最初に最小値，後に最大値を出力するので，変数 K が最小値，変数 J が最大値の番号を表している。また，ループ構造を考えると，変数 I が繰り返しによって $I = 1, 2, 3,$ …と増えていく変数で，この変数に従って配列を $D(1), D(2), \cdots,$

$D(N)$ と順に調べている。

そこでまずアを考える。アに no と答えると K の値が更新されるので，アに no と答えたときに，最小値の候補が見つかったことになる。最小値を見つけるのであれば,「$D(I) < D(K)$」(今調べている $D(I)$ は今までの最小値の $D(K)$ より小さいですか，という意味）という質問に yes と答えが返ればよいが，ここでは no という答えで最小値を見つけたいので，不等号を逆にして「$D(I) > D(K)$」とする。

次にイについて。こちらは最大値であるが，今度は yes と答えたときに J の値が更新されるので,「$D(I) > D(J)$」とすればよい。つまり，これに yes と答えが返れば，今までの最大値の候補 $D(J)$ より今調べている $D(I)$ の方が大きいので J を更新する必要がある。

最後のウはループ構造の終了条件なので，yes でループが続くようにするためには,「$I < N$」とする。

ひとこと

アとイでは，最大値と最小値を見つけるのですから，逆のことをしなければいけないはずです。ここで，アでは no，イでは yes と答えが逆になっていますので，中の質問は同じ向きのものが入ると考えられます。こう考えると，ア，イは片方だけ考えれば十分ですね。

例題 6－6 バブルソート

H.20 地方上級 重要度 B

次のフローチャートは，数列 a_1，a_2，a_3，a_4，a_5 の順番を $a_1 \leqq a_2 \leqq a_3 \leqq a_4 \leqq a_5$ となるように並び替えるものである。フローチャート中のアの部分を通る回数として正しいものはどれか。

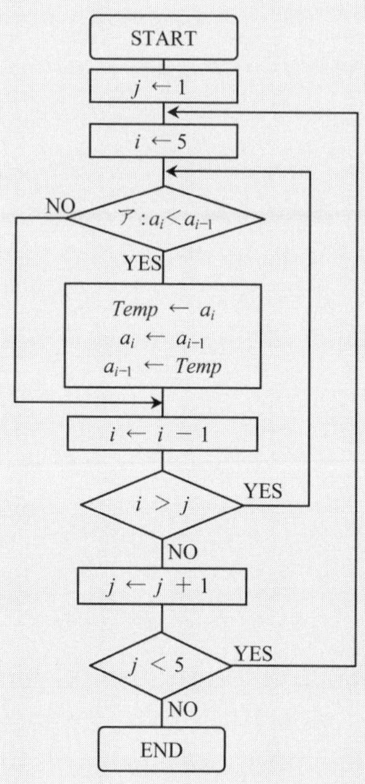

1　6回　　2　7回　　3　8回　　4　9回　　5　10回

バブルソートと呼ばれるフローチャートです。これも時々出題されるタイプで，あらかじめ仕組みを知ってからフローチャートを見ると，何をしているのかが見えるようになります。

【正解】5

解法1　ループ部分のみ調べる

矢印が上に戻るところが2カ所あるが，いずれもループ処理だと考えられる。また，中央の下に向かう分岐処理の答えがどちらであれ，アは1回だけ通ることになるので，結局，繰り返し回数がわかればよい。そこで，変数のうち i，j だけを表にまとめて調べることにする。また，アを通ったところで表に「ア」

と記入する。この結果が下の表である。

i	5	4	3	2	1	5	4	3	2	5	4	3
j	1				2				3			4
ア	ア	ア	ア	ア		ア	ア	ア		ア	ア	

i	5	4
j		5
ア	ア	

これより，アを 10 回通っていることがわかる。

解法 2　バブルソートの仕組みを知る

このフローチャートはバブルソートと呼ばれるものである。バブルソートとは，後ろから順に比較，交換を繰り返し，最も小さい値（または大きい値）を先頭に移す作業を繰り返すことで並び替えを行うものである。たとえば，数列が 4 つで「3，4，1，2」となっている場合，

(1)　1 巡目「3, 4, <u>1, 2</u>」→「3, <u>4, 1</u>, 2」→「<u>3, 1</u>, 4, 2」→「1, 3, 4, 2」

(2)　2 巡目「(1), 3, <u>4, 2</u>」→「(1), <u>3, 2</u>, 4」→「(1), 2, 3, 4」

(3)　3 巡目「(1, 2), <u>3, 4</u>」→「1, 2, 3, 4」

となる。なお，下線部が比較，交換を行うところで，小さい順になっていない場合に交換をする。また，( ) は前の巡目で確定している部分である。

問題のアは比較を行う場面であるが，ここから分かるとおり，n 個の数列の場合，1 巡目では $n-1$ 回，2 巡目では 1 つ確定しているため，$n-2$ 回，3 巡目では $n-3$ 回…と比較を行うため，全体の比較回数は，

$$(n-1)+(n-2)+\cdots+2+1=\frac{n(n-1)}{2} \text{回}$$

となる。$n=5$ なら 10 回となる。

アドバイス

フローチャートの中央の処理は「交換」です。バブルソートの特徴は中央で交換処理を行うところにあります。解法2では，実質的に，仕組みをあらかじめ覚えておくことになります。

練習問題

No.1　図のフローチャートで示される計算によって出力される S の値はいくらか。

H.14 国家Ⅱ種化学職
重要度 A 類 例題 6－1
答 P.31

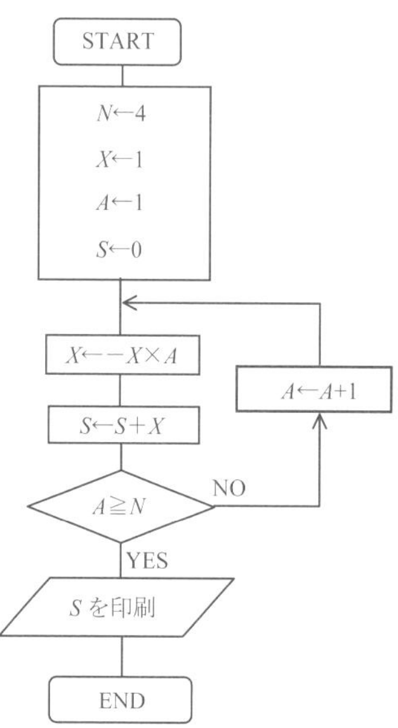

1　－33
2　－19
3　－10
4　　2
5　　19

No.2 次のフローチャートを実行したときに出力される値はいくらか。

H.23 地方上級
重要度A 類 例題6－1
答 P.31

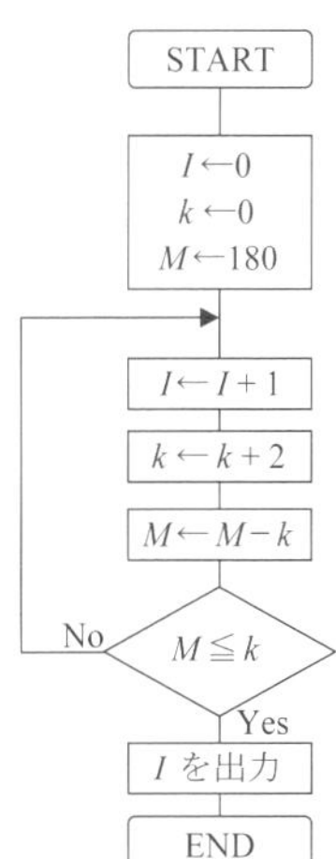

1 10
2 11
3 12
4 13
5 14

No.3 図は，2 以上の整数 N を入力して計算するフローチャートである。いま，N として 10 を入力するとき，出力される N の値の組合せとして最も妥当なのはどれか。

ただし，INT(J) は引数 J の値を超えない最大の整数を求める関数である。

H.16 労基 B
重要度 A 類 例題 6－2
答 P.31

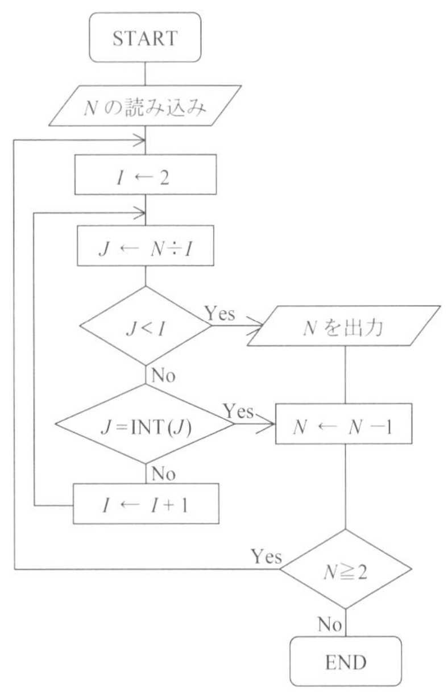

1　2, 4, 6, 8, 10
2　2, 3, 5, 7
3　2, 3, 5, 8
4　3, 5, 7, 9
5　2, 4, 7

No.4 図のフローチャートにおいて,

$x_1 = 8$　　$x_2 = 5$　　$x_3 = 6$　　$x_4 = 2$　　$x_5 = 6$

と入力されているとき,3 番目及び 5 番目に出力される c の値の組合せとして最も妥当なのはどれか。

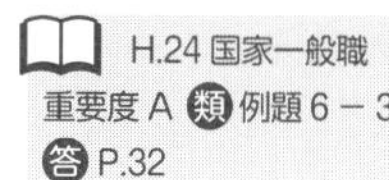

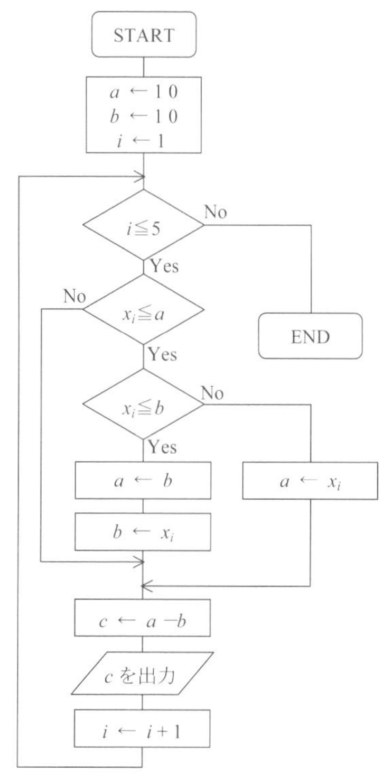

	3 番目	5 番目
1	1	1
2	1	3
3	2	4
4	2	6
5	5	1

No.5 図Iに示すのは，入力された正の整数 N に基づいてロボットを制御するフローチャートである。

いま，図IIに示すように紙面上側を向いて置かれているロボットを図Iのフローチャートで制御する。N として168を入力したときに，ロボットが最終的に到達する位置はどれか。

ただし，「mod(a, b)」は a を b で割ったあまりを，「Forward」はロボットが向いている方向に1マスだけ進む動作を，「Turn L」はロボットが今いる位置のまま左に90°向きを変える動作を，「Turn R」はロボットが今いる位置のまま右に90°向きを変える動作をそれぞれ表す。

H.17 国家I種
重要度A 類 例題6－1
答 P.32

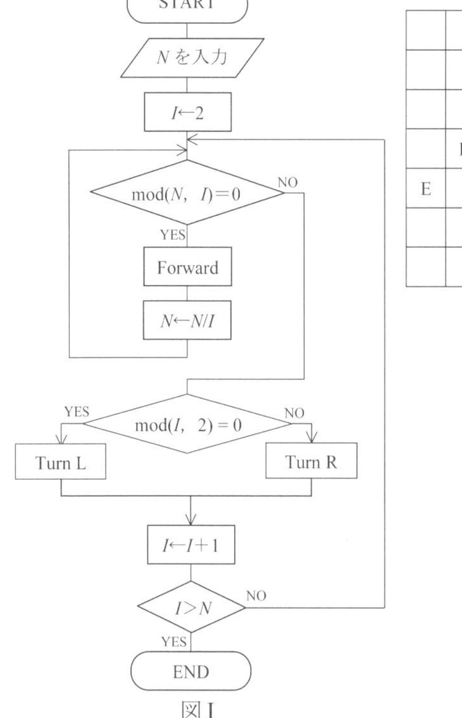

図I

図II

1 A　2 B　3 C　4 D　5 E

No.6 図は, 西暦年 Y を入力すると, その年の 2 月に属する日数 D を, 太陽暦に従い出力するフローチャートである。次のうち, 図中ア, イに当てはまるものの組合せとして最も妥当なのはどれか。

ただし, 太陽暦では, 西暦年が 4 の倍数である年をうるう年 ($D = 29$) にするが, 100 の倍数である年は, 400 の倍数である年を除いて平年 ($D = 28$) としている。

また, mod(a, b) は a を b で割った余りとする。

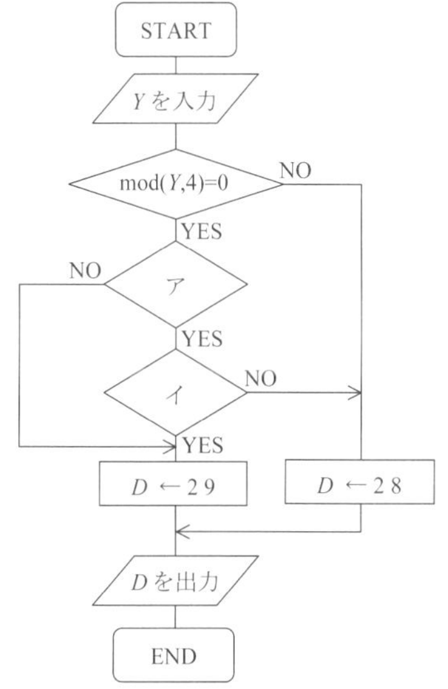

	ア	イ
1	mod(Y, 100) = 0	mod(Y, 400) = 0
2	mod(Y, 100) = 0	mod(Y, 400) ≠ 0
3	mod(Y, 100) ≠ 0	mod(Y, 400) ≠ 0
4	mod(Y, 400) = 0	mod(Y, 100) ≠ 0
5	mod(Y, 400) ≠ 0	mod(Y, 100) = 0

H.21 国家Ⅱ種
重要度 B
答 P.32

練習問題

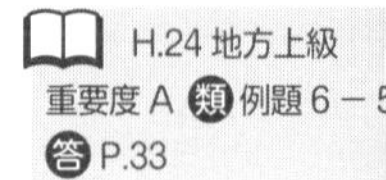

No.7 次のフローチャートは，配列 D(1)，D(2)，・・・D(N) の中から最小値と最大値を見つけて出力するためのものである。空欄ア，イ，ウに当てはまるものとして正しいのはどれか。

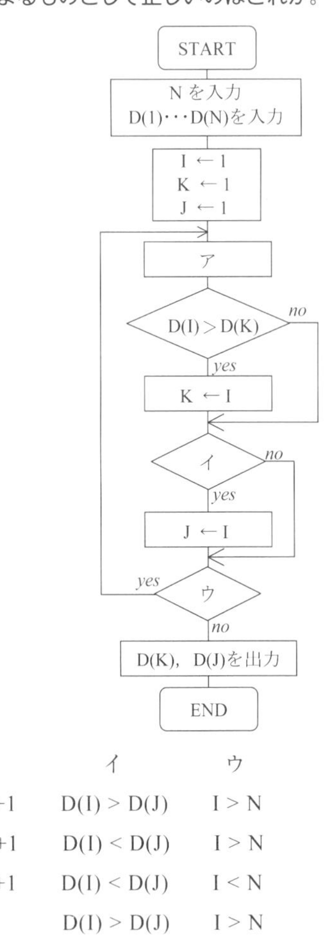

	ア	イ	ウ
1	I←I+1	D(I) > D(J)	I > N
2	I←I+1	D(I) < D(J)	I > N
3	I←I+1	D(I) < D(J)	I < N
4	I←2	D(I) > D(J)	I > N
5	I←2	D(I) > D(J)	I < N

No.8 図は，漸化式

$$a_{n+1} = 2a_n + 1\ (n = 1,\ 2,\ \cdots),\quad a_1 = 3$$

に基づいて a_{10} を求めるフローチャートである。

図中のア，イに当てはまるものの組合せとして最も妥当なのはどれか。

H.15 国家Ⅱ種
重要度 A 類 例題 6－4
答 P.33

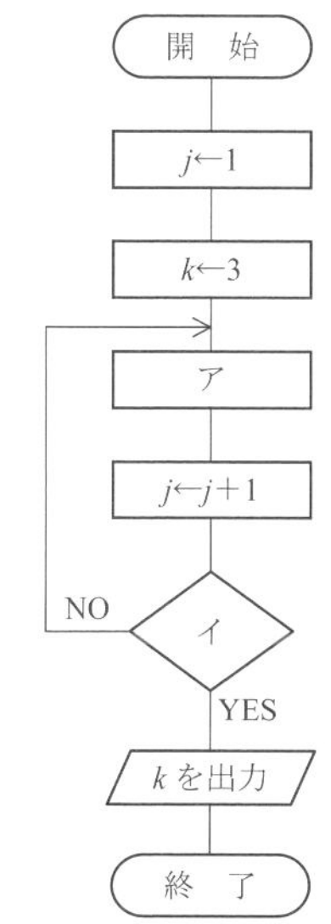

	ア	イ
1	$k \leftarrow 2 \times k + 1$	$j = 10$
2	$k \leftarrow 2 \times k + 1 + k$	$j = 10$
3	$k \leftarrow 2 \times k + 1 + j$	$j = 10$
4	$k \leftarrow 2 \times k + 1$	$j = 9$
5	$k \leftarrow 2 \times k + 1 + k$	$j = 9$

練習問題

No.9 次の記述のア，イに当てはまるものの組合せとして最も妥当なのはどれか。

H.23 国家Ⅱ種
重要度 B 類 例題 6－4
答 P.34

「図のフローチャートを実行したとき，漸化式

$a_0 = 1$

$a_{i+1} =$ ［ア］　　$(i = 0,\ 1,\ 2,\ \cdots)$

で表される a_i を用いることにより，出力される k の値は，［イ］と表すことができる。」

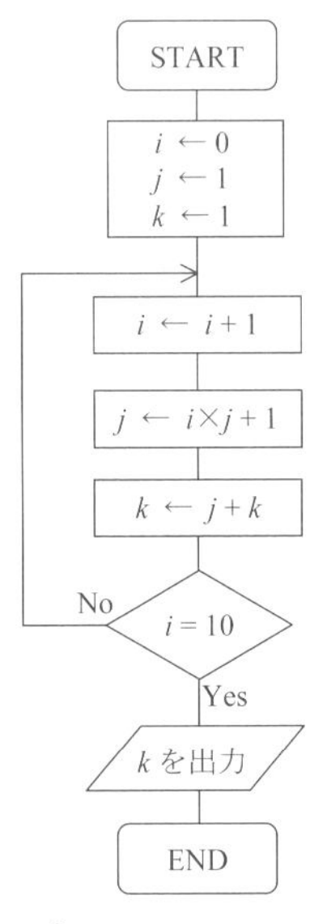

	ア	イ
1	$i\times(a_i + 1)$	$\sum_{i=0}^{10} a_i$
2	$i\times(a_i + 1)$	$\sum_{i=1}^{10} a_i$
3	$i\times(a_i + 1)$	$\sum_{i=1}^{11} a_i$
4	$(i + 1)\times a_i + 1$	$\sum_{i=0}^{10} a_i$
5	$(i + 1)\times a_i + 1$	$\sum_{i=1}^{10} a_i$

No.10 図は2進数を10進数に変換するフローチャートである。図中のア及びイに当てはまる式の組合せとして正しいのはどれか。

ここで，n 桁の2進数の各桁の数字を左から，b_1，b_2，b_3，・・・，b_n とし，b_1，b_2，b_3，・・・，b_n は，初めから入力されているものとする。例えば，2進数10110の場合は，$b_1 = 1$，$b_2 = 0$，$b_3 = 1$，$b_4 = 1$，$b_5 = 0$ である。

H.10国家Ⅱ種
重要度B 類例題6－4
答P.34

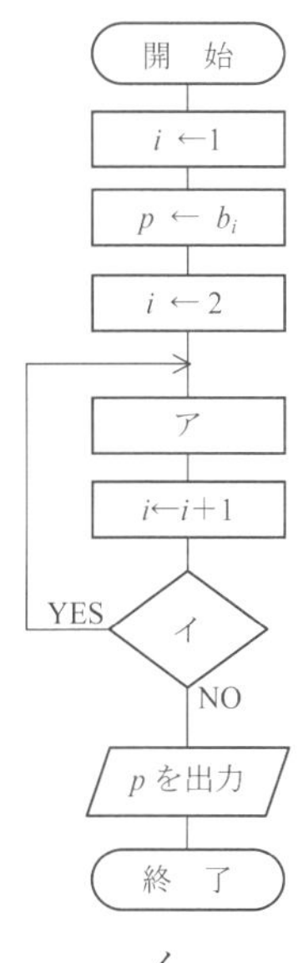

	ア	イ
1	$p \leftarrow p + 2b_i$	$i \leqq n + 1$
2	$p \leftarrow 2p + b_i$	$i \leqq n$
3	$p \leftarrow 2p + b_i$	$i \leqq n + 1$
4	$p \leftarrow 2(p + b_i)$	$i \leqq n$
5	$p \leftarrow 2(p + b_i)$	$i \leqq n + 1$

練習問題

No.11 図は，素数を最初の 100 個まで一次元の配列に求めるフローチャートである。すなわち，求めた素数は *PRIME* という配列に順次蓄えられ，第 1 の素数は 2 となる。図のフローチャートにおいて，A，B，C とア，イ，ウのつなぎ方の組合せとして正しいのはどれか。

ただし，MOD(a，b) は a を b で割った剰余を表す。

H.13 国家Ⅰ種
重要度 C 類 例題 6－4
答 P.34

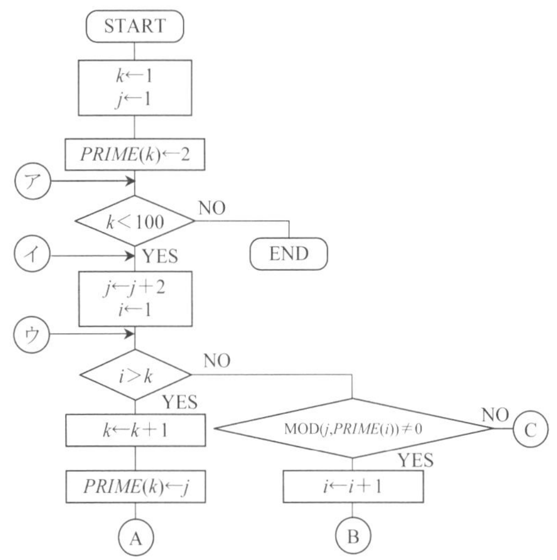

	A	B	C
1	ア	イ	ウ
2	ア	ウ	イ
3	イ	ウ	ア
4	ウ	ア	イ
5	ウ	イ	ア

第2部

物理

第1章 力・モーメントのつり合い

ポイント POINT

力学の基本である，静止している場合のつり合いについて勉強していきます。力のつり合い，モーメントのつり合いは，どの試験でも１問は出題される可能性が高く，頻出ですが，特に，土木職，建築職，機械職の場合，専門の勉強にも関連するという意味で重要度が高くなります。確実に解くための準備を勉強していきましょう。

知っておきたい 基礎知識

1−1 力のつり合い

(1) 力のつり合いの立て方

この章では，物体が静止している場合を考えます。ここで考えたいことは，物体が静止しているときに，物体にはどのような力が加わっているのかということです。静止しているためには，力がつり合う必要があります。たとえば，下の図の場合，もしこの状態で物体が静止したままなら，力 F は左の力とつり合うために 20N になります。これと同じことを行いたいのです。

そのために，次の手順をとります。

① 物体を１つ決めて書き抜く
② 力を図示する
③ 力を縦横（直交２方向）に分解する
④ 力のつり合い式を立てる

これらを１つ１つ見ていきます。

(2) 物体を書き抜く

つり合いを考える上では，まずどの物体について考えているのか,「物体の範囲」を明確にしなければいけません。ですので，物体を１つ１つ分けて別々に図を描きましょう。

何を１つの物体と見るのかは自由ですので，うまく考えること

特に２つ以上の物体が出てくる場合にはこの部分を意識して解くことにしましょう。困ったら１つ１つ物体を見ていきます。

で，要領よく問題を解くことができる場合もあります。しかし，よく分からない場合には，まずは細かく物体を分けて考えることが基本になります。

(3) 力を図示する

力のつり合いを立てるためには，力をすべて正しく見つけられなければいけません。力は矢印で図示し，大きさが分からない場合には，新しく文字で大きさを表します。力を正しく見つけるためには，力を接触力と非接触力に分けて考えます。

アドバイス
力学の得意，不得意はこの力の図示に表れます。モーメントのつり合いを考えるには，できるだけ正確に力を図示しましょう。

① 非接触力

離れている物体から働く力で，これは大きさ，方向等を覚えるしかありません。この章では重力だけが出てきますが，後々他の力も出てきます。

重力：質量 m の物体に，鉛直下向きに mg の大きさで働きます。g は重力加速度です。

② 接触力

接触している 2 つの物体の間には必ず力があります。これを接触力といいます。逆に力があれば接触していることになります。2 つの物体はお互いに力を及ぼし合っていることになりますが，この 2 つの接触力は，逆向きで同じ大きさになります。これを**作用・反作用の法則**といい，力の方向を考える上でよく使われます。

接触力の中にはいくつか特徴的な力があります。これを列挙しましょう。

(i) 垂直抗力と摩擦力

接触力のうち，接触している面と垂直な方向の力を**垂直抗力**，平行な方向の力を**摩擦力**といいます。垂直抗力は力のつり合いによって決まる力ですので，文字を決めておいて，つり合い式から求めます。

一方，摩擦力は状況に応じて次の 3 段階に分けられます。

ひとこと
摩擦力の大きさはいつでも μN というわけではありません。特にモーメントのつり合いの問題では気をつけましょう。

名称	場合	大きさ	方向
静止摩擦力	静止しているとき	つり合いから求める	
限界静止摩擦力	滑り出すとき	μN	滑りと逆
動摩擦力	滑っているとき	$\mu' N$	滑りと逆

ただし，μ:静止摩擦係数，μ':動摩擦係数，N:垂直抗力です。

なお，問題文中に「なめらか」と記述されている場合には，摩擦力はありません。

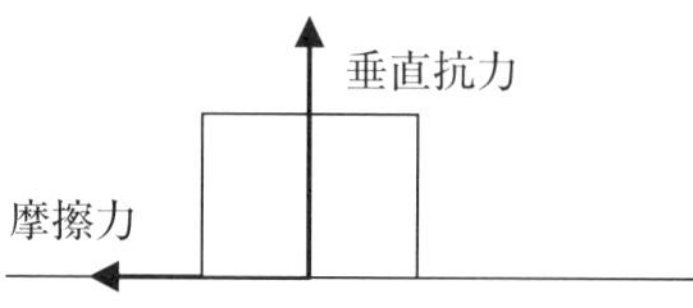

(ii) ばねの弾性力

ばねが物体を引く，あるいは押す力 F はばねの自然長からの伸び x に比例します。これを**フックの法則**といい，次のように表します。

$$F = kx$$

比例定数 k を**ばね定数**といいます。ばね定数は，ばねの硬さを表す量で，ばね定数が大きいほど硬いばねということになります。

土木系，建築系，機械系の人は，材料力学，構造力学でもばねの考え方が使われることに注意してください。

(4) 力の分解

力を図示した後，直交する 2 方向に分けるのが普通です。そのためには，下の図のように分けたい力を対角線とする長方形を作るように作図して力を分解します。通常は水平，鉛直に分けますが，斜面の問題では，斜面に合わせて，斜面に平行，垂直な方向に分けるのが普通です。

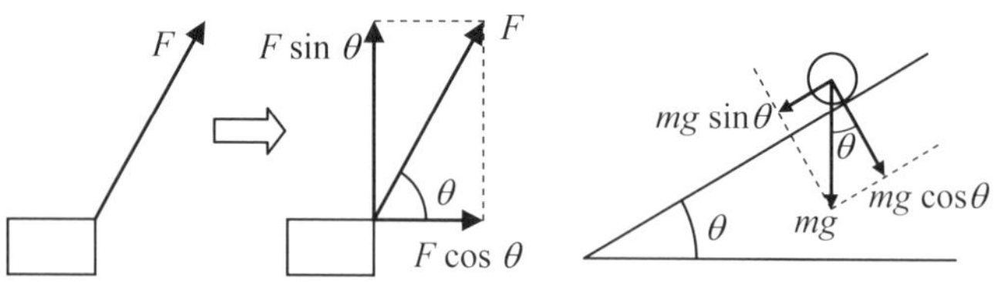

(5) 力のつり合い

(4) で分けたそれぞれの方向について，最後に力のつり合いを立てます。

1−2 モーメントのつり合い

(1) 力のモーメント

力がつり合えば物体は全体としては移動しません。しかし，その場で回転する可能性はあります。そこで，回転もせずに完全に静止する場合，回転の原因となる力の作用もつり合っていなければいけません。この「回転の原因となる力の作用」のことを**力のモーメント**といいます。力のモーメントの大きさは次のように計算されます。

力のモーメント M

$M = F \times r$

F：力

r：中心と作用線の距離

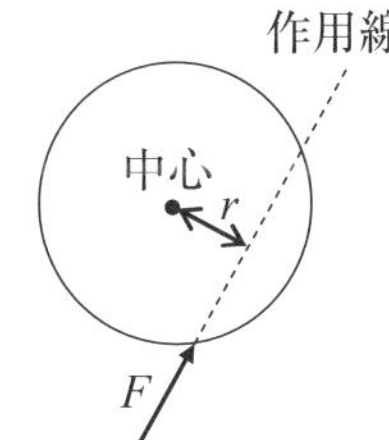

ひとこと

rは「うでの長さ」と呼ばれることがあります。

一方，力のモーメントの向きは，中心に対して時計回りか反時計回りかで決めます。

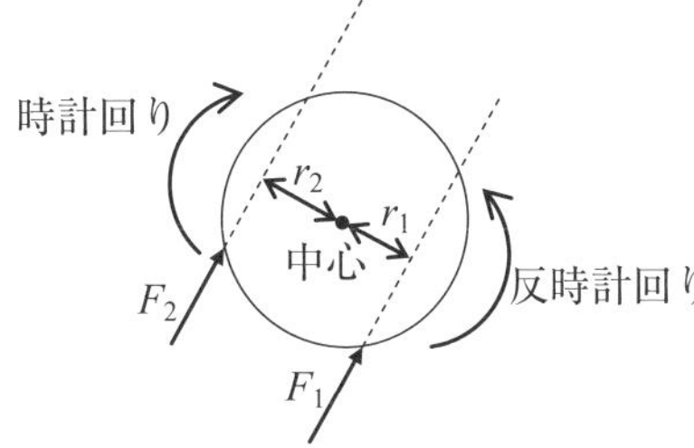

結果的に，回転せずに静止しているときには，

（時計回りのモーメント）＝（反時計回りのモーメント）

が成り立ちます。

モーメントのつり合いを考える上で大切なことは，モーメントの中心をどこに取るのかということです。静止している以上，どこを中心にしても回転は0ですので，静止しているときにはどこに中心をとってもかまいません。

(2) 2つの力のつり合い

2つの力がつり合う場合，次の条件が必要です。

① 力の大きさが同じである

② 力の向きが逆である

③ 作用線が一致する（一直線上にある）

(3) 偶力

(2)の①と②は満たしているものの，作用線が一致しない2つの力の組合せを**偶力**といいます。

偶力は1つにまとめると，合力は0ですが，モーメントだけが残ります。

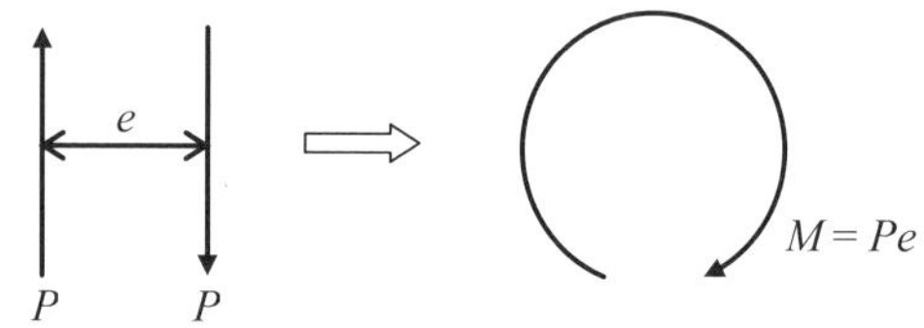

ひとこと

機械系の材料力学や，土木，建築系の構造力学で出てくる集中モーメントは，偶力と考えることができます。

(4) 3つの力のつり合い

3つの力がつり合う場合は，次の2通りがあります。

① 3つの力が平行な場合

3つの力が平行な場合には，中央の力が支点となる天秤のつり合いが成り立ちます。つまり，中央の力だけが方向が逆となり，両側の力は，距離に反比例した大きさになります。

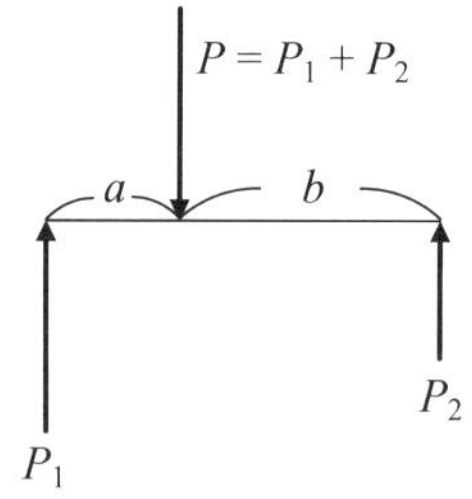

上図では，

$$P_1 : P_2 = b : a$$

となります。

ひとこと

3力のつり合いも，機械系の材料力学や，土木，建築系の構造力学でよく出てきます。

②３つの力が平行ではない場合

この場合には次の関係が成り立ちます。

(i) ３つの力の作用線は１点を通る

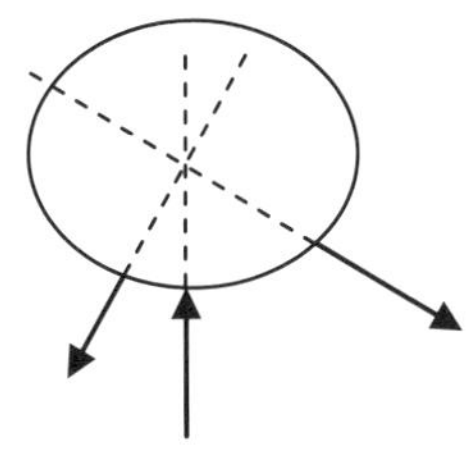

(ii) ２つの力の合力が残り１つとつり合う

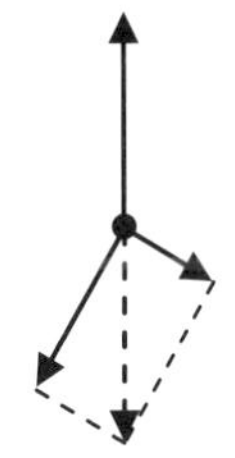

(5) 重ね合わせの原理

４つ以上の力については，**重ね合わせの原理**が使えます。つまり，ある力 P_1 が加わって力がつり合っている場合と，別の力 P_2 が加わって力がつり合っている場合があるとしたとき，P_1 と P_2 の両方が加わって力がつり合っている場合は，最初の２つの力を足した場合と等しくなります。

例題 1－1 力の発見とつり合いの手順

H.13 労基 B　重要度 A

質量 M の一様な棒 AB を，その両端に付けた軽い糸でつり下げたとき，糸の水平に対する傾きの角度は，A に結んだ糸では 60°，B に結んだ糸では 30° でつりあった。A に結んだ糸が引く力を T_1，B に結んだ糸が引く力を T_2 とすると，それぞれの力の大きさを表しているのはどれか。ただし，重力加速度を g とする。

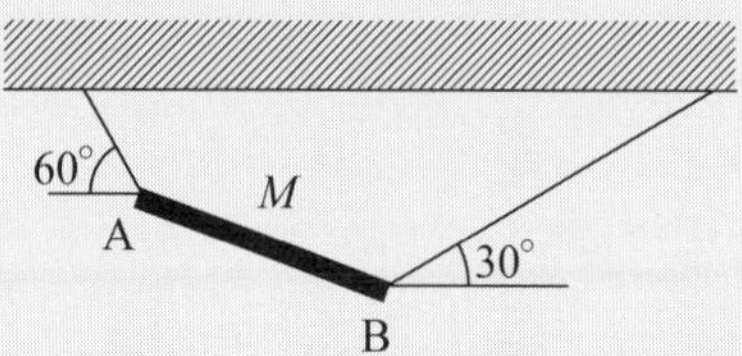

1　$T_1=\frac{1}{2}Mg, T_2=\frac{1}{2}Mg$　　2　$T_1=\frac{1}{2}Mg, T_2=\frac{\sqrt{3}}{2}Mg$　　3　$T_1=\frac{\sqrt{3}}{2}Mg, T_2=\frac{1}{2}Mg$

4　$T_1=Mg, T_2=\sqrt{3}Mg$　　5　$T_1=\sqrt{3}Mg, T_2=Mg$

まずは，力のつり合いの簡単な練習を。このような問題でも，①棒を書き抜き，②力を図示し，③力を分けて，④つり合い式を立てるという手順は変わりません。まずはこの手順を確認しましょう。

【正解】3

力を図示すると，次のようになる。

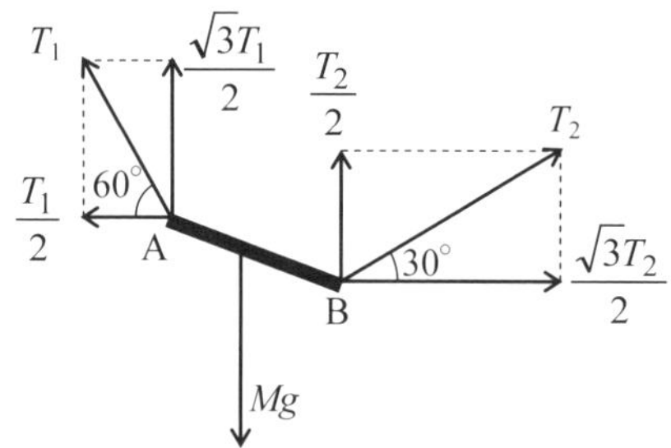

縦方向の力のつり合いより，

$$\frac{\sqrt{3}}{2}T_1+\frac{T_2}{2}=Mg \quad \cdots\cdots①$$

横方向の力のつり合いより，

$$\frac{T_1}{2}=\frac{\sqrt{3}T_2}{2} \quad \cdots\cdots\cdots\cdots②$$

ひとこと

重力を，張力の２つの方向に分けて考えることもできます。

以上の2式を解く。
②式より，

$$T_1 = \sqrt{3}T_2$$

①式に代入して，

$$\frac{3}{2}T_2 + \frac{T_2}{2} = 2T_2 = Mg \qquad \therefore \quad T_2 = \frac{Mg}{2}$$

よって，$T_1 = \sqrt{3} \times \frac{Mg}{2} = \frac{\sqrt{3}}{2}Mg$

例題 1－2 ばねのつり合い

H.21 国家Ⅱ種　重要度 A

図のように，水平な机の上に置かれている質量 M の物体 A を，軽い糸とばね定数 k のばねを使って質量 m の物体 B とつなぎ，滑らかな滑車を通して，物体 B を静止させた。このときのばねの伸びとして最も妥当なのはどれか。

ただし，$M > m$ とし，重力加速度を g とする。

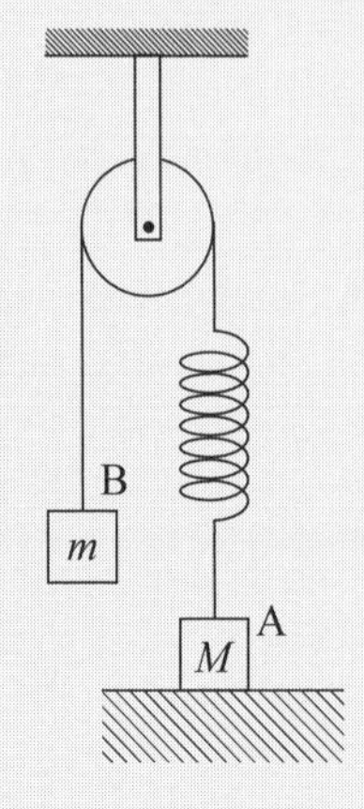

1 $\dfrac{(M+m)}{k}g$　2 $\dfrac{(M+m)}{2k}g$　3 $\dfrac{(M-m)}{k}g$

4 $\dfrac{Mg}{k}$　5 $\dfrac{mg}{k}$

前問と似たような力のつり合いの問題ですが，だいぶ難しく感じたかもしれません。1 つの物体を決めて図示し，力を見つける，という手順を意識してできるようになることが目的です。

【正解】5

ばねの両側に糸が結びつけられているので，糸にはばねの力がそのまま伝わる。そこで，ばねの伸びを x と置くと，糸の張力 T は，

$$T = kx$$

となる。

ここで，B についてみる。B を書き抜いて力を図示すると次のようになる。

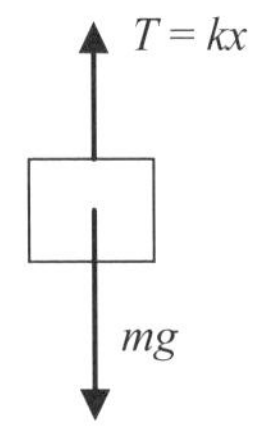

したがって，力のつり合いから，

$$kx = mg \qquad \therefore \quad x = \frac{mg}{k}$$

解答を見ると簡単そうですが，何をしていいのかわからなくなる人も多いでしょう。そんな場合こそ，2 つある物体を 1 つ 1 つ分けて図示をすることが大切です。

例題 1－3 摩擦力

H.12 国家Ⅱ種　重要度 B

図のように，質量 4kg のブロックにロープをかけて，水平方向に対して角度 45° だけ傾けた状態で，徐々に引く力を大きくしていった。ブロックが滑り始めるときの力 F はいくらか。 ただし，静止摩擦係数を 0.6 とし，重力加速度を 10m/s^2 とする。

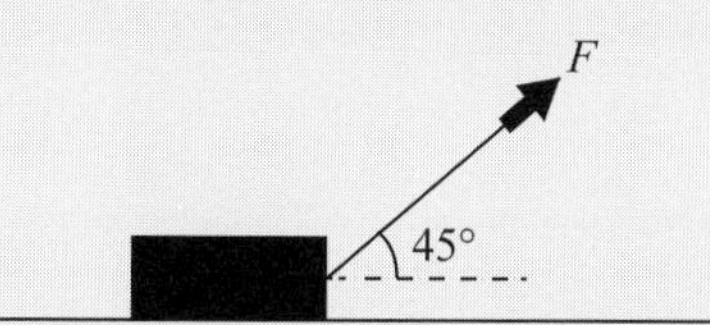

1　$12\sqrt{2}$ N　2　$15\sqrt{2}$ N　3　$18\sqrt{2}$ N　4　$21\sqrt{2}$ N　5　$24\sqrt{2}$ N

摩擦力の練習です。力を図示してつり合い式を立てる，という手順は変わりません。ただし，摩擦の問題では，安易に考えると間違ってしまいます。丁寧に式を立てることが大切です。

【正解】2

力を図示すると，次のようになる。ただし，床からの垂直抗力を N とおいた。静止摩擦係数が 0.6 なので，摩擦力の大きさは $0.6N$ となり，右方向に引っ張っていることから，左方向に働くことになる。縦方向の力のつり合いより，

$$N+\frac{F}{\sqrt{2}}=40 \cdots ①$$

横方向の力のつり合いより，

$$\frac{F}{\sqrt{2}}=0.6N \quad \cdots ②$$

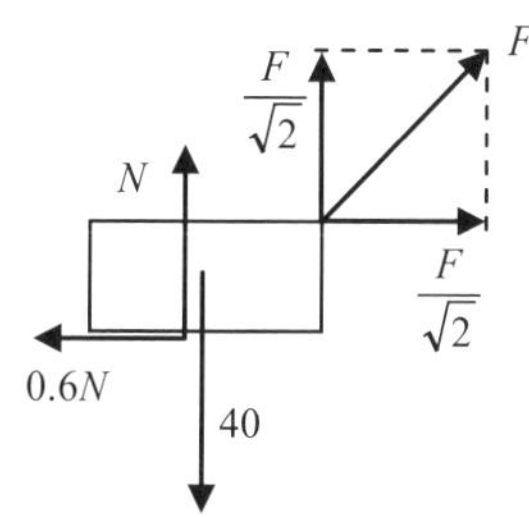

これを解く。

①を N について解き，②に代入して，

$$\frac{F}{\sqrt{2}}=0.6\left(40-\frac{F}{\sqrt{2}}\right) \qquad \therefore \quad F=\frac{24\sqrt{2}}{1.6}=15\sqrt{2}$$

アドバイス

安易に摩擦力を 0.6×40＝24N とするミスがよく見られます。力のつり合いを確実に立てていきましょう。

例題 1－4 モーメントのつり合い

H.11 国家Ⅱ種　重要度 A

図Iのように，2本の糸a，b（aの長さ：bの長さ＝1：$\sqrt{2}$）で両端をつるされた，質量 m の剛体の棒がある。この棒のAに別の糸を付け，水平方向に引っ張り，図IIのように，棒が水平，糸aが垂直，糸bが水平方向に対して45度となるように保持した。このときの水平方向に引っ張る力 F として正しいのはどれか。 ただし，重力加速度は g とし，糸の質量は無視できるものとする。

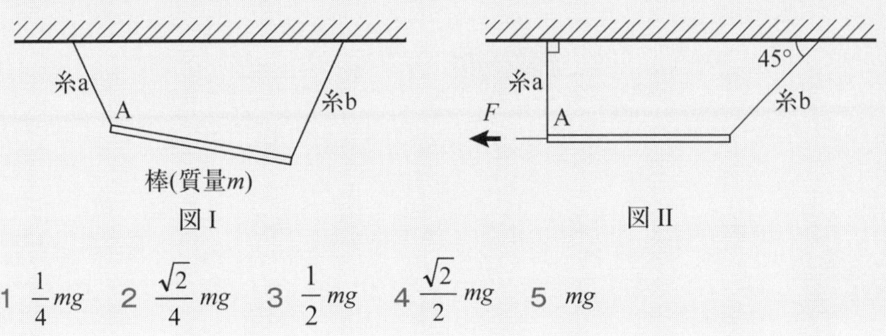

1 $\frac{1}{4}mg$　2 $\frac{\sqrt{2}}{4}mg$　3 $\frac{1}{2}mg$　4 $\frac{\sqrt{2}}{2}mg$　5 mg

モーメントのつり合いの練習です。モーメントのつり合いが入ってきても，力を図示することに違いはありません。なお解法2は意図的な方法です。モーメント中心の決め方をどう考えているのか注意しましょう。

【正解】3

解法1　力，モーメントのつり合いを通常通り立てる

棒の長さを l とする。このとき，棒に加わる力を図示すると，次のようになる。ただし，糸aの張力を T_a，糸bの張力を T_b とし，T_b は水平方向と鉛直方向に分けた。

縦方向の力のつり合いより，

$$T_a + \frac{T_b}{\sqrt{2}} = mg \quad \cdots ①$$

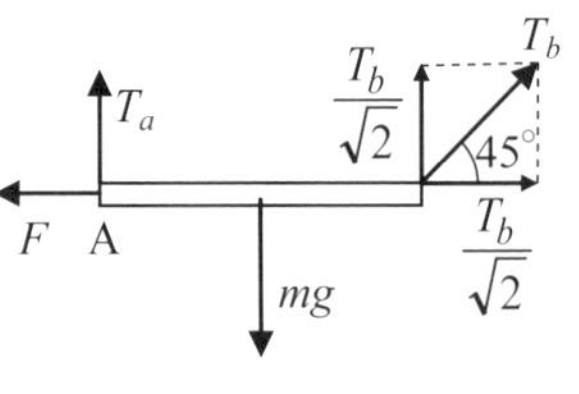

横方向の力のつり合いより，

$$F = \frac{T_b}{\sqrt{2}} \quad \cdots\cdots\cdots ②$$

さらに，A点回りのモーメントのつり合いより，

$$mg \times \frac{l}{2} = \frac{T_b}{\sqrt{2}} \times l \cdots ③$$

A点回りで考えたのは，T_b があれば，②式からすぐに F が求まるからです。そのために，T_a が消える A点を中心にしました。右端回りで考えても解くことができます。

以上の3式を解く。

③式より，

$$T_b = \frac{\sqrt{2}}{2} mg$$

②式に代入して，

$$F = \frac{1}{2} mg$$

解法2　モーメント中心を決めて，モーメントのつり合いから立てる

力を図示するところまでは解法1と同じである。ここで，図のような位置（T_a と T_b の作用線の交点）に，回転中心をとる。

中心回りのモーメントのつり合いより，

$$F \times l = mg \times \frac{l}{2}$$

したがって，

$$F = \frac{1}{2} mg$$

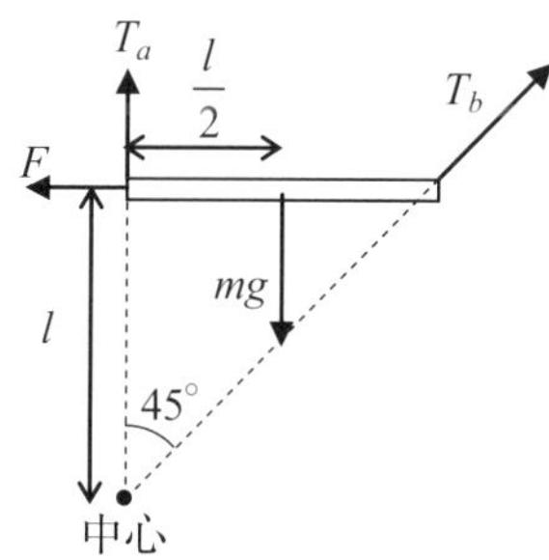

ひとこと

モーメント中心を「不必要な力が消えるように」とっています。土木，建築系の構造力学のトラスの切断法などで有効に使われる方法です。

例題 1－5 3力のつり合い

H.17 国家Ⅱ種 重要度A

図に示すように，一様な棒 AB と，その両端にそれぞれ糸をつけたオブジェが，つり合い状態で静止している。A につけた糸の他端は天井に結ばれ，B につけた糸は水平になるように壁に結ばれている。A につけた糸と水平方向のなす角を α，棒と水平方向のなす角を θ とすると，$\tan\alpha$ を θ を用いて表したものとして，最も妥当なものはどれか。

ただし，糸の重さは無視できるものとする。

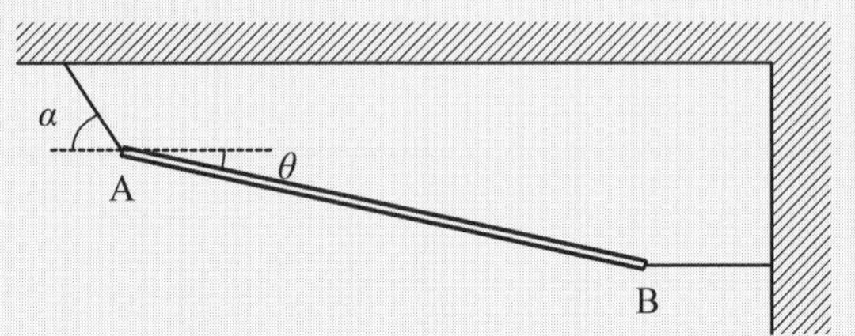

1 $\tan^2\theta$　2 $2\tan\theta$　3 $\dfrac{2}{\tan\theta}$　4 $\dfrac{1}{\tan\theta}$　5 $\dfrac{1}{\tan^2\theta}$

モーメントのつり合いの応用問題を見てみましょう。普通につり合いを立てても解くことができますが，力が３つしかないことに注目すると別の方法が見えてきます。

【正解】2

解法1 力，モーメントのつり合いを通常通り立てる

棒についてのつり合いを立てる。棒に加わる力は図のようになる。ただし，A の糸の張力を T_A，B の糸の張力を T_B としている。

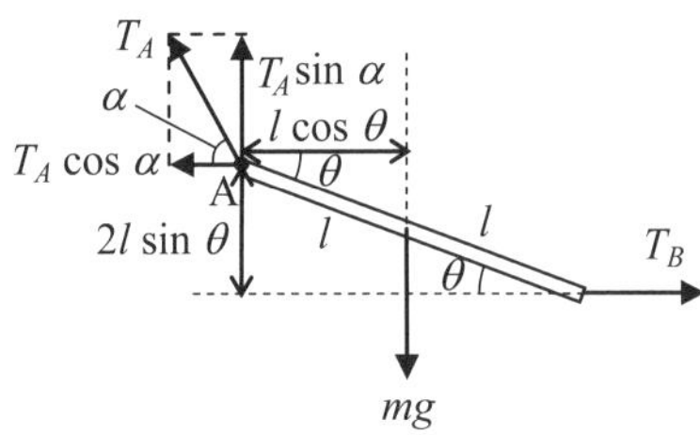

横方向の力のつり合いより，

$$T_A\cos\alpha = T_B \quad \cdots①$$

縦方向の力のつり合いより，

$$T_A\sin\alpha = mg \qquad \therefore\ T_A = \frac{mg}{\sin\alpha} \quad \cdots②$$

棒の長さを $2l$ とし，A 点回りのモーメントのつり合いを立てると，

$$mg\times l\cos\theta = T_B\times 2l\sin\theta \quad \cdots ③$$

③式から，

$$T_B = \frac{mg\cos\theta}{2\sin\theta}$$

②式と③式を①式に代入すると，

$$\frac{mg\cos\alpha}{\sin\alpha} = \frac{mg\cos\theta}{2\sin\theta} \qquad \therefore \quad \tan\alpha = 2\tan\theta$$

解法 2　3 力のつり合いであることに注目する

力を図示するところまでは解法 1 と同じである。棒に加わっている力は T_A，T_B，mg の 3 つであり，この 3 つの力でつり合っているので，作用線は 1 点で交わる。これが下の図で，さらに補助線を引いて，水平方向の距離を図のように L，高さを h とおいた。

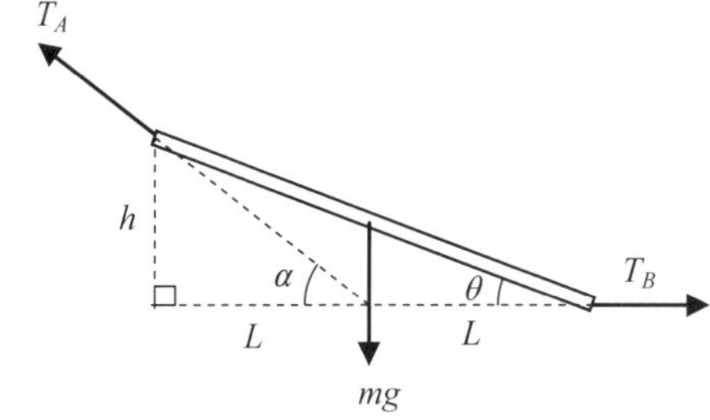

ここで，三角比の定義より，

$$\tan\alpha = \frac{h}{L}, \quad \tan\theta = \frac{h}{2L}$$

となるので，$\tan\alpha = 2\tan\theta$

例題 1－6　3力のつり合い

H.20 国家II種　重要度 A

水平な地面に長さ 50cm，質量 2.5kg の太さが**一様でない**細い棒が置かれている。

いま，図Iのように，棒の一端Aに糸を付け，他端Bを地面に付けたまま糸を鉛直上向きに引っ張り，棒を持ち上げたところ，糸の張力は 15N であった。

次に，図IIのように，この棒の一端Bに糸を付け，他端Aを地面に付けたまま糸を鉛直上向きに引っ張り，棒を持ち上げたところ，糸の張力 T の大きさはいくらか。

ただし，重力加速度を 10m/s^2 とする。

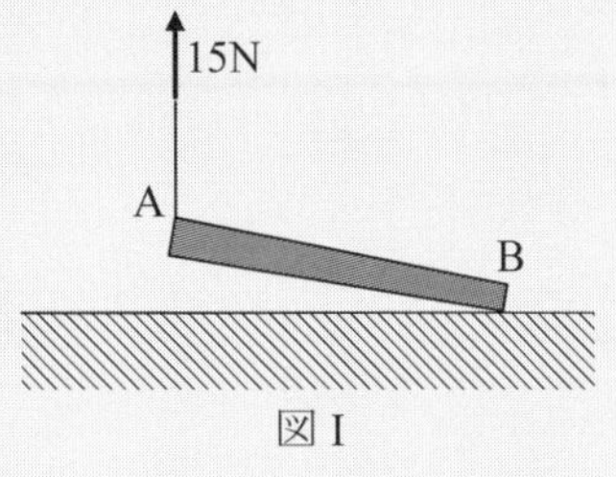

図I

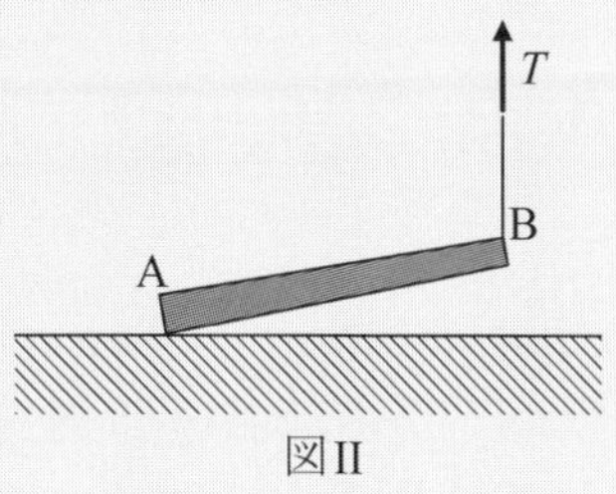

図II

1　4N　　2　6N　　3　8N　　4　10N　　5　12N

モーメントのつり合いの練習です。棒の重心が中央にないことに気をつけましょう。分からないものを文字で置いて式を立てれば解けますが，3力のつり合いを考えると，からくりが分かります。

【正解】4

解法1　力を図示してモーメントのつり合いを立てる

まずは図Iについて考える。重心とBの距離を x cm とおいて，床からの垂直抗力を N とおく（下図）。点B回りのモーメントのつり合いを立てる，

$$25x = 15\times50 \qquad \therefore \quad x = 30$$

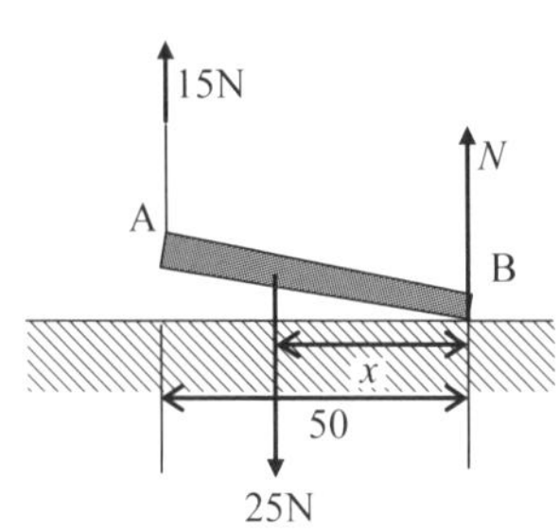

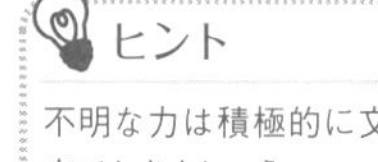

不明な力は積極的に文字でおきましょう。

これより，図IIも同様に（下図），点A回りのモーメントのつり合いより，

$$25 \times 20 = T \times 50 \qquad \therefore \quad T = 10\ \mathrm{N}$$

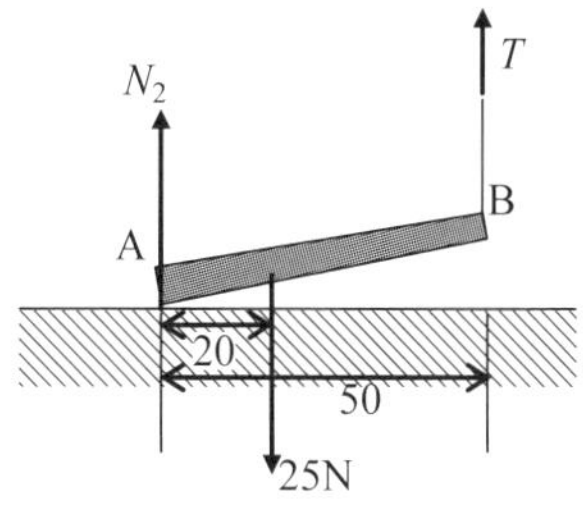

解法2　てんびんのつり合いを考える

図Iについて，垂直抗力の大きさは鉛直方向の力のつり合いより10Nなので，これを含めて力を図示すると，下左図のようになる。これは3つの鉛直方向の力しかないため，てんびんのつり合いが成り立ち，重心をGとすると，AG：GB＝10：15＝2：3となる。

ところで，図IIについて同じように力を図示すると下右図となるが，これは図Iと全く同じてんびんのつり合いである。したがって，Bを引く力は10Nである。

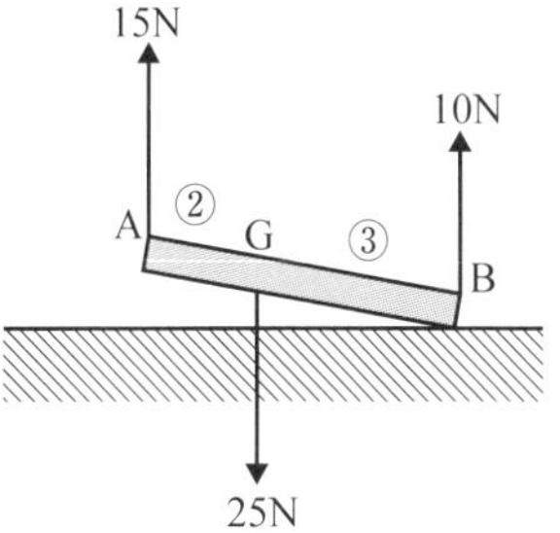

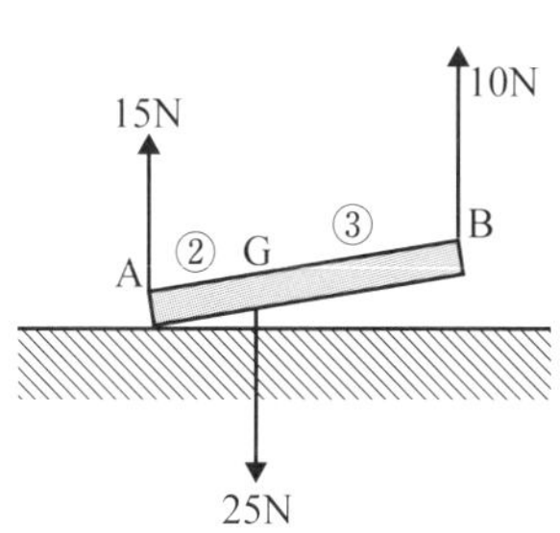

ひとこと

土木，建築系の構造力学の単純梁の支点反力はこのような形で計算することができますね。

例題 1－7 壁に棒を立てかけた問題

H.23 地方上級　重要度 B

壁に質量 10kg，長さ 5m のまっすぐな棒を立てかける。摩擦力は，壁と棒の間にはなく，床と棒の間の静止摩擦係数は 0.6 である。棒と壁の間の角度を小さくしていくとき，棒が滑らない最小の角度を θ_0 とするとき，$\tan\theta_0$ の値はいくらか。

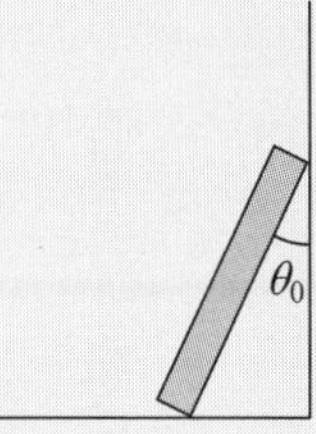

1　0.6　　2　0.8　　3　1.0　　4　1.2　　5　1.4

最後にモーメントのつり合いの有名かつ頻出問題を練習します。丁寧に作業をしてください。なお，解法２はかえって難しくしているようですが，土木，建築の専門の人は「偶力」の例として見てください。

【正解】4

解法 1　モーメントのつり合いを立てる

棒に加わる力を図示すると次のようになる。なお，壁からの垂直抗力を N_1，床からの垂直抗力を N_2 とおいた。

縦方向の力のつり合いより，

$$N_2 = 100$$

横方向の力のつり合いより，

$$N_1 = 0.6N_2 = 60$$

左下回りのモーメントのつり合いより，

$$100\times2.5\sin\theta_0 = N_1\times5\cos\theta_0$$

したがって，

$$\tan\theta_0 = \frac{\sin\theta_0}{\cos\theta_0} = \frac{N_1}{50} = 1.2$$

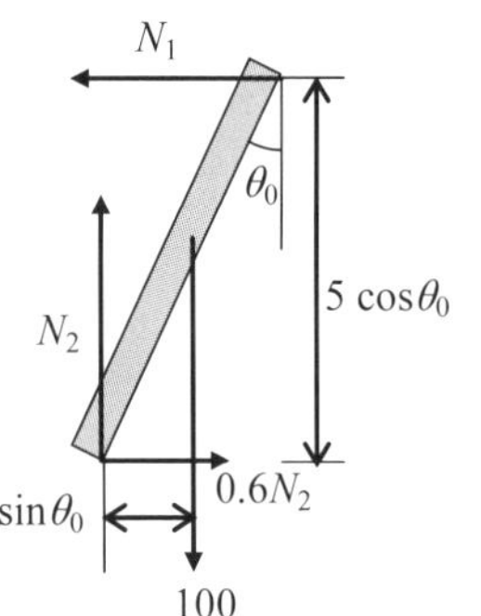

ヒント

壁と棒の間には摩擦はありません。床と棒の間の摩擦力の大きさは $0.6N_2$ ですが，方向は水平方向の力のつり合いを考えて右向きにします。

解法2 **偶力のつり合いを考える**

力のつり合いまでは解法1と全く同じように立てる。2つの垂直抗力が求まったところで，次のような図になる。

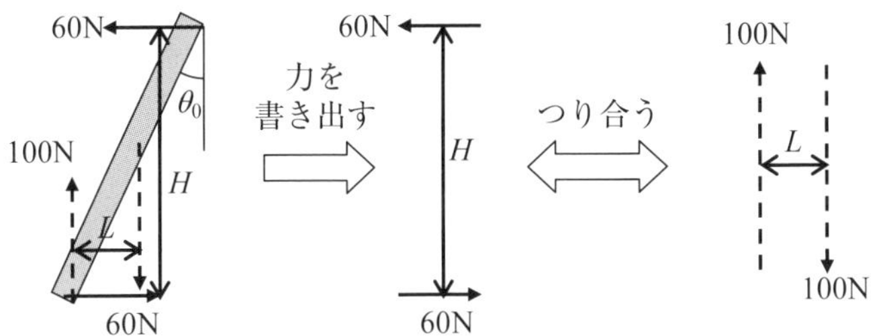

つまり，実線と点線の2組の偶力がつり合う形になっているので，

$$60H = 100L \qquad \therefore \quad \frac{L}{H} = \frac{3}{5}$$

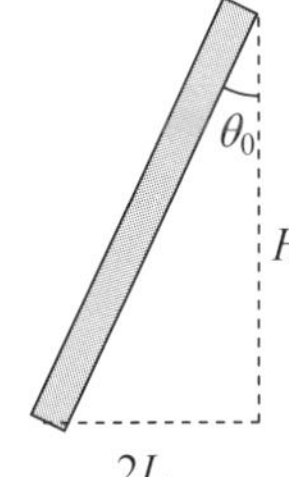

したがって，

$$\tan\theta_0 = \frac{2L}{H} = 1.2$$

練習問題

No.1 図のように，質量 M，長さ $3l$ の一様な剛体棒の両端にそれぞれ長さ $2l$ の伸縮しない糸を結びつけ，天井から吊り下げた。天井におけるこの二つの糸の間隔が l であり，かつ，剛体棒が水平な状態で吊り下げられたとすると，糸にかかる張力はいくらか。

ただし，重力加速度を g とする。また，糸の質量は無視できるものとする。

H.15 国家Ⅱ種
重要度A 類 例題1－1
答 P.36

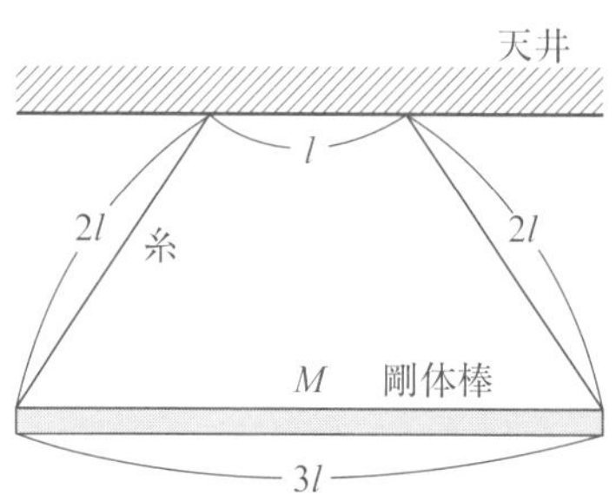

1 $\frac{1}{2}Mg$　2 $\frac{\sqrt{3}}{3}Mg$　3 $\frac{\sqrt{2}}{2}Mg$

4 $\frac{\sqrt{3}}{2}Mg$　5 $\frac{2\sqrt{3}}{3}Mg$

No.2 図のように，地上に置かれた板にロープを結びつけて滑らかな
滑車にかけ，その一端を板の上に立っている人が引っ張る。人が板の
に立ったまま板をつり上げることができる条件はどれか。
ただし，板の質量を W，人の質量を w とし，ロープの重さは無視でき
ものとする。

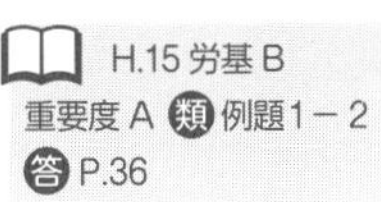

1　$W \geqq \dfrac{w}{2}$　　2　$W \geqq w$　　3　$W \geqq 2w$

4　$W \leqq w$　　5　$W \leqq \dfrac{w}{2}$

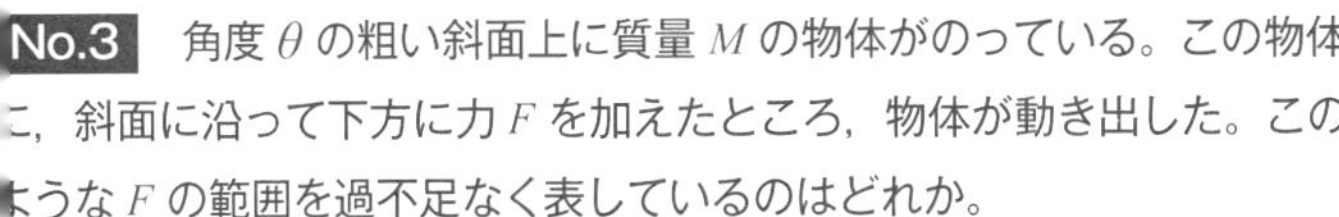

No.3 角度 θ の粗い斜面上に質量 M の物体がのっている。この物体
に，斜面に沿って下方に力 F を加えたところ，物体が動き出した。この
ような F の範囲を過不足なく表しているのはどれか。
ただし，物体と斜面の間の静止摩擦係数を μ，重力加速度の大きさを
とする。

H.24 地方上級
重要度A 類 例題1－3
答 P.37

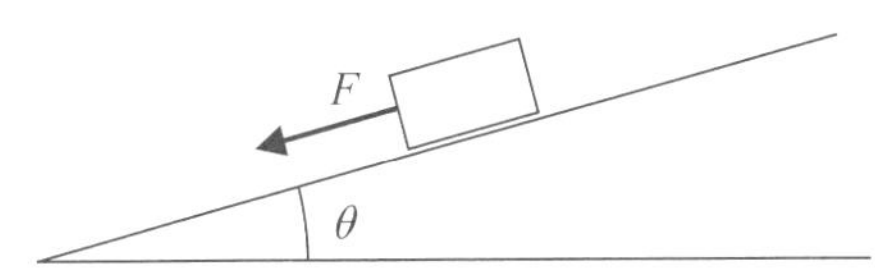

1　$F \geqq \mu Mg$

2　$F \geqq (\mu - \cos\theta)Mg$

3　$F \geqq (\mu + \cos\theta)Mg$

4　$F \geqq (\mu\cos\theta - \sin\theta)Mg$

5　$F \geqq (\mu\cos\theta + \sin\theta)Mg$

練習問題

No.4 図のように，水平面と 30°，60° の角度をなす二つの斜面上に，滑らかな滑車を介して糸で結ばれた質量 m_A，m_B のおもり A，B が置かれている。おもり A，B と斜面との間の静止摩擦係数を μ とするとき，おもり A が斜面に沿って上向きに動きださないための必要十分条件はどれか。

ただし，糸の質量は無視できるものとする。

H.20 地方上級
重要度 B 類 例題1－3
答 P.37

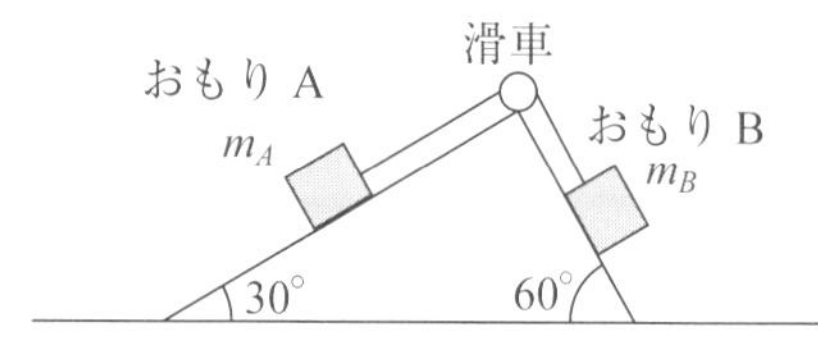

1 $\dfrac{m_A}{m_B} \geqq \dfrac{\sqrt{3}\mu+1}{\mu+\sqrt{3}}$

2 $\dfrac{m_A}{m_B} \geqq \dfrac{\sqrt{3}\mu-1}{\mu+\sqrt{3}}$

3 $\dfrac{m_A}{m_B} \geqq \dfrac{\mu+\sqrt{3}}{\sqrt{3}\mu+1}$

4 $\dfrac{m_A}{m_B} \geqq \dfrac{-\mu+\sqrt{3}}{\sqrt{3}\mu+1}$

5 $\dfrac{m_A}{m_B} \geqq \dfrac{\sqrt{3}\mu-1}{\sqrt{3}\mu+1}$

No.5　図のように，質量 M の剛体の円盤がその中心軸を鉛直壁と地面に対して水平に保ちながら，A 点を鉛直な粗い壁にあてた状態で，円の円周上の一点 B に糸をつけて A 点の真上の C 点で引っ張られ静止している。糸と壁のなす角が θ のとき，A 点における垂直反力 N の値として正しいのはどれか。

ただし，重力加速度は g とする。

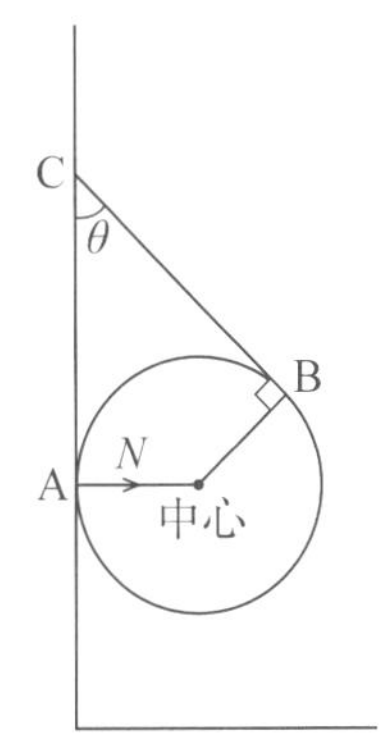

1　$(1+\sin\theta)Mg$

2　$\dfrac{1+\sin\theta}{\cos\theta}Mg$

3　$\dfrac{\tan\theta}{1+\cos\theta}Mg$

4　$\dfrac{\cos\theta}{1+\sin\theta}Mg$

5　$\dfrac{\sin\theta}{1+\cos\theta}Mg$

練習問題

No.6 図のように，水平な台の上に固定された半円柱に，太さ，密度が一様で，質量 m，長さ l の棒が立て掛けられた状態で静止している。このとき，棒が半円柱から受ける抗力 N はいくらか。

ただし，棒は，点 A で半円柱と接し，点 B で水平な台と接しており，AB 間の長さを$\frac{3}{4}l$とする。また，半円弧の中心を点 O としたとき，$\angle ABO = \theta$とし，重力加速度を g とする。

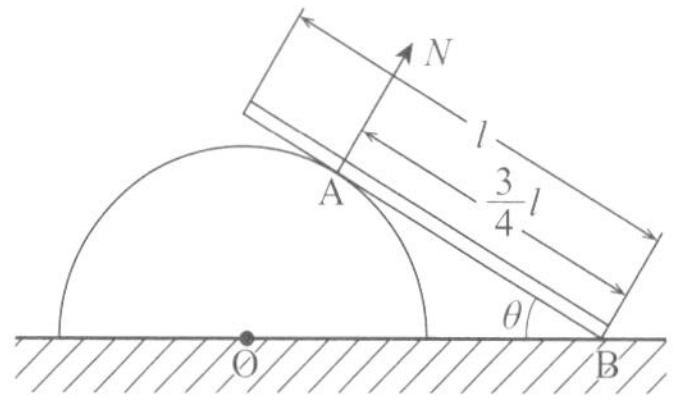

1 $\frac{3}{8}mg\sin\theta$　2 $\frac{3}{4}mg\sin\theta$　3 $\frac{3}{8}mg\cos\theta$

4 $\frac{1}{2}mg\cos\theta$　5 $\frac{2}{3}mg\cos\theta$

No.7 一様な長さ l，質量 m の棒がひもで一端を支えられて吊り下げられている。他端を水平に引っ張ったところ，ひもが水平方向となす角度が 60° になった。このとき，図の $\tan\theta$ として正しいのはどれか。

H.21 地方上級
重要度 A 類 例題1－5
答 P.39

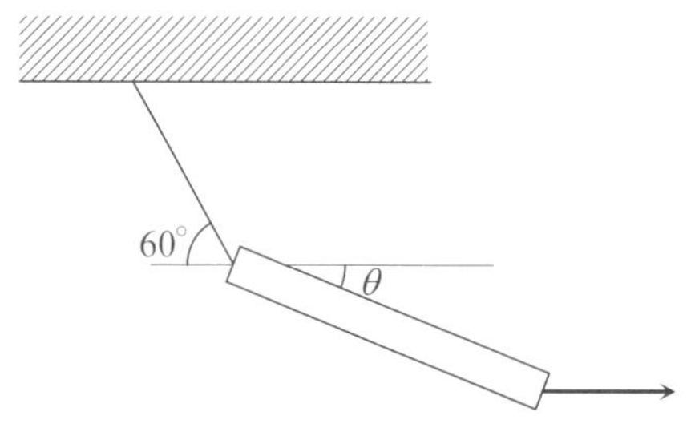

1 $\frac{\sqrt{2}}{2}$　2 $\frac{\sqrt{3}}{2}$　3 $\frac{\sqrt{2}}{3}$　4 $\frac{1}{2}$　5 $\sqrt{3}$

No.8 質量 M，一辺の長さが l の一様な薄い正方形板 ABCD の点 A に糸をつけ天井からつるし，点 B に質量 m のおもりをつるしたところ，図のようにつり合った。対角線 AC と鉛直線のなす角度 θ が $\tan\theta = \frac{1}{7}$ を満たすとき，m として最も妥当なのはどれか。

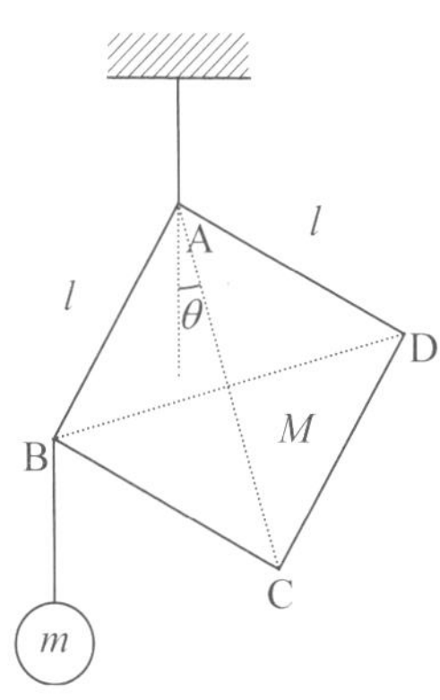

1 $\frac{M}{5}$　2 $\frac{M}{6}$　3 $\frac{M}{7}$　4 $\frac{M}{8}$　5 $\frac{M}{9}$

No.9 長さ 20cm の針金を垂直に折り曲げて 12cm と 8cm の L 字型にして図のように糸でつるしたところ，12cm の部分が水平に保ってつり合った。x はいくらか。

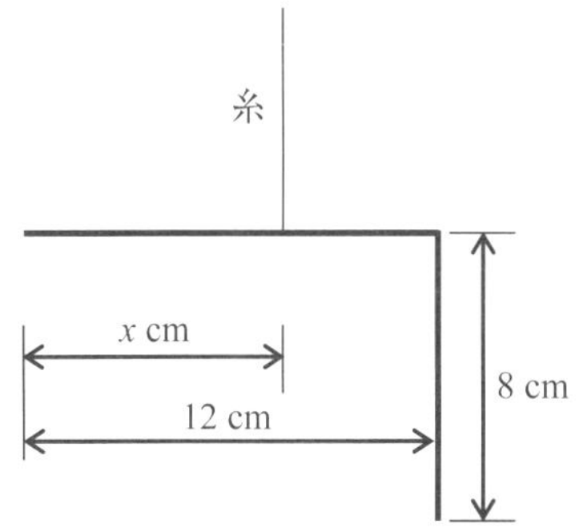

1　6.8cm　2　7.2cm　3　7.6cm
4　8.0cm　5　8.4cm

練習問題

No.10　質量が M の一様な棒をなめらかで鉛直な壁と粗い床の上に置いたところ，角度 θ を保ったまま静止した。このとき，壁から棒が受ける垂直抗力はいくらか。

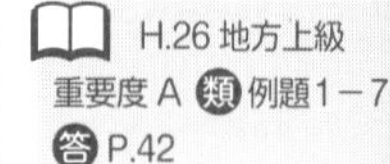

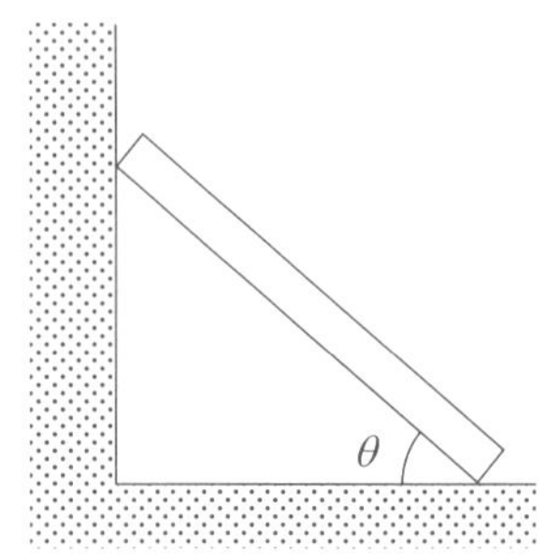

1　$\tan\theta Mg$　　2　$\dfrac{1}{\tan\theta}Mg$　　3　$\dfrac{1}{2\sin\theta}Mg$

4　$\dfrac{1}{2\tan\theta}Mg$　　5　$2\tan\theta Mg$

No.11　図のように，長さ $3l$ の棒Ⅰの端Bを粗い水平面上に置き，高さ l の位置に設置された滑らかな棒Ⅱに対し直交するように立てかけた。

H.14 国家Ⅱ種
重要度C 類 例題1－4
答 P.42

いま，棒Ⅰを棒Ⅱに立てかけた状態を保持した上で，棒Ⅰの端Bを図の矢印の方向に移動させたところ，棒Ⅰと水平面とのなす角度が 30° のときに，棒Ⅰが滑り出す限界のつり合い状態となった。このとき，棒Ⅰの端Bと水平面との間の静止摩擦係数はいくらか。

ただし，棒Ⅰの重心は両端A，B間の中点にあるものとする。

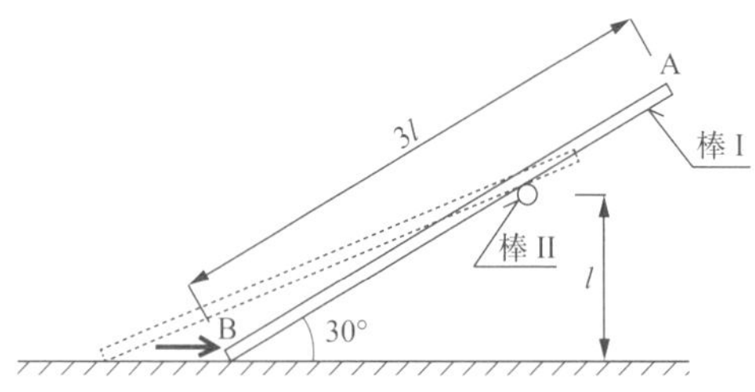

1　$\dfrac{2\sqrt{3}}{7}$　　2　$\dfrac{2\sqrt{3}}{5}$　　3　$\dfrac{3\sqrt{3}}{7}$　　4　$\dfrac{3\sqrt{3}}{5}$　　5　$\dfrac{5\sqrt{3}}{7}$

No.12 図Iのように，自然長lで，ばね定数の等しいばねA，B，C
こ同じ質量のおもりM_1，M_2，M_3を連結したときのばねA，B，Cの伸
びの合計をX_Tとする。

次に図IIのように，おもりM_3の下に台Qをおき，徐々に台を上げ
ていき，PQ間の距離が自然長と同じ$3l$となったときのばねAの伸びを
X_Aとする。このときX_TはX_Aの何倍か。

ただし，ばねの質量及びおもりの大きさは無視し，水平方向の変位は
ないものとする。

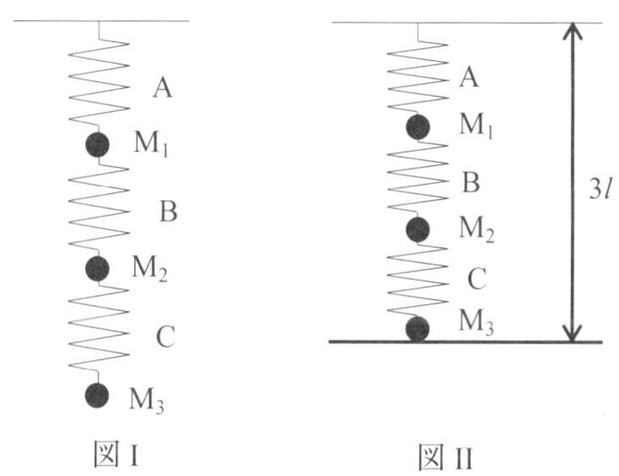

図I　　図II

1　3倍
2　6倍
3　8倍
4　10倍
5　12倍

第2章 運動方程式，運動量保存

ポイント POINT

ここから運動している場合を考えていきます。まずは３つの道具を準備します。１つ目は等加速度運動の公式，２つ目は運動方程式，３つ目は運動量保存則です。まずはそれぞれの使い方を学びます。その後，それらをどのように使い分けているのかを考えていきましょう。

知っておきたい 基礎知識

2−1 等加速度運動

(1) 加速度

物体に働く力がつり合っていない場合，物体の速度が変化します。この変化率が加速度で，微分を使うと次のように定義されます。

$$a = \frac{dv}{dt}$$

一方，力がつり合っているとき，物体は静止し続けるか，等速直線運動をします。これを**慣性の法則**といいます。

(2) 等加速度運動の公式

物理では，力が一定，つまり加速度が一定の場合がよく出題されます。そこで，この場合については，加速度，速度，座標の関係式を覚えておきます。加速度 a を一定とすると，速度 v，座標 x は次の式で表されます。

$$\begin{cases} v = at + v_0 \\ x = \dfrac{1}{2}at^2 + v_0 t + x_0 \end{cases}$$

ただし，v_0 は初速度，x_0 は初期座標（$t = 0$ のときの座標）です。

等加速度運動でよく出題されるのは，重力のみによって物体が運動する場合です。この場合の加速度は鉛直下向きで，大きさは g となります。この g は**重力加速度**と呼ばれます。2 方向について考えなければいけない問題では，2 方向に分けて，方向ごとに別々に公式を代入します。

なお，等加速度運動の公式には，上の 2 式から t を消去した

複雑な問題では，でき るだけ座標系は１つに統一しておいた方が考えやす くなります。この場合 最初に原点にいない物体 について x_0 が必要にな ります。

次の式もあります。

$$v^2 - v_0{}^2 = 2a(x - x_0)$$

この式は，エネルギー保存則を使っても導くことができますので，まずは最初の 2 式を優先的に使うようにするとよいでしょう。

重力加速度の大きさは，およそ 9.8[m/s²] ですが，公務員試験では 10[m/s²] とする場合も多いです。

(3) 等加速度運動の式の立て方

実際に，等加速度運動の公式を使う場合には，次の手順をとります。

① 座標系を設定する
② 必要な図を描き，必要な値を確認する
③ 等加速度運動の公式に代入する

2-2 運動方程式

(1) 運動方程式

物体に力が加わると，物体は力 F に比例し，質量 m に反比例する加速度 a で運動します。これを表したのが**運動方程式**で，次の式で表します。

$$ma = F$$

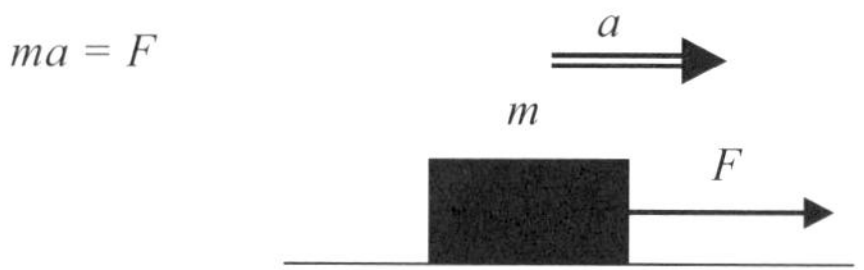

運動方程式を立てるためには，以下の手順を踏みます。

① 運動方程式を立てる物体を決める
② 力を図示する
③ 力を分解して，それぞれの方向について運動方程式を立てる

結局，手順はほとんど力のつり合いと同じことになります。

アドバイス

運動方程式を立てることに決めたら，力のつり合いと同じように，物体を書き抜いて，力を見つけるようにしましょう。

(2) 慣性力

運動は見る人によって変わります。たとえば，減速している人が，等速運動している物体を見ている場合でも，自分の減速に気づかなければ，むしろ相手が加速しているように見えるでしょう。加速しているということは，自分から見たら，相手に（実際には存在しない）加速するような力が加わっているように見える

ということです。このような，実際には存在しない仮の力を**慣性力**といいます。慣性力は次のように表されます。

$$F = -ma$$

実際には，慣性力は，問題文に書かれている加速度のうち1つを無いことにする場合に使われます。たとえば，加速度 a で動いている質量 m の振り子を考える場合，この加速度を無いことにする代わりに，振り子に慣性力 $-ma$ が加わっていると考えます。この観点から慣性力を見直すこともできます。物体が運動しているということは，つり合わせるために必要な力が足りなかったということです。具体的には，$-ma$ の力があれば，合力が0になるわけですから，つり合いが成り立っていたはずです。ところで，実際に存在しなかったとしても，勝手に「存在している」と思うのは自由です。そこで，実際にはこの力 $-ma$ があったものとして考えれば，物体にはたらく力がつり合っていたことになります。この「あったはずの仮の力」が慣性力です。

2-3 運動量保存則

(1) 運動量と運動量の保存

物体の勢いを表す量として，次のように**運動量** p が決められています。

$$p = mv$$

運動量は力が加われば，力積の値だけ変化します。つまり，最初の運動量を mv_0，力が加わった後の運動量を mv とし，加わった力を F，その時間を t とすると，力が運動方向に加わった場合，次の式が成り立ちます。

$$mv_0 + Ft = mv$$

または，

$$mv - mv_0 = Ft$$

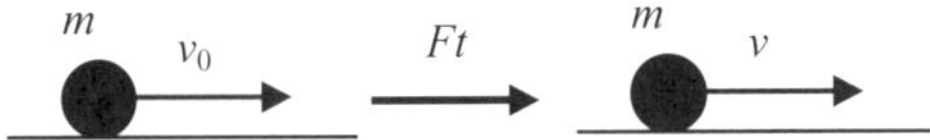

> ひとこと
> 運動量はベクトル量ですので，必要に応じて成分ごとに分けて考えましょう。

(2) 2球の衝突

実際に運動量保存則が使われるのは，2つの物体が衝突する場合です。たとえば，次の図のように，質量 M，速度 V の物体と，

質量 m，速度 v の物体が衝突して，それぞれの速度が U，u になるとき，U，u を求めるという問題です。

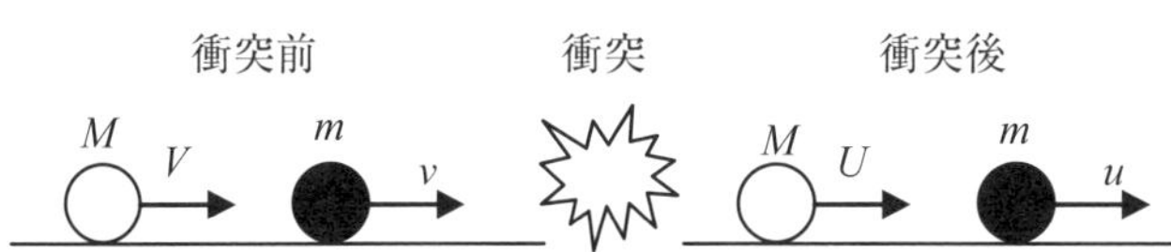

この場合，2 球の衝突以外の外力は加わっていませんので，運動量は全体として保存されています。つまり，次の式が成り立ちます。

$$MV + mv = MU + mu$$

しかし，これだけでは問題を解くことはできません。もう 1 つの式は，衝突の速度差についての実験式から求めます。物体を衝突させると，その物体の固さなどから，衝突前後の速度差の比は常に一定であることがわかります。この比のことを**はね返り係数**（反発係数）といいます。この値が与えられていれば，速度差について次の式が成り立ちます。

$$e(V - v) = u - U$$

つまり，衝突によって，速度差が衝突前の e 倍になるわけです。以上の 2 式を解けば，衝突後の速度を求めることができます。

(3) はね返り係数

はね返り係数 e は，$0 \leqq e \leqq 1$ の値を取ります。

特に $e = 1$ の場合を(完全)**弾性衝突**といいます。この場合には，速度差が衝突前後で保たれるだけでなく，衝突前後で力学的エネルギーも保存されています。

また，はね返り係数は，壁との衝突の計算にも使われます。壁との衝突を考える場合，速度を壁に垂直な方向と，平行な方向に分解して考えます。結果として，次のようになります。

壁に平行な方向：速さは一定に保たれる

壁に垂直な方向：速さが e 倍になる

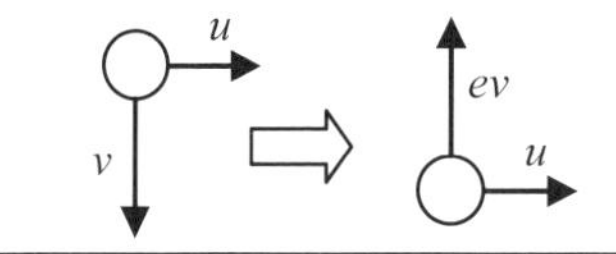

アドバイス
多くの問題では衝突前の図しか与えられません。しかし，衝突後の図も描くように心がけましょう。衝突の問題は，いつも似た図になり，いつも同じように立式することができます。

アドバイス
はね返り係数 e の定義は分数で表すのが普通です。しかし，分母・分子と混同しがちな人は本文のようにして，「速度差が衝突前の e 倍になる」と覚えるとよいでしょう。

ひとこと
壁との衝突では $e = 1$ のとき，入射角と反射角が等しくなります。

例題 2－1 等加速度運動

H.26 労基B　重要度A

一定の速さ v_A で鉛直方向に上昇する小物体から，鉛直上向きに小球を小物体に対する速さ v_0 で打ち上げた。小球を打ち上げてから小球と小物体が同じ高度になるまでの時間として最も妥当なのはどれか。

ただし，重力加速度の大きさを g とし，小球を打ち上げた後においても，小物体の速さは v_A で一定であるものとする。

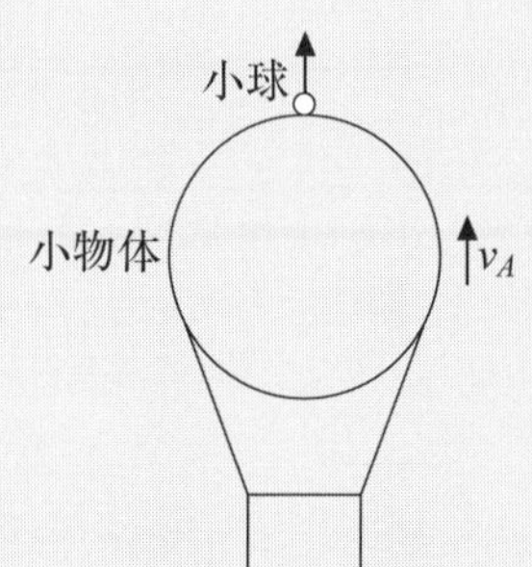

1　$\dfrac{v_A}{g}$　　2　$\dfrac{2v_A}{g}$　　3　$\dfrac{v_A+v_0}{g}$　　4　$\dfrac{2v_0}{g}$　　5　$\dfrac{2(v_A+v_0)}{g}$

等加速度運動の公式の使い方を練習しましょう。等加速度運動の問題は，公式に代入するだけで解けるのですが，確実に正解を出すためにも，丁寧に座標系を立てて視点を整えてから代入しましょう。

【正解】4

解法1　固定された座標系から見て式を立てる

投げ上げた瞬間に小球や小物体がいた高度を原点として，鉛直上向きに x 軸をとると図のようになる。

小球について等加速度運動の公式に代入する。

時刻を t，座標を x_A として，

$$x_A = -\frac{1}{2}gt^2 + (v_A + v_0)t$$

一方，小物体は一定速度で上昇するので，座標を x_B として，

$$x_B = v_A t$$

2つの高度が等しくなるのは $x_A = x_B$ のときなので，

$$-\frac{1}{2}gt^2 + (v_A + v_0)t = v_A t \qquad \therefore \quad t = \frac{2v_0}{g}$$

解法２ **小物体から見た座標系から見て式を立てる**

小物体から見て考える。この場合，小球の初速度は v_0 となる。

一方，小物体は静止していることになる。解法１と同じように座標系を立てる。

小球の速度 v について等加速度運動の式を立てると，

$$v = -gt + v_0$$

小球が同じ高度にもどるとき，速度は投げ上げたときと符号だけが逆になる $-v_0$ となるので，

$$-v_0 = -gt + v_0 \qquad \therefore \quad t = \frac{2v_0}{g}$$

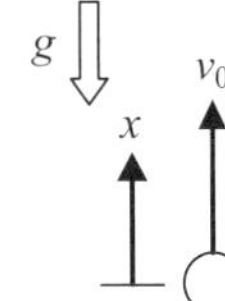

なお，座標について式を立てると，

$$x = -\frac{1}{2}gt^2 + v_0 t$$

となる。同じ高度になるときには $x = 0$ なので，

$$0 = -\frac{1}{2}gt^2 + v_0 t \qquad \therefore \quad t = \frac{2v_0}{g}$$

とすることもできる。

ひとこと

小物体に加速度がないので，慣性力もありません。

例題 2－2　放物運動

H.19 国家Ⅱ種　重要度 A

図のように，小球を速さ v で水平な床面に対して角度 θ で投げ上げた。このときの最高点の高さ h と投げ上げた点から落下点までの距離 l の比 $\dfrac{h}{l}$ を $f(\theta)$ とおくとき，$\dfrac{f\left(\frac{\pi}{3}\right)}{f\left(\frac{\pi}{6}\right)}$ の値として最も妥当なのはどれか。

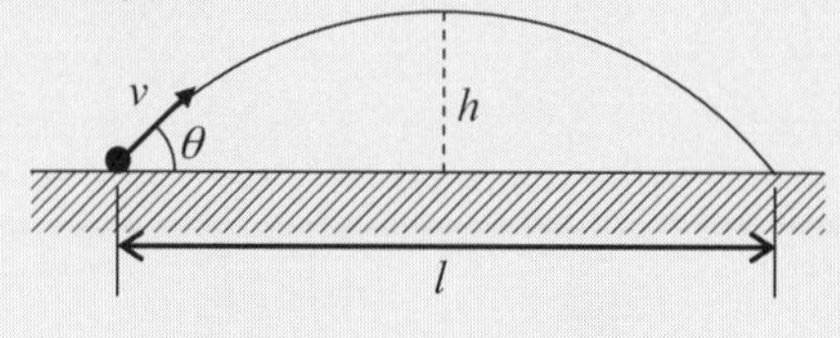

1 $\dfrac{1}{3}$　2 $\dfrac{1}{2}$　3 1　4 2　5 3

等加速度運動の中で，放物運動の問題です。鉛直方向，水平方向に分けて式を立てましょう。水平方向は等速運動であることにも注意が必要です。

【正解】5

解法1　等加速度運動の公式を使って解く

図のように水平方向に x 軸，鉛直上方向に y 軸をとって，この 2 方向に分けて考える。

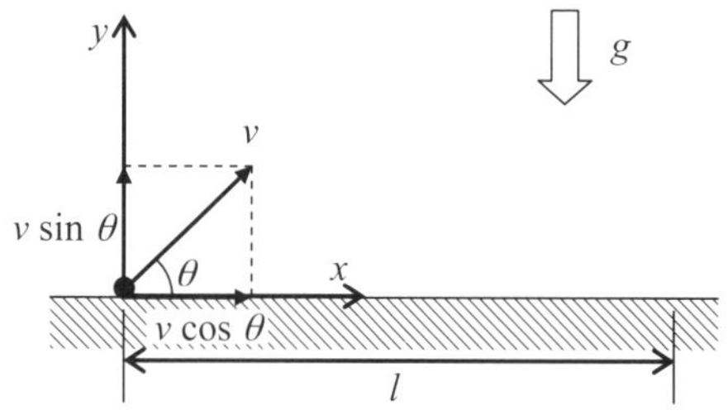

y 方向について，座標 y と y 方向の速度成分 v_y は，時間 t を使ってそれぞれ次のようになる。

$$y = -\frac{1}{2}gt^2 + v\sin\theta\cdot t$$

$$v_y = -gt + v\sin\theta$$

また，x 方向の座標について，次のようになる。

$$x = v\cos\theta\, t$$

まず h について，最高点では $v_y = 0$ となるので，

角度 θ を使って解くと，$\frac{\pi}{6}$，$\frac{\pi}{3}$の場合を 2 回解く手間が 1 回で済みますね。

$$0 = -gt + v\sin\theta \qquad \therefore \quad t = \frac{v\sin\theta}{g}$$

このときの y 座標が h なので,

$$y = h = -\frac{1}{2}gt^2 + v\sin\theta\cdot t = -\frac{v^2\sin^2\theta}{2g} + \frac{v^2\sin^2\theta}{g} = \frac{v^2\sin^2\theta}{2g}$$

次に，落下点では $y = 0$ なので,

$$0 = -\frac{1}{2}gt^2 + v\sin\theta\cdot t \qquad \therefore \quad t = \frac{2v\sin\theta}{g}$$

ひとこと

明らかに $t = 0$ なので，t で割りました。

これより水平距離は,

$$l = v\cos\theta\cdot t = \frac{2v^2\sin\theta\cos\theta}{g}$$

ここから,

$$f(\theta) = \frac{h}{l} = \frac{v^2\sin^2\theta}{4v^2\sin\theta\cos\theta} = \frac{\tan\theta}{4}$$

$$\tan\theta = \frac{\sin\theta}{\cos\theta}$$

となるので，$f\left(\frac{\pi}{3}\right) = \frac{\sqrt{3}}{4}$，$f\left(\frac{\pi}{6}\right) = \frac{1}{4\sqrt{3}}$ となり,

$$\frac{f\left(\frac{\pi}{3}\right)}{f\left(\frac{\pi}{6}\right)} = 3$$

解法2　高さを，エネルギー保存則を使って求める

高さ h をエネルギー保存則を使って求める。水平方向には等速運動をしているので，最高点では，この水平方向にのみ運動していることから，速度 $v\cos\theta$ で運動していることになる。したがって,

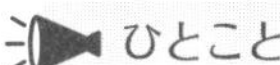

ひとこと

エネルギー保存則は第3章で扱います。

$$\frac{1}{2}mv^2 = mgh + \frac{1}{2}m(v\cos\theta)^2 \qquad \therefore \quad h = \frac{v^2(1-\cos^2\theta)}{2g} = \frac{v^2\sin^2\theta}{2g}$$

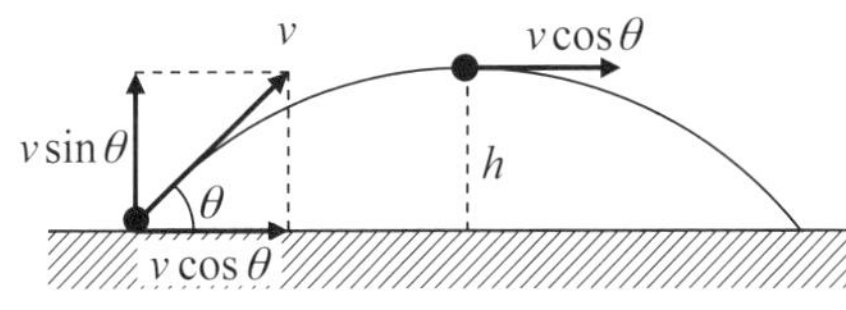

例題 2－3　運動方程式と等加速度運動

H.25 市役所試験　重要度 A

水平な平面上で，一定速度 15m/s で引っ張られている物体を急に離すと，2 秒後の速さはおよそいくらになるか。ただし，平面と物体との間の動摩擦係数を 0.1 とし，重力加速度を 9.8m/s² とする。

1　13.0m/s　　2　13.2m/s　　3　13.4m/s　　4　13.6m/s　　5　13.8m/s

運動方程式を立て，さらに，等加速度運動の公式を使ってみましょう。この２つは非常に相性がよく，よく両方併せて使う場合があります。間違いを防ぐために，まずは丁寧に図を描きましょう。

【正解】1

運動方程式を立て，物体の加速度 a（物体の進行方向を正とする）を求める。垂直抗力を N，物体の質量を m とする。また，重力加速度は g とおいておく。

このときの力は図のようになる。

鉛直方向には力がつり合っているので，

$$N = mg$$

水平方向の運動方程式から，

$$ma = -0.1N = -0.1mg$$

$$\therefore \quad a = -0.1g = -0.98 \text{ m/s}^2$$

したがって，等加速度運動の公式から，求める速さを v とおくと，

$$v = -0.98 \times 2 + 15 = 13.04 \text{ m/s}$$

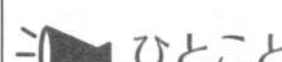

運動方程式を立てたのは，加速度が求めたかったからです。このような方針決めについては第3章で扱います。

例題 2－4 運動方程式

H.26 労基 B　重要度 A

図のように，質量 $2m$ の小物体 A と質量 $4m$ の小物体 B が質量 m の剛体棒で結ばれている。いま，小物体 A に大きさ F の力を加えて鉛直上向きに引き上げた。このとき，剛体棒が小物体 A を引く力の大きさとして最も妥当なのはどれか。

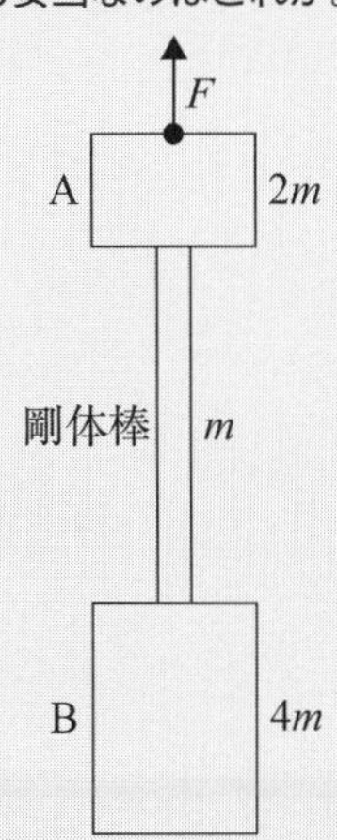

1　$\frac{2}{7}F$　　2　$\frac{5}{7}F$　　3　F　　4　$2F$　　5　$5F$

２つ以上の物体の関係する運動方程式の練習です。運動方程式の立て方は力のつり合いと変わりません。ですので，２つ以上の物体が出てきた場合，１つ１つ物体を分けて考え，それぞれ力を求めていきましょう。この手順の確認がこの問題の目的です。

【正解】2

解法 1　3 つに分けて，それぞれに運動方程式を立てる

A，剛体棒，B の 3 つに分けてそれぞれ運動方程式を立てる。A と剛体棒の間の力を T_A，剛体棒と B の間の力を T_B とし，共通の加速度を a とする。力を図示すると次のようになる。

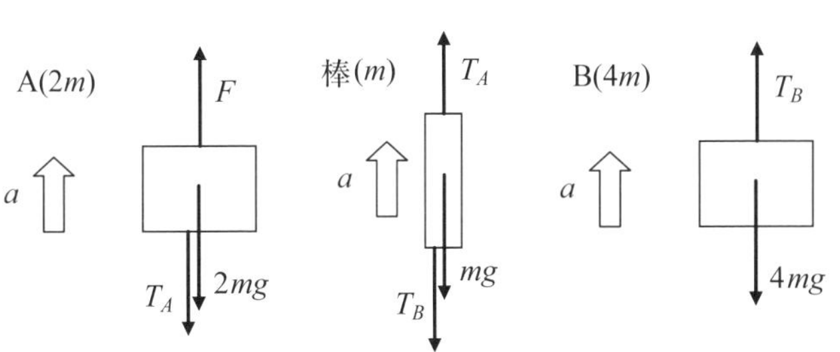

考えにくい場合には，１つ１つバラバラに物体を見ていくとわかりやすくなります。

A についての運動方程式は，

$$2ma = F - 2mg - T_A$$

棒についての運動方程式は，

$$ma = T_A - mg - T_B$$

B についての運動方程式は，

$$4ma = T_B - 4mg$$

これを解く。3 つの式を辺ごと加えると，

$$7ma = F - 7mg \qquad \therefore \quad a = \frac{F}{7m} - g$$

これを最初の式に代入すれば，

$$T_A = F - 2mg - 2ma = F - 2mg - 2m\left(\frac{F}{7m} - g\right) = \frac{5}{7}F$$

解法 2　2 つに分けて，それぞれに運動方程式を立てる

棒と B はあわせて 1 つと見て，これと A の 2 つに分けて考える。解法 1 と同じように文字を決めると，力は下の図のようになる。

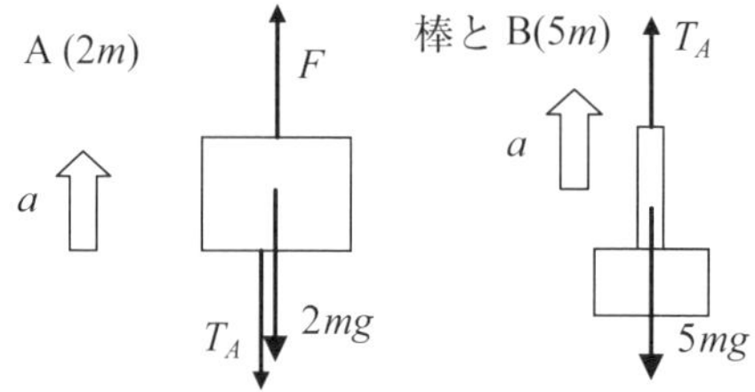

A についての運動方程式から，

$$2ma = F - 2mg - T_A$$

棒と B を 1 つとみた物体についての運動方程式から，

$$5ma = T_A - 5mg$$

以上から a を消去する。

$$10ma = 5(F - 2mg - T_A) = 2(T_A - 5mg) \qquad \therefore \quad T_A = \frac{5}{7}F$$

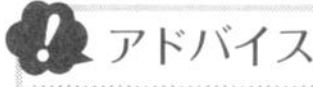

棒と B を 1 つとみたのは，不必要な力である T_B が出てこないようにしたためです。さらに T_A も不必要で，加速度 a が知りたいときは，A，棒，B を合わせて 1 つとみるとすぐに出てきます。運動方程式に慣れたら，求めたいものを簡単に出せるように，注目する物体を決めるように工夫しましょう。

例題 2－5　2球の衝突

H.22 国家Ⅱ種　重要度 **A**

図のように，質量 m の小物体 A が滑らかな水平面上を速さ v で進み，静止している質量 $3m$ の小物体 B に弾性衝突した。このとき，衝突後の小物体 B の速さとして最も妥当なのはどれか。

ただし，すべての運動は同一直線上で行われるものとする。

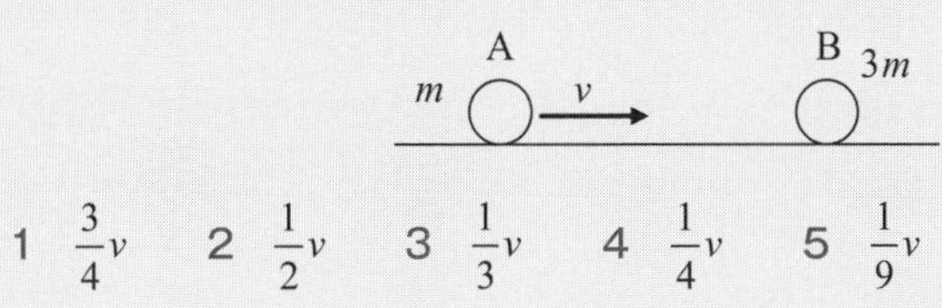

1　$\frac{3}{4}v$　　2　$\frac{1}{2}v$　　3　$\frac{1}{3}v$　　4　$\frac{1}{4}v$　　5　$\frac{1}{9}v$

2球の衝突の練習問題です。まず，運動量保存則では，最初と最後の2つの図を描くことが大切です。特に衝突の問題では，いつも同じ図が描けます。同じ図が描ければ，いつも同じように解くことができます。このことを大切にしましょう。

【正解】2

衝突前　　　　衝突後

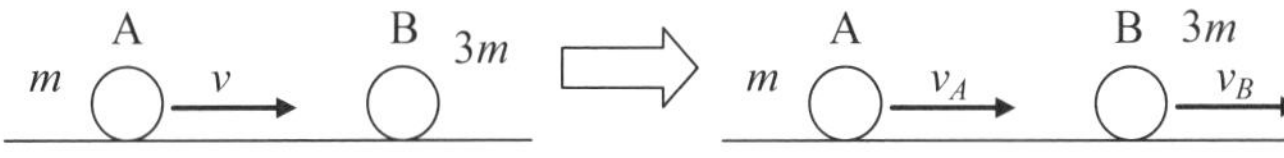

衝突後の A の速さを v_A，B の速さを v_B とする（ともに右向きとする）。すると，図を上のように描くことができる。このとき，運動量保存則より，

$$mv = mv_A + 3mv_B \qquad \therefore \quad v = v_A + 3v_B$$

次に，弾性衝突なので，速度差が変わらず，

$$v = v_B - v_A$$

この2式を加えて整理すると，

$$v_B = \frac{1}{2}v$$

アドバイス

運動量保存の問題では，このように衝突前後の図を描いて，必要なものをすべて文字で置いて記入することが大切です。

例題 2－6　壁との衝突

H.20 国家Ⅱ種　重要度 B

図のように，水平で滑らかな床に，小球が速さ v で床面と 60° をなす方向から衝突し，はね返った。このとき，はね返った直後の小球の速さとして最も妥当なのはどれか。ただし，小球と床との間のはね返り係数を $\frac{1}{3}$ とする。

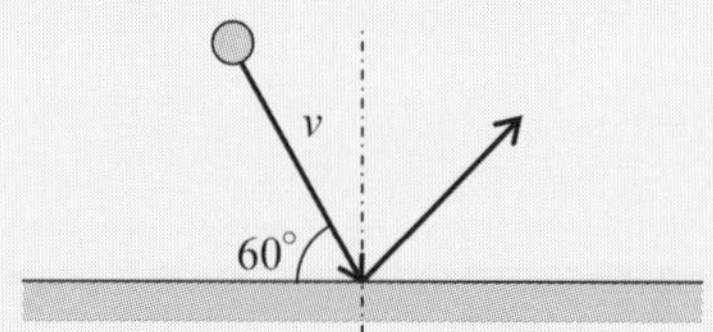

1　$\frac{1}{2\sqrt{3}}v$　　2　$\frac{1}{3}v$　　3　$\frac{1}{\sqrt{3}}v$　　4　$\frac{1}{\sqrt{2}}v$　　5　$\frac{\sqrt{3}}{2}v$

壁と物体が衝突する場合の練習問題です。この場合，まずは速度を壁に垂直，平行な方向に分けるしかありません。この考え方に慣れましょう。

【正解】3

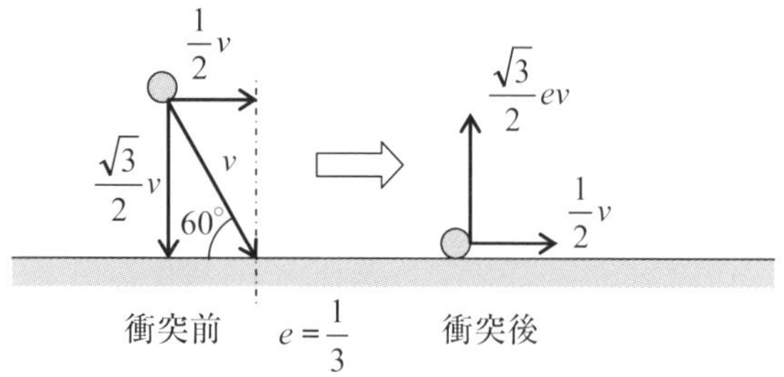

壁との衝突なので，図のように，速度を壁に垂直な方向と平行な方向に分けて考える。衝突直前は，速さの壁に垂直な方向の成分は $\frac{\sqrt{3}}{2}v$，平行な成分は $\frac{v}{2}$ である。このうち，垂直な方向の成分のみが，衝突によって $\frac{1}{3}$ 倍になる（向きも逆になる）ので，求める速さを V とおくと，

$$V=\sqrt{\left(\frac{\sqrt{3}}{6}v\right)^2+\left(\frac{v}{2}\right)^2}=\frac{1}{\sqrt{3}}v$$

← 三平方の定理

練習問題

No.1 水平な地面に静止していた昇降台が，小球を載せた状態で鉛直に一定の加速度 a で上昇し始め，時間 t 秒後に急停止し，小球が鉛直に投げ出された。小球が到達する最高点の地面からの高さはいくらか。

ただし，重力加速度を g とし，空気抵抗は無視できるものとする。

H.15 労基 B
重要度 B 類 例題 2－1
答 P.45

1 $\dfrac{a}{2}\left(1+\dfrac{a}{g}\right)t^2$　2 $\dfrac{1}{2}(a+g)t^2$　3 $\dfrac{a}{2}\left(1+\dfrac{a}{2g}\right)t^2$

4 $\dfrac{a}{2}\left(1-\dfrac{a}{g}\right)t^2$　5 $\dfrac{(at)^2}{2g}$

No.2 球を傾斜角 θ（$0<\theta<\dfrac{\pi}{4}$）の斜面上に置き，静かに放したところ，地面に到達するまでに時間 T を要した。同じ高さから傾斜角を 2 倍にして放すと，地面に到達するまでの時間はいくらか。

ただし，球は質点とみなすことができ，斜面と摩擦を生じないものとする。

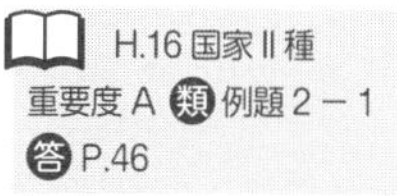

H.16 国家Ⅱ種
重要度 A 類 例題 2－1
答 P.46

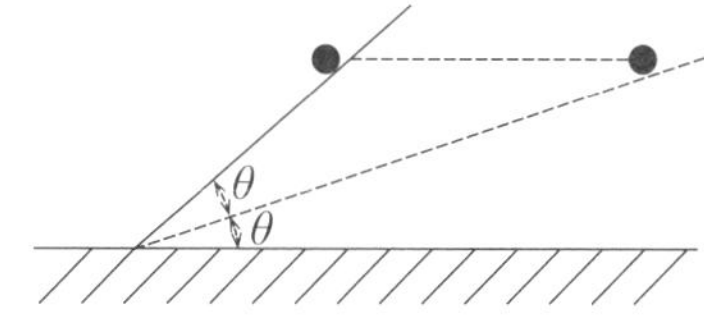

1 $2T\sin\theta$　2 $2T\cos\theta$　3 $\dfrac{T}{2\sin\theta}$

4 $\dfrac{T}{2\cos\theta}$　5 T

No.3 水平な地面から小球を斜め上方へ投げたところ，小球は投げてから1.0秒後に，投げた点から水平方向に12m離れた場所にある点Aの直上を通過し，さらに，その4.0秒後に地面に落下した。点Aの直上における小球の高さはおよそいくらか。

ただし，重力加速度の大きさを$9.8\mathrm{m/s^2}$とする。

1　14m　　2　16m　　3　18m　　4　20m　　5　22m

H.25 労基B
重要度B 類 例題2－2
答 P.46

No.4 図において，水平面と傾きθをなす滑らかな斜面上において，質量mの物体に糸を付け，滑車を通して質量$2m$のおもりをつるしたところ，物体は斜面に沿って上昇した。このときのおもりの加速度の大きさaとして最も妥当なのはどれか。

ただし，重力加速度をgとする。

H.22 国家Ⅰ種
重要度A 類 例題2－4
答 P.47

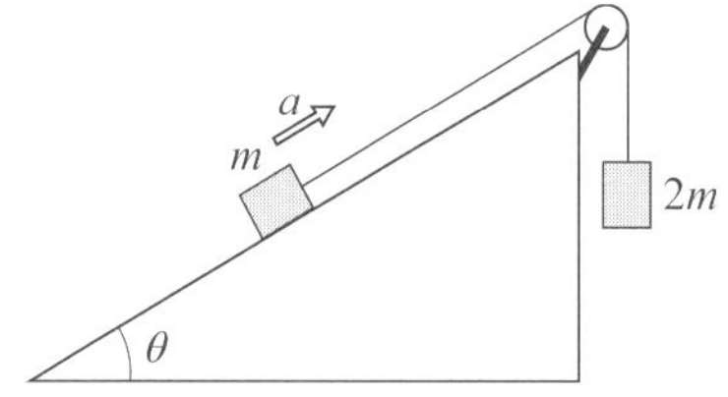

1　$\dfrac{2-\sin\theta}{3}g$

2　$\dfrac{2-\sqrt{3}\sin\theta}{3}g$

3　$\dfrac{\sqrt{3}-\sin\theta}{3}g$

4　$\dfrac{\sqrt{3}-\sqrt{2}\sin\theta}{3}g$

5　$\dfrac{2\sqrt{2}-\sin\theta}{3}g$

No.5 図のように，天井に固定された定滑車Aに伸縮しない糸をかけ，その一方に質量 $4m$ のおもり M_1 を吊り下げ，他方を質量 $7m$ のおもり M_2 のついた動滑車Bを介して糸が鉛直になるように天井に固定した。ここで，糸が張られた状態のまま手でおもり M_1 を固定し，全体を静止させている。いま，おもり M_1 から手をゆっくりと放した。このとき，おもり M_1 の運動に関する次の記述のうち，最も妥当なのはどれか。

ただし，重力加速度を g とし，糸及び滑車A，Bの質量は無視する。また，滑車と糸の間に摩擦はないものとする。

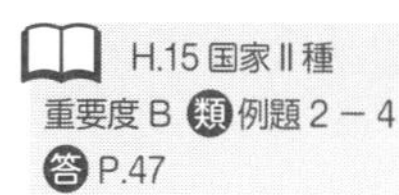

H.15 国家Ⅱ種
重要度B 類 例題2－4
答 P.47

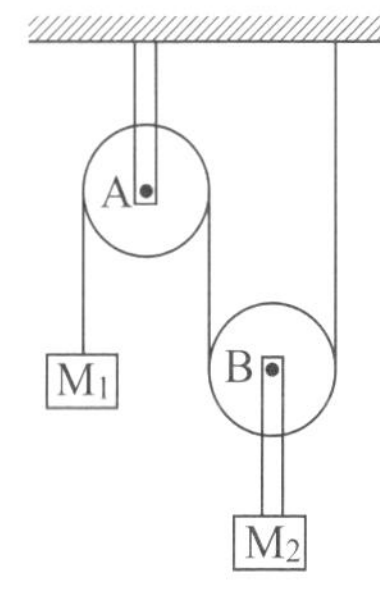

1　加速度 $\frac{1}{6}g$ で上昇する

2　加速度 $\frac{2}{5}g$ で上昇する

3　加速度 $\frac{1}{22}g$ で下降する

4　加速度 $\frac{2}{23}g$ で下降する

5　加速度 $\frac{2}{9}g$ で下降する

練習問題

No.6 摩擦のある水平な台上に，図のように質量 0.60kg の物体 B 及び質量 0.30kg の物体 C を載せて糸でつなぎ，さらに，B と質量 0.30kg の物体 A を軽い定滑車を通してつなぎ，C を押さえて糸がたわまないようにしてから，静かに手を放した。手を放してから 2.0s 後の A の速さはおよそいくらか。

ただし，B，C と台との間の動摩擦係数はいずれも 0.30 とし，重力加速度の大きさを 9.8m/s^2 とする。また，B と定滑車との距離は十分に離れているものとする。

H.25 労基B
重要度A 類 例題2－3
答 P.48

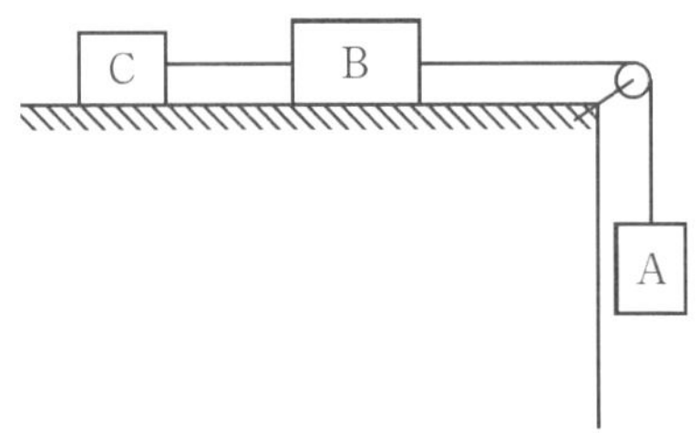

1 0.49m/s　2 0.98m/s　3 2.4m/s
4 4.9m/s　5 9.8m/s

No.7 ビルの外壁で質量 m のかごに乗って作業している質量 $M(>m)$ の人がいる。図のように，このかごは滑車で吊られており，かごに乗っている人自身がひもを引いたり緩めたりすることによって上下することができる。いま，下がろうとしてひもを緩めたところ，人からかごにかかる力が N になった。このとき，かごの加速度はいくらか。

ただし，重力加速度を g とする。

H.13 国家Ⅱ種物理職
重要度A 類 例題2－4
答 P.49

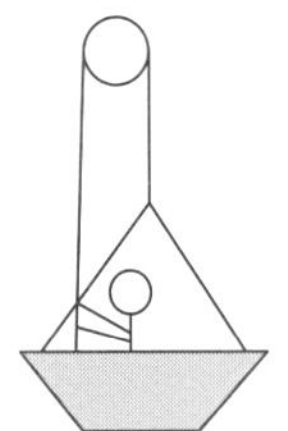

1 $\dfrac{N}{m}$　2 $\dfrac{N}{M-m}$　3 $g-\dfrac{2N}{M-m}$
4 $g-\dfrac{N}{M-m}$　5 $g+\dfrac{N}{m}$

No.8 角度 θ のなめらかな斜面をもつブロックの上に，直方体のブロックが置かれて一体となって，水平左方向に加速度 a で運動している。このように直方体のブロックが斜面上で斜面に対して動かずに運動できるための a と重力加速度 g の関係として正しいものはどれか。

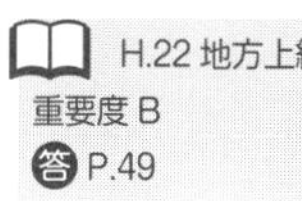
H.22 地方上級
重要度 B
答 P.49

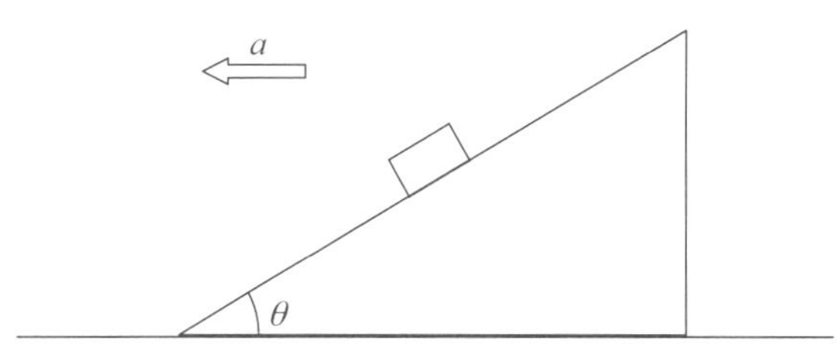

1 $a = g\sin\theta$　　2 $a = g\cos\theta$　　3 $a = g\tan\theta$

4 $a = \dfrac{g}{\tan\theta}$　　5 $a = \dfrac{g}{\cos\theta}$

No.9 図のように，なめらかな水平面上を，質量 $2m$ の物体と質量 m の物体が，反対向きに速さ v_0 で運動しており，衝突後，2 つの物体は一体となって運動した。このとき，衝突によって失われた運動エネルギーとして正しいのはどれか。

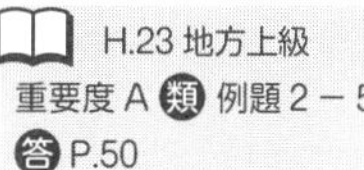
H.23 地方上級
重要度 A 類 例題 2－5
答 P.50

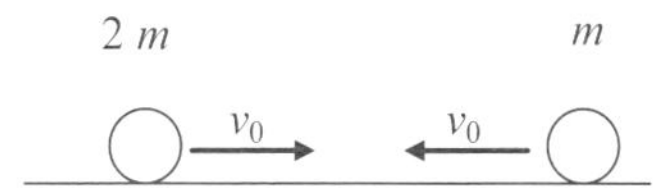

1 $\dfrac{1}{3}mv_0^2$　　2 $\dfrac{2}{3}mv_0^2$　　3 mv_0^2

4 $\dfrac{4}{3}mv_0^2$　　5 $\dfrac{5}{3}mv_0^2$

練習問題

No.10　図のように，質量が等しい三つの小球A，B，Cが滑らかな水平面上で，一直線上に静止している。この直線に沿ってAを速さ1.0m/sで運動させてBに衝突させたところ，A，B，Cの間で何回か衝突した。最終的に衝突しなくなったときのCの速さはおよそいくらか。

ただし，はね返り係数は，どの衝突においても0.60とする。

1　0.18m/s
2　0.33m/s
3　0.36m/s
4　0.48m/s
5　0.64m/s

H.25 国家総合職
重要度A 類 例題2－5
答 P.51

No.11 図のように，滑らかな水平面上において，速さ v で運動している質量 m の小球 A を，静止している質量 M の小球 B に衝突させたところ，A は衝突前の運動方向から右へ 45° の向きに，B は左に 45° の向きに進んだ。衝突後の A，B の速さの組合せとして最も妥当なのはどれか。

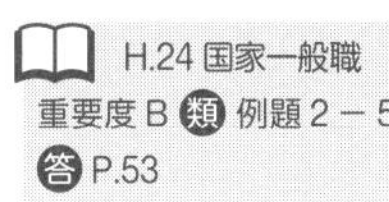

H.24 国家一般職
重要度 B 類 例題 2 − 5
答 P.53

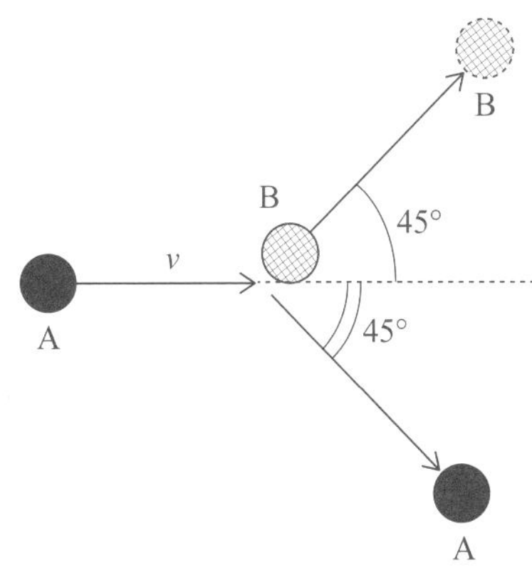

	A の速さ	B の速さ
1	$\frac{\sqrt{2}}{2}v$	$\frac{\sqrt{2}}{2}\frac{m}{M}v$
2	$\frac{\sqrt{2}}{2}\frac{M}{m}v$	$\frac{\sqrt{2}}{2}v$
3	$\frac{\sqrt{2}}{2}\frac{M}{m}v$	$\frac{\sqrt{2}}{2}\frac{m}{M}v$
4	$\frac{\sqrt{2}}{2}\frac{m}{M+m}v$	$\frac{\sqrt{2}}{2}\frac{M}{M+m}v$
5	$\frac{\sqrt{2}}{2}\frac{m}{M+m}v$	$\frac{\sqrt{2}}{2}\frac{m}{M+m}v$

練習問題

No.12 図のように，滑らかで水平な床の上に置かれた質量 $5m$ の平らな板の上に，質量 m の小物体があり，最初，小物体と板は床に対して静止している。時刻 $t = 0$ で，小物体に右向きに初速度 v_0 を与えたところ，小物体と板との間に働く摩擦力によって板も動き出し，時刻 $t = t_s$ で，小物体は板上で板に対して静止した。t_s として最も妥当なのはどれか。

ただし，小物体と板との間の動摩擦係数を μ，重力加速度を g とする。

H.23 国家Ⅰ種
重要度 A 類 例題 2 –
答 P.53

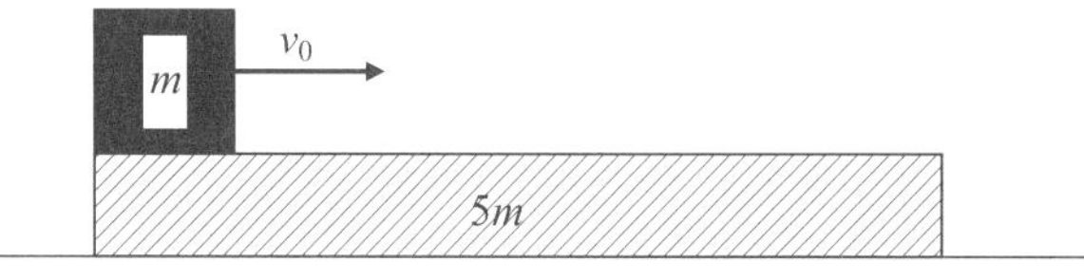

1 $\dfrac{2v_0}{3\mu g}$

2 $\dfrac{3v_0}{4\mu g}$

3 $\dfrac{4v_0}{5\mu g}$

4 $\dfrac{5v_0}{6\mu g}$

5 $\dfrac{6v_0}{7\mu g}$

MEMO

第3章 エネルギー保存則，円運動，単振動

ポイント POINT

まず運動している問題で最も使われる機会の多いエネルギー保存則をみましょう。そして，円運動，単振動を扱います。円運動も単振動も解き方，覚えるべき事が決まっています。定番の考え方を知ることが第一歩となります。

知っておきたい 基礎知識

3-1 エネルギーと保存則

(1) エネルギー

物体が何かをする能力のことを**エネルギー**といいます。エネルギーは，運動それぞれについて計算されていて，その式については覚えておく必要があります。力学で出てくるエネルギーについて以下の表のものは必ず覚えておきましょう。

(重力による)位置エネルギー	mgh	m：質量，g：重力加速度，h：高さ(高さの基準は適宜とること)
運動エネルギー	$\frac{1}{2}mv^2$	m：質量，v：速度
弾性エネルギー	$\frac{1}{2}kx^2$	k：ばね定数，x：バネの伸び

次のエネルギーは特殊な問題で使われます。ですので，覚えるのは後回しでよいでしょう。

万有引力による位置エネルギー	$-G\frac{Mm}{r}$	G：万有引力定数，M，m：質量 r：2物体の距離
回転エネルギー	$\frac{1}{2}I\omega^2$	I：慣性モーメント，ω：角速度

回転エネルギーは，機械職の人，及び総合職を視野に入れている人は覚えておきましょう。

エネルギーは，それまで出てきた運動量，力などと異なりスカラー量です。したがって，水平方向，鉛直方向というように成分に分ける必要はありません。

(2) エネルギー保存則

力を加えれば，エネルギーを増やすことも減らすこともできます。力を加えて物体を移動させたときに，エネルギーが変化する量のことを**仕事**といいます。仕事 W は次の式で表されます。

$$W = Fx$$

x：移動距離ですが，F と x は同じ方向でなければいけません。異なる方向の場合には，F または x を分解して，同じ方向にそろえる必要があります。また，力の方向と移動方向が同じ場合にはエネルギーは増加し，逆の場合には，エネルギーは減少することになります。

一方，仕事がなく，他にエネルギーを変化させる原因がない場合，エネルギーは変化しません。これを**エネルギーの保存則**といいます。

(3) エネルギー保存則の立て方

エネルギー保存則を立てる場合には，エネルギー保存則が立てやすいように図を描くことが最も大切です。多くの場合，次の手順をとります。

① 考えている，「最初」と「最後」の図を描く

② 高さ h，速さ v など，エネルギーに関係する量を記入する

③ ②で描いた量を元に，最初と最後についてエネルギーを計算する

アドバイス

例題，解説ではできる限り図を描いています。式を立てることだけでなく，速さ，高さのわかる図をしっかり描くことが重要です。

(4) 力学の方針

実際に問題を解く場合には，最初に，①等加速度運動の公式，②運動方程式，③運動量の保存，④エネルギーの保存則のどれを使って解くのかを決めなければいけません。

①～④の中では，方向を考えなくてよい④のエネルギー保存則でできるだけ問題を解いていくとわかりやすいでしょう。しかし，エネルギー保存則は使える場面が限られています。これが使えない場面では，他の式を考えることになります。すると，まずは，次の2つが分かります。

(i) 衝突・分裂の問題 → 運動量保存則（エネルギーは保存しない）

(ii) 重力のみによる放物運動 → 等加速度運動の公式と比較する

アドバイス

重力のみの放物運動の場合でも，エネルギー保存則が使えるかどうかを優先的に考え，使えないときに，等加速度運動の公式を考えるとよいでしょう。

これ以外の場合については，何がほしいのかによって方針が変わります。具体的には，エネルギー保存則の中には，時間 t，加速度 a が入っていません。ですので，この2つを求める場合には，運動方程式（＋等加速度運動の公式）となります。力 F については，仕事が計算できるかどうかで細かく場合が分かれますが，加速度，時間が関係ない問題，具体的には，ある高さでの速さを求めるような問題では，エネルギー保存則を立てることになります。

> **ひとこと**
> 第2章で出てきた問題についても，なぜエネルギー保存則ではなく，運動方程式や等加速度運動の公式を使ったのか，見直してみてください。

3-2 円運動

(1) 等速円運動

等速で円軌道上を運動する場合を**等速円運動**といいます。等速円運動を表現する場合，今まで出てきた量の他に，角度に関係する次の量を使う場合があります。

① 角速度 ω：単位時間当たりの回転角度

② 周期 T：円軌道を1周するのに要する時間

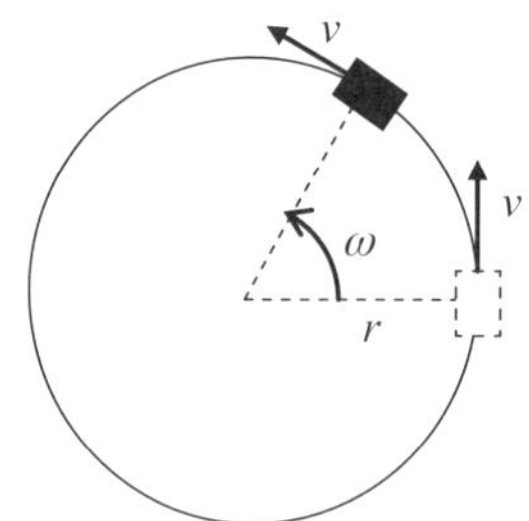

これらと速さ v との間には，次の関係が成り立ちます。ただし r は半径です。

$$v = r\omega$$

$$T = \frac{2\pi}{\omega} = \frac{2\pi r}{v}$$

> **ひとこと**
> rad 角の扇形の円弧の長さの公式 $l = r\theta$ を時間で微分すると，$v = r\omega$ となります。

では，等速円運動をする場合の力はどうなるでしょう。ここでは次のように考えるとわかりやすくなります。図では，左方向に物体が曲がっていますが，これは言い方を変えると，左右方向の力のバランスを考えると，右向きの力が足りないため，左向きに曲がっていったと考えることができます。そこで，ここに右向きの力を（仮に）加えれば，物体に働く力がつり合ったことになります。この力を**遠心力**といい，大きさは次のように表されます。

$$F = mr\omega^2 = m\frac{v^2}{r}$$

方向は，中心から離れる方向です。これを使うと，等速円運動の解き方は次のようになります。

（i） 力を図示する。このとき，仮の力である遠心力も加える

（ii） 力のつり合い式を立てる

ひとこと
本書では，等速円運動では一貫して遠心力の考え方を使っています。

(2) 非等速円運動

円軌道上を円運動するものの，その速度が一定ではない場合を**非等速円運動**といいます。この場合には，次の 2 つの式を立てることになります。

① 遠心力を加えて，半径方向についての力のつり合いを立てる

② エネルギー保存則を立てる

アドバイス
非等速円運動で力のつり合いが成り立つのは，半径方向だけということに気をつけましょう。

3-3 単振動

(1) 単振動

座標 x が時間 t を使って，

$$x(t) = A\sin(\omega t + \theta_0)$$

と表される場合を**単振動**といいます。特に $x(0) = 0$ では，

$$x(t) = A\sin(\omega t)$$

となります。特に A を**振幅**，ω を**角振動数**といいます。単振動となる場合，運動方程式は次の形をとります。

$$a = -\frac{k}{m}x + C$$

（a：加速度，m：質量，k，C：定数）

一方で，最初の座標を時間で 2 回微分すれば加速度が次のように求まります。

$$a = -\omega^2 A\sin(\omega t + \theta_0) = -\omega^2 x$$

これを比較することで，次の式が成り立ちます。

$$\omega^2 = \frac{k}{m} \qquad \therefore\ \omega = \sqrt{\frac{k}{m}}$$

ひとこと
$x(t)=C_1\sin\ \omega t + C_2\cos\ \omega t$ と書くこともできます。

アドバイス
$\frac{k}{m}$ は運動方程式の x の係数です。したがって単振動の周期を求めるときは，まず運動方程式を作り，「$a =$」の形に変形して，x の係数の平方根をとって ω とします。

角振動数からは，次の公式によって，単振動の周期 T，及び，1 秒間の振動回数である振動数 f が求められます。

$$T = \frac{2\pi}{\omega}, \quad f = \frac{1}{T}$$

以上は周期や振動数，角振動数を求める場合です。振幅や速さを求めるときにはエネルギー保存則を使う場合が多くなります。

(2) 振り子

実際の単振動の出題では振り子の問題が多く出題されています。特に次の 2 つについては周期の公式は覚えておく必要があります。

① ばね振り子

ばね定数を k，おもりの質量を m とするとき，ばね振り子の周期 T は，次の式で表されます。

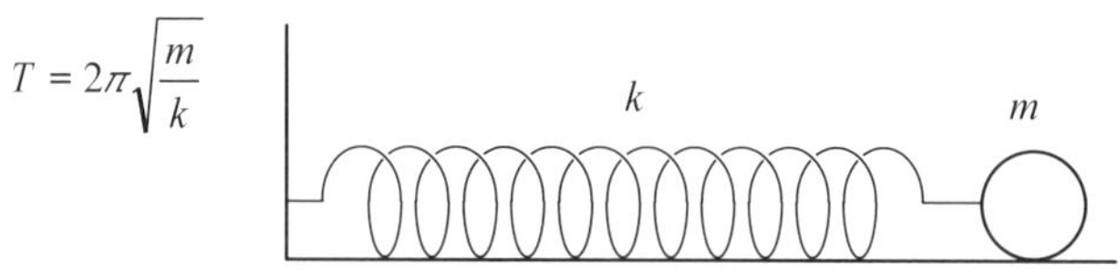

ばねが 2 本以上ある場合には，可能であれば，ばねの合成公式で合成して求めます。合成公式は次のようになっています。

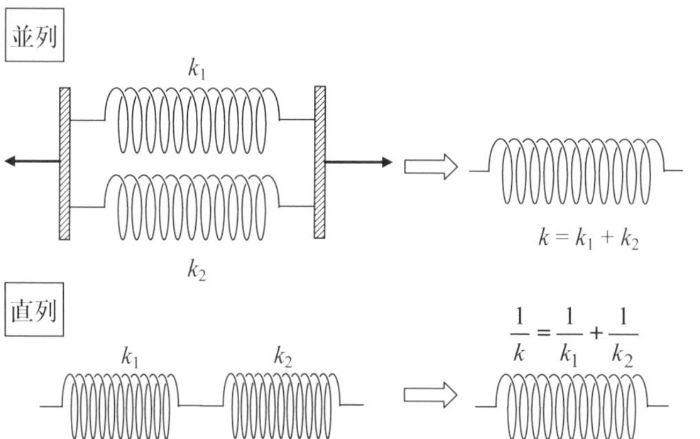

電気抵抗の合成公式と，並列，直列が逆になっていることに注意しましょう。なお，コンデンサの合成公式とは一致しています。

左の 2 つのばね k_1，k_2 は，いずれも右のばね定数 k の 1 つのばねに置き換えることができます。

② 単振り子

振り子の長さを l，重力加速度を g とするとき，単振り子の周期 T は，次の式で表されます。

$$T = 2\pi\sqrt{\frac{l}{g}}$$

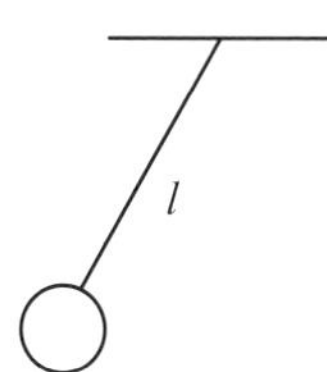

単振り子の周期は，おもりの質量には無関係になります。

例題 3－1 力学的エネルギー保存

H.15 国家Ⅱ種　重要度 A

地面より高さ h の場所から，質量の異なる小球A，B，Cをそれぞれ速さ v_0，$2v_0$，$\frac{\sqrt{2}}{2}v_0$ で図に示す方向に投げるとき，小球A，B，Cがそれぞれ地面に達する瞬間の速さ v_A，v_B，v_C の大小関係として最も妥当なのはどれか。

ただし，小球A，B，Cの質量はそれぞれ m，$\frac{m}{4}$，$2m$ とする。また，空気抵抗は考えないものとする。

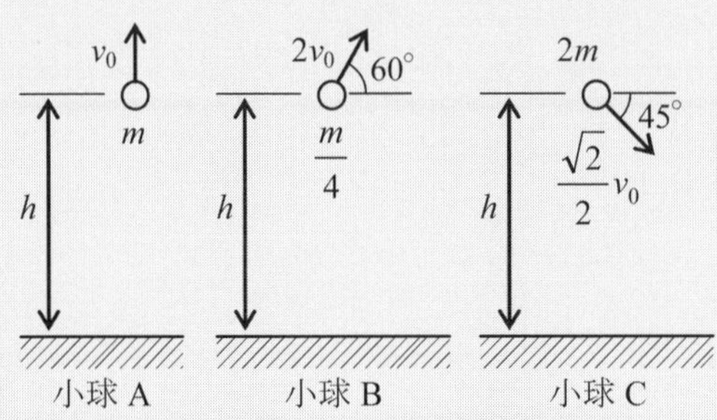

1 $v_A = v_B < v_C$　　2 $v_A = v_B = v_C$　　3 $v_C < v_A < v_B$

4 $v_A < v_B = v_C$　　5 $v_B < v_C < v_A$

エネルギー保存の練習をしましょう。最初と「最後」の両方の図を描くこと，エネルギーに方向はないことに注意してください。また，なぜこの問題を等加速度運動ではなくエネルギー保存で解くのかも考えてみましょう。

【正解】3

投げ上げたときと地面に落下したときの図を描くと次のようになる。

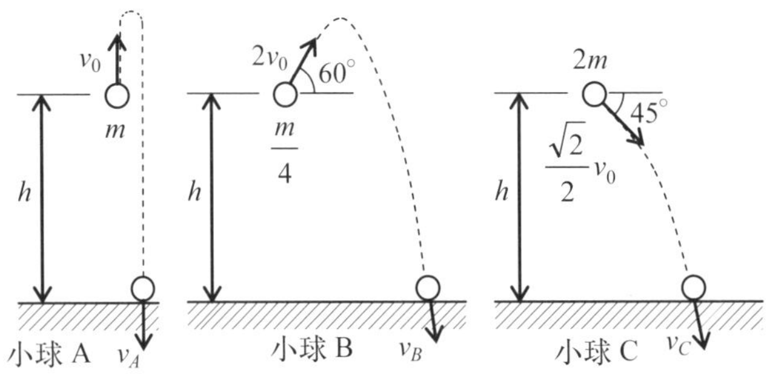

小球Aについて，エネルギー保存則を立てると，

$$\frac{1}{2}mv_0^2 + mgh = \frac{1}{2}mv_A^2 \qquad \therefore \quad v_A = \sqrt{v_0^2 + 2gh}$$

丁寧に，求める落下直前の様子も図に描くことが問題を確実に解くキーポイントです。

小球Ｂについて，エネルギー保存則を立てると，

$$\frac{1}{2}\cdot\frac{m}{4}(2v_0)^2+\frac{m}{4}gh=\frac{1}{2}\cdot\frac{m}{4}v_B^2 \qquad \therefore \quad v_B=\sqrt{4v_0^2+2gh}$$

小球Ｃについて，エネルギー保存則を立てると，

$$\frac{1}{2}(2m)\left(\frac{\sqrt{2}}{2}v_0\right)^2+2mgh=\frac{1}{2}\cdot 2mv_C^2 \qquad \therefore \quad v_C=\sqrt{\frac{1}{2}v_0^2+2gh}$$

したがって，

$v_C < v_A < v_B$

となる。

ひとこと

エネルギーには方向はないので，投げる角度は関係ないことに気をつけましょう。

例題 3－2　放物運動とエネルギー保存

H.16 労基B　重要度 A

ある物体を，水平な地面から角度 30° の方向へ初速度 V_0 で打ち上げたところ，高さ H の最高点を通過した後，地面に落下した。この物体を，水平な地面から角度 45° の方向へ初速度 V_0 で打ち上げた場合の最高点の高さはいくらか。

ただし，空気による抵抗は無視できるものとする。

1　$\dfrac{2\sqrt{3}}{3}H$　　2　$\sqrt{2}H$　　3　$\dfrac{3}{2}H$　　4　$\sqrt{3}H$　　5　$2H$

斜方投射の最高到達高さの計算は，エネルギー保存の得意とするところです。式の立て方を学んでください。特に速さの水平方向が等速運動であることは注意です。

【正解】5

角度 30° で投げ上げたときと，最高点について図を描く。このとき，水平方向には加速度はなく等速運動であるため，最高点では，投げ上げたときの水平方向の速さがそのまま残っていることに注意する。

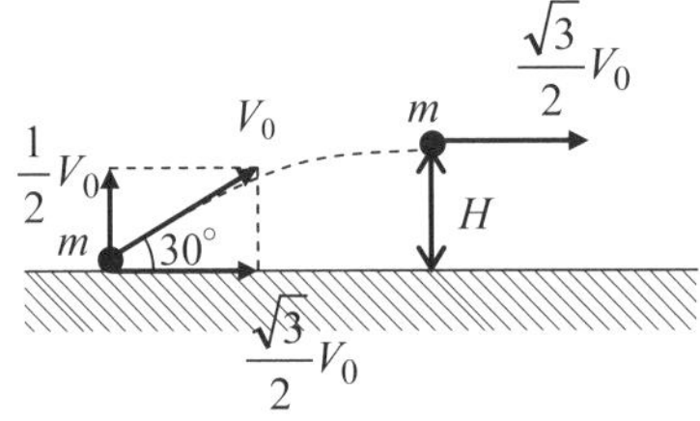

エネルギー保存則より，

$$\frac{1}{2}mV_0^2 = mgH + \frac{1}{2}m\left(\frac{\sqrt{3}}{2}V_0\right)^2 \qquad \therefore \quad H = \frac{V_0^2}{8g}$$

次に，45° で打ち上げるとき，同じように考えると，水平方向の速度成分は $\dfrac{1}{\sqrt{2}}V_0$ になるので，同様にエネルギー保存則を立てると，求める高さを H' として，

$$\frac{1}{2}mV_0^2 = mgH' + \frac{1}{2}m\left(\frac{\sqrt{2}}{2}V_0\right)^2 \qquad \therefore \quad H' = \frac{V_0^2}{4g} = 2H$$

ひとこと

等加速度運動の公式から も求めることができます 例題２－２を見てくださ い。

ひとこと

角度を変えて２回エネル ギー保存則を立てていま すが，角度を θ として 回で済ませることもでき ます。例題２－２を見て ください。

例題 3－3 摩擦とエネルギー変化

H.24 国家総合職　重要度 A

傾斜角 30° の斜面上の点 A から，小物体を初速度 v で斜面に沿って下向きに滑らせたところ，小物体と斜面との間の摩擦により，点 A から距離 l にある点 B で静止した。この小物体を点 B から上向きに滑らせ，点 A で静止させるために小物体に与えるべき初速度の大きさとして最も妥当なのはどれか。

ただし，重力加速度の大きさを g とする。

1　$\sqrt{v^2+\frac{1}{8}gl}$　2　$\sqrt{v^2+\frac{1}{4}gl}$　3　$\sqrt{v^2+\frac{1}{2}gl}$

4　$\sqrt{v^2+gl}$　5　$\sqrt{v^2+2gl}$

摩擦によってエネルギーが減少する場合の問題です。この場合も力を丁寧に求め，必要なことを図に記入しながら考えていきましょう。

【正解】5

摩擦力は，いずれのケースでも同じ値となるため，これを F とする。斜面を下りるときの A 点と B 点について，図を描くと次のようになる。

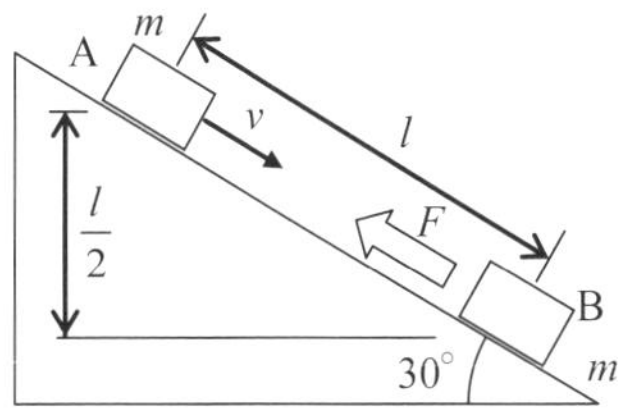

エネルギー保存則を立てると，最初に持っていたエネルギーが，仕事によって減少することで，B でのエネルギー (0) になるため，

$$\left(\frac{1}{2}mv^2+\frac{1}{2}mgl\right)-Fl=0$$

次に，斜面を上るときの A 点と B 点について，次のように図を描いてエネルギー保存則を立てる。

ひとこと

図が与えられていませんので，まず図を描きましょう。なお，全く同一の問題が H.12 国家Ⅱ種で出題されています。

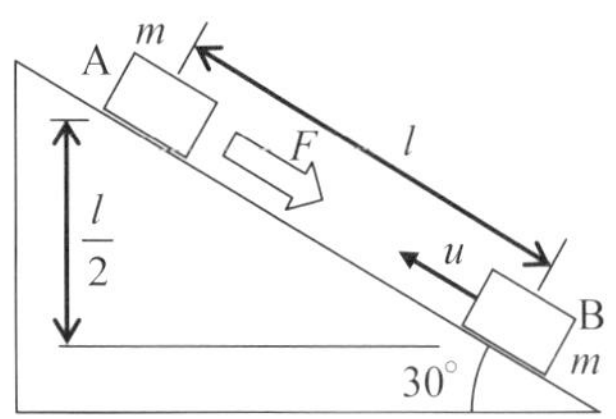

求める初速を u として，B で持っていたエネルギーが，摩擦によって減少して，A でのエネルギーになるので，

$$\frac{1}{2}mu^2 - Fl = \frac{1}{2}mgl$$

したがって，これらの式を Fl について解くと，

$$Fl = \frac{1}{2}mv^2 + \frac{1}{2}mgl = \frac{1}{2}mu^2 - \frac{1}{2}mgl$$

$$\therefore \quad u = \sqrt{v^2 + 2gl}$$

例題 3－4 総合問題

H.19 国家Ⅱ種　重要度 B

図のように，滑らかな面 ABC があり，点 AB 間は水平面で，点 BC 間は高低差 h の斜面となっている。

いま，速度 v_0 で進む質量 m の小球 P が，点 AB 間において，静止した質量 $2m$ の小球 Q と弾性衝突した。その後，小球 Q が点 B を経由して点 C で最高点に達したとき，v_0 として最も妥当なのはどれか。

ただし，重力加速度を g とする。

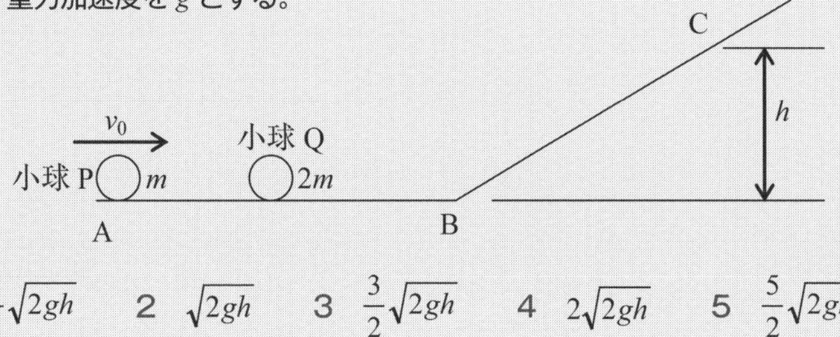

1 $\frac{1}{2}\sqrt{2gh}$　2 $\sqrt{2gh}$　3 $\frac{3}{2}\sqrt{2gh}$　4 $2\sqrt{2gh}$　5 $\frac{5}{2}\sqrt{2gh}$

公務員試験では，状況が途中で変化する問題も多く出題されます。状況が変化するごとに分けて考え，１つ１つ式を立てていきます。分けたそれぞれは難しくないはずです。

【正解】3

まず，弾性衝突後の速さを求める。弾性衝突後の P の速さを v_P，Q の速さを v_Q とおくと，次のように図が描ける。

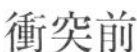

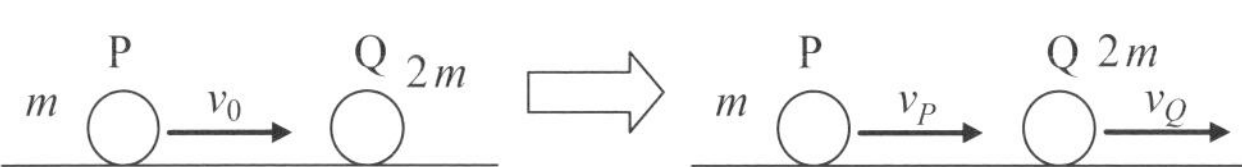

運動量保存則より，

$$mv_0 = mv_P + 2mv_Q$$

弾性衝突なので，

$$v_0 = v_Q - v_P$$

これを解いて $v_Q = \frac{2}{3}v_0$ となる。次に BC 間について Q についての力学的エネルギー保存則を立てると，

$$\frac{1}{2}\cdot 2m\left(\frac{2}{3}v_0\right)^2 = 2mgh \qquad \therefore \quad v_0 = \sqrt{\frac{9}{2}gh} = \frac{3}{2}\sqrt{2gh}$$

衝突の問題は運動量保存則の出番です。衝突の問題では常に同じ図を書いていることにも注意しましょう。

時間とは無関係に高さを求めたいのですから，エネルギー保存則を選択しました。

例題 3－5 等速円運動

H.26 国家一般職　重要度 A

図のように，質量 m の小球を付けた長さ L の糸の一端を天井に付けて，鉛直方向と糸のなす角が 60° となるように小球を水平面内で等速円運動させた。このとき，この円運動の周期として最も妥当なのはどれか。

ただし，重力加速度の大きさを g とする。

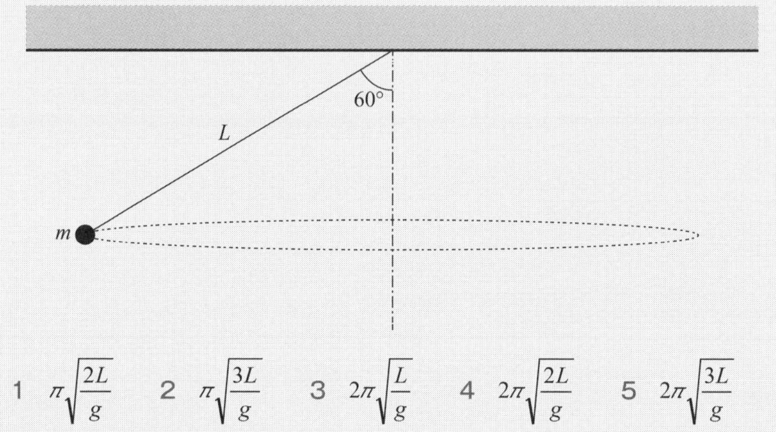

1　$\pi\sqrt{\dfrac{2L}{g}}$　　2　$\pi\sqrt{\dfrac{3L}{g}}$　　3　$2\pi\sqrt{\dfrac{L}{g}}$　　4　$2\pi\sqrt{\dfrac{2L}{g}}$　　5　$2\pi\sqrt{\dfrac{3L}{g}}$

円すい振り子とよばれる有名な問題です。解き方，答えを用意しておきましょう。なお，国家総合職では頂角が 30° の場合も出題されています。

【正解】1

円運動の半径を r，頂角を θ とする。なお，本問では $\theta = 60°$，$r = \dfrac{\sqrt{3}}{2}L$ である。角速度を ω とすると，遠心力は $mr\omega^2$ であり，中心から離れる方向である。等速円運動をしている物体では，遠心力が加われば力がつり合う。そこで，力を図示すると，次のようになる。なお，T は糸の張力である。

水平方向の力のつり合いより，

$$mr\omega^2 = T\sin\theta$$

鉛直方向の力のつり合いより，

$$mg = T\cos\theta$$

ここから T を消去すると，

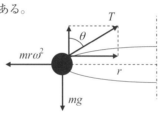

$$\tan\theta = \frac{T\sin\theta}{T\cos\theta} = \frac{r\omega^2}{g} \qquad \therefore \quad \omega = \sqrt{\frac{g\tan\theta}{r}}$$

ここで，$r = L\sin\theta$ なので，

$$\omega = \sqrt{\frac{g}{L\cos\theta}}$$

したがって，求める周期は，

$$\frac{2\pi}{\omega} = 2\pi\sqrt{\frac{L\cos\theta}{g}} = 2\pi\sqrt{\frac{L}{2g}} = \pi\sqrt{\frac{2L}{g}}$$

アドバイス

本問を円すい振り子といいます。円すい振り子の周期が，左の$2\pi\sqrt{\frac{L\cos\theta}{g}}$になることを覚えてもよいでしょう。

例題 3－6 万有引力の法則

H.25 労基 B　重要度 **B**

赤道面上で地球の周りを等速円運動している静止衛星の地表からの高さとして最も妥当なのはどれか。

ただし，地球の半径，質量をそれぞれ R，M とし，万有引力定数を G，地球の自転周期を T とする。

1　$\left(\dfrac{GMT^2}{4\pi^2}\right)^{\frac{1}{3}}-R$　　2　$\left(\dfrac{GMT^2}{4\pi}\right)^{\frac{1}{3}}-R$　　3　$\left(\dfrac{GMT^2}{2\pi^2}\right)^{\frac{1}{3}}-R$

4　$\left(\dfrac{GMT^2}{4\pi^2}\right)^{\frac{1}{3}}$　　5　$\left(\dfrac{GMT^2}{2\pi^2}\right)^{\frac{1}{3}}$

万有引力に関係する問題を解いてみましょう。万有引力の公式はめったに使いませんので，まずは忘れずに公式を覚えておくこと。そして，等速円運動であることを忘れないことです。

【正解】1

静止衛星の質量を m とする。静止衛星に加わっている力は，地球との間の万有引力と，静止衛星から見たときには遠心力である。万有引力の大きさ F_1 は，地球の中心と静止衛星との距離を r とおくと，

$$F_1=G\frac{Mm}{r^2}$$

遠心力 F_2 は，静止衛星の地球から見た速さを v とおくと，

$$F_2=m\frac{v^2}{r}$$

これがつり合って等速円運動をしているので，

$$G\frac{Mm}{r^2}=m\frac{v^2}{r}\qquad\therefore\quad v^2=\frac{GM}{r}$$

ここで，周期 T と速さ v の関係は，

$$T=\frac{2\pi r}{v}\qquad\therefore\quad v=\frac{2\pi r}{T}$$

なので，これを代入すると，

$$\frac{4\pi^2r^2}{T^2}=\frac{GM}{r}\qquad\therefore\quad r=\left(\frac{GMT^2}{4\pi^2}\right)^{\frac{1}{3}}$$

周期 T の 2 乗と半径 r の 3 乗が比例するのはケプラーの第 3 法則の表れです。

求めるものは，地球の中心からの距離ではなくて，地表からの高さなので，地球の半径を引くと，

$$r - R = \left(\frac{GMT^2}{4\pi^2} \right)^{\frac{1}{3}} - R$$

例題 3－7 非等速円運動

H.13 国家Ⅱ種　重要度 A

図のように，一部が半径rの円となっている滑らかな線路が地面に垂直に固定されている。この線路上の点 A から，初速度vで質量mの小球を打ち出す。このとき，小球が線路から離れることなく，円の頂点 B を通って点 C まで達するためには，初速度はいくら必要か。

ただし，重力加速度をgとする。

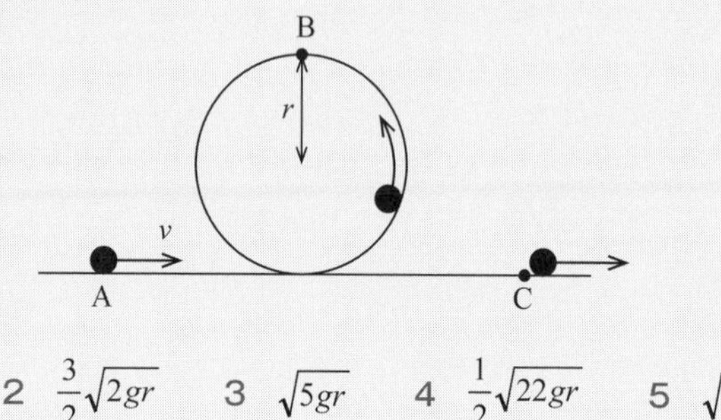

1　$2\sqrt{gr}$　　2　$\frac{3}{2}\sqrt{2gr}$　　3　$\sqrt{5gr}$　　4　$\frac{1}{2}\sqrt{22gr}$　　5　$\sqrt{6gr}$

非等速円運動は，力学の応用問題に見えますが，実際には出題パターンが限定されている上，立てる式も決まっています。次の解答の手順をしっかりと覚えておきましょう。

【正解】3

この問題は，円軌道上を運動するものの，エネルギー保存則を考えると高いところほど遅くなるため，非等速の円運動である。したがって，次の①，②の式を立てていく。

① 遠心力を加えて半径方向の力のつり合い

今回は，最高点 B さえ通過できればそれより低い高さでレールが離れないことは明らかなので，最高点 B だけ考える。

もし最高点で速さが 0 なら，そのまま小球は落下してしまう。そこで，B で速さをもっているはずなので，それをuとおく。レールとの間の抗力をNとおくと，つり合い式より，

$$m\frac{u^2}{r} = N + mg$$

② エネルギー保存則

A と B でエネルギーが保存されているので，

$$\frac{1}{2}mv^2 = 2mgr + \frac{1}{2}mu^2$$

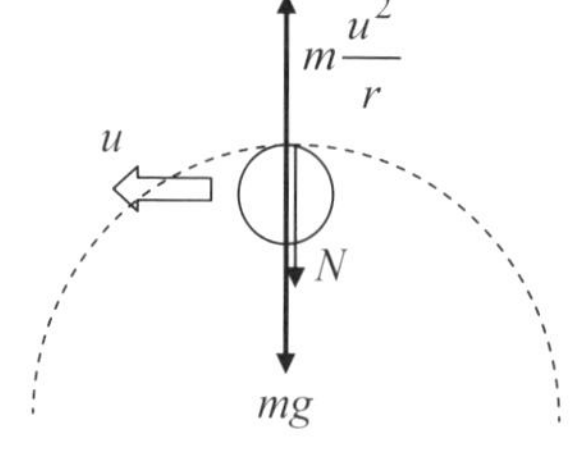

ひとこと

選択肢があるので，最初から$N = 0$としてもいいのですが，ここでは式の意味をはっきりさせるため，あえてNを入れておきました。

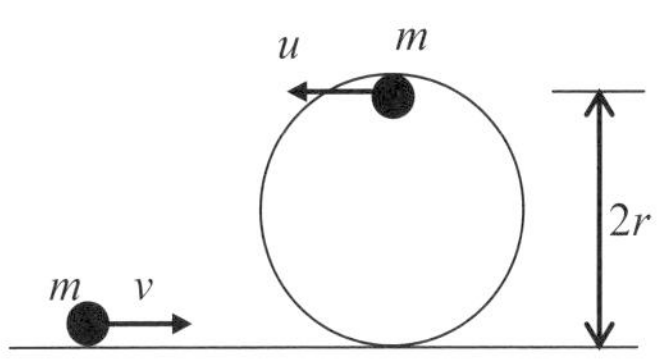

点Ｂで小球がレールから離れないので，$N \geqq 0$

②の式より，

$$mu^2 = mv^2 - 4mgr$$

①に代入すると，

$$N = \frac{mu^2}{r} - mg = \frac{mv^2}{r} - 5mg \geqq 0 \qquad \therefore \quad v \geqq \sqrt{5gr}$$

例題 3－8 ばね振り子

H.20 労基 B　重要度 A

ばね定数 k のばね 3 本を使用して，質量 m のおもりを上下に単振動させる。3 本を図 I のように接続した場合の周期を T_1，図 II のように接続した場合の周期を T_2 とすると，$\frac{T_2}{T_1}$ はいくらか。

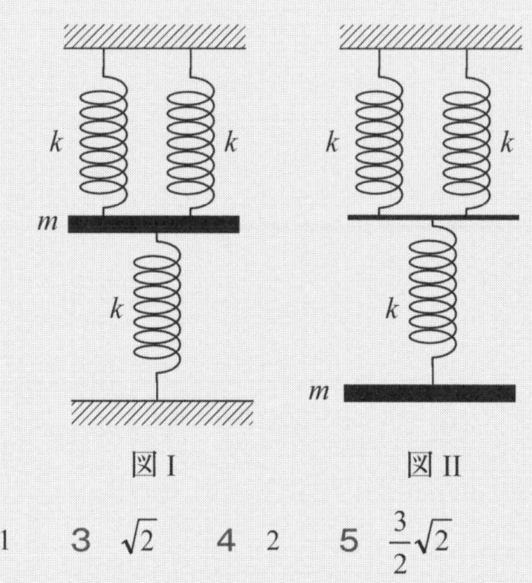

図 I　図 II

1 $\frac{\sqrt{2}}{2}$　2 1　3 $\sqrt{2}$　4 2　5 $\frac{3}{2}\sqrt{2}$

ばね振り子の公式と，ばねの合成公式の確認問題です。いずれも公式を知っていれば簡単に解ける問題です。それだけに，公式を確実に暗記しておきます。

【正解】5

図 I も図 II も上側の横に並んだ 2 つのばねは並列の関係にあり，これを合成して 1 本にまとめるとばね定数は $2k$ になる。これをふまえると次の図の周期を求めればよいことになる。

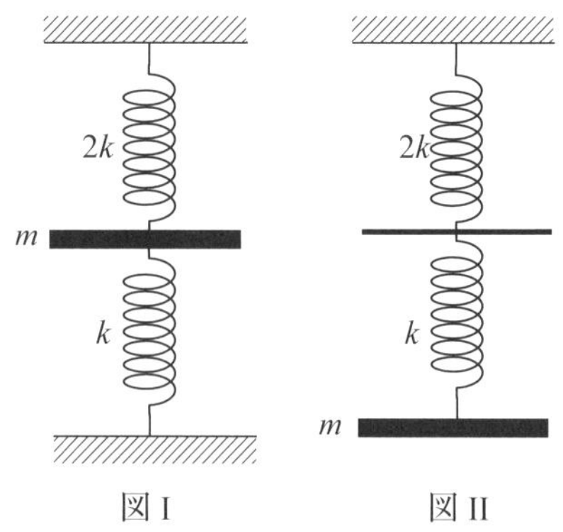

図 I　図 II

次に縦に並んだばねの関係を考える。図Ⅰでは，2つのばねの変位の大きさは同じであり（質量 m のおもりが下に x だけ下がると，下のばねは x 縮み，上のばねは x 伸びる），さらに，上のばねに伝わる力を P_1，下のばねに伝わる力を P_2 とすると，

$$P_1 + P_2 = mg$$

となる。これは並列の関係である。したがって，合成公式を使って1本のばねにまとめると，そのばね定数 k_1 は，

$$k_1 = 2k + k = 3k$$

並列の合成公式：$k = k_1 + k_2$

となる。周期は，ばね振り子の周期の公式より，

$$T_1 = 2\pi\sqrt{\frac{m}{k_1}} = 2\pi\sqrt{\frac{m}{3k}}$$

図Ⅱの縦のばねの関係は直列なので，合成公式で1本にまとめたときのばね定数 k_2 は，

$$\frac{1}{k_2} = \frac{1}{2k} + \frac{1}{k} = \frac{3}{2k}$$

直列の合成公式：$\frac{1}{k} = \frac{1}{k_1} + \frac{1}{k_2}$

$$\therefore \quad k_2 = \frac{2}{3}k$$

したがって，周期は，

$$T_2 = 2\pi\sqrt{\frac{m}{k_2}} = 2\pi\sqrt{\frac{3m}{2k}} \qquad \therefore \quad \frac{T_2}{T_1} = \frac{3}{\sqrt{2}} = \frac{3}{2}\sqrt{2}$$

アドバイス

両側を固定した壁ではさまれた場合が並列になることは覚えておきましょう。

練習問題

No.1 水平な床の上の点 A から床とのなす角 $\theta = 60°$ で投げられた小球が，最高点 B に達した。最高点 B の高さ H が床から 10m であるとき，小球の初速 v_0 はおよそいくらか。

ただし，空気による抵抗は無視できるものとし，重力加速度の大きさを 10m/s^2 とする。

H.22 労基 B
重要度 A 類 例題 3 − 2
答 P.55

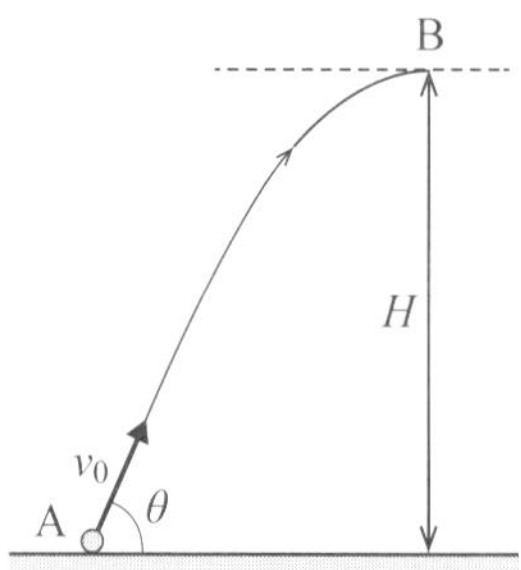

1 $\dfrac{17\sqrt{6}}{6}$ m/s

2 $\dfrac{25\sqrt{6}}{6}$ m/s

3 $\dfrac{17\sqrt{6}}{3}$ m/s

4 $\dfrac{20\sqrt{6}}{3}$ m/s

5 $\dfrac{25\sqrt{6}}{3}$ m/s

No.2 図のように，滑らかな斜面が円筒面を介して摩擦のある水平な床と滑らかにつながっている。床からの高さが h である斜面上の A 点から，小物体を静かに放して斜面を滑らせたところ，水平な床の B 点の位置まで滑って止まった。次に，同じ小物体を B 点から斜面に向かってある速さで放し，A 点まで届かせたい。そのときの放す速さはどれか。ただし，重力加速度を g とする。

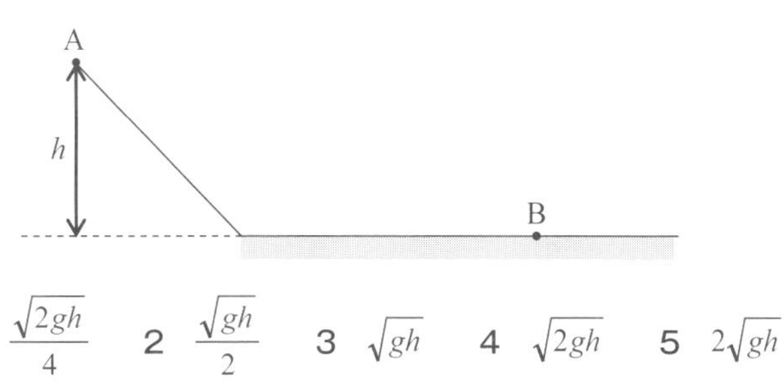

1 $\frac{\sqrt{2gh}}{4}$　2 $\frac{\sqrt{gh}}{2}$　3 $\sqrt{gh}$　4 $\sqrt{2gh}$　5 $2\sqrt{gh}$

No.3 図のように，長さ L の糸の一端を点 O に固定し，他端に小球を付け，糸がたるまないように点 O と同じ高さの点 A まで小球を持ち上げて静かに放した。その後小球が円運動の最下点 B を通り点 C の位置にきたときに糸が切れ，小球は放物運動をした。

糸が切れた後の小球の放物運動の最高点は，円運動の最下点 B からいくらの高さか。

ただし，糸の質量は無視できるものとする。

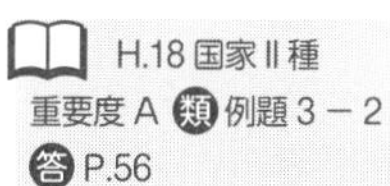

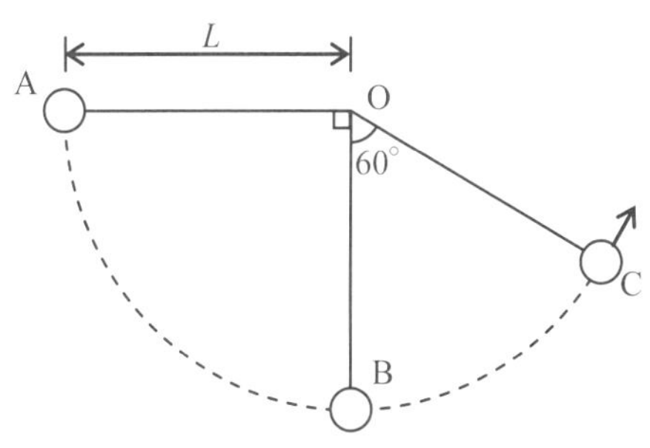

1 $\frac{3}{4}L$　2 $\frac{5}{6}L$　3 $\frac{7}{8}L$　4 $\frac{11}{12}L$　5 L

練習問題

No.4 図のように滑らかな斜面に，水平な地面から高さ h_1 の地点 A から滑り出した小球が，高さ h_2 の地点 B から斜め上向きに $30°$ の角度で飛び出した。飛び出した後に小球に達し得る地面からの最高の高さとして最も妥当なのはどれか。

ただし，$h_1 > h_2$ とする。

H.22 労基B
重要度A 類 例題3－2
答 P.56

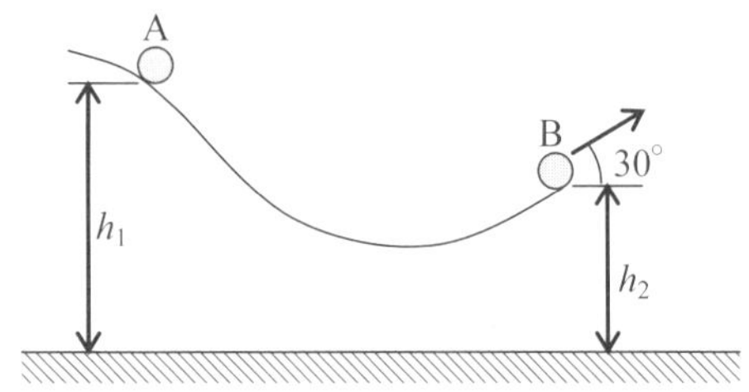

1 $\dfrac{h_1 + 3h_2}{4}$

2 $\dfrac{5}{4}(h_1 - h_2)$

3 $\dfrac{3\sqrt{5}}{4}(h_1 - h_2)$

4 $\dfrac{h_1 + 5h_2}{6}$

5 $\dfrac{h_1 + 3\sqrt{5}h_2}{6}$

No.5 段差 h で，水平方向の長さが各段で一定の階段がある。いま，図のように階段上の高さ H の位置から，質量 m の小球を水平に投げたとき，小球は各段で1回ずつはね返りながら階段を下っていった。小球が各段で高さ H まではね返っていたとき，段差 h は H と鉛直方向のはね返り係数 e（＝衝突後の速さ / 衝突前の速さ）を用いてどのように表されるか。

ただし，小球の水平方向の速さは，はね返り時にも変化しないものとする。

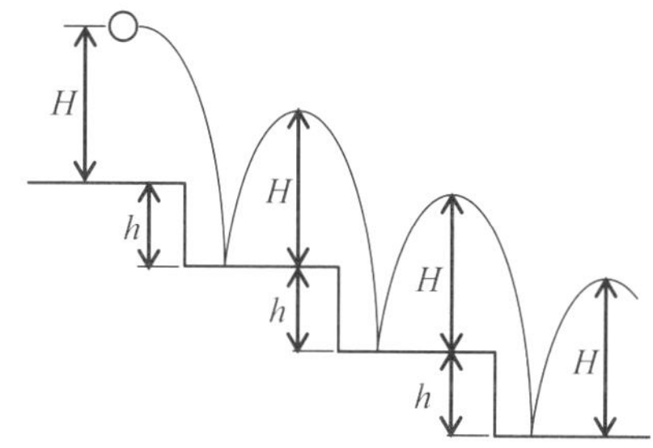

1　$\dfrac{H}{e}$

2　$H\left(\dfrac{1}{e}-e\right)$

3　$H\left(\dfrac{1}{e}-1\right)$

4　$H\left(\dfrac{1}{e^2}+e\right)$

5　$H\left(\dfrac{1}{e^2}-1\right)$

No.6 図Ⅰのように，水平かつ滑らかな床の上に置かれた質量 9kg の物体 A に質量 1kg の小物体 B を速さ v[m/s] で打ち込んだところ，図Ⅱのように，B は A に距離 L[m] だけ侵入し，侵入後はそのまま A とともに運動した。このとき，L として最も妥当なのはどれか。

ただし，B が A に侵入し続けている間は大きさ及び向きが一定の摩擦力 F[N] が作用し，A と B は水平方向の一直線上を運動するものとする。また，空気抵抗は無視できるものとする。

なお，B が A に侵入するときに減少する運動エネルギーは，摩擦力がする仕事に等しい。

H.26 国家一般職
重要度 A 類 例題 3－4
答 P.58

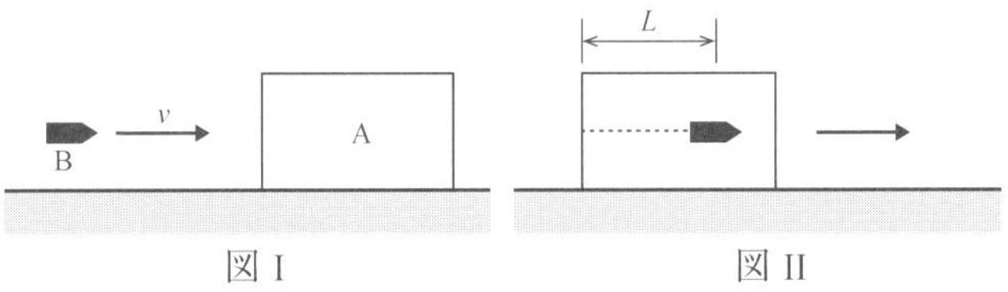

図Ⅰ　　　　図Ⅱ

1 $\dfrac{v^2}{20F}$

2 $\dfrac{v^2}{10F}$

3 $\dfrac{3v^2}{20F}$

4 $\dfrac{3v^2}{10F}$

5 $\dfrac{9v^2}{20F}$

No.7 図のように，曲面と水平面が滑らかにつながっている。曲面上で水平面からの高さが h のところに質量 m の小球を静止させておく。

いま，小球を静かに放したところ，小球は曲面に沿って滑り落ち始め，水平面上で自重が無視できるばねの一端にとりつけられた質量 $2m$ の板に衝突した。板ははじめ静止していたものとし，小球と板との間の反発（はね返り）係数を $\frac{2}{3}$，ばね定数を k とすれば，ばねは最大いくら縮むか。

ただし，小球・板と曲面・水平面との摩擦は無視し，重力加速度を g とする。

H.14 国家Ⅱ種
重要度B 類 例題3－4
答 P.58

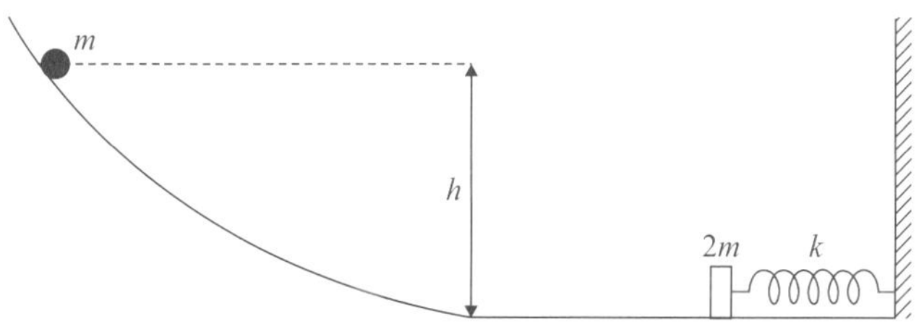

1 $\frac{4}{9}\sqrt{\frac{2mgh}{k}}$

2 $\frac{7}{9}\sqrt{\frac{mgh}{k}}$

3 $\frac{5}{9}\sqrt{\frac{2mgh}{k}}$

4 $\frac{10}{9}\sqrt{\frac{mgh}{k}}$

5 $\frac{14}{9}\sqrt{\frac{mgh}{k}}$

練習問題

No.8 図のように，水平な円板の中心を通る鉛直な回転軸をもつ円板の上に質量 6kg の物体が回転軸から 1.5m 離れた位置に置かれている。物体と円板の間の静止摩擦係数は 0.3 である。円板を回転軸を中心に回転させ，次第に回転速度を上げたところ，物体は動き始めた。このときの円板の角速度はおよそいくらか。

ただし，重力加速度は 10m/s^2 とする。

H.18 労基 B
重要度 A 類 例題 3－5
答 P.59

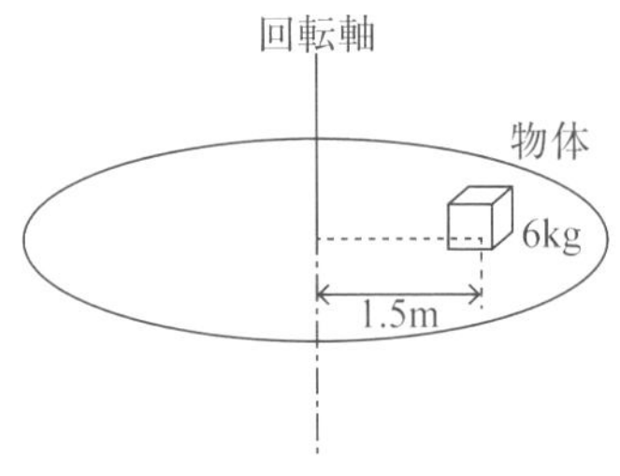

1　1.4rad/s　　2　1.7rad/s　　3　2.0rad/s
4　2.2rad/s　　5　3.0rad/s

No.9 図のように，滑らかな水平板の上方の高さ $H(H < L)$ の点から長さ L の糸で質量 m の質点をつるし，板上を角速度 ω で等速円運動させるとき，質点が板面を離れる条件として最も妥当なのはどれか。

ただし，重力加速度を g とする。

H.21 労基 B
重要度 A 類 例題 3－
答 P.59

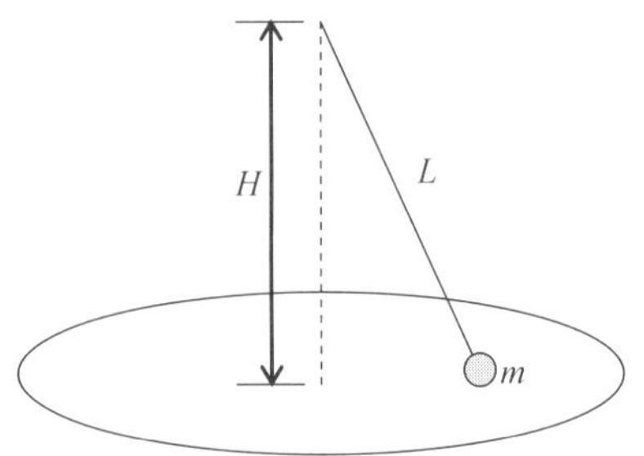

1　$\omega > \frac{1}{2\pi}\sqrt{\frac{g}{2H}}$　　2　$\omega > \frac{1}{2\pi}\sqrt{\frac{2g}{H}}$　　3　$\omega > \sqrt{\frac{g}{2H}}$

4　$\omega > \sqrt{\frac{g}{H}}$　　5　$\omega > \sqrt{\frac{2g}{H}}$

No.10 地球が太陽を中心とする半径 R の円上を公転しているものとする。太陽の質量を M，地球の質量を m とし，地球が速さ v で公転しているとする。v と公転周期 T を正しく組み合わせたものはどれか。ただし，万有引力定数を G とする。

H.25 地方上級
重要度 B 類 例題 3－6
答 P.60

	v	T
1	$\sqrt{\dfrac{GM}{R}}$	$2\pi\sqrt{\dfrac{R}{GM}}$
2	$\sqrt{\dfrac{GM}{R}}$	$2\pi\sqrt{\dfrac{R^3}{GM}}$
3	$\sqrt{\dfrac{Gm}{R}}$	$2\pi\sqrt{\dfrac{R}{Gm}}$
4	$\sqrt{\dfrac{Gm}{R}}$	$2\pi\sqrt{\dfrac{R^3}{Gm}}$
5	$\sqrt{\dfrac{Gm}{R}}$	$2\pi\sqrt{\dfrac{R^3}{Gm}}$

No.11 図のような，斜面を滑り降りた後に，半径 r の円弧に沿って宙返りをするコースがある。この斜面の高さ h から球を静かに放す。

宙返りの部分で球がコースから離れることなく走行するときの最小の h として最も妥当なのはどれか。

ただし，斜面と球の間に摩擦は生じないものとする。また，球の半径は十分小さく，質点とみなせるものとする。

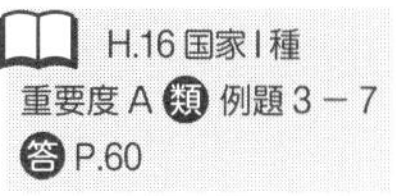
H.16 国家Ⅰ種
重要度 A 類 例題 3－7
答 P.60

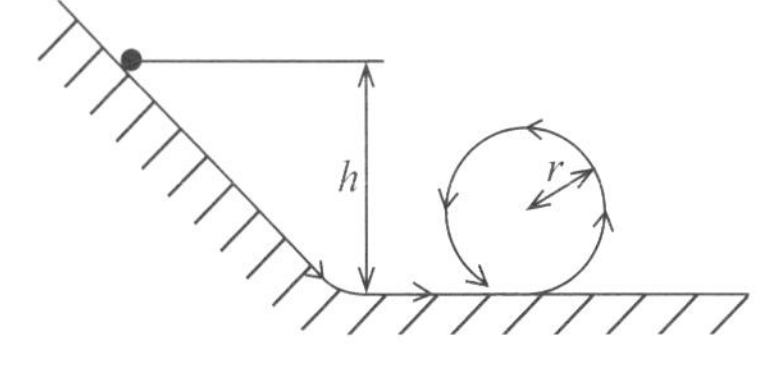

1 $2r$　　2 $\dfrac{3\sqrt{2}}{2}r$　　3 $\dfrac{5}{2}r$　　4 $2\sqrt{2}\,r$　　5 $3r$

練習問題

No.12 長さ l の糸に，質量 m のおもりをつけ，他端を固定した。この振り子を，糸がたるまないように鉛直方向から糸が 60° の角度をなす高さまで持ち上げ，静かに離した。おもりが最下端に来たときの糸の張力を求めよ。

ただし，重力加速度を g とする。

H.24 地方上級
重要度 A 類 例題 3 − 7
答 P.61

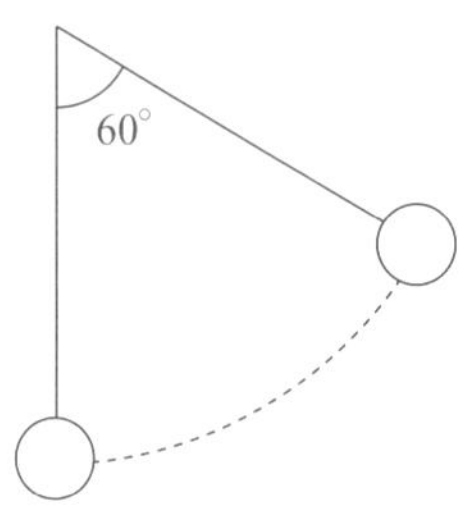

1 $\frac{1}{2}mg$　　2 mg　　3 $\frac{3}{2}mg$　　4 $2mg$　　5 $\frac{5}{2}mg$

No.13 図 I のように，滑らかな水平面上に，壁に一端を固定されたばねがあり，他端に質量 m のおもりを取り付けてばねと同じ方向に振動させたところ，周期は T_0 であった。次に，図 II のように，図 I と同じ滑らかな水平面上に，壁で一端を固定して 2 つの図 I と同じばねを取り付け，他端に質量 m のおもりをつけてばねと同じ方向に振動させたところ，周期は T_1 であった。T_1 を T_0 を使って表しなさい。

H.26 地方上級
重要度 A 類 例題 3 − 8
答 P.61

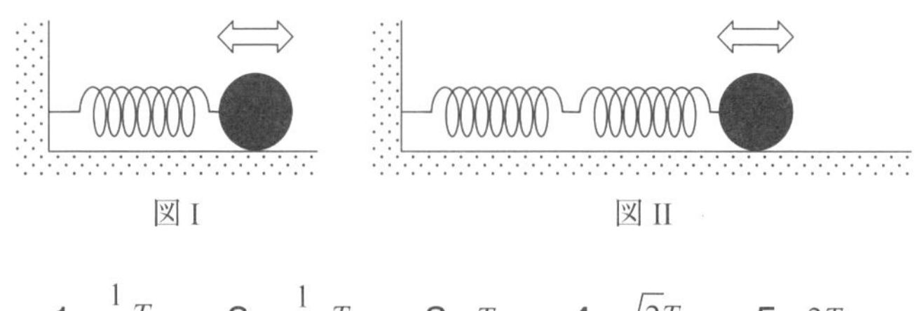

図 I　　図 II

1 $\frac{1}{2}T_0$　　2 $\frac{1}{\sqrt{2}}T_0$　　3 T_0　　4 $\sqrt{2}T_0$　　5 $2T_0$

No.14 図のように，自然長 l，ばね定数 k の 2 個のばねの片端をそれぞれの自然長を保ったまま壁に固定し，もう一端どうしを接合し，その接合点に質量 m の小球を付け，滑らかな床の上に静止させる。この小球を右方向に少しずらした後，静かに放したとき，単位時間にばねが自然長に戻る回数は次のどれで表されるか。

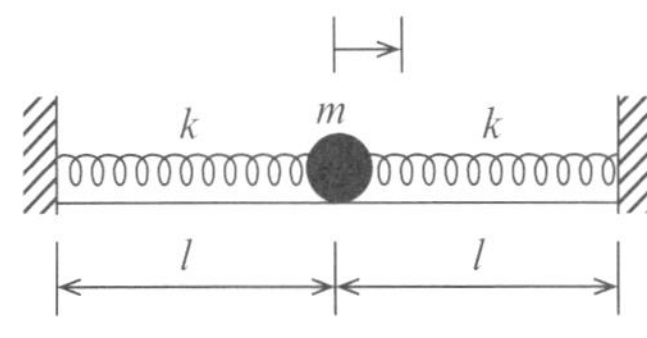

1 $\dfrac{\pi}{2}\sqrt{\dfrac{k}{m}}$

2 $\dfrac{1}{2\pi}\sqrt{\dfrac{k}{m}}$

3 $\dfrac{1}{\pi}\sqrt{\dfrac{2k}{m}}$

4 $\dfrac{2}{\pi}\sqrt{\dfrac{k}{m}}$

5 $2\pi\sqrt{\dfrac{k}{m}}$

No.15 図Iのように，おもりの質量 m，糸の長さ l の単振り子が周期 T で振動している。

この単振り子を，他の条件は変えず，以下の(i)～(iv)の条件で振動させた場合の周期をそれぞれ T_{i} ～ T_{iv} とする。T_{i} ～ T_{iv} のうち T より大きくなるもののみをすべて選びだしているのはどれか。

ただし，糸の重さは無視できるものとする。

(i) おもりの質量を $\dfrac{m}{2}$ にした場合。

(ii) 糸の長さを $\dfrac{l}{2}$ にした場合。

(iii) 図IIのように，加速度 a で鉛直下向きに運動している箱の中で振動している場合。ただし，a は重力加速度よりも小さい。

(iv) 図IIIのように，水平となす角 ϕ の斜面上で振動する場合。

ただし，$\phi < 90°$ とする。また，斜面とこの単振り子との摩擦は無視でき，糸はたるまないものとする。

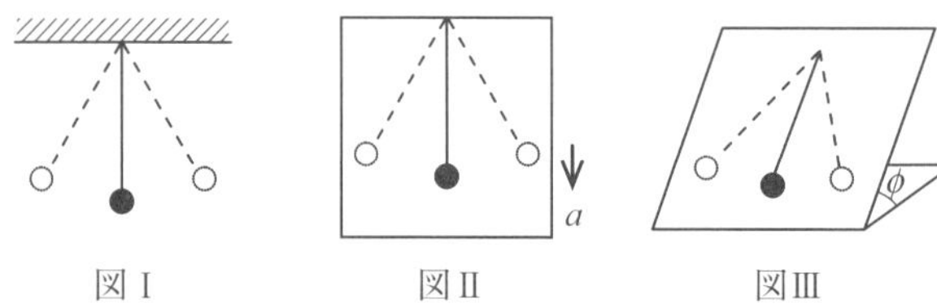

図I　図II　図III

1 T_{i}，T_{ii}
2 T_{i}，T_{iv}
3 T_{ii}
4 T_{iii}
5 T_{iii}，T_{iv}

H.17 国家II種
重要度B 類 例題3－8
答 P.62

No.16 図のように，剛体壁に固定されたばね定数 80N/m の軽いばねと接続され，水平かつ滑らかな床の上に置かれた質量 0.2kg の小物体について，ばねが自然の長さとなる位置から x 軸正方向に 0.1m だけ引っ張り，時刻 $t=0$s において静かに放したところ，小物体は単振動した。このとき，任意の時刻 t における小物体の速度 $\dfrac{dx(t)}{dt}$ [m/s] として最も妥当なのはどれか。

ただし，任意の時刻 t における小物体の位置を $x(t)$，時刻 $t=0$ における小物体の位置を $x(0)=0.1$m とする。

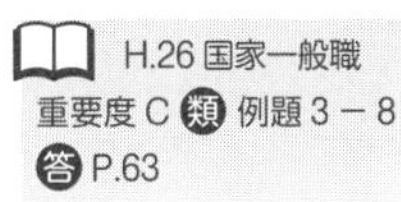
H.26 国家一般職
重要度 C 類 例題 3 − 8
答 P.63

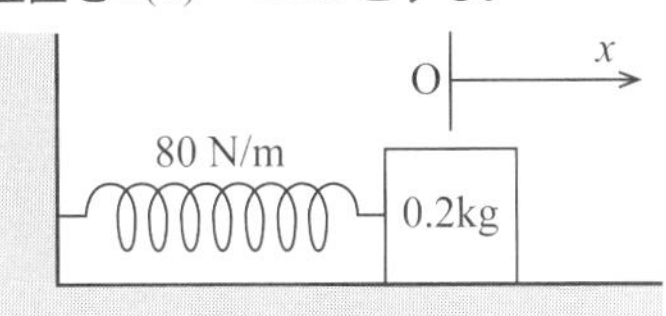

1 $-\dfrac{1}{200}\sin\dfrac{t}{20}$　2 $-2\sin\dfrac{t}{20}$　3 $-2\sin 20t$

4 $-\dfrac{1}{200}\cos\dfrac{t}{20}$　5 $-2\cos 20t$

No.17 図のように，内径が $2r$ である円筒内面の最下点 A で静止している小球に，地面と平行かつ水平方向の初速度 v を与え，円筒内面に沿って運動させたところ，最上点に到達する前に点 B において円筒から離れて放物運動しながら落下した。このとき，A から B までの高さ h として最も妥当なのはどれか。

ただし，円筒は地面に固定されて動かないものとし，円筒と小球との間の摩擦は無視できるものとする。また，重力加速度の大きさを g とする。

H.26 国家総合職
重要度 B 類 例題 3 − 7
答 P.63

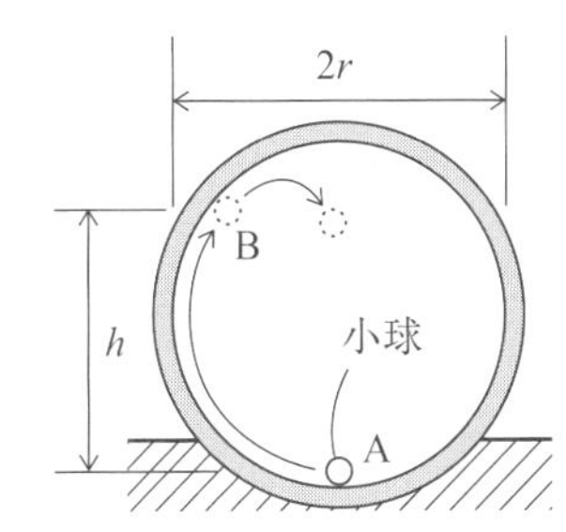

1 $\dfrac{v^2}{2g}+r$　2 $\dfrac{v^2}{2g}+\dfrac{2r}{3}$　3 $\dfrac{v^2}{3g}+r$

4 $\dfrac{v^2}{3g}+\dfrac{2r}{3}$　5 $\dfrac{v^2}{3g}+\dfrac{r}{3}$

第4章 熱力学

ポイント POINT

熱力学は主に国家公務員試験で出題されます。他の分野と比べて機械系以外ではなじみがなく，取っつきにくさを感じるかもしれません。だからこそ，易しい問題をとることで，確実に他の受験生と点数差を付けることができます。

知っておきたい 基礎知識

4-1 熱量の保存

(1) 温度によるエネルギー

物体は，力学的なエネルギー以外にもエネルギーを持っています。まずは，温度によるエネルギー変化を考えてみましょう。温度によるエネルギーは，温度が高くなると増加します。一方，同じ温度でも質量が増加すれば，やはりエネルギーは全体として大きいと考えられますので，温度によるエネルギーUは，次の形で書くことができます。

$$U = mcT$$

m：質量，T：温度で，比例定数のcを**比熱**といいます。

これを使うと，2つ以上の物質を接触させる場合の温度を求めることができます。2つ以上の温度の異なる物質を接触させると，最終的にはいずれの物質の温度も等しくなります。そこで，比熱c_1，質量m_1，温度T_1の物質と，比熱c_2，質量m_2，温度T_2の物質を接触させたところ，全体の温度がTで等しくなった，という場面を考えましょう。エネルギーが他に逃げないのであれば，全体のエネルギーは保存されます。これを式で書くと，質量と比熱が変化しないことに注意して，

$$m_1c_1T_1 + m_2c_2T_2 = m_1c_1T + m_2c_2T$$

$$\therefore \quad T = \frac{m_1c_1T_1 + m_2c_2T_2}{m_1c_1 + m_2c_2}$$

と温度を求めることができます。

ひとこと

比熱と質量をまとめた熱容量Cが使われることもあります。$C = mc$で，これを使うとエネルギーは，$U = CT$となります。

(2) 熱量

(1) と同じことを，エネルギーの移動量から考えることもできます。温度の高い物質と温度の低い物質を接触させると，温度の高い物質の温度は下がり，温度の低い物質の温度は上がります。これは言い換えると，温度の高い物質が失ったエネルギーが，温度の低い物質に移ったということになります。このエネルギーの変化量を**熱量**といい Q で書きます。熱量は次の式で書くことができます。

$$Q = mc(T - T_0) = mc\,\Delta T$$

T は変化後の温度，T_0 は変化前の温度で，$\Delta T = T - T_0$ は温度変化となります。これを使うと (1) の問題は，次のように式を立てることになります。

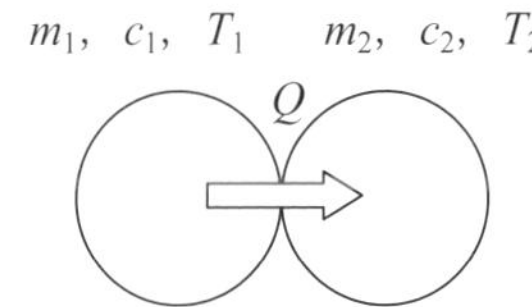

$$Q = m_1c_1(T_1 - T) = m_2c_2(T - T_2)$$

4−2 状態方程式と気体の混合

(1) 理想気体の状態方程式

理想気体では，次の**状態方程式**が成り立ちます。

$$PV = nRT$$

P:圧力 [Pa]，V:体積 [m^3]，n:物質量 [mol]，T:絶対温度 [K]，R:気体定数 [J/(mol·K)] です。絶対温度は，通常使われるセルシウス度 [℃] と次の関係にあります。

$$T\,[\mathrm{K}] = t[℃\,] + 273$$

> **ひとこと**
> SI 単位を使うと，気体定数は，R=8.31 [J/(mol·K)] となります。

(2) 気体の混合の問題

2 つの容器を体積の無視できる細管でつないで，容器内の気体を混合させる問題がよく出題されます。問題の条件によって立てる式も変わっていきますが，状態方程式を立てた後，主に次のことに注意して式を立てます。

① 圧力

2 つの容器内に圧力差があると，気体が移動します。ですので，十分時間が経過すれば，2つの容器の圧力は等しくなります。

② 物質量の保存

物質量は気体の分子数を表しています。容器の内外との気体のやりとりがないのであれば，容器全体の物質量の総量は変わりません。逆に，内外とやりとりのある場合には，やりとりした量は物質量で計算できます。

③ 温度

特に保温されているなどの条件がない場合，容器でつながれた2つの部屋の温度は等しくなります。

④ エネルギー

容器全体が断熱されている場合には，気体の内部エネルギーの総量が保存されます。

アドバイス

機械職の人と，総合職を目標とする人は，理想気体の内部エネルギー U が，定積モル比熱を c_V として，$U = nc_VT$ と書けることを覚えておきましょう。それ以外の人も，絶対温度に比例することは知っていてもよいでしょう。

4-3 PV線図と熱力学第1法則

(1) PV線図

閉じた容器内で気体を変化させる場合に，変化をわかりやすく理解するために，縦軸に圧力，横軸に体積をとった図が使われます。これを**PV線図**といいます。ここからは圧力と体積を直接読み取ることができますが，それ以外の量も読み取ることができます。

① 変化の種類

PV 線図上で気体の変化を読み取ることができます。下の図でA～Dは次のような変化となります。

A：定積変化，定容変化（体積 V が一定）

B：定圧変化（圧力 P が一定）

C：等温変化（温度 T が一定）

D：断熱変化（熱量 Q が0）

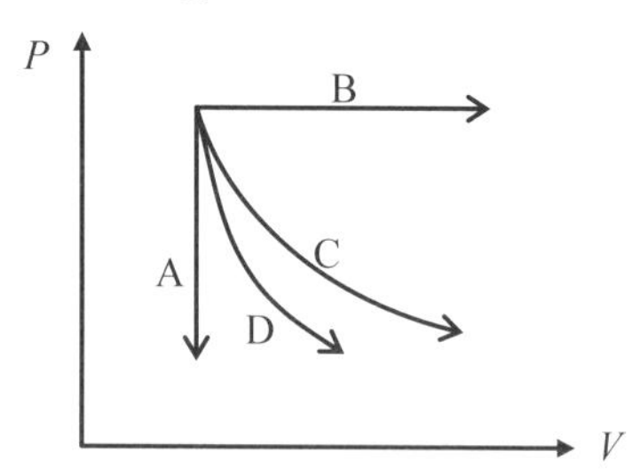

ひとこと

等温変化では，状態方程式から PV =（一定）となります。断熱変化では，PV^{γ} =（一定）が成り立ちます（ポアソンの式）。$\gamma = c_P / c_V$ は1より大きい定数です。ただし，c_P は定圧モル比熱，c_V は定積モル比熱です。断熱変化は，機械職の人と，総合職を目標とする人は覚えておきましょう。

② 温度

状態方程式から，$PV = nRT$ となります。そこで，PV の値によって，温度の大小を比較することができます。PV 線図上では，図のような温度が等しい線である等温線を描くとわかりやすいでしょう。

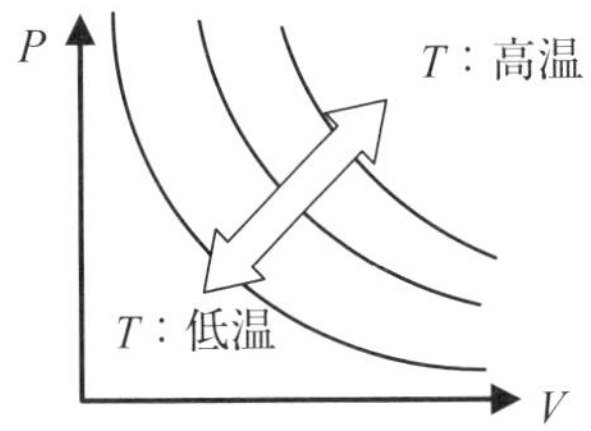

③ 仕事

気体が外部に対して行う仕事 W は次の式で計算できます。

$$W = \int P\mathrm{d}V$$

これは，PV 線図では，図のような部分の面積を表します。ただし，元々は積分ですので，図のように変化させる方向によって正負が変わることには注意が必要です。

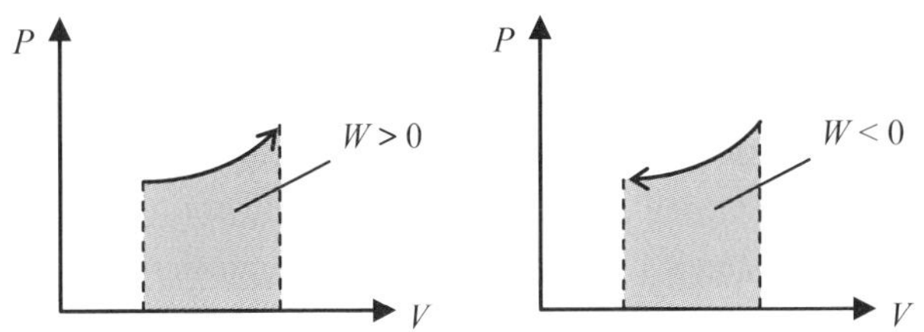

④ 熱量

気体に加わる熱量 Q は，熱容量を C，温度変化を ΔT とすると，次の式で表されます。

$$Q = C\Delta T$$

モル比熱 c，物質量 n が与えられた場合は，次の式で表されます。

$$Q = nc\Delta T$$

Q の値は PV 線図から直接求めることは難しいのですが，Q の正負は PV 線図から求めることができます。つまり，正負の境界となる断熱変化の線を描き，この線より右側に変化する場合には吸熱過程（熱を吸収する），左側に変化する場合には排熱過程（熱を排出する）となります。

ひとこと

過程が PV 線図で閉じて1周するものをサイクルといいます。1サイクルで気体が行う正味の仕事は，PV 線図の囲む面積になります。

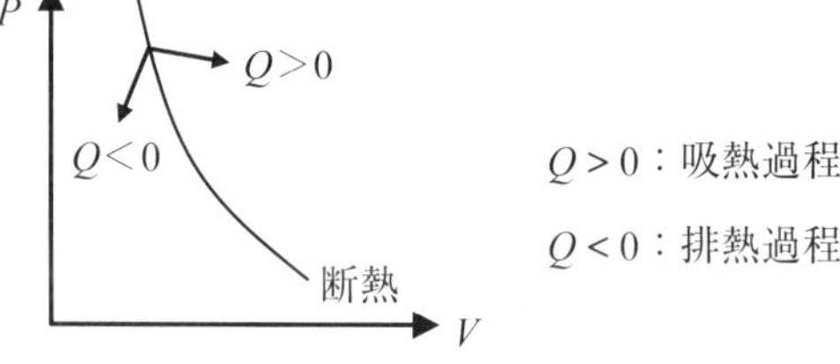

(2)　熱力学第１法則

気体についてエネルギーのやりとりを考えてみましょう。気体のもっているエネルギーは**内部エネルギー**といいます。最初，内部エネルギーを U_1 だけ持っていたとしましょう。気体のエネルギーが変化する要因は２つあります。

①　熱 Q：熱をもらえば，その分だけエネルギーが増加します（気体が受け取る熱量を Q とします)。

②　仕事 W：気体が行った仕事を W とすると，その分エネルギーが減少します。

これを加えた結果エネルギーが U_2 になったとすると，次の式が成り立ちます。

$$U_1 + Q - W = U_2 \qquad \text{または} \qquad \Delta U = U_2 - U_1 = Q - W$$

これを**熱力学第１法則**といいます。

アドバイス

$\Delta U = Q - W$ の式は，「内部エネルギーは，熱を加えると増え，仕事をすると減る」と読むとわかりやすくなります。

例題 4－1 熱量の保存

H.26 地方上級 重要度A

容器の中に 20°C の水が 400g 入っている。ここに 98°C の水を 200g 入れてよくかき混ぜたところ，全体が 44°C になった。容器の熱容量はいくらか。

ただし，熱は容器の外には逃げないものとし，容器と容器内の水の温度は常に等しいとする。また，水の比熱を 4.2kJ/kg·°C とする。

1　0.21 kJ/°C　2　0.42 kJ/°C　3　0.63 kJ/°C
4　0.84 kJ/°C　5　1.1 kJ/°C

熱量の保存の問題です。単位に気をつけて計算しましょう。エネルギー保存の考え方と，熱量の考え方の２つがありますが，どちらを使っても構いません。

【正解】1

解法1 エネルギー保存の考え方を使う

容器の熱容量を C[kJ/℃] とする。最初に，水，お湯，容器が持っていた全エネルギーは，0℃を基準として，

$$0.4\times4.2\times20 + 0.2\times4.2\times98 + C\times20 = 115.92 + 20C \text{ [kJ]}$$

熱容量を使うと $U = CT$

となる。また，かき混ぜた後は，44℃で 600g のお湯と，同じ温度の容器が残っているので，そのエネルギーは，

$$0.6\times4.2\times44 + C\times44 = 110.88 + 44C\text{[kJ]}$$

熱が外に逃げないので，エネルギーは保存される。したがって，

$$115.92 + 20C = 110.88 + 44C \qquad \therefore \quad C = 0.21\text{[kJ/℃]}$$

解法2 熱の移動を考える

98℃のお湯が失った熱量を，水と容器が受け取ったと考えると，お湯が失った熱量が，水と容器が受け取った熱量の和になるので，

$$0.2\times4.2\times(98-44) = 0.4\times4.2\times(44-20) + C\times(44-20)$$

$$\therefore \quad C = 0.21\text{[kJ/℃]}$$

ヒント

単位に気をつけましょう。水の質量の単位は g ですが，比熱は kg になっています。

例題 4－2 気体の混合

H.15 国家Ⅱ種 重要度 A

図のように，体積の等しい二つの容器 A, B が，コックのついた細い管で連結されている。A の温度は T_0，B の温度は $2T_0$ で一定に保たれている。

コックが閉じた状態で，A に圧力 P_0，B に圧力 $\frac{1}{2}P_0$ の理想気体が入っていた。コックが開いて左右の容器内の圧力が等しくなったとき，圧力はいくらか。

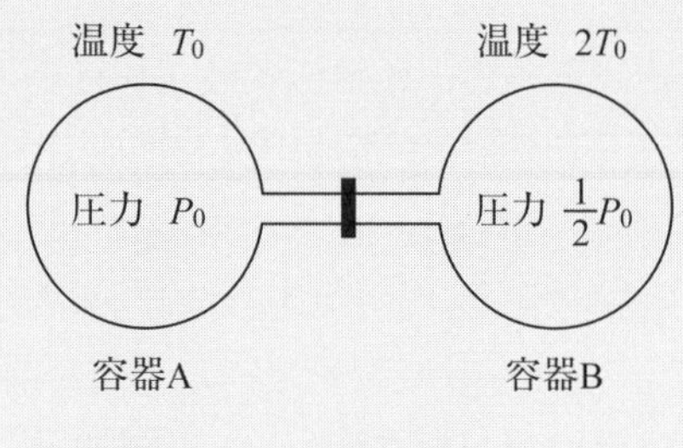

1 $\frac{5}{6}P_0$　　2 P_0　　3 $\frac{6}{5}P_0$　　4 $\frac{5}{4}P_0$　　5 $\frac{4}{3}P_0$

気体の混合の問題です。状態方程式を立てることはわかるでしょうが，その後で困ってしまう人が多いようです。気体の混合の問題では，物質量の変化に注目してみましょう。

【正解】1

コックを開く前の容器 A について，物質量を n_A として状態方程式を立てると，気体定数を R，体積を V として，

$$P_0 V = n_A R T_0 \qquad \therefore \quad n_A = \frac{P_0 V}{R T_0}$$

容器 B について同様に物質量を n_B として，

$$\frac{1}{2}P_0 V = n_B R \cdot 2T_0 \qquad \therefore \quad n_B = \frac{P_0 V}{4R T_0}$$

次に，コックを開いた後の容器 A について，圧力を P，物質量を n_A' として状態方程式を立てる。温度は開く前と同じに保たれていることに注意して，

$$PV = n_A' R T_0 \qquad \therefore \quad n_A' = \frac{PV}{R T_0}$$

容器 B についても，圧力が P で A と等しいことに気をつけて，物質量を n_B' とすると，

$$PV = n_B' R \cdot 2T_0 \qquad \therefore \quad n_B' = \frac{PV}{2R T_0}$$

物理では，必要な文字は積極的に定義していきましょう。

温度が一定に保たれることは，問題文の２行目に書かれていますね。

気体は 2 つの容器の外に出たり，外から入ったりしないため，物質量の総量はコックを開いても変わらない。したがって，

$$n_A + n_B = n_A' + n_B'$$

$$\therefore \quad \frac{P_0V}{RT_0} + \frac{P_0V}{4RT_0} = \frac{PV}{RT_0} + \frac{PV}{2RT_0}$$

これを解く。

全体に RT_0 をかけて V で割ると，

$$P_0 + \frac{P_0}{4} = P + \frac{P}{2}$$

整理して，

$$\frac{3}{2}P = \frac{5}{4}P_0 \qquad \therefore \quad P = \frac{5}{6}P_0$$

アドバイス

物質量の関係を最初から考慮して状態方程式を立てていきましょう。

例題 4－3　気体の変化量

H.16 国家II種　重要度 B

容積一定の容器内に，質量 m_1，圧力 P_1，絶対温度 T_1 の単一の理想気体が入っていた。容器から気体の一部が漏れ，圧力 P_2，絶対温度 T_2 となった。漏出した気体の質量はいくらか。

1　$m_1\left(1-\dfrac{P_1T_1}{P_2T_2}\right)$　　2　$m_1\left(1-\dfrac{P_2T_2}{P_1T_1}\right)$　　3　$m_1\left(1-\dfrac{P_1T_2}{P_2T_1}\right)$

4　$m_1\left(1-\dfrac{P_2T_1}{P_1T_2}\right)$　　5　$m_1\left(1-\dfrac{P_1P_2}{T_1T_2}\right)$

気体の量を求める場合には，物質量が活躍します。ただ状態方程式を立てるだけではなく，このことを確認しながら問題を解くようにしましょう。

【正解】4

容積を V，気体定数を R とする。最初の状態から状態方程式を立てる。最初の気体の物質量を n_1 とすると，

$$P_1V = n_1RT_1$$

漏れた後の物質量を n_2 とすると，漏れた後について状態方程式から，

$$P_2V = n_2RT_2$$

したがって，漏出した気体の物質量は，

$$n_1 - n_2 = \frac{P_1V}{RT_1} - \frac{P_2V}{RT_2} = \frac{V}{R}\left(\frac{P_1}{T_1} - \frac{P_2}{T_2}\right)$$

ここで，同じ気体であれば，質量の比は物質量の比と同じなので，求める質量を m とすると，

$$m : m_1 = (n_1 - n_2) : n_1$$

$$\therefore\quad m = \frac{n_1 - n_2}{n_1}m_1 = \frac{RT_1}{P_1V} \times \frac{V}{R}\left(\frac{P_1}{T_1} - \frac{P_2}{T_2}\right)m_1 = m_1\left(1 - \frac{P_2T_1}{P_1T_2}\right)$$

例題 4－4 PV線図と温度

H.10 国家Ⅱ種　重要度 A

ある理想気体が，図のような PV 線図上を A から B へと，直線的に変化する。このとき，この気体の体積に対する温度変化を表わすグラフとして正しいのはどれか。

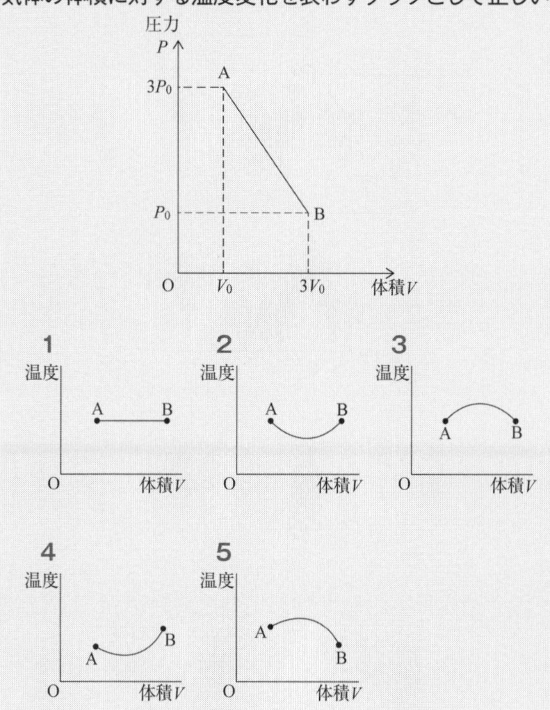

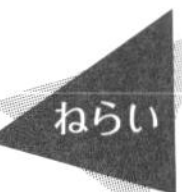

PV 線図は，気体の変化を表す上で最も重要な図になります。まずは，*PV* 線図から温度の大小を読み取る練習です。値が計算できる場合には値で，計算できない場合は等温線を描きましょう。

【正解】3

まず，A と B の温度の大小関係を確認する。温度の大小は，状態方程式から，$T = \dfrac{PV}{nR}$ の分子の PV の大小関係と一致するが，これは A でも B でも $3P_0V_0$ となり一致する。つまり，温度は A と B で等しい。

次に，中間の温度の大小関係を求めるために，等温線を描く。等温線は，直角双曲線（反比例）のグラフになるので，これをいくつか描くと次の図のようになる。

中間の温度は，AB の中点の $(2P_0,\ 2V_0)$ のときには，$4P_0V_0 > 3P_0V_0$ になって温度が高くなることだけを確認しても選択肢からは答えがわかりますね。

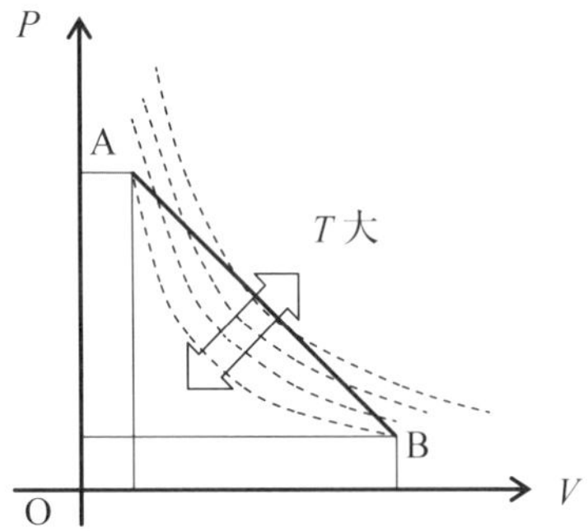

点線が温度の等しい線である。これを見ると，線分 AB の中間は，いずれも端よりは温度が高いことがわかる。これに合うのは肢３である。

例題 4－5 PV線図と仕事

H.13労基B　重要度A

理想気体をピストンが滑らかに動くシリンダーの中に入れて，外部から熱を出入りさせることにより，図のように状態Aから状態Bを経て状態Cまで変化させた。A→B→Cの過程で気体が外部にした仕事はいくらか。

ただし，図中のP，Vはそれぞれ気体の圧力，体積を表している。

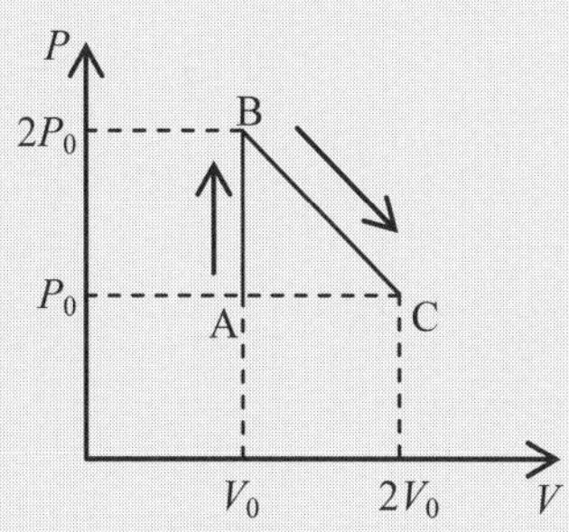

1 $\dfrac{P_0V_0}{4}$　2 $\dfrac{P_0V_0}{2}$　3 P_0V_0　4 $\dfrac{3P_0V_0}{2}$　5 $2P_0V_0$

仕事の計算はPV線図の一番得意とするところです。要するに面積を計算すればよいのですが，勝手に「囲まれた面積」だと勘違いしないようにしましょう。

【正解】4

求める仕事は，PV線図の下側の面積なので，この問題では図の色の付いた部分の台形の面積である。

したがって，

$$\frac{1}{2}(P_0+2P_0)V_0=\frac{3P_0V_0}{2}$$

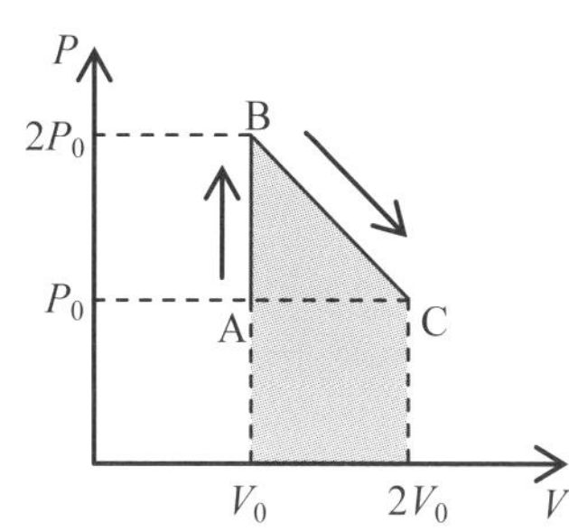

ヒント

今回，CとAは直接つながっていません。ですので，サイクルにはなっていません。

例題 4－6　熱力学第 1 法則

H.26 国家一般職　重要度 **B**

図のように，一定量の理想気体を変化させるとき，$\Delta Q = Q_1 - Q_3$ 及び Q_2 の組合せとして最も妥当なのはどれか。

ただし，図の斜線部の面積を S とする。また，定積加熱過程（状態 A → B）において気体が受け取る熱量を Q_1，等温膨張過程（状態 B → C）において気体が受け取る熱量を Q_2，定圧放熱過程（状態 C → A）において気体が放出する熱量を Q_3 とする。

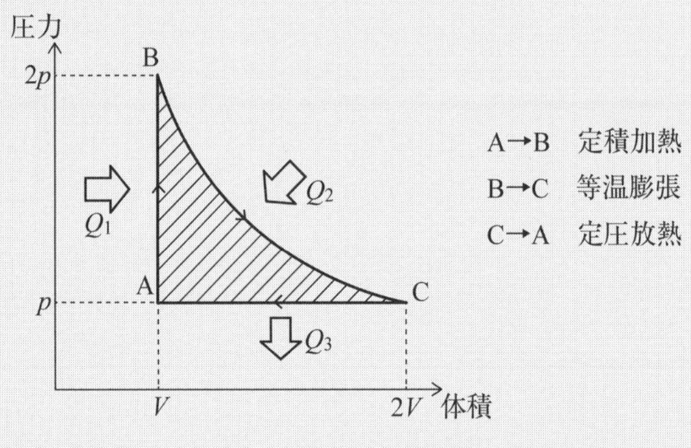

	ΔQ	Q_2		ΔQ	Q_2
1	$-pV$	S	2	$-pV$	$S + pV$
3	$-2pV$	$S - pV$	4	$-2pV$	S
5	$-2pV$	$S + pV$			

熱力学第 1 法則の本格的な問題の練習です。各過程において，及び 1 サイクル全体について熱力学第 1 法則を考えます。なお，気体の内部エネルギーは温度に比例することに注意しましょう。

【正解】2

解法 1　1 サイクルについて熱力学第 1 法則を立てる

理想気体のもつ内部エネルギーは絶対温度に比例するので，これを $U = CT$ とおく。まずは Q_2 について考える。過程 B → C を考える。気体の内部エネルギーは等温変化では変化しないで一定である。したがって，この過程では，熱力学第 1 法則を使うと，仕事を W_{BC} として，

$$0 = Q_2 - W_{BC}$$　← $\Delta U = 0$

となる。

ここで，W_{BC} は，B → C の曲線の下側の面積になるので，斜線部の面積と AC の下側の長方形の面積の合計で $W_{BC} = S + pV$ となる。したがって，

$$Q_2 = W_{BC} = S + pV$$

次に，A → B → C → A の 1 サイクルについて熱力学第 1 法則を考える。A から元の A に戻ってくれば温度も元に戻っているので，内部エネルギーには変化はない。したがって，熱力学第 1 法則は，1 サイクルの仕事を W として，

$$0 = (Q_1 + Q_2 - Q_3) - W$$

ここで，1 サイクルの仕事は斜線の面積で求められるので，$W = S$ である。これを代入して，

$$\Delta Q = Q_1 - Q_3 = W - Q_2 = S - (S + pV) = -pV$$

熱量は，もらう方を「＋」，失う方を「－」として合計しています。

解法 2　過程 C → A → B について熱力学第 1 法則を立てる

過程 C → A → B を考える。B と C は等温過程で結ばれているため，同じ温度である。したがって，内部エネルギーには変化がない。また，この間の仕事 W_{CAB} は，この経路の下側の面積で，過程の向きが左向きであることに気をつけて，

$$W_{CAB} = -pV$$

これより，熱力学第 1 法則は，

$$0 = (Q_1 - Q_3) - W_{CAB} \quad \therefore \quad \Delta Q = Q_1 - Q_3 = W_{CAB} = -pV$$

Q_2 については解法 1 と同じである。

練習問題

No.1 80°C のコーヒー 200g を，25°C で 160g の陶器のカップに入れた。熱平衡状態に達したときのコーヒーの温度はおよそいくらか。

ただし，コーヒーとカップ間を除き，熱のやりとりはないものとする。また，コーヒーの比熱を 4.2 J/(g･K) とし，カップの比熱を 1.0 J/(g･K) とする。

1　69°C　　2　71°C　　3　73°C　　4　75°C　　5　77°C

H.25 労基 B
重要度 A 類 例題 4－1
答 P.65

No.2 図のように，あらかじめ 18°C，150l の水が入っている浴槽に，90°C の湯と 16°C の水を足して，42°C で 410l の湯を作りたい。いま，湯は一分間当たり最大 10l，水は 15l 注入することができるとすると，少なくとも何分かかるか。

ただし，熱は浴槽の外へ逃げないものとする。また，湯と水は同時に注入できるものとする。

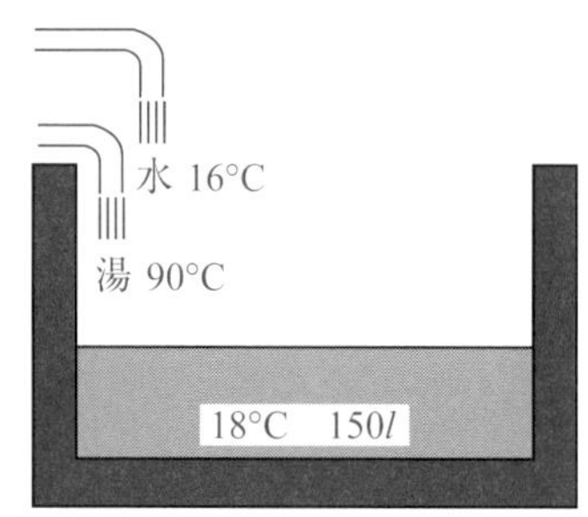

1　6 分　　2　8 分　　3　10 分　　4　12 分　　5　14 分

H.12 国家Ⅱ種
重要度 A 類 例題 4－1
答 P.65

No.3 断熱容器に 48°C の水 1.0kg を入れた後，−10°C の氷を加えて十分な時間が経過すると，氷がすべてとけて，25°C の水となった。加えた氷の質量はおよそいくらか。

ただし，水の比熱を 4.2 J/(g·K)，氷の比熱を 2.1 J/(g·K)，氷の融解熱を 334 J/g とする。また，熱の出入りは水と氷の間においてのみ考えるものとする。

1　420g　　2　350g　　3　280g　　4　210g　　5　140g

H.21 国家Ⅱ種
重要度 B 類 例題 4－1
答 P.66

No.4 図のようにヘリウムが封入された容積 1.0l の容器 A と窒素が封入された容積 2.0l の容器 B が，コックのついた細い管で連結されている。いま，コックは閉じられており，ヘリウムと窒素の温度はともに T，圧力はそれぞれ 120kPa，150kPa であった。その後，温度を T に保ちながら，コックを開けて気体が均一になるまで静置した。このときの混合気体の全圧はいくらか。

ただし，ヘリウムと窒素は理想気体として振る舞うものとする。

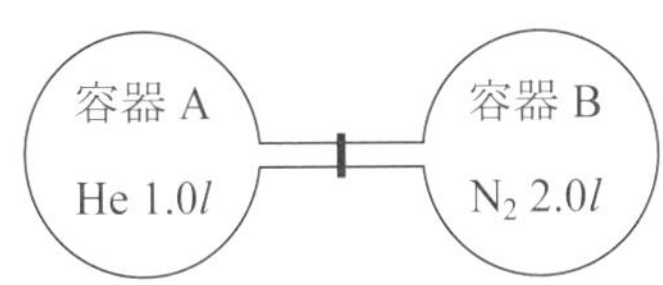

1　125kPa　　2　130kPa　　3　135kPa
4　140kPa　　5　145kPa

H.20 国家Ⅱ種
重要度 A 類 例題 4－2
答 P.66

No.5 一定量の理想気体を，図のように，A → B，B → C，C → A と変化させた。この三つの変化ア，イ，ウのうちから，この理想気体の温度が上昇するもののみを全て選び出しているのはどれか。

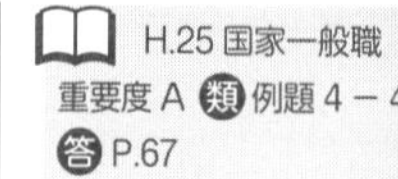

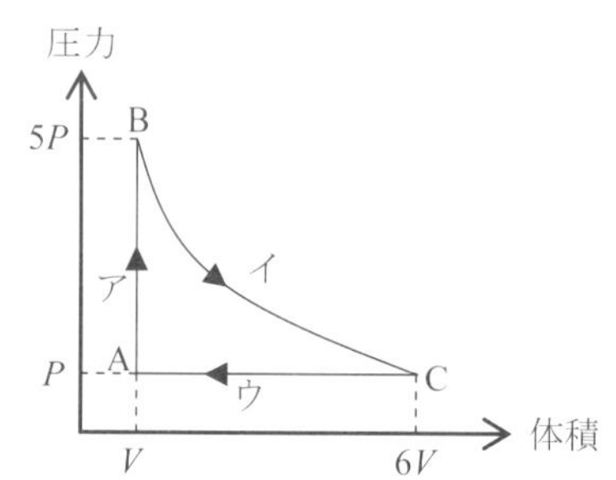

1 ア　　2 ア，イ　　3 ア，ウ　　4 イ，ウ　　5 ウ

No.6 図のような p–V 線図の経路に沿って，一定量の理想気体を変化させる。このとき，この気体が 1 サイクルの間に外部にする正味の仕事はおよそいくらか。

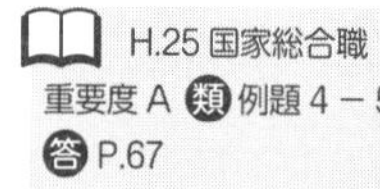

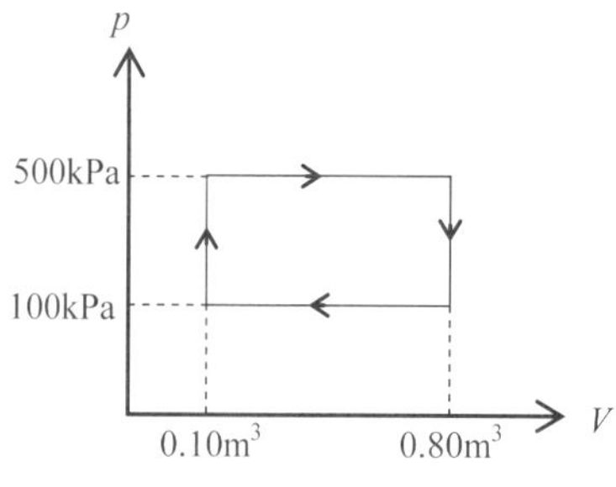

1 40kJ　　2 70kJ　　3 280kJ　　4 320kJ　　5 350kJ

No.7 図は，ある理想気体 1mol が行う二つのサイクル A，B の圧力 P と体積 V の関係を示したもの（PV 線図）である。これに関する次の記述ア，イに当てはまるものの組合せとして最も妥当なのはどれか。

ただし，図の番号 1 ～ 5 は両サイクルを表す三角形の各頂点を示している。

「番号 2 ～ 5 の各状態におけるこの理想気体の温度をそれぞれ T_2 ～ T_5 とおくと， ア である。また，両サイクルとも時計回りの場合，サイクル A，B の中にこの理想気体が外部に行う仕事をそれぞれ W_A，W_B とすると， イ である。」

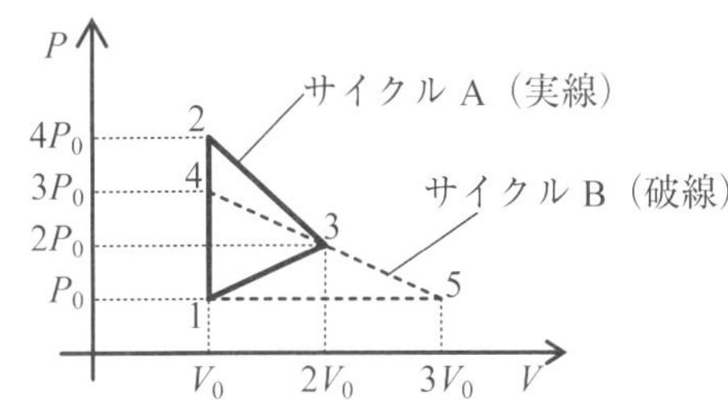

	ア	イ		ア	イ
1	$T_4<T_2=T_3=T_5$	$W_A>W_B$	2	$T_4<T_2=T_3=T_5$	$W_A<W_B$
3	$T_4<T_5<T_3<T_2$	$W_A<W_B$	4	$T_4=T_5<T_2=T_3$	$W_A>W_B$
5	$T_4=T_5<T_2=T_3$	$W_A<W_B$			

H.18 国家Ⅱ種
重要度 A 類 例題 4－5
答 P.67

No.8 温度 T[K] の理想気体 n[mol] を最初の体積の 2 倍になるまでゆっくりと等温膨張させたとき，気体がした仕事として最も妥当なのはどれか。

ただし，気体定数を R[J/(mol·K)] とする。

1 $\frac{1}{2}nRT$　　2 $nRT\ln 2$　　3 nRT

4 $\frac{3}{2}nRT$　　5 $2nRT$

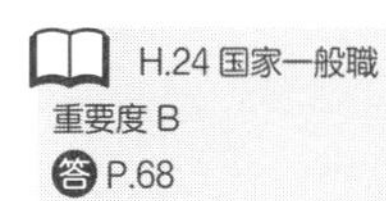

H.24 国家一般職
重要度 B
答 P.68

第4章 熱力学

練習問題

No.9 滑らかなピストンの付いたシリンダーの中に，一定量の理想気体を封じ込め，図のように，その圧力 p と体積 V を A → B → C → A の順にゆっくりと変化させた。B → C を等温過程とすると，

ア　気体が外部に対して正の仕事をする過程

イ　気体が外部から熱を吸収する過程

の組合せとして最も妥当なのはどれか。

H.25 労基 B
重要度 A 類 例題 4－6
答 P.68

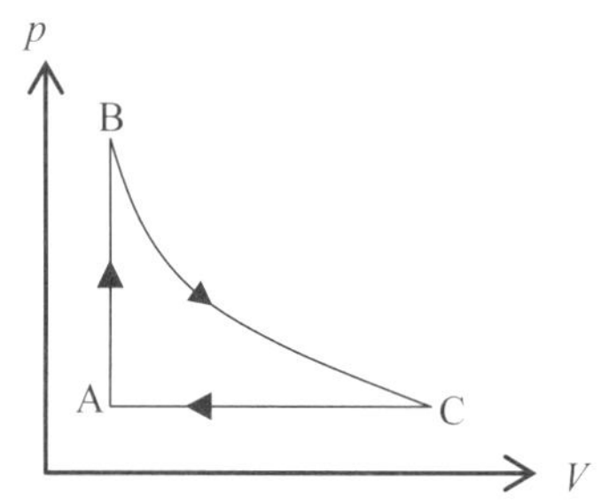

	ア	イ
1	A → B	B → C
2	B → C	C → A
3	C → A	B → C
4	A → B	A → B，B → C
5	B → C	A → B，B → C

MEMO

第5章 波動

ポイント POINT

波動はあまり得意としていない受験生も多いかもしれませんが，国家公務員試験のみならず，地方上級試験でもよく出題されています。ただ，一言で波動といっても，かなり出題範囲が広く，試験ごとの傾向の違いが大きい分野です。

知っておきたい 基礎知識

5−1 波のグラフと式

(1) 波のグラフと諸量

まずは，波をグラフで表すことを考えましょう。この段階では海の波を連想するとわかりやすいかもしれません。波には最も高いところ（山）と低いところ（谷）があります。そこで，ある瞬間の様子を見ると次のようになります。

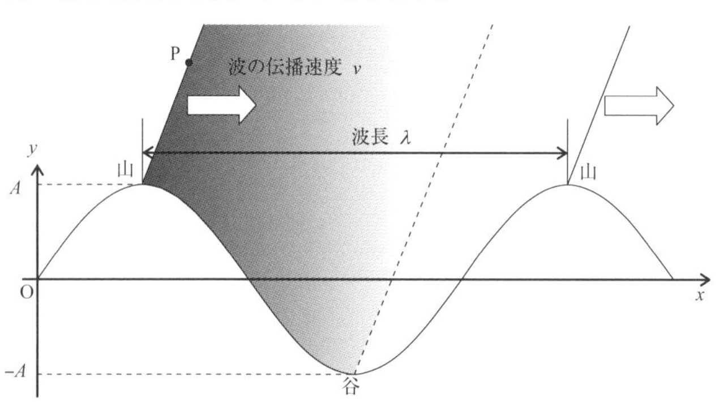

これがある瞬間の波の断面図（$x-y$ グラフ）と，対応する波の様子を図にしたものです。この波は，正弦関数のグラフの形と一致しているため，**正弦波**と呼ばれています。波の最も高いところを山とすると，1つの山から次の山までが1つの波になります。この長さを**波長**といい，ここでは λ で表します。また，山と谷の中間の高さを原点として，そこからの山の高さが**振幅**と呼ばれています。グラフでは A で表されています。

一方で，ある固定された観測場所における時間変化のグラフを考えることもできます。上のグラフの点Pは，今は山になって

> **ひとこと**
> 海の波の「水」のように波を伝える物質を「媒質」といいます。

> **ひとこと**
> 図のように，波の進行方向 (x) と，振動方向 (y) が直交している波を横波といいます。一方，媒質が進行方向に振動する波は縦波といいます。

いますが，やがて谷となり，その後再び山になります。この様子をグラフに表すと，次のようにやはり正弦関数のグラフとなります。

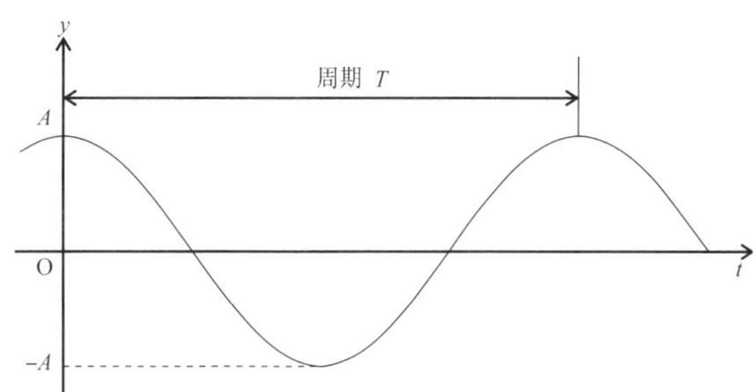

このことは，固定点Pが単振動と同じ運動をすることを意味します。山が来てから，次の山が来るまでの波1個分の時間間隔を**周期**といい，Tで表します。また，単振動と同様に，1秒当たりの波の個数を**振動数**といい，fで表します。周期と振動数の間には，

$$f = \frac{1}{T}$$

の関係があることも単振動と同じです。

最後に，波の伝播速度を考えます。1つの山から次の山が来るT秒の間に，波はちょうど1個分，つまり距離にして波長λだけ進んでいますので，伝播速度は次の式で表されます。

$$v = \frac{\lambda}{T} = f\lambda$$

(2)　波の式

(1)のような，振幅A，周期T，波長λで，**正方向に伝播**する波を表す式は，次のようになります。

$$y = A\sin\left\{2\pi\left(\frac{x}{\lambda} - \frac{t}{T}\right) + \theta_0\right\}$$

θ_0は初期位相で，(1)のグラフでは0となりますが，$t = 0$あるいは$x = 0$でのグラフの状況で決まる数です。なお，負方向に伝播する場合には次のようになります。

$$y = A\sin\left\{2\pi\left(\frac{x}{\lambda} + \frac{t}{T}\right) + \theta_0\right\}$$

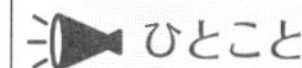

位相とは，三角関数の角度のことです。

5-2 波の反射と定常波，固有振動

(1) 波の反射

波が反射するときの条件には，主に次の２つがあります。

① 固定端反射

反射する位置で，常に振幅が０となる場合。

入射した波を打ち消すように反射波が発生するため，入射波と逆の形の波が現れます。

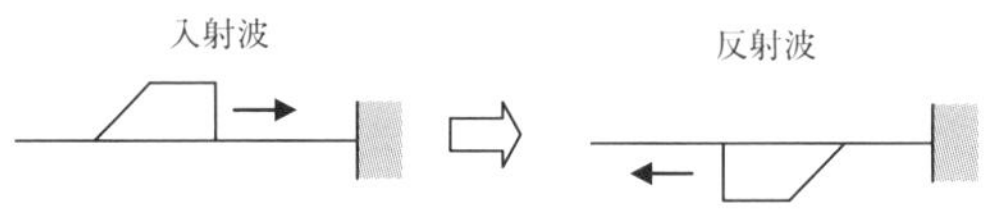

② 自由端反射

反射する位置で，媒質が（進行方向に）力がかからずに運動できる場合。

入射した波がそのまま反射し，結果的に線対称となります。

ひとこと

自由端は，正確には $\frac{dy}{dx}=0$ で表現できます。つまり自由端では波は常に山のように極値になっているということです。

(2) 定常波

(1) では入射波と反射波を分けて考えましたが，入射波が繰り返し続く波の場合，実際には，入射波と反射波は重なってしまうため，(1) のような波は観測されません。入射波と反射波が重なって観測される波を**定常波**といいます。定常波はどちらにも進行しません。ある瞬間に，一斉にすべての場所で大きな波が現れたかと思うと，また一斉にすべての場所で波が消える，という様子が繰り返されます。

ひとこと

反対方向に進む入射波と反射波を重ね合わせれば，対称性から，どちらにも進行しない波になります。

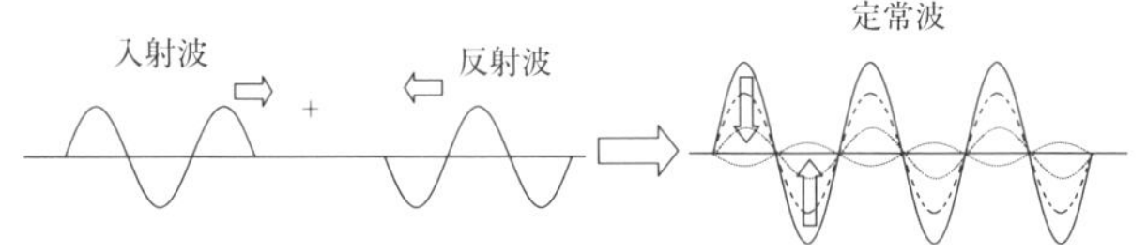

定常波は，通常次の図のような図で描かれます。

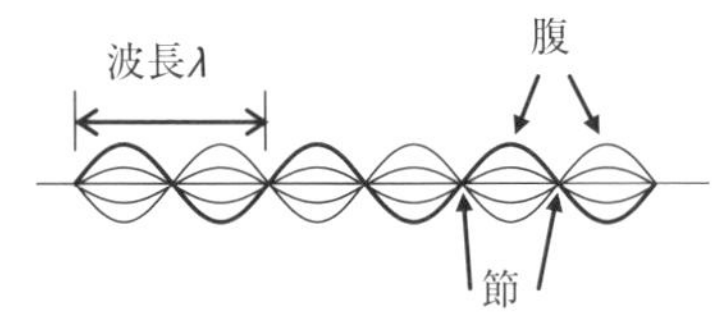

よく振動する部分を**腹**，全く振動しない部分を**節**といいます。太い線をなぞっていくとわかりますが，腹２つ分の距離が，定常波の波長λになります。

(3)　弦の固有振動

定常波の例として，弦の固有振動があります。弦を振動させると，両端が固定されていますので，両端を節とする振動をします。ここから波長λを読むことができます。
また，弦を伝わる波の速さvは，次の式で計算できます。

$$v=\sqrt{\frac{F}{\sigma}}$$

Fは弦の張力, σは線密度（長さ1m当たりの質量で, 密度をρ, 断面積をSとすると，$\sigma=\rho S$）になります。この二つから，弦の音の振動数が計算できます。

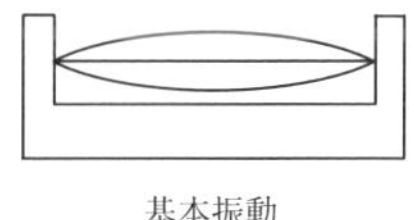

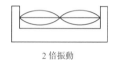

基本振動　　　　2倍振動

(4)　管の固有振動

管の場合，開いている場合を自由端，閉じている場合を固定端とした定常波が発生します。

波の速さには音速を使うことで，管の音の振動数を計算することができます。

5-3　ドップラー効果

(1)　ドップラー効果の公式

音を出している音源や，それを観測する観測者が運動をしていると，観測者が観測する音の高さが，音源が出している元々の音の高さと異なって観測されます。これを**ドップラー効果**といいます。

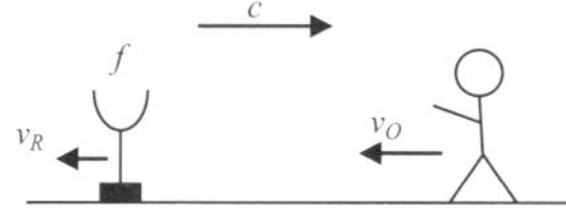

図のように，観測者の移動速度をv_O，音源の移動速度をv_R，音源の音の周波数をf，音波の速度をcとした場合，観測者が観

ヒント
vとλがわかったので，$v=f\lambda$の公式が使えます。

ひとこと
腹は，実際には開いている端の少し外側にできます。これを考慮することを開口端補正といいます。多くの問題では，無視します。

測する音の周波数 f' は，次の式で表されます。

$$f' = f\frac{c + v_O}{c + v_R}$$

ただし，観測者や音源の速度は，音速の方向に対し，図のように**音速と逆向きの場合に正**とします。

アドバイス

多くの参考書と公式の書き方を逆にしてあります。要するに，どの場合がたし算で，どの場合がひき算かを理解できていれば十分です。

(2) ドップラー効果の応用

ドップラー効果の問題を解く場合に，次のケースには注意が必要です。

① うなり

周波数 f_1 の音と，周波数 f_2 の音が重なって聞こえるとき，音の大きさが大小する現象が聞こえます。これを**うなり**といいます。その単位時間当たりの回数 n は，次の式で与えられます。

$$n = |f_1 - f_2|$$

② 風

風がある場合は，ドップラー効果の公式において，音速の値に考慮します。つまり，追い風なら音速に風速を加え，向かい風なら減らします。

③ 反射

壁に反射する場合，一度，壁で聞こえる音を計算し，この音を壁が発するものとして再びドップラー効果の計算を行います。

5-4 波の屈折，干渉

(1) スネルの法則

波が異なる媒質に進入するときに方向を変える現象を**屈折**といいます。屈折については，次の**スネルの法則**が成立します。

$$\frac{n_1}{n_2} = \frac{\sin\theta_2}{\sin\theta_1} = \frac{v_2}{v_1} = \frac{\lambda_2}{\lambda_1}$$

ここで n は**屈折率**です。屈折率が大きな物質中を伝播すると，伝播速度は小さくなります。結果的に，屈折率は，速さの逆比を表していることになります。θ_1，θ_2 は次の図に表されているように入射角と屈折角です。

ひとこと

どちらが入射角なのかは波の方向により変わります。なお，図中で $\theta_1 > \theta_2$ のことから $n_1 < n_2$ とわかります。

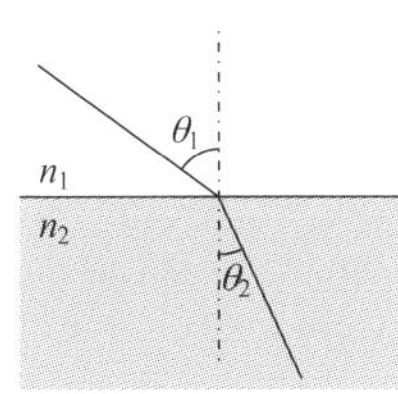

(2) 全反射

屈折率の大きい媒質から小さい媒質へ出ようとするとき，場合によってはスネルの法則を満たす屈折角が存在しないことがあります。この場合，波は，屈折率の小さな媒質へ進入することはできず，すべて反射します。これを**全反射**といいます。

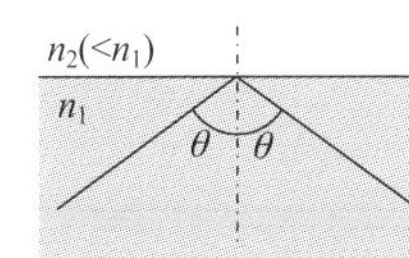

全反射の条件は次のようになります。

$$\sin\theta \geqq \frac{n_2}{n_1}$$

特に n_2 の屈折率が 1 の場合には次のようになります。

$$\sin\theta \geqq \frac{1}{n_1}$$

(3) 波の干渉

波長，振動数，振幅などが全く同じで，位相のみが異なる 2 つの波が重なる場合，その重なり方によって，波が強め合う場合と弱め合う場合があります。これを**波の干渉**といいます。

正弦波の場合，ちょうど半波長分，位相がずれている波は，元の波に対して上下反対になります。このような波と元の波が重なれば，ちょうど打ち消して弱め合うことになります。一方，全く位相がずれていないなら，山と山，谷と谷が重なるため強め合うことになります。つまり，2 つの波が重なる場合，

位相が同じ　→　強め合う

位相が逆　→　弱め合う

関係となります。ところで，2 つの，位相まで含めて全く同じ波が発生し，異なる経路を通って重なる場合，2 つの経路の差がそのまま波の位相の差になります。したがって，2 つの波の伝播距

離が図のように L_1，L_2 と書かれたとき，

$$|L_1 - L_2| = \begin{cases} m\lambda & \text{強め合う} \\ \left(m + \dfrac{1}{2}\right)\lambda & \text{弱め合う} \end{cases}$$

となります。

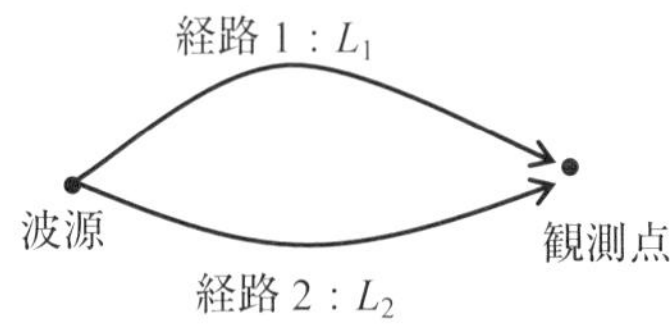

(4)　干渉の問題の注意点

干渉の問題では，次の点に注意が必要です。

①　光学的距離

屈折率 n の媒質中を伝播する場合，距離を n 倍して計算します。これを**光学的距離**といいます。これは，屈折率の大きい媒質中では，波長が小さくなることを補正する目的があります。

②　固定端反射

屈折率の小さい媒質を伝播している波が，屈折率の大きい媒質との境界で反射する場合，固定端反射としてふるまうため，波の位相が逆になります。この点を考慮して計算する必要があります。

結果的に，固定端反射が
あると，明るくなる条件と
暗くなる条件が逆になる
と考えることができます。

例題 5－1 横波のグラフ

H.23 国家Ⅰ種　重要度 A

図は，x 軸の正の向きに伝わる横波について，ある時刻における媒質の変位を表したものである。この時刻での，図中の点 A ～ D における媒質の y 軸方向の運動に関する記述の組合せとして最も妥当なのはどれか。

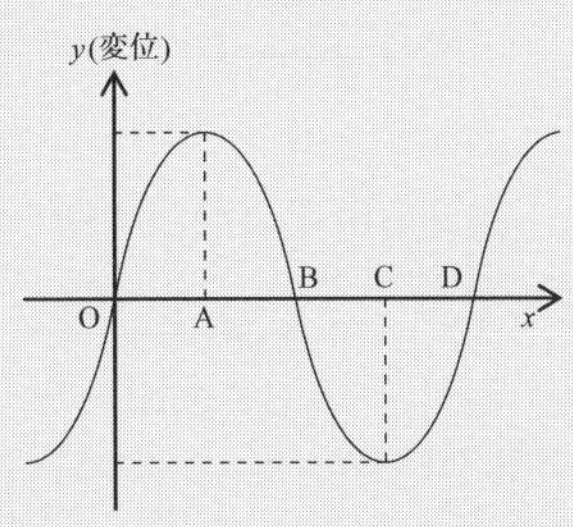

	A	B	C	D
1	運動していない	運動していない	運動していない	運動していない
2	運動していない	正方向に運動	運動していない	負方向に運動
3	運動していない	負方向に運動	運動していない	正方向に運動
4	正方向に運動	運動していない	負方向に運動	運動していない
5	負方向に運動	運動していない	正方向に運動	運動していない

横波のグラフを題材にした問題を 1 つ解いてみましょう。ほとんど知識問題に近いのですが，グラフの使い方を学んでおきましょう。

【正解】2

A は正で最も変位の大きい箇所，C は負で最も変位の大きい箇所である。したがってこの瞬間は運動していない。残りは B と D であるが，これを調べるために，ほんの少しだけ波が進行した様子を重ねて図示すると，次のようになる。

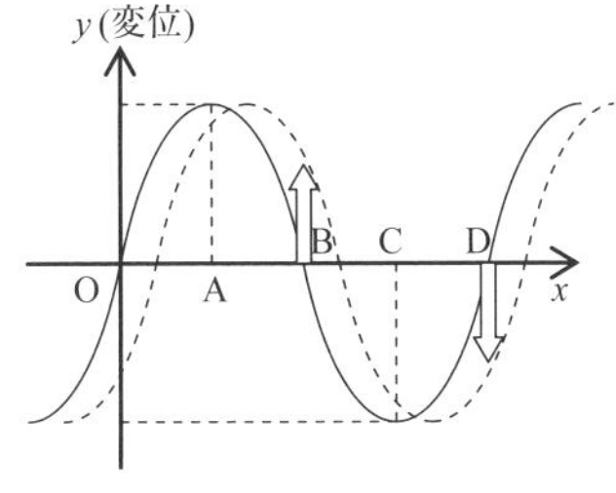

これより，B は正方向に，D は負方向に運動している。

問題文の 1 行目に「正の向きに伝わる」とあることに注意。

例題 5－2 波の式

H.25 地方上級 重要度 A

x 軸の正方向に伝わる波の位置 x[m]，時間 t[s] における変位 y[m] が

$$y = 2\sin\pi\left(4t - \frac{x}{6}\right)$$

で表されるとき，この波の波長 λ [m] と振動数 f [Hz] として正しいのはどれか。

	λ	f
1	6	2
2	6	4
3	12	2
4	12	4
5	12	8

波の式の問題を練習しましょう。式の形は複雑ですが，波長や振動数，周期の定義を考えながら選択肢を絞っていきましょう。式の形だけを見て惑わされてはいけません。

【正解】3

$t = x = 0$ を代入してみると，$y = 2\sin 0$ となる。これを基準に考える。まず，波長を求めるために，$t = 0$, $x = \lambda$ を代入すると，

$$y = 2\sin\left(-\frac{\lambda\pi}{6}\right)$$

λ が波長だとすると，ちょうど上の式が 1 周期経ったところを表すことになるが，三角関数の周期が 2π なので，

$$\frac{\lambda\pi}{6} = 2\pi \qquad \therefore \quad \lambda = 12$$

次に周期 T を求めるために，$t = T$，$x = 0$ を代入すると，

$$y = 2\sin(4\pi T)$$

T が周期だとすると，同じく三角関数の周期が 2π であることから，

$$4\pi T = 2\pi \qquad \therefore \quad T = \frac{1}{2}$$

したがって，振動数 f は，

$$f = \frac{1}{T} = 2\ [\text{Hz}]$$

例題 5－3 弦の固有振動

H.24 労基 B　重要度 A

図のように弦を水平に張り，滑車を通して弦の一端に質量 1.0kg のおもりをつるした。弦の他端に振動数 100Hz の電磁音叉をつけて振動させたところ，腹が 2 個ある定常波ができた。弦が電磁音叉に固定されている点には，定常波の節があると考えてよい。弦の長さを変えないで，腹が 3 個の定常波をつくるには，おもりの質量をおよそいくらにすればよいか。

ただし，弦を伝わる波の速さ v は，弦の単位長さ当たりの質量を ρ，弦の張力を S としたとき，

$$v=\sqrt{\frac{S}{\rho}}$$

で表される。

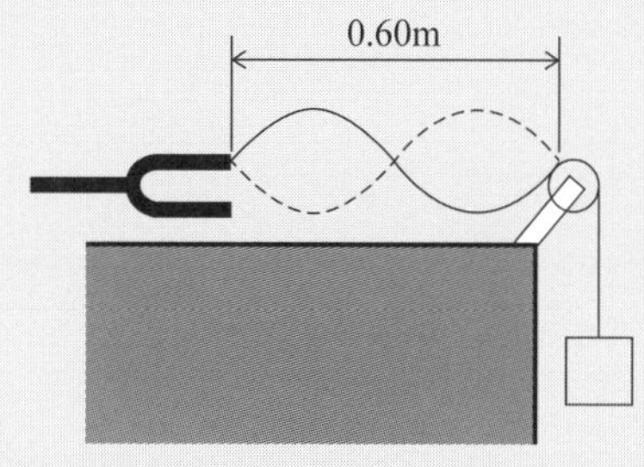

1　0.44kg　　2　0.54kg　　3　0.64kg　　4　0.74kg　　5　0.84kg

定常波の問題では，弦の固有振動の問題が最も出題されています。波長を定常波から読み取り，波の速さを公式から求めれば，音の振動数を求めることができます。この手順を覚えましょう。

【正解】1

定常波の波長は腹 2 つ分の長さになる。したがって，質量 1.0kg のおもりをつるしたときにできた弦の定常波の波長は 0.60m である。このときの糸の張力は，重力加速度を g として，$1.0\times g$ となる。したがって，波の速さは与えられた公式から，

$$v=\sqrt{\frac{g}{\rho}}$$

ここで，出た音の振動数と波長の積が速さとなるので，

$$100\times 0.60=60=\sqrt{\frac{g}{\rho}}$$

ひとこと

振動数が変わらないのですから，速さと波長は比例します。質量は，公式から速さの 2 乗に比例します。定常波の腹が 2 個から 3 個になれば，波長は $\frac{2}{3}$ 倍になりますので，質量は $\frac{4}{9}$ 倍となります。

一方，腹が3個できる場合には，振動の様子は次の図のようになるので，腹2個分の長さである波長は $0.60\times\dfrac{2}{3}=0.40$mである。振動数は変わらないので，同様にして，

$$100\times0.40=40=\sqrt{\frac{S}{\rho}}$$

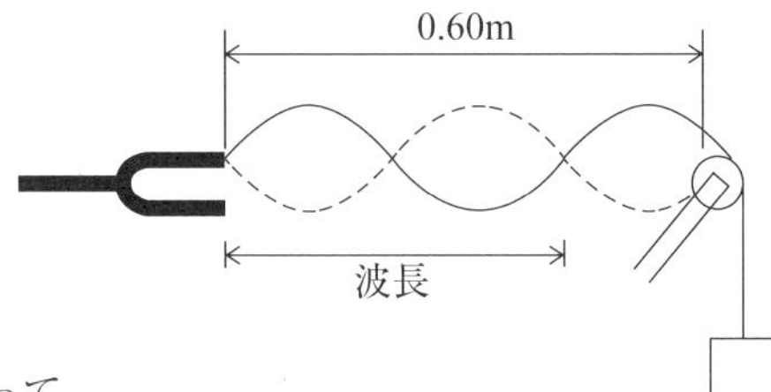

したがって，

$$\sqrt{\frac{S}{\rho}}=40=60\times\frac{2}{3}=\frac{2}{3}\sqrt{\frac{g}{\rho}}$$

ここで，求めるおもりの質量を m とすると，$S=mg$ なので，

$$\sqrt{\frac{mg}{\rho}}=\frac{2}{3}\sqrt{\frac{g}{\rho}}$$

両辺を2乗して整理すると，

$$m=\frac{4}{9}=0.44\text{kg}$$

例題 5－4 ドップラー効果

H.21 国家Ⅰ種 重要度 A

振動数 700Hz の音を出している音源が東西軸上を一定の速さで運動している。このとき，同じ東西軸上で，音源より東にいる観測者が観測した音の振動数は 680Hz であった。この音源の速さと運動の向きの組合せとして最も妥当なのはどれか。

ただし，音速を 340m/s とする。

	速さ	向き		速さ	向き		速さ	向き
1	6.0m/s	東	2	6.0m/s	西	3	8.0m/s	東
4	8.0m/s	西	5	10m/s	西			

ドップラー効果の問題は，基本的なものであれば，公式に代入すれば確実に解くことができます。その「確実に解く」ために，きちんと図を描く癖をつけておきましょう。

【正解】5

問題文の状況を図に表すと次のようになる。ただし，音源の速さを西向きに v_R とする。

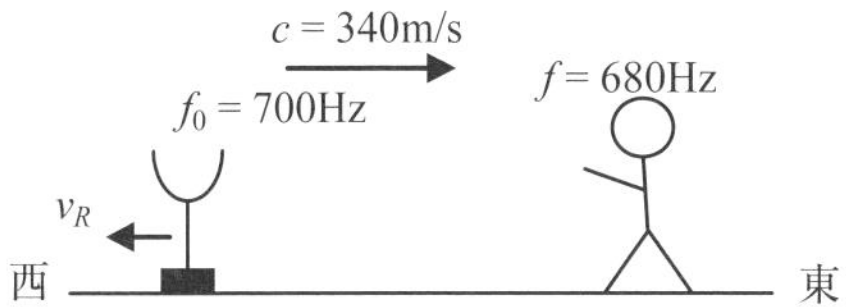

ドップラー効果の公式より，

$$680 = 700 \times \frac{340}{340 + v_R} \qquad \therefore \quad \frac{680}{700} = \frac{340}{350} = \frac{340}{340 + v_R}$$

これより，$v_R = 10$ m/s となり，方向も西とわかる。

アドバイス

ドップラー効果を確実に解くためには，丁寧に図を描くことが大切です。練習問題も含め，みな似たような図が描かれていることに注意しましょう。

方向が西とわかったのは，$v_R > 0$ だからです。

例題 5－5　全反射　　H.26 国家総合職　重要度 B

図Iのように，均質なプリズムに光を入射させると，光は矢印の方向に進んだ。図IIのように，このプリズムに光を入射させたとき，この光が進む方向として妥当なもののみを，ア～エのうちから全て選び出しているのはどれか。

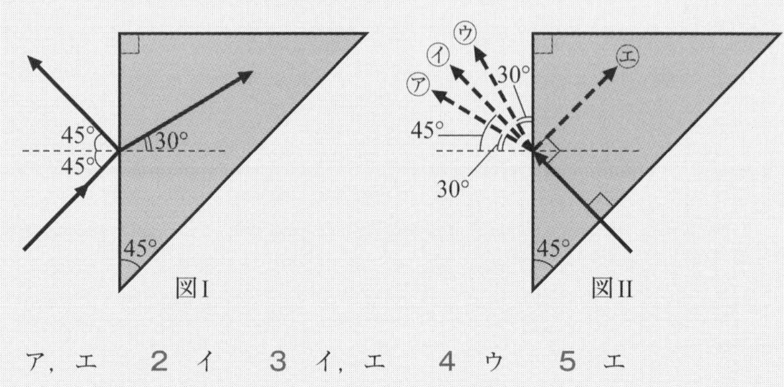

1　ア，エ　　2　イ　　3　イ，エ　　4　ウ　　5　エ

全反射の公式，及びスネルの法則を使う練習です。法則自体は簡単ですが，分母・分子を混同しないなど実際に使う場合には注意が必要です。

【正解】5

プリズムの外の媒質の屈折率を1，プリズムの屈折率をnとする。図Iについてスネルの法則を考えると，

$$n = \frac{\sin 45°}{\sin 30°} = \sqrt{2}$$

次に図IIについて考える。境界面で屈折と反射を起こす。反射は必ず起こるため，エに進む光が存在する。次に，全反射を起こすかどうかを考える。全反射を起こす場合の入射角をθとすると，全反射の公式より，

$$\sin\theta \geqq \frac{1}{n} = \frac{1}{\sqrt{2}}$$

したがって，$\theta \geqq 45°$ となる。入射する角度が 45° なので，ちょうど全反射を起こす角度である。これより，ア，イ，ウの角度へは光は進行しない。

スネルの法則から屈折角ϕを求めようとしても，

$$\frac{1}{\sqrt{2}} = \frac{\sin 45°}{\sin\phi}$$

より，$\sin\phi = 1$ となり，$\phi = 90°$ となります。

例題 5－6　光の干渉

H.22 地方上級　重要度 B

図のように，1 枚のガラス板を水平面に，もう 1 枚をやや角度を変えて重ねて固定してある。ここに鉛直に波長 720nm の光を入射して鉛直上方から観察したところ，明暗の縞模様が観察された。この明るい線の間隔として，最も妥当なのはどれか。

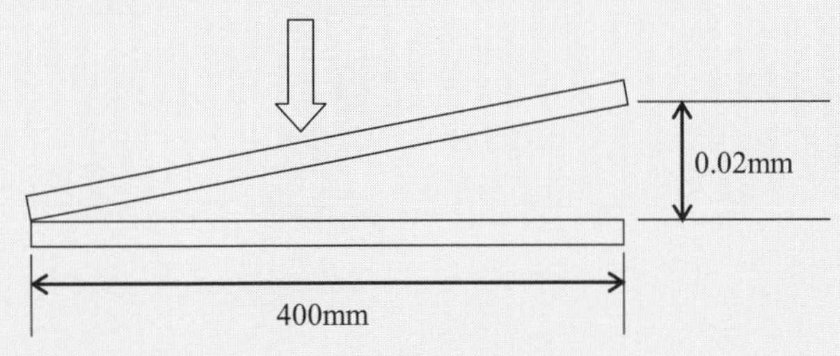

1　14.4 mm　　2　7.2 mm　　3　1.44 mm

4　720 μm　　5　144 μm

干渉の問題を紹介します。干渉の問題は難易度が高いものが多いのですが，一方で，有名問題ばかりが出題されています。つまり，出題のパターンごとに計算方法を覚えるような勉強になります。本問で，その基本を紹介します。

【正解】2

斜めのガラス板の下面と，水平なガラス板の上面で反射した光が干渉する。

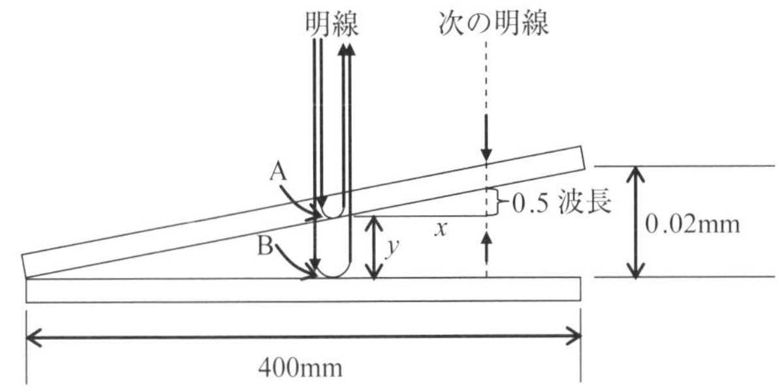

上の図では，「明線」の部分の 2 つの矢印で表された 2 つの光が干渉して強め合うことになる。ここで，A は屈折の大きいガラスから小さい空気に向けての反射になるが，B は，屈折率の小さい空気から大きいガラスへ向けての反射なので，固定端反射である。したがって，B で反射した光だけが B で 0.5 波長位相がずれることになる。したがって，この 2 つの光の光路差 $2y$ が 0.5

光は往復していますので，光路差も往復距離にしなければいけません。

波長分，1.5 波長分，2.5 波長分・・・となるときに明るくなる。

ここで，「隣の明線」との違いを考える。隣の明線の方が間隔が大きいため，光路差も大きい。つまり，もし，「明線」の 2 つの光の光路差が 0.5 波長なら，「隣の明線」の 2 つの光の光路差は 1.5 波長となる。いずれにしても，隣の明線との違いは，光路差が 1 波長分異なるということである。つまり，隣の明線は，ガラス板の隙間の往復距離が 1 波長異なることになる。片道なら 0.5 波長になるので，結局間隔が 0.5 波長異なるようになればよい。したがって，ガラス板の傾きと 1nm = 1×10^{-6}mm を考えて，

$$x\times\frac{0.02}{400}=0.5\times(720\times10^{-6})$$

$$\therefore\quad x=720\times10^{-2}\text{mm}=7.2\text{mm}$$

練習問題

No.1 x 軸上を進む正弦波がある。図Ⅰは，時刻 $t = 0\text{s}$ におけるこの波の波形を，図Ⅱは位置 $x = 0\text{cm}$ におけるこの波の変位の時間変化を表している。$t = 10\text{s}$ におけるこの波の波形として最も妥当なのはどれか。

H.25 国家総合職
重要度A 類 例題5－1
答 P.70

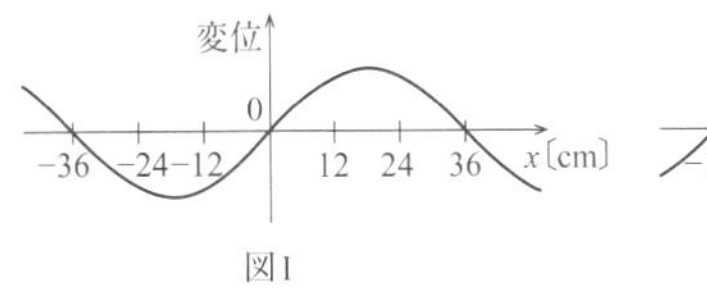

図Ⅰ

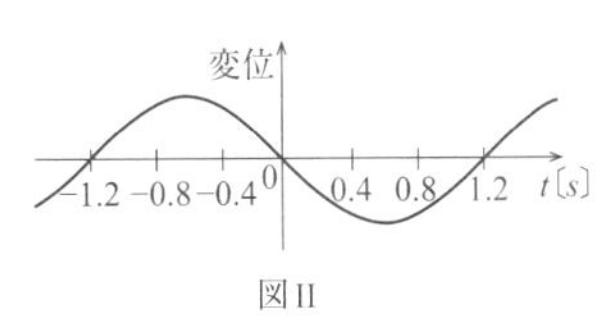

図Ⅱ

1

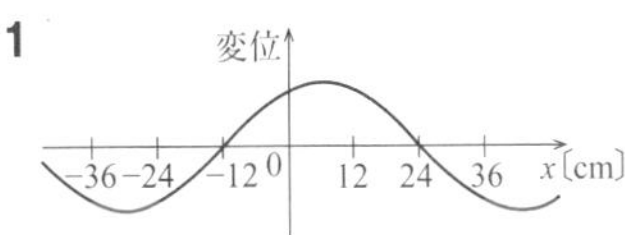

2

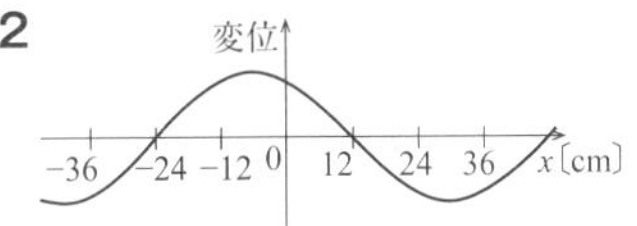

3

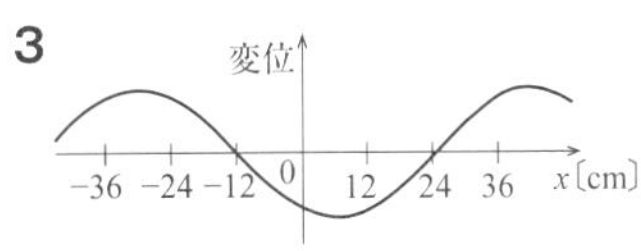

4

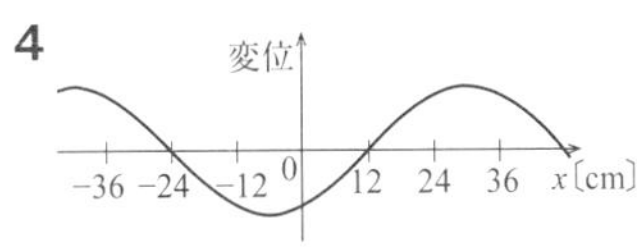

5

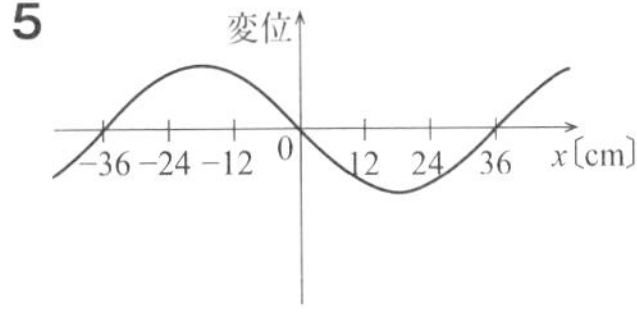

No.2 図Iは，正弦波が x 軸の正の方向に進む様子を表しており，実線は時刻 $t=0$ における波形，破線は波がわずかに進んだ，$t=\Delta t$ における波形である。$t=0$ のときのA点は，$t=\Delta t$ のときA′点へ移動する。

図IIは，図Iの波上のある点における z 方向の加速度 a と t の関係を表したものである。ある点は図Iの A ～ E のどれか。

H.11 国家II種
重要度B 類 例題5－1
答 P.70

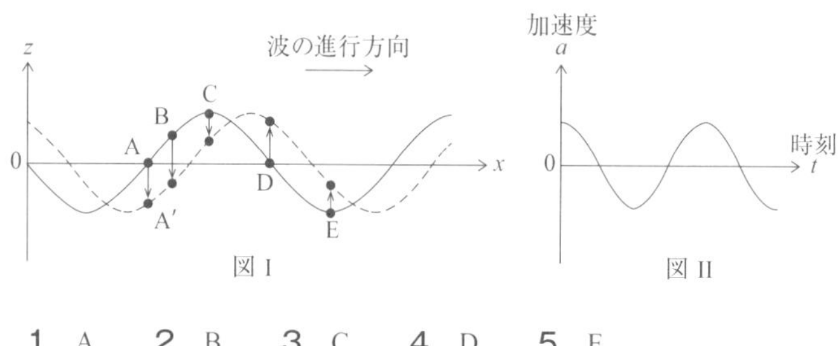

1　A　　2　B　　3　C　　4　D　　5　E

No.3 図は，x 軸の正の向きに伝わる縦波（疎密波）について，ある時刻での波による媒質の x 軸の正の向きの変位を y 軸の正の向きの変位に，x 軸の負の向きの変位を y 軸の負の向きの変位にとった模式図である。図中の点A～Dのうちから，媒質が最も密な点のみをすべて選び出したものとして最も妥当なのはどれか。

H.24 国家一般職
重要度B 類 例題5－1
答 P.71

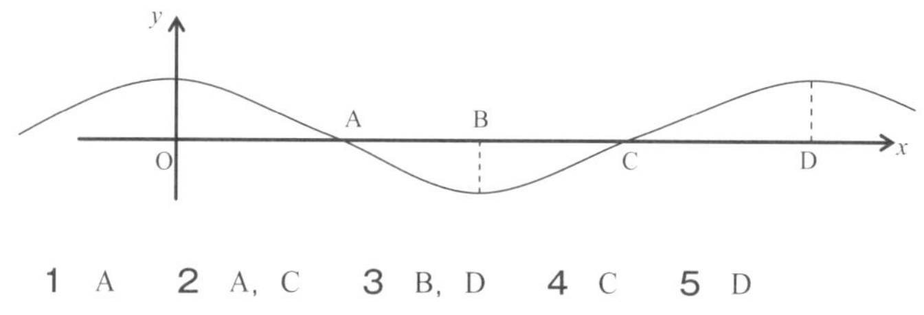

1　A　　2　A，C　　3　B，D　　4　C　　5　D

No.4 携帯電話の電波には，700MHz から 900MHz の間の電磁波が使われる。900MHz の周波数の電磁波の波長はおよそいくらか。

H.26 地方上級
重要度B 類 例題5－2
答 P.71

1　3.3×10^{2}m　　2　3.0×10m　　3　3.3×10^{-1}m
4　3.3×10^{-2}m　　5　3.0×10^{-3}m

No.5 時刻 t，位置 x での変位 y が，$y = A\sin(\omega t - kx)$ で表される正弦波を考える。この波の x 方向への移動速度（位相速度）として最も妥当なのはどれか。

ただし，A，ω，k は正の定数とする。

1 $-\dfrac{2\pi\omega}{k}$　　2 $-\dfrac{\omega}{k}$　　3 $-\dfrac{\omega}{2\pi k}$　　4 $\dfrac{\omega}{k}$　　5 $\dfrac{2\pi\omega}{k}$

H.20 国家Ⅱ種物理職
重要度 B 類 例題 5－2
答 P.71

No.6 同じ材質からなる長さ L_A と L_B の二つの糸 A，B があり，糸 B の直径は糸 A の直径の 2 倍である。いま，糸 A に張力 S を，糸 B に張力 $2S$ を加え，両端を固定して基本振動させたところ，音の高さが同じになった。このときの糸の長さの比 L_B / L_A はいくらか。

ただし，糸の張力を T，糸の単位長さ当たりの質量を ρ とすると，糸を伝わる横波の速さ v は，以下の式で表される。

$$v = \sqrt{\frac{T}{\rho}}$$

1 $\dfrac{1}{2}$　　2 $\dfrac{\sqrt{2}}{2}$　　3 1　　4 $\sqrt{2}$　　5 2

H.12 国家Ⅱ種
重要度 A 類 例題 5－3
答 P.72

No.7 一端が閉じた，ある長さの管がある。空気中に置いて，振動数を連続的に変更できる音源を使い，音の振動数を 0Hz から次第に大きくしながら，この管の開口端付近で音を鳴らしたところ，3.00×10^2Hz のときに初めて共鳴した。

ヘリウム中に置いて同様の操作を行い，音の振動数を 0Hz から次第に大きくするとき，初めて共鳴する振動数はおよそいくらか。

ただし，空気中の音速を 3.40×10^2m/s，ヘリウム中の音速を 1.02×10^3m/s とする。また，開口端補正は無視する。

1 1.00×10^2Hz　　2 1.50×10^2Hz　　3 3.00×10^2Hz
4 6.00×10^2Hz　　5 9.00×10^2Hz

H.26 国家一般職
重要度 B 類 例題 5－3
答 P.73

練習問題

No.8 ある音叉を鳴らしながら観測者に一定の速さで近づくときは400Hz，観測者から同じ速さで遠ざかるときは350Hzの音として聞こえた。この音叉の振動数はおよそいくらか。

ただし，音の速さを340m/sとする。

1 365Hz

2 367Hz

3 369Hz

4 371Hz

5 373Hz

H.23 労基B
重要度A 類 例題5－4
答 P.73

No.9 ある速度で走る車の後方の点Aから，車に垂直に120kHzの音波を当て，跳ね返ってくる音を観測する。車は遠ざかりながら音を受け取り，遠ざかりながら音を放出することとなり，ドップラー効果によって元と異なった周波数の音を返すこととなる。点Aで放出した音と反射してきた音のうなりを測定したところ，その周波数は12kHzであった。音速を340ms^{-1}とすると，車の速度はいくらであったか。

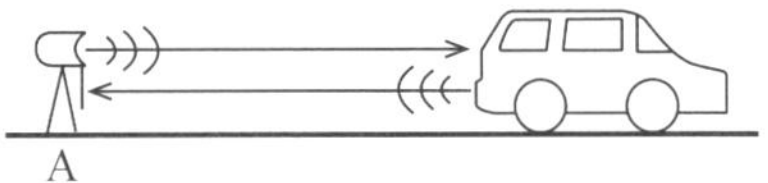

1 15 ms^{-1}
2 18 ms^{-1}
3 25 ms^{-1}
4 31 ms^{-1}
5 38 ms^{-1}

H.14 国家Ⅱ種化学職
重要度B 類 例題5－4
答 P.74

No.10 一様な所定の材質でできている図のような三角プリズムが真空中に置かれている。面 AB に垂直に単色光を入射させたところ，面 BC 及び面 AC で全反射した。このとき，表の材質のうちで，この三角プリズムの材質としてあり得るもののみをすべて選びだしているのはどれか。

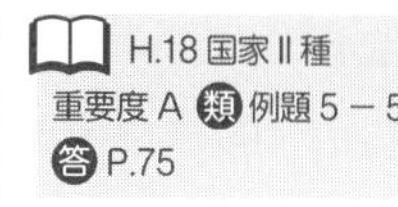

H.18 国家Ⅱ種
重要度 A 類 例題 5 − 5
答 P.75

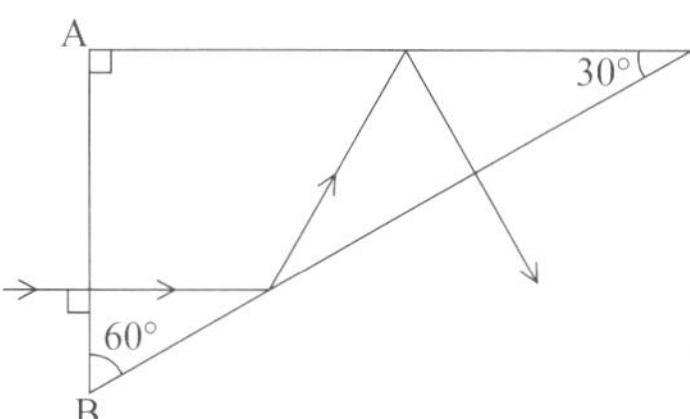

材　質	屈折率
コランダム	1.8
キュービックジルコニア	2.2
ダイヤモンド	2.4

1　コランダム
2　コランダム，キュービックジルコニア
3　コランダム，キュービックジルコニア，ダイヤモンド
4　キュービックジルコニア，ダイヤモンド
5　ダイヤモンド

No.11 図のように，深さ 60cm の水槽の底に小さな物体があり，水槽には屈折率 $\frac{5}{4}$ の液体が満たされている。いま，液面に半径 r の円形板を浮かべて，空気中のどの方向から見てもこの物体が全く見えないようにする。このとき，円形板の半径 r の最小値はいくらか。

H.10 国家Ⅱ種
重要度 A 類 例題 5 − 5
答 P.76

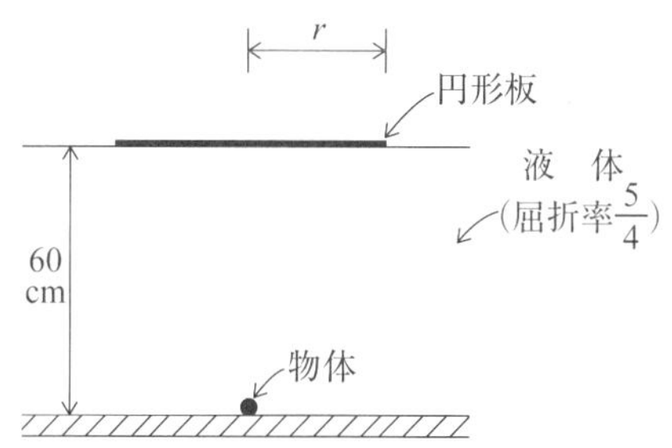

1　45cm　　2　60cm　　3　75cm　　4　80cm　　5　90cm

No.12 波の干渉について，次の［　　］に当てはまる式を求めよ。

H.20 地方上級
重要度 A 類 例題 5－6
答 P.76

10cm 離れた 2 点 A，B から，同じ波長 4cm の波を同じ位相で発生させた。このとき，A との距離を x cm，B との距離を y cm として，$|x-y|=$［　　］$(m=0, 1, 2, \ldots)$ となる点では全く振動しなかった。

1　$2m+1$　　2　$2m$　　3　$4m+2$　　4　$4m+1$　　5　$4m$

No.13 図 I のように，距離 l だけ離れた 2 点 AB 間を光が通過するのにかかる時間を T_1 とする。また，図 II のように，AB 間に屈折率 n，厚さ d の平行平板ガラスを，光の道筋に面が垂直になるように入れた場合に，AB 間を光が通過するのにかかる時間を T_2 とする。このとき $\frac{T_2}{T_1}$ として正しいのはどれか。

H.24 地方上級
重要度 B 類 例題 5－6
答 P.76

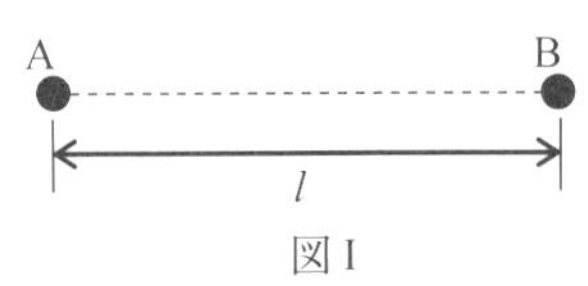

図 I

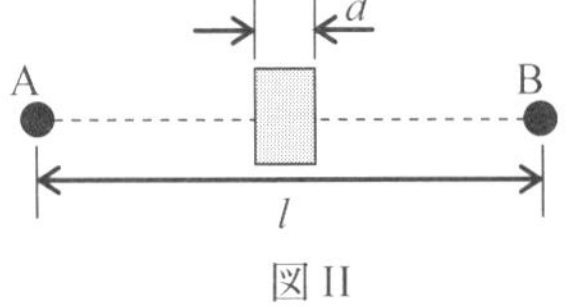

図 II

1　$1+n\frac{d}{l}$　　2　$1+(n-1)\frac{d}{l}$　　3　$1+(1-n)\frac{d}{l}$

4　$1+\left(1-\frac{1}{n}\right)\frac{d}{l}$　　5　$1+\left(\frac{1}{n}-1\right)\frac{d}{l}$

No.14 カメラのレンズの表面は，反射光が打ち消されるように一様な厚さの透明な薄膜でコーティングされている。薄膜の屈折率を 1.40 とすると，波長 546nm の緑色光の反射光が打ち消されるようにするための薄膜の厚さの最小値はいくらか。

ただし，レンズの屈折率は薄膜の屈折率より大きいとする。

H.24 労基 B
重要度 B 類 例題 5－
答 P.77

1　97.5nm　　2　195nm　　3　259.5nm

4　390nm　　5　437.5nm

No.15 空気に対する相対屈折率が n_A 及び n_B の透明な素材 A，B で図 I，II のような光ファイバーを作った。図 I は中心軸を含む断面，図 II は中心軸を含む断面に垂直な断面を表している。

いま，空気中にあるこの光ファイバーの一端から，図 I，II のように，単色光線を入射角 θ で中心に入射した。単色光線は図 I のように進み，A から B への入射角は ϕ で，A と B の境界面での屈折角は 90° であった。このとき，$\sin\theta$ として最も妥当なのはどれか。

H.21 国家 I 種
重要度 B 類 例題 5－5
答 P.78

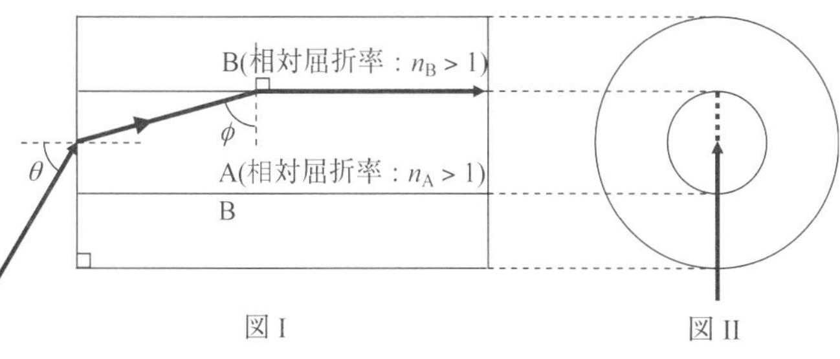

図 I　　図 II

1 $\sqrt{1-\left(\dfrac{n_A}{n_B}\right)^2}$

2 $\sqrt{1-\left(\dfrac{n_B}{n_A}\right)^2}$

3 $\sqrt{\dfrac{1}{n_A^2}+\dfrac{1}{n_B^2}}$

4 $\sqrt{\dfrac{1}{n_A^2}-\dfrac{1}{n_B^2}}$

5 $\sqrt{n_A^2-n_B^2}$

第6章 電磁気学

ポイント POINT

電磁気学のうち，回路を除いた部分を学習します。電磁気学は国家公務員試験では出題数が多いのですが，地方上級試験では少なく，勉強の力の入れ具合の難しい分野です。電気が専門ではない人は，有名問題を中心に見ていきましょう。

知っておきたい 基礎知識

6−1 電界

(1) 電界と電位

電気量 $+q$[C] の電荷の運動を考えましょう。電荷が運動するのは，力が働くからですし，電荷であっても力学の法則に従うことには違いがありません。そこで，電荷の運動を運動方程式で調べようとすると，電荷に働く力 F が必要となります。また，エネルギー保存則で調べようとすると，電気的なエネルギー U が必要となります。この F や U がわからないのですが，電気的な力であり，エネルギーなのですから，持っている電気量に比例することは間違いないでしょう。そこで，このことを考慮して次のように書くことにしましょう。

$$F = qE$$

$$U = qV$$

この E を**電界（電場）**，V を**電位**といいます。この E や V について特殊な場合については求めることができます。そのような場合を以下に列挙していきます。

(2) 一様な電界中の電位

力が一様な場合，力と距離の積が仕事になります。したがって，次の図のように AB 間に一様な電界 E が加わっている場合，AB の電位差を V とすると，次の式が成り立ちます。

$$V = Ed$$

ひとこと

電界は力ですから，正
くはベクトル量です。
たがって方向を考える
要があります。電位は
カラー量ですので，方
はありません。

ひとこと

この章では，電位，電圧
電位差の言葉の使い分
はあまり意識していま
ん。回路を勉強してか
見直しましょう。

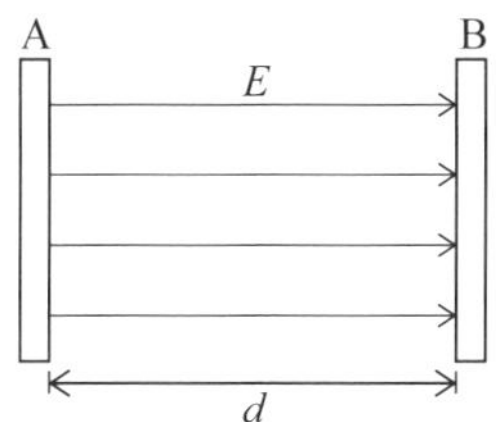

(3)　クーロンの法則

電荷 $+q_1$ と $+q_2$ が距離 r だけ離れている場合に，お互いの間に次の大きさの力 F が働きます。

$$F=\frac{1}{4\pi\varepsilon_0}\frac{q_1q_2}{r^2}$$

ε_0 は**真空の誘電率**と呼ばれる定数です。これを**クーロンの法則**といいます。

ところで，この法則は見方を変えることもできます。つまり，2 つの電荷の間に直接力がはたらくのではなく，たとえば，q_2 が q_1 から受ける力を考える場合，まず，q_1 が電界 E を作り，この電界から q_2 が力 F を受けると考えます。このとき，クーロンの法則は次のように変わります。

$$E=\frac{1}{4\pi\varepsilon_0}\frac{q_1}{r^2}$$

$$F=q_2E$$

なお，このように考える場合，電荷 q_1 が距離 r の位置につくる電位 V は次の式で表されます。

$$V=-\frac{1}{4\pi\varepsilon_0}\frac{q_1}{r}$$

ただし，無限遠点を基準に取っています。

> **ひとこと**
> この式は，電荷が球形に対称に分布している場合にも使えます。中心から距離 r の位置の電界は，考えている点より内側にある電荷の合計を Q_{in} として，
> $$E=\frac{1}{4\pi\varepsilon_0}\frac{Q_{in}}{r^2}$$
> となります。

6-2　平行平板コンデンサ

(1)　平行平板コンデンサの公式

平行平板コンデンサは，2 枚の平行な金属板を 1 組としてできたものです。ここに電圧 V の電源を接続すると，片方には $+Q$ の，他方には $-Q$ の電荷が充電されます。この状態が電荷 Q で充電された状態です。

平行平板コンデンサに関する公式として次のものがあります。

① 充電される電荷

静電容量 C のコンデンサに，電圧 V の電源で充電をすると，十分時間が経った後に充電される電荷量 Q は次の式になります。

$$Q = CV$$

② 静電容量

断面積が S，極板間の距離が d，誘電率が ε_0 の平行平板コンデンサの静電容量 C は，次のようになります。

$$C = \varepsilon_0 \frac{S}{d}$$

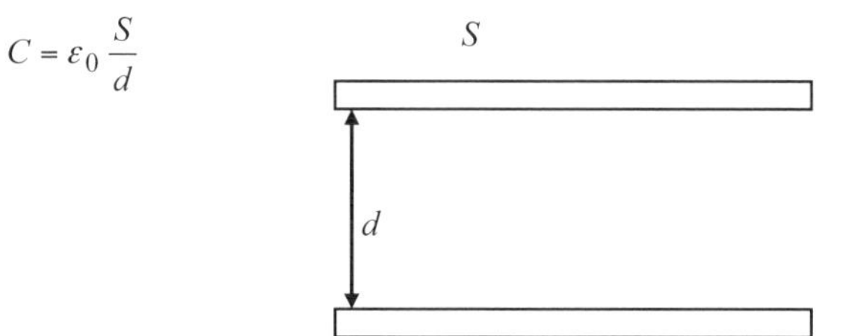

アドバイス
金属板の間に誘電体と呼ばれる物質を入れると誘電率の値が変わります。なお，誘電率の代わりに比誘電率を使うこともあります。比誘電率 ε_r の物体の誘電率は $\varepsilon_r\varepsilon_0$ となります。

③ 静電エネルギー

静電容量 C のコンデンサに電圧 V で充電した場合に，コンデンサに蓄えられる静電エネルギー U は次の式で表されます。

$$U = \frac{1}{2}QV = \frac{1}{2}CV^2 = \frac{Q^2}{2C}$$

④ 電界

平行平板コンデンサの内部には一様な電界 E が発生しています。したがって，電圧との間には次の関係が成り立ちます。

$$V = Ed$$

(2) コンデンサの合成公式

① 並列合成

静電容量 C_1 と静電容量 C_2 の 2 つのコンデンサを並列に接続すると，全体としては，次の式で表される静電容量の 1 つのコンデンサと置き換えることができます。

$$C_1 + C_2 = C$$

C_1 C_2 ⇨ C

アドバイス
コンデンサの合成公式は，ばねの合成公式とは一致しますが，抵抗の合成公式とは，並列，直列が逆になることに気をつけましょう。

② 直列合成

静電容量 C_1 と静電容量 C_2 の 2 つのコンデンサを直列に接続すると，全体としては，次の式で表される静電容量の 1 つのコンデンサと置き換えることができます。

$$\frac{1}{C_1}+\frac{1}{C_2}=\frac{1}{C}$$

C_1　C_2　⇨　C

6-3 磁界

(1) 右ねじの法則（アンペールの法則）

直線電流 I の周りには円形の磁界が発生します。

このときの発生する磁界の向きは下右図のようになります。

具体的には，電流の方向に右手親指を合わせたときに，残りの 4 本の指を握ったときの，4 本の指の回る向きがその方向になります（**右ねじの法則**）。

このときの磁束密度 B の大きさは次の式で表されます。

$$B=\frac{\mu I}{2\pi r}$$

μ は透磁率，I は電流，r は電流からの距離を表します。

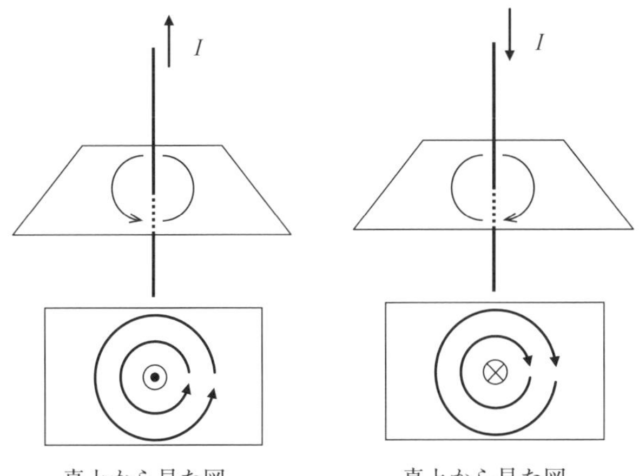

真上から見た図　　真上から見た図

⊙は手前に向かう方向を表す　⊗は奥に向かう方向を表す

(2) フレミングの左手の法則，ローレンツ力

磁束密度 B の磁界中に，B に直角に電流 I が置かれているとき，この電流に力がはたらきます。この方向は，左手中指を電流，人差し指を磁界の向きに合わせ，中指を前，人差し指を上，親指を横に向かせたときの左手親指の方向になります（**フレミングの左手の法則**）。電流の長さを l とすると，この力の大きさは次の式で表されます。

$$F = IBl$$

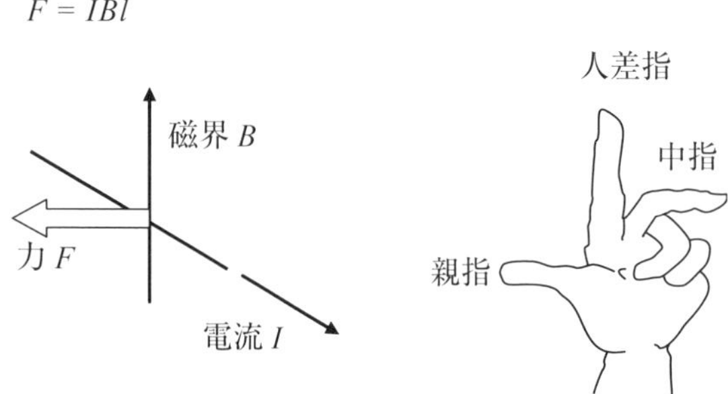

運動する電荷は電流とみることができますので，この電荷にも力が働きます。磁束密度 B の磁界中を，速さ v で運動する電荷 q には，次の大きさの力がはたらくことになります。

$$F = qvB$$

この力を**ローレンツ力**といいます。ローレンツ力の方向は，電荷の動きを電流とみなして，フレミングの左手の法則と同じようにして求められます。

(3) 電磁誘導

磁界が変化すると，この変化を妨げるように誘導起電力（回路が閉じていれば電流）が発生します（**レンツの法則**）。これを**電磁誘導**といいます。電磁誘導の誘導起電力を求めるためには，まずは磁束を求めます。磁束密度 B の磁界に垂直な面積 S の部分を貫く磁束 Φ は，次のように表されます。

$$\Phi = BS$$

このとき n 巻きのコイルを貫く磁束を Φ とし，誘導起電力を V とすると，次の式が成り立ちます（**ファラデーの法則**）。

$$V = -n\frac{d\Phi}{dt}$$

アドバイス

この式のマイナスの符号は，レンツの法則を表していますが，あまり意味がありません。方向はレンツの法則から別に考えるようにしましょう。

実際に，上の磁束の式を代入すると，磁束密度 B が一定で，面積が変化する場合には，

$$V = -nB\frac{dS}{dt}$$

となります。$\frac{dS}{dt}$ は単位時間に面積が増減する量になります。また，面積が一定で，磁束密度 B が変化する場合には次のようになります。

$$V = -nS\frac{dB}{dt}$$

例題 6－1 電界と電位

H.23 地方上級　重要度 A

2 枚の距離が d で平行な金属板があり，下側の電位を 0，上側の電位を V_0 とすると，金属板の間には，一様な電界ができる。この中に電荷 $q(>0)$ を入れたとき，電荷が受ける力の向きと大きさとして正しいものはどれか。

	向き	大きさ
1	上向き	qV_0d
2	上向き	$q\frac{V_0}{d}$
3	下向き	qV_0d
4	下向き	$q\frac{V_0}{d}$
5	下向き	qV_0d^2

V_0

$+q$

0

電位と電界の関係式を確認しておきましょう。意味を丁寧に押さえてあれば易しい問題です。なお，同様の問題が労基などでも出題されています。

【正解】4

正の電荷には，電位の高い方から低い方へ力がはたらく。したがって，力の向きは下向きである。

次に，金属板の間の電界は一様なので，この中の電界の大きさ E と電位差 V_0 との間には次の関係式がある。

$$V_0 = Ed \qquad \therefore \quad E = \frac{V_0}{d}$$

したがって，働く力の大きさ F は次のようになる。

$$F = qE = \frac{qV_0}{d}$$

例題 6－2　クーロンの法則

H.26 国家一般職　重要度 A

図のように，xy 平面上に電気量 $-Q$ の点電荷 A，電気量 $2Q$ の点電荷 B，電気量 $-Q$ の点電荷 C が，それぞれ (0, 1)，(1, 1)，(1, 0) の位置に固定されている。原点 O に電気量 Q の点電荷を置いたとき，この点電荷が受けるクーロン力の合力に関する記述として最も妥当なのはどれか。

1　合力の向きはアである。
2　合力の向きはイである。
3　合力の向きはウである。
4　合力の向きはエである。
5　合力の大きさは 0 である。

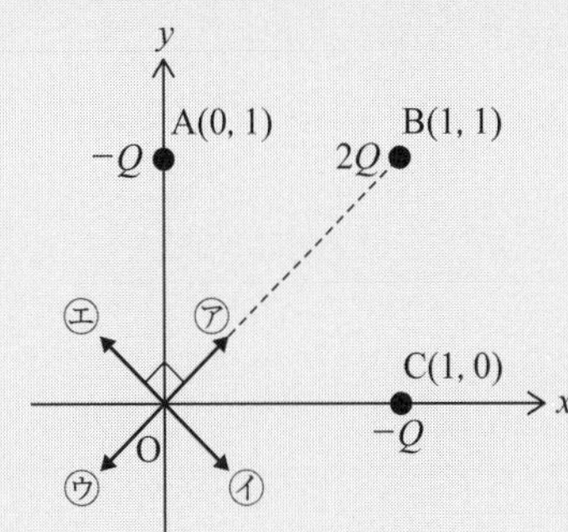

クーロンの法則の練習です。クーロンの法則自体は電磁気学の内容ですが，実質的には力のつり合いの問題になります。力学と同じように考えることが大切です。

【正解】1

点 O には正の電荷を置いている。この電荷には，負の電荷からは引き寄せる方向の力が，正の電荷からはしりぞける方向の力が加わる。つまり，下の図のようになる。その大きさは，クーロンの法則より，比例定数を $\frac{1}{4\pi\varepsilon}=k$ として，

A からの力：$F_A = k\frac{Q^2}{1^2} = kQ^2$

B からの力：$F_B = k\frac{2Q\cdot Q}{\left(\sqrt{2}\right)^2} = kQ^2$

C からの力：$F_C = k\frac{Q^2}{1^2} = kQ^2$

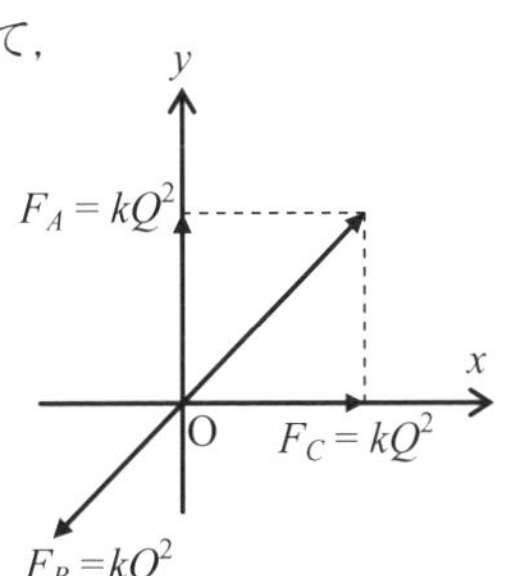

F_A と F_C の合力は，

$$\sqrt{(kQ^2)^2 + (kQ^2)^2} = \sqrt{2}\,kQ^2$$

$\sqrt{2}kQ^2 > kQ^2$ なので，求める合力はアの方向になる。

第6章　電磁気学

例題 6－3　コンデンサの公式

H.13 労基 B　重要度 A

図のように，接地された金属板の上方に薄い金属板が絶縁糸でつるされている。この金属板に電荷 Q を与えたところ電位は V となった。いま，金属板をゆっくり微小距離だけ持ち上げたとき，Q，V 及び板間に蓄えられた静電エネルギー W の変化に関する次の記述のうち，正しいのはどれか。

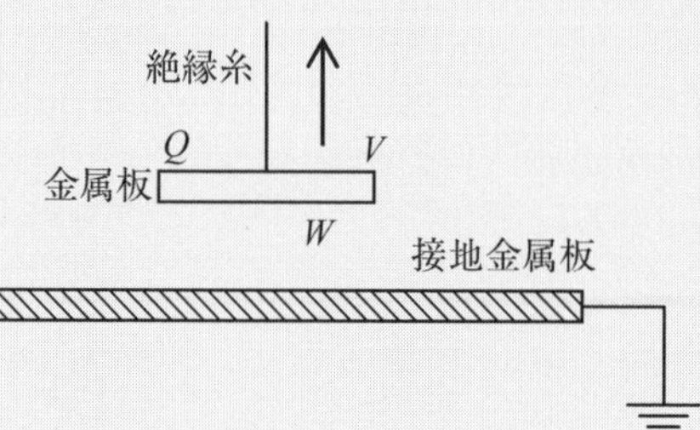

1　V は低くなり，Q は不変である。したがって W は小さくなる。
2　V は高くなり，Q は不変である。したがって W は大きくなる。
3　V 及び Q は不変だが，板間の静電容量が小さくなるから W は小さくなる。
4　V は高くなり，Q は減少する。したがって W は不変である。
5　V は高くなり，Q は不変だが，板間の静電容量が小さくなるから W は不変である。

コンデンサの公式を利用した問題です。コンデンサの公式を正しく覚えているかをチェックすると同時に，コンデンサの問題の問題文の読み方にも注意してください。

【正解】2

このコンデンサでは，金属板に電荷を蓄えた後，絶縁した糸で金属板を動かしている。絶縁されている以上，この糸を通って電荷が移動することはない。したがって，電荷 Q は不変である。これを踏まえて，コンデンサの公式を見る。

①　静電容量：$C=\varepsilon\dfrac{S}{d}$ の式において，持ち上げると d が増加するので，静電容量は減少する。

②　電圧：$V=\dfrac{Q}{C}$ の式において，Q は不変だが，C は減少するので，V は増加する。

③　静電エネルギー：$W=\dfrac{Q^2}{2C}$ の式において，Q は不変だが，C は減少するので，W は増加する。

したがって，Q は不変だが，C は減少し，V と W は増加する。

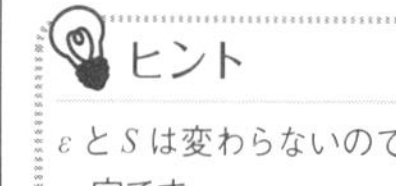

ε と S は変わらないので一定です。

例題 6－4 誘電体の一部挿入

H.18 国家Ⅱ種 重要度 A

図に示すように，真空中に置かれた極板面積 S，極板間隔 d の平行平板コンデンサに，面積 $\frac{S}{2}$，厚さ $\frac{d}{2}$，誘電率 $3\varepsilon_0$ の誘電体が挿入されている。このコンデンサの静電容量として最も妥当なのはどれか。

ただし，真空中の誘電率を ε_0 とする。

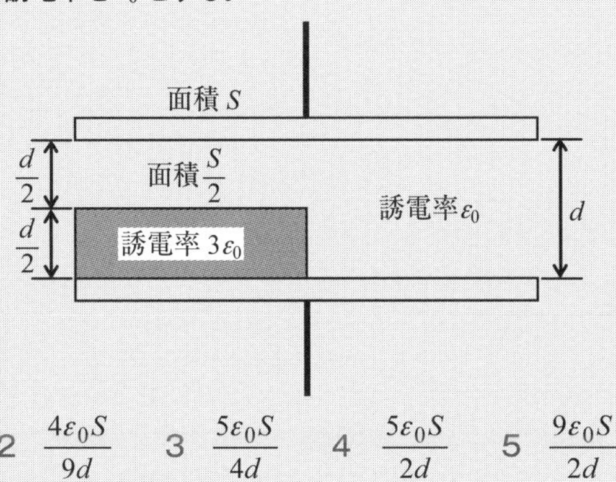

1 $\frac{2\varepsilon_0 S}{9d}$　2 $\frac{4\varepsilon_0 S}{9d}$　3 $\frac{5\varepsilon_0 S}{4d}$　4 $\frac{5\varepsilon_0 S}{2d}$　5 $\frac{9\varepsilon_0 S}{2d}$

誘電体や金属板をコンデンサの隙間の一部に挿入する場合の，静電容量の計算は頻出です。コンデンサの合成公式と，静電容量の公式を利用して計算していきます。

【正解】3

コンデンサを次のように分けて考える。

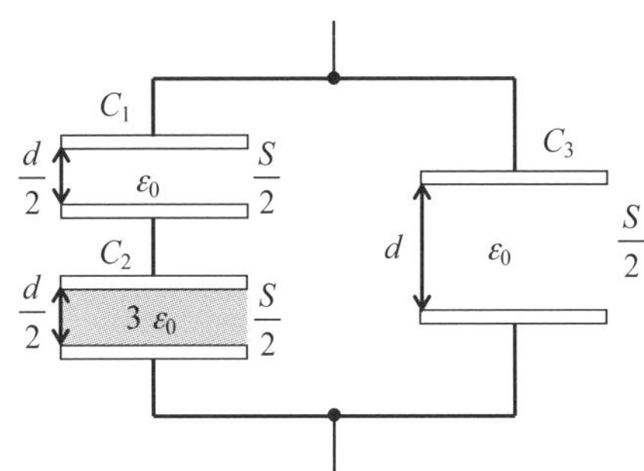

誘電体ではなく，金属板を挿入する問題もあります。この場合，コンデンサを分けた後，金属部分は導線に置き換えましょう。

静電容量の公式より，それぞれのコンデンサの静電容量は次のようになる。

$$C_1 = \varepsilon_0 \frac{S/2}{d/2} = \frac{\varepsilon_0 S}{d}$$

$$C_2 = 3\varepsilon_0 \frac{S/2}{d/2} = \frac{3\varepsilon_0 S}{d}$$

$$C_3 = \varepsilon_0 \frac{S/2}{d} = \frac{\varepsilon_0 S}{2d}$$

C_1 と C_2 を直列合成したコンデンサの容量を C_4 とすると，直列の合成公式より，

$$\frac{1}{C_4} = \frac{1}{C_1} + \frac{1}{C_2} = \frac{d}{\varepsilon_0 S} + \frac{d}{3\varepsilon_0 S} = \frac{4d}{3\varepsilon_0 S} \qquad \therefore \quad C_4 = \frac{3\varepsilon_0 S}{4d}$$

これと C_3 を並列合成すると，全体の静電容量となる。これを C とすると，並列の合成公式より，

$$C = C_3 + C_4 = \frac{3\varepsilon_0 S}{4d} + \frac{\varepsilon_0 S}{2d} = \frac{5\varepsilon_0 S}{4d}$$

例題 6－5　アンペールの法則

H.26 国家総合職　重要度 A

図のように，十分に長い直線導線 A，B を，東西方向に距離 $2r$ を隔てて鉛直に張り，A，B ともに上向きにそれぞれ I，$2I$ の大きさの電流を流した。このとき，点 P において，電流によって生じる磁界の向きと大きさの組合せとして最も妥当なのはどれか。

	磁界の向き	磁界の大きさ
1	東	$\dfrac{I}{4\pi r}$
2	南	$\dfrac{I}{2\pi r}$
3	南	$\dfrac{I}{4\pi r}$
4	北	$\dfrac{I}{2\pi r}$
5	北	$\dfrac{I}{4\pi r}$

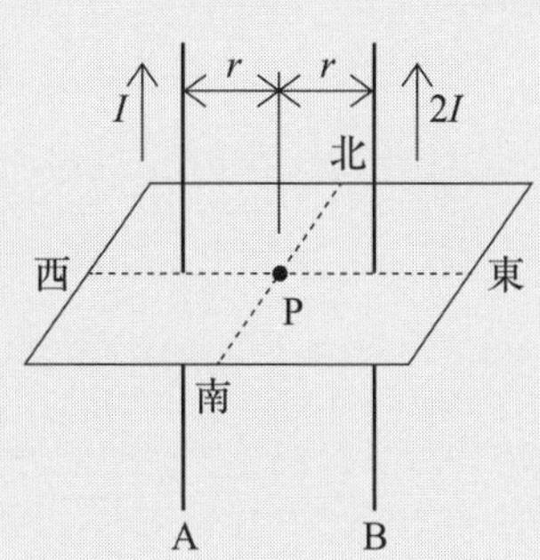

アンペールの法則の練習問題です。まず，磁界の向きを右ねじの法則で求められるようにしましょう。大きさはあまり出題されませんが，公式を覚えていれば，すぐに答えることができます。

【正解】2

真上から見た様子は図のようになる。

それぞれの電流の作る磁界はアンペールの法則より，図のようになる。

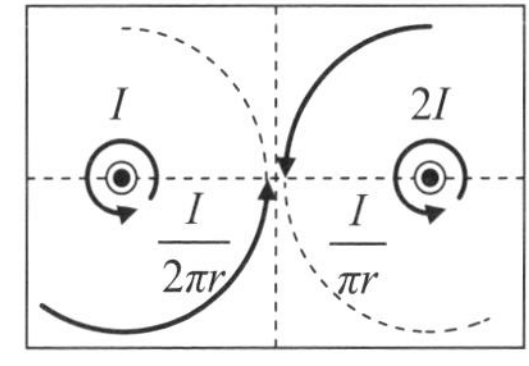

したがって，この 2 つを合わせると，南向きに大きさ

$\dfrac{I}{\pi r} - \dfrac{I}{2\pi r} = \dfrac{I}{2\pi r}$ の磁界ができることがわかる。

二つの電流は距離が等しいため，電流の大きい B のつくる磁界の向きだけを考えても，磁界の向きはわかります。

例題 6－6　フレミングの法則

H.14 国家Ⅱ種　重要度 A

図のように，十分に長い 3 本の直線導線 A，B，C が同一直線上に等しい間隔で平行に設置されており，導線 A 及び B には電流 I，導線 C には電流 $4I$ が図に示す向きに流れている。

このとき，導線 A，B，C のそれぞれに作用する力 F_A，F_B，F_C の向きの組合せとして正しいのはどれか。

	F_A	F_B	F_C
1	②	①	②
2	①	②	①
3	①	①	②
4	③	③	④
5	④	④	③

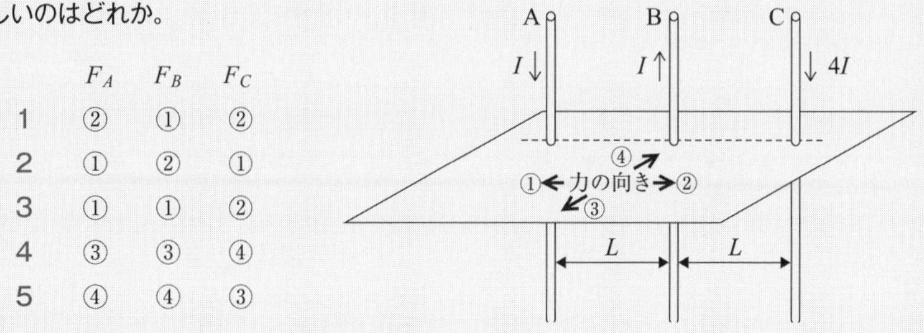

電流に働く力を求める場合にはフレミングの左手の法則を使います。この問題で練習しましょう。一見磁界がありませんが，右ねじの法則と併用しましょう。

【正解】1

F_A の向きを考える。A は B と C から力を受ける。C は B と比べ距離が 2 倍だが，電流は 4 倍なので，結果的に C から受ける力は B から受ける力の 2 倍になる。したがって，C から受ける力のみを求めればよい。真上から見た図を下に示す。C が A のある位置に作る磁界の向きは④の方向である。したがって，フレミングの左手の法則から，力の方向は②の方向となる。

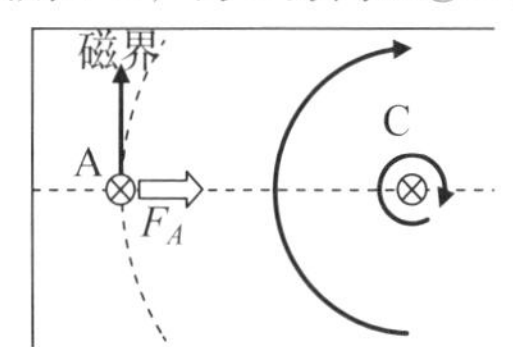

次に，F_B の向きを考える。B は A と C から力を受けるが，A と C は距離が同じで，電流は C の方が大きいため，C から受ける力の方向のみを考える。しかし B，C の関係は，A，C の関係と比べ A，B の電流の向きが異なるだけなので，力の方向も逆となる。つまり，F_B は①の方向である。

最後に F_C は距離の近い B から受ける力を考えればよいが，これは B が C から受ける力の反作用となるので，②の方向となる。

本問の結果から，「同じ向きの 2 つの電流の間には引きつけ合う力が働く」「逆向きの 2 つの電流の間にははしりぞけ合う力が働く」ということを覚えると便利です。

例題 6－7 電磁誘導

H.26 労基 B　重要度 A

図のように，磁束密度 $B = 3.0\ \mathrm{Wb/m^2}$ の鉛直上向きの一様な磁界中に，導線をコの字形になるよう水平に置き，その上に載せた導線 PQ を速度 $v = 4.0\ \mathrm{m/s}$ で動かしたとき，導線 PQ に生じる誘導起電力の大きさ E と導線 PQ に流れる電流の向きの組合せとして最も妥当なのはどれか。

	E	電流の向き
1	2.4V	P から Q の向き
2	4.8V	P から Q の向き
3	7.2V	P から Q の向き
4	4.8V	Q から P の向き
5	7.2V	Q から P の向き

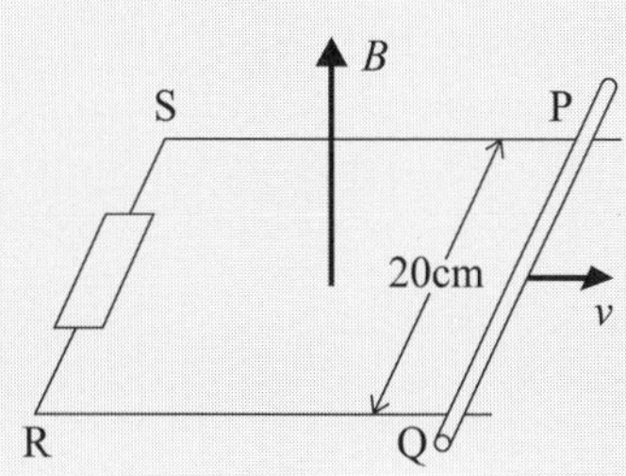

電磁誘導の典型問題を見てみます。特に重要なのは向きで，いろいろな考え方があります。ここでも複数の考え方を紹介することにします。実際には，問題に応じて考えやすいものを選ぶとよいでしょう。

【正解】1

解法 1　向きについて，右ねじの法則を考える

回路の囲む面積の単位時間当たりの増加量 $\dfrac{dS}{dt}$ は，

$$\frac{dS}{dt} = 0.2v = 0.8\mathrm{m^2/s}$$

したがって，ファラデーの法則より，誘導起電力の大きさは，

$$E = B\times\frac{dS}{dt} = 3.0\times 0.8 = 2.4\mathrm{V}$$

方向について，上向きの磁束 $\Phi = BS$ は面積が増えているので増加している。したがって，レンツの法則から，この増加を妨げるよう電流が発生する。右ねじの法則から，P から Q の方向に電流が流れれば，PQRS の中に下向きの磁束が増えるように磁界が発生するので，この方向に電流は流れる。

> **ひとこと**
> 起電力の大きさがほしいので，ファラデーの法則の符号は考える必要がありません。

解法 2　向きについて，フレミングの左手の法則を考える

向きのみを考える（大きさは解法 1 と同じ）。結果的に，磁束の変化を妨げるように回路に力が働く。つまり，PQ には図の左方向に力が働くはずである。このとき，磁界が上向き，力が左向きになるようにフレミングの左手の法則を作ると，電流の向きは P から Q とわかる。

解法 3　向きについて，フレミングの左手の法則を考える

PQ が右向きに動く，ということは，PQ に含まれている正の電荷も一緒に動くということだが，正の電荷の動きは電流とみなすことができる。そこで，電流を右向きに，磁界を上向きに合わせてフレミングの左手の法則を使うと，P から Q の向きに正の電荷に力が働くことがわかる。この力こそが誘導起電力で，電流も P から Q の向きに流れる。

導線が動く問題では考え
やすい方法です。

練習問題

No.1 図のように，間隔 10cm の平行板電極に 10kV の電圧をかける。陰極から初速 0m/s で出発した電子（質量 9.1×10^{-31}kg，電荷 -1.6×10^{-19}C）が陽極に達するときの速さはおよそいくらか。

H.24 労基 B
重要度 B 類 例題 6－1
答 P.79

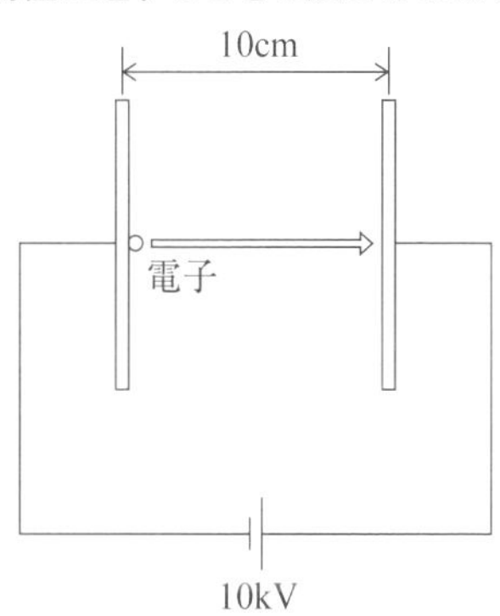

1　5.0×10^{7}m/s　2　6.0×10^{7}m/s　3　7.0×10^{7}m/s
4　8.0×10^{7}m/s　5　9.0×10^{7}m/s

No.2 空気中で質量 1.0×10^{-3}kg の小球 A を軽い絶縁体の糸でつるし，-3.0×10^{-7}C の電荷を与えた。正の電荷を与えて固定した小球 B から，水平方向に 1.0m 離れた位置に小球 A を近づけたところ，図のように，A はつり合って静止した。このとき，小球 B の電荷はおよそいくらか。

ただし，重力加速度の大きさを 10m/s²，空気の誘電率を ε とし，$\dfrac{1}{4\pi\varepsilon}=9.0\times10^{9}\text{N}\cdot\text{m}^2/\text{C}^2$ とする。

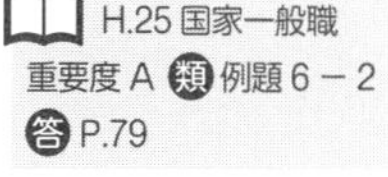
H.25 国家一般職
重要度 A 類 例題 6－2
答 P.79

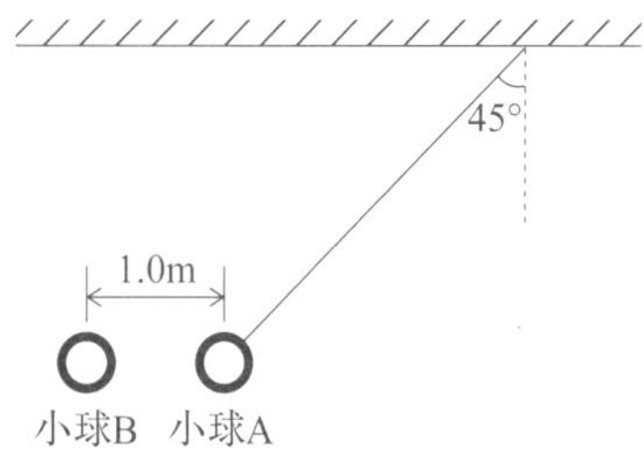

1　7.0×10^{-7}C　2　1.7×10^{-6}C　3　2.7×10^{-6}C
4　3.7×10^{-6}C　5　4.7×10^{-6}C

No.3 真空である xyz 空間上の点（0, 0, 0）に，電気量 Q の点電荷が置かれており，このときの点（2, 0, 0）における電界の大きさを E_0 とする。さらに, 点（3, 0, 0）にも電気量 $2Q$ の点電荷を置いた。このときの点（2, 0, 0）における電界の大きさとして最も妥当なのはどれか。

H.24 国家一般職
重要度 B 類 例題 6－2
答 P.80

1 $3E_0$

2 $4E_0$

3 $5E_0$

4 $6E_0$

5 $7E_0$

No.4 図のような厚さ d の平行平板コンデンサーがある。このコンデンサーに厚さ $\frac{d}{2}$ の金属を挿入するとコンデンサーの静電容量は元の 2 倍となる。いま，このコンデンサーに電荷を蓄え，外部と絶縁した状態とし，金属を挿入する。金属挿入前にこのコンデンサーに蓄えられていたエネルギーを E とすると，挿入後に蓄えられているエネルギーはいくらになるか。

H.11 国家Ⅱ種化学職
重要度 A 類 例題 6－3
答 P.80

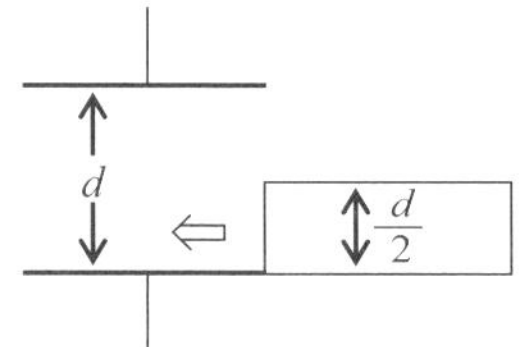

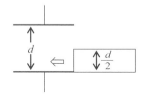

1 $\frac{1}{2}E$

2 $\frac{1}{\sqrt{2}}E$

3 E

4 $\sqrt{2}E$

5 $2E$

No.5 真空中に置かれた平行平板コンデンサに，図のように，比誘電率 ε_s の誘電体が挿入され，電圧 V が加えられている。このコンデンサに蓄えられている静電エネルギーとして最も妥当なのはどれか。ただし，真空の誘電率を ε_0 とする。

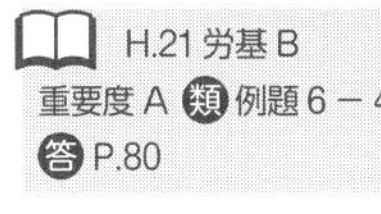

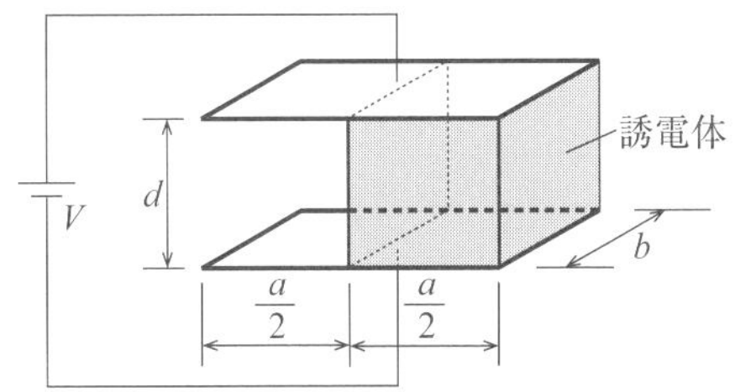

1 $(\varepsilon_s+1)\varepsilon_0\dfrac{ab}{2d}V^2$　2 $(\varepsilon_s+1)\varepsilon_0\dfrac{ab}{4d}V^2$　3 $\left(\dfrac{\varepsilon_s\varepsilon_0}{\varepsilon_s+1}\right)\dfrac{2ab}{d}V^2$

4 $\left(\dfrac{\varepsilon_s\varepsilon_0}{\varepsilon_s+1}\right)\dfrac{ab}{2d}V^2$　5 $\left(\dfrac{\varepsilon_s\varepsilon_0}{\varepsilon_s+1}\right)\dfrac{ab}{4d}V^2$

No.6 図のように，真空中にコンデンサ C_0，C_1，C_2 がある。これらは面積 S，間隔 d の平行平板コンデンサであり，コンデンサ C_1 にはコンデンサ間に厚さ t，面積 S の金属板が平行に挿入され，また，コンデンサ C_2 にはコンデンサ間に厚さ t，面積 S の誘電体板が平行に挿入されている。これらのコンデンサの静電容量の大小関係を正しく表しているのはどれか。

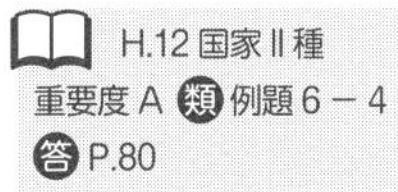

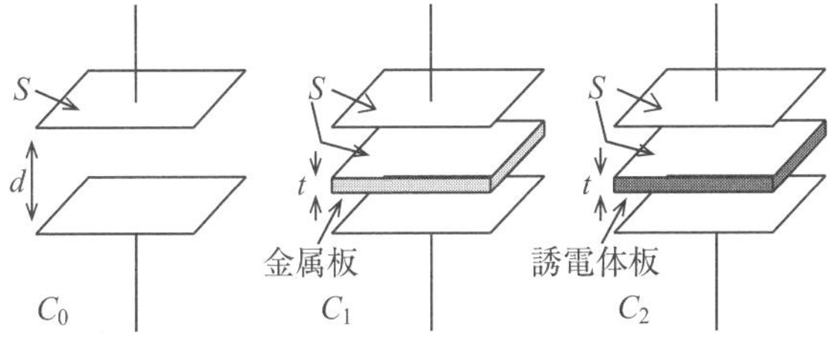

1 $C_0 < C_1 < C_2$　2 $C_0 < C_2 < C_1$　3 $C_1 < C_0 < C_2$

4 $C_1 < C_2 < C_0$　5 $C_2 < C_0 < C_1$

練習問題

No.7 図のように，ある平面に垂直な 2 本の平行導線に互いに逆向きで，大きさがそれぞれ $2I$，I の電流が流れている。

平行導線に流れる電流によって平面上の点 A ～ D に生ずる磁界 H_A ～ H_D の大きさの大小関係として最も妥当なのはどれか。

H.17 国家Ⅰ種
重要度 A 類 例題 6－5
答 P.81

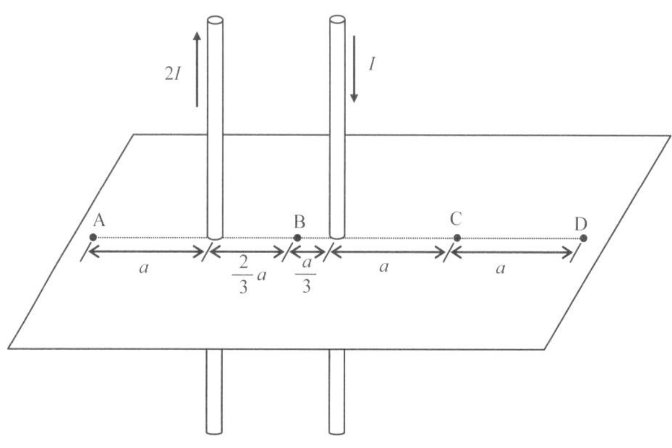

1 $|H_B| < |H_D| < |H_C| < |H_A|$

2 $|H_C| < |H_D| < |H_A| < |H_B|$

3 $|H_C| < |H_A| < |H_D| < |H_B|$

4 $|H_D| < |H_A| < |H_C| < |H_B|$

5 $|H_D| < |H_C| < |H_A| < |H_B|$

No.8 図のように円形コイルに電流 I を通し，円形コイルと同じ平面にある直線導体に電流 I' を流すとき，円形コイルに働く力の方向はどれか。

H.10 国家Ⅱ種
重要度 B 類 例題 6－5
答 P.82

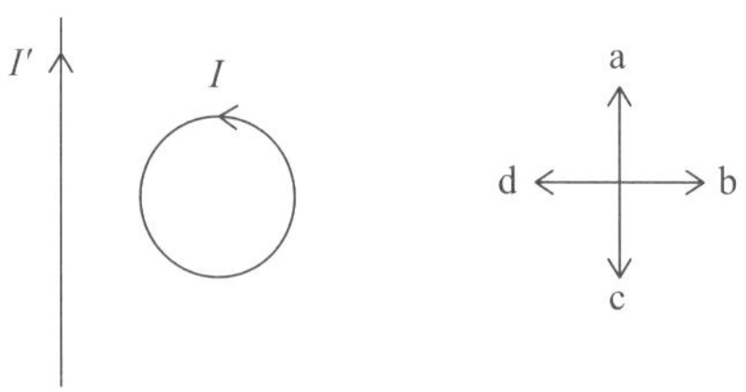

1 a　　2 b　　3 c　　4 d　　5 力は働かない

No.9 図Ⅰのように，十分長い3本の導線A，B，Cを，等しい間隔aで平面Pに垂直に置き，各導線に$2I$, I, $4I$の大きさの電流を流した。図Ⅱが，図Ⅰにおいて X の方向から見た平面図であるとき，導線Bを流れる電流に作用する電磁力の合力に関する記述として最も妥当なのはどれか。

H.22 国家Ⅰ種
重要度A 類 例題6－6
答 P.82

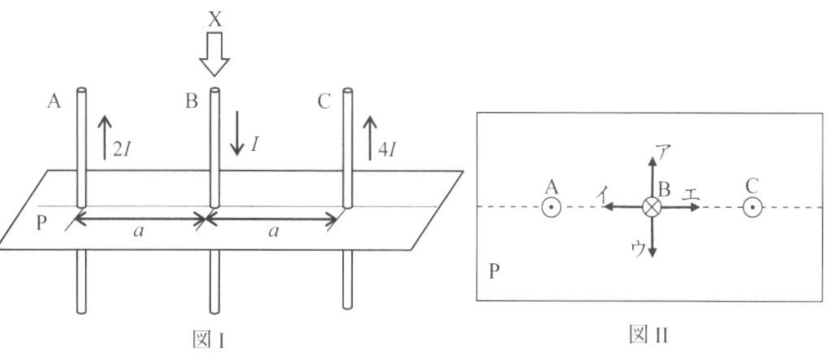

図Ⅰ　図Ⅱ

1　アの向きに作用する
2　イの向きに作用する
3　ウの向きに作用する
4　エの向きに作用する
5　導線Bには作用しない

No.10 図に示すように，端部の面積がそれぞれ $4a^2$，$2a^2$ であるコの字形の鉄芯を向かい合わせに並べ，一方の鉄芯に巻いたコイルに電流を流したところ，磁束 Φ が発生した。

この状態において，各空隙中に直線導体 A，B を x 軸と平行に置き，$+x$ 方向に同じ大きさの電流 I を流したとき，A，B に働く力の向きと，その大きさの比の組合せとして最も妥当なのはどれか。

ただし，磁束 Φ はすべて鉄芯の端部を通り，空隙中では y 軸と平行で一様な分布となっている。また A，B は十分に長いものとする。

H.17 国家Ⅱ種
重要度 B 類 例題 6 −
答 P.82

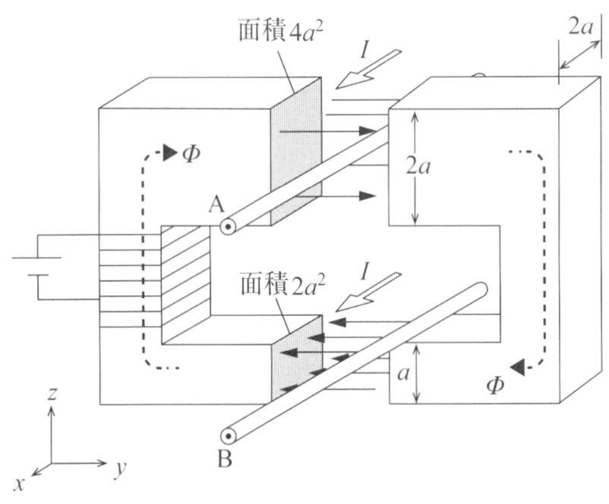

	A に働く力の向き	B に働く力の向き	$\frac{\text{A に働く力の大きさ}}{\text{B に働く力の大きさ}}$
1	$+z$ 方向	$+z$ 方向	1
2	$+z$ 方向	$-z$ 方向	0.5
3	$+z$ 方向	$-z$ 方向	1
4	$-z$ 方向	$+z$ 方向	0.5
5	$-z$ 方向	$-z$ 方向	1

No.11 真空中の磁束密度 B の一様な磁界中に，質量 m，電荷 q の荷電粒子が，速さ v で磁界と垂直に入射したとき，荷電粒子は周期 T の等速円運動をした。真空中の磁束密度 $\frac{B}{2}$ の一様な磁界中に，質量 $\frac{m}{2}$，電荷 $2q$ の荷電粒子が，速さ $3v$ で磁界と垂直に入射したときの荷電粒子の等速円運動の周期として最も妥当なのはどれか。

H.25 国家総合職
重要度 B 類 例題 6－6
答 P.83

1 $\frac{3T}{2}$　2 $\frac{\sqrt{3}T}{2}$　3 $\frac{T}{2}$　4 $\frac{\sqrt{2}T}{4}$　5 $\frac{\sqrt{3}T}{6}$

No.12 水平面に固定された導線 ABCD があり，この上に自由に滑り動ける導体の棒 EF が置かれている。これらによってつくられる面 BCHG に向かって，図のように棒磁石が N 極を向けて近づいてきたとき，導体棒 EF に働く力に関する次の記述のア，イに入る語句を正しく組み合わせているのはどれか。

H.12 国家Ⅱ種化学職
重要度 A 類 例題 6－7
答 P.83

「N 極を下にした棒磁石が近づくと，BCHG 間に電流が生じる。このとき電流は［ア］流れる。それに伴って導体棒 EF には電磁力が生じ，その力の働く方向は［イ］である。」

	ア	イ
1	E から F に向かって	X 方向
2	E から F に向かって	Y 方向
3	E から F に向かって	Z 方向
4	F から E に向かって	X 方向
5	F から E に向かって	Y 方向

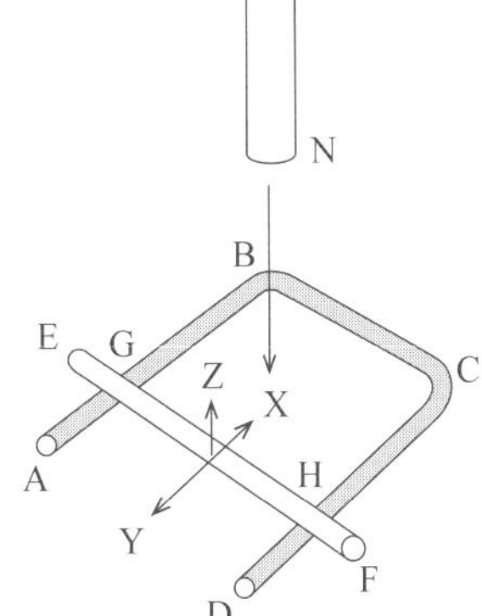

No.13 図 I のように，二つのコイルを並べて巻き，一次コイルの電流 I_1 を図 II のように変化させると，二次コイルに誘導起電力が生じた。次のうち，二次コイルに生じた誘導起電力 V_2 の絶対値が最大であった時刻はどれか。

H.22 国家 II 種
重要度 B 類 例題 6 − 2
答 P.84

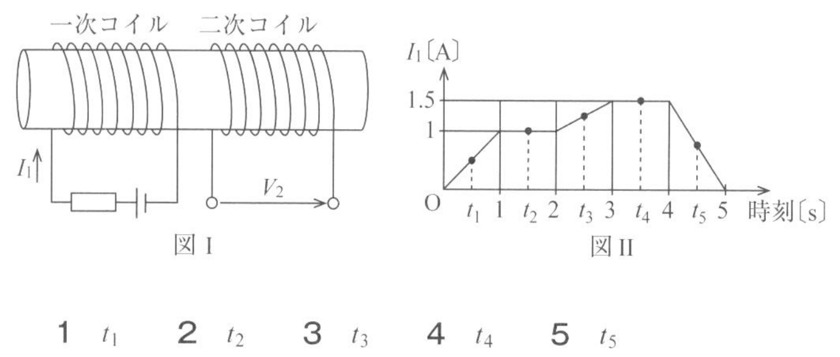

図 I　　図 II

1 t_1　2 t_2　3 t_3　4 t_4　5 t_5

No.14 図 I のように，断面積 S，厚さ d，誘電率 ε_1 の誘電体を，誘電体の断面と同形の極板ではさんだ平行平板コンデンサが真空中に置かれている。この平行平板コンデンサを充電し，電源を取り外したところ，極板間の電圧は V_0 であった。

次に図 II のように，このコンデンサの上側の極板を $2d$ だけ上に持ち上げた。このときの極板間の電圧 V を表しているのはどれか。

ただし，誘電体の形状は変形しないものとする。また，電界は極板間にのみ一様に存在し，真空の誘電率を ε_0 とする。

H.17 国家 I 種
重要度 B 類 例題 6 − 3
答 P.85

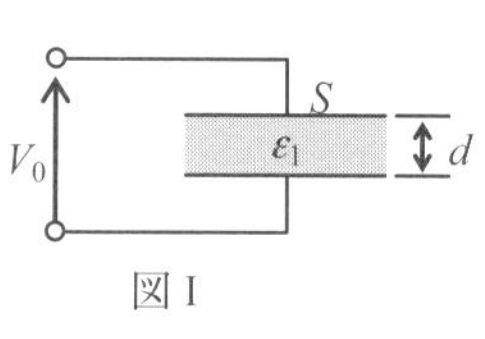

図 I

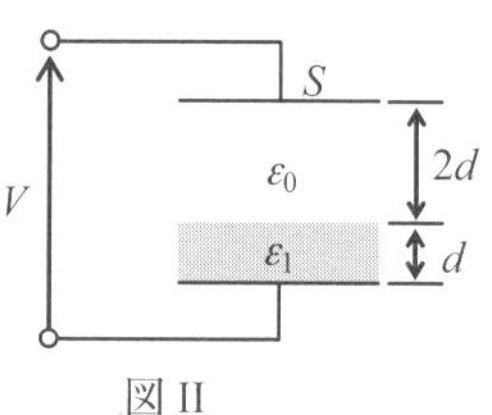

図 II

1 $\dfrac{\varepsilon_0+2\varepsilon_1}{\varepsilon_0}V_0$　2 $\dfrac{2\varepsilon_0+\varepsilon_1}{\varepsilon_0}V_0$　3 $\dfrac{2\varepsilon_0+\varepsilon_1}{\varepsilon_1}V_0$

4 $\dfrac{\varepsilon_0+2\varepsilon_1}{2\varepsilon_1}V_0$　5 $\dfrac{2\varepsilon_0+\varepsilon_1}{2\varepsilon_0}V_0$

MEMO

第7章 電気回路

各種の回路の問題を扱います。回路の問題は解く手順がほぼ決まっており，この手順を知っていれば得点源にすることができます。まずは直流回路について，手順をマスターしていきましょう。

知っておきたい 基礎知識

7−1 直流回路

(1) 電流と電圧

回路では，回路の各部分を流れる電流 I[A] と電圧 V[V] を求めることが目標となります。**電流**とは，回路のある部分を単位時間に通過する電気量のことをいいます。いわば，通過する電気の数だと思うとわかりやすいでしょう。一方，**電圧**とは，流れている（1[C] の）電気が抵抗で失う，あるいは，電源でもらうエネルギーを指します。

(2) オームの法則

抵抗の両端に加わる電圧 V[V] と，抵抗に流れる電流 I[A] は比例します。これを**オームの法則**といい，次の式で表されます。

$$V = RI$$

R

R は抵抗値 [Ω] です。

問題によっては，断面積，長さから抵抗を計算する場合があります。この場合には次の公式を使います。

$$R = \rho \frac{l}{S}$$

ただし，抵抗率 ρ，断面積 S，長さ l です。

(3) キルヒホッフの法則と回路の解法

回路を解く場合に使われるのが**キルヒホッフの法則**です。これには電流に関する第一法則と電圧に関する第二法則があります。

① 第1法則

導線の接合点では，そこに入る電流の和とそこから出る電流の和は等しくなります。図において，

$I_1 + I_2 = I_3$

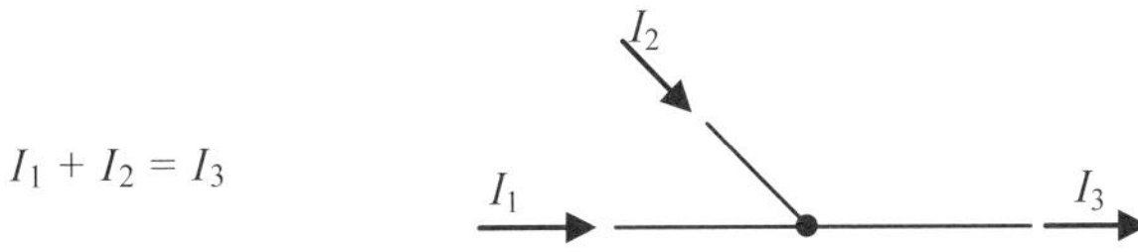

ということです。電流を流れている電気の個数とたとえるなら，図では接合点が合流点になっていますので，当然に成り立つ関係式です。

② 第2法則

任意の閉回路（ループ）において，電位の上昇分と，電位の下降分の総和を取ると，この2つは等しくなります。電圧を，電気がやりとりするエネルギーとたとえると，回路を1周して戻ってくると，元と同じ状態になります。したがって，その間に（電源で）もらえる電圧の合計と，（抵抗で）失う電圧の合計は等しくなります。言い換えれば，電流は回路を1周する間に，もらった電圧を，ちょうどすべて失って帰ってくるということです。

以上を考えると，直流回路の問題は，次のようにして解くことがわかります。

（i） 回路の必要な場所の電流をすべて文字で置きます。このときに，電流も大きさだけではなく，向きも決めておきます。

（ii） 流れている電流の立場に立ち，回路の中から適当な周回路を決めます。そして，周回路に沿って，もらう電圧と失う電圧をそれぞれ合計して，キルヒホッフの第二法則を立てます。

（iii） （ii）を解きます。

> **アドバイス**
> 向きは好きなように決めて構いませんが，最初から周回路を決めて回れるようにするとよいでしょう。

(4) 合成公式

複数の抵抗を同じ働きをする1つの抵抗に直す公式が**合成公式**です。これには次の2つがあります。

① 並 列

R_1，R_2 の抵抗を並列に接続すると，全体の抵抗は，次の式で表されます。

$$\frac{1}{R} = \frac{1}{R_1} + \frac{1}{R_2}$$

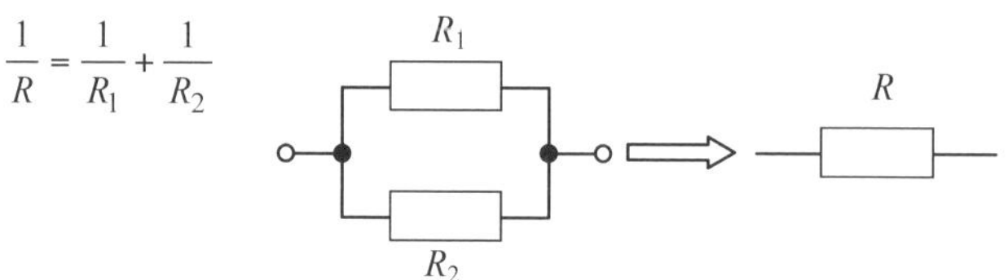

アドバイス

並列回路については,
① 電圧が等しい
② 電流は抵抗に反比例する
ことも覚えておくと便利です。

② 直　列

R_1, R_2 の抵抗を直列に接続すると，全体の抵抗は，次の式で表されます。

$$R = R_1 + R_2$$

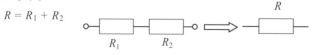

アドバイス

直列回路については,
① 電流が等しい
② 電圧は抵抗に比例する
ことも覚えておくと便利です。

(5) 電力

単位時間当たりに消費されるエネルギーのことを**電力**といい，P[W] で表します。電流 I，電圧 V の抵抗で単位時間当たりに消費される電力 P[W] は，次の式で表されます。

$$P = IV$$

(6) ホイートストンブリッジ

図のような 5 つの抵抗でできた回路を**ホイートストンブリッジ**といいます。AB 間に電圧を加えたときに，R_5 に電流が流れないとき，次の式が成り立ちます。

$$R_1R_4 = R_2R_3$$

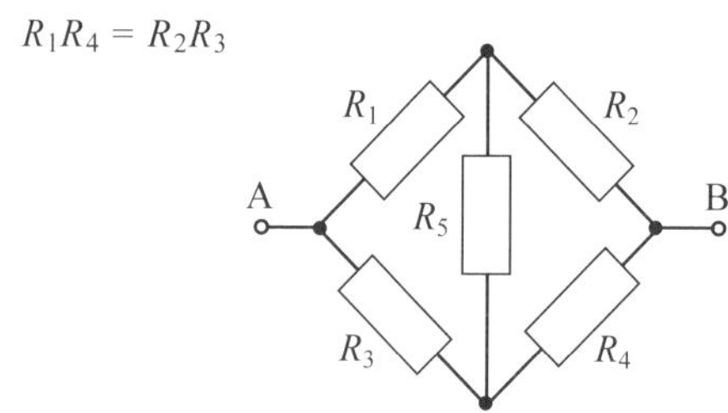

7-2 コンデンサの入った回路

(1) コンデンサの入った直流回路

コンデンサの充電が完了すると，コンデンサには電流は流れなくなります。しかし，この場合でも他の部分に電流が流れる場合には，コンデンサを無視して，直流回路の問題として回路を解きます。そして回路を解いた後に，コンデンサの両端の電位差を求めて，コンデンサの公式（$Q = CV$ など）を使って問題を解きます。

(2) コンデンサの並列回路

下の左図の状態で充電された状態からスイッチを閉じると，電荷が移動してつり合います。

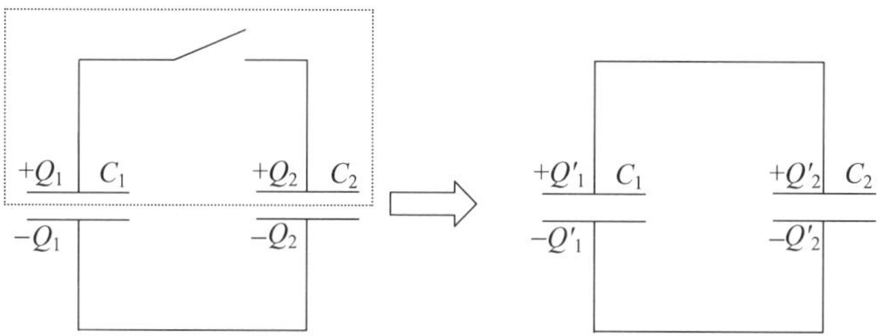

このとき，このコンデンサ全体に充電された電荷は，図の点線で囲まれた部分の電荷の合計で $Q_1 + Q_2$ となります。スイッチを入れると，上の極板どうしと，下の極板どうしがつながるため，コンデンサの電位差 V が等しくなります。したがって，図において，

$$V = \frac{Q'_1}{C_1} = \frac{Q'_2}{C_2}$$

となります。これは言い換えれば，電荷が静電容量に比例するということです。

7-3 交流回路

(1) 交流回路基礎

交流回路とは，交流電源を使った回路です。キルヒホッフの法則は直流回路と同じように成り立ちますが，次のように直流回路には出てこない素子が出てきます。

① 正弦波交流電源

交流電源は，起電力が正弦波的に変化します。周波数が f，振幅を V_0 とすると，起電力は次の式で表されます。

$$V = V_0 \sin(2\pi ft)$$

V

② コイル

コイルは自分自身に流れる電流 I によって電磁誘導を起こします。この誘導起電力がコイルの電圧となります。コイルには電流 I に比例する磁束 $\Phi = LI$ が発生します。この比例定数 L を（**自己**）**インダクタンス**といいます。ファラデーの法則によって，コイルにおける，電圧と電流の関係は以下のようになります。

$$V = L\frac{dI}{dt}$$

L

結果として，大きさは，

$$V = \omega LI$$

$\omega = 2\pi f$

であり，電流が電圧に対して $\frac{\pi}{2}$ の位相だけ遅れることになります。

③ コンデンサ

コンデンサには電荷が蓄えられます。電流を合計したものが電荷となりますが，電流が時間変化しますので，これは積分で計算できます。つまり，次のようになります。

$$V = \frac{Q}{C} = \frac{1}{C}\int Idt$$

$Q = \int Idt$

結果として大きさは，

C

$$V = \frac{I}{\omega C}$$

であり，電流が電圧に対して $\frac{\pi}{2}$ の位相だけ進むことになります。

例題 7－1 直流回路

H.24 労基 B　重要度 A

図のような回路がある。$R_1 = 10\Omega$, $R_2 = 20\Omega$, $R_3 = 30\Omega$, $R_4 = 40\Omega$ であり，R_1 を流れる電流が 100mA であるとき，回路に流れる電流 I はいくらか。

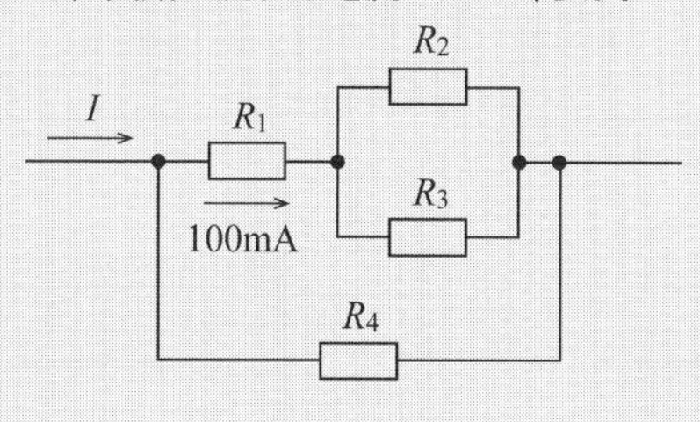

1　115mA　　2　125mA　　3　135mA　　4　145mA　　5　155mA

簡単な回路の確認からしていきましょう。まずは電流を文字で置くことが大切です。回路に慣れている人は，いろいろな解き方を考えてみてください。

【正解】5

解法 1　電流を文字で置く

R_2 を流れる電流を I_2 とすると，R_3, R_4 を流れる電流は図のようになる（単位は A に直した）。

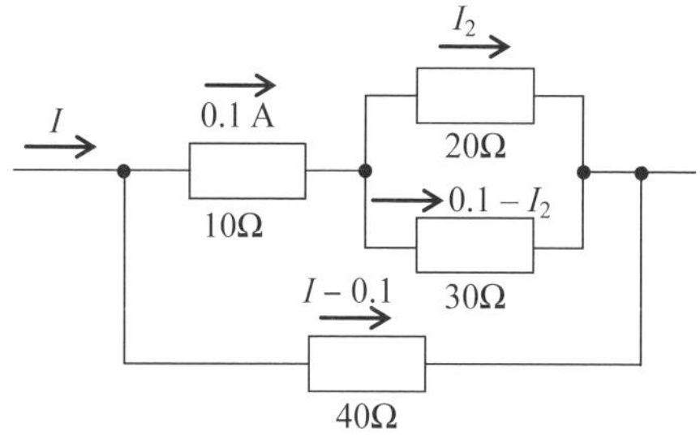

20Ω の抵抗と 30Ω の抵抗は並列の関係なので，電圧は等しい。したがって，

$$20I_2 = 30(0.1 - I_2) \quad \therefore \quad I_2 = 0.06$$

これより，10 Ω→ 20 Ωと通って左から右まで行くと，

$$10\times0.1 + 20\times0.06 = 2.2\text{V}$$

だけ電圧降下がある。これは，40Ω の抵抗を通って左から右まで行っても同じことなので，

$$40(I - 0.1) = 2.2$$

$$\therefore \quad I = \frac{2.2}{40} + 0.1 = 0.155\text{ A} = 155\text{mA}$$

ひとこと

この問題は，細かいところまで入れると，数多くの解き方があります。考えてみるとよいでしょう。

20Ω と 30Ω の抵抗は並列ですので，電流は抵抗に反比例して 3：2 となります。ここからも $I_2 = 0.1\times0.6 = 0.06$A となります。

解法 2 合成公式を使う

R_2 と R_3 は並列の関係にあるので，これを合成する。合成した抵抗を R_{23} とすると，合成公式から，

$$\frac{1}{R_{23}}=\frac{1}{R_2}+\frac{1}{R_3}=\frac{1}{20}+\frac{1}{30}=\frac{1}{12} \qquad \therefore \quad R_{23}=12\Omega$$

したがって，次の図のようになる。

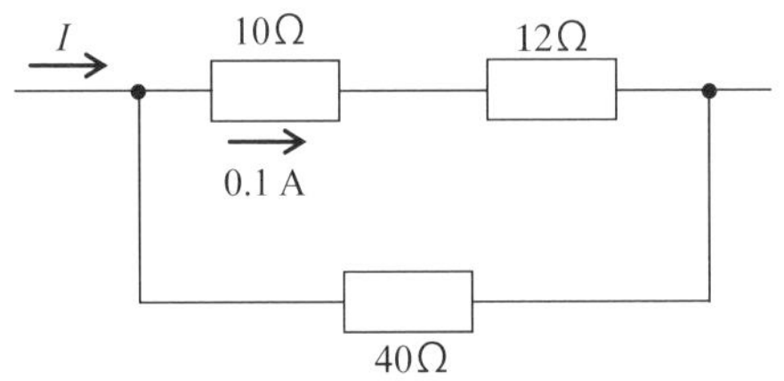

10Ω の R_1 と 12Ω の R_{23} は直列の関係で，合成抵抗は 22Ω であり，ここに 0.1A の電流が流れるので，左から右の電圧は

$$22\times0.1 = 2.2\text{V}$$

である。最後に，全体の合成抵抗を求めると，10Ω と 12Ω を直列合成した 22Ω の抵抗と，40Ω の抵抗は並列の関係にあるので，この合成抵抗を R とすると，

$$\frac{1}{R}=\frac{1}{22}+\frac{1}{40}=\frac{20}{440}+\frac{11}{440}=\frac{31}{440} \qquad \therefore \quad R=\frac{440}{31}\Omega$$

ここに 2.2V の電圧がかかるので，求める電流は，

$$I=\frac{2.2}{R}=\frac{31}{200}=0.155\text{ A}=155\text{mA}$$

ひとこと

ここでは最後まで並列
成に徹していますが，
この段階で，上側は全
で 22Ω，下側は 40Ω
ので，電流の比は 40:2
= 10:5.5 になると考え
ばすぐに答えが出てき
す。

例題 7－2 キルヒホッフの法則

H.19 労基 B　重要度 A

図のような電気回路において，回路を流れる電流 I はいくらか

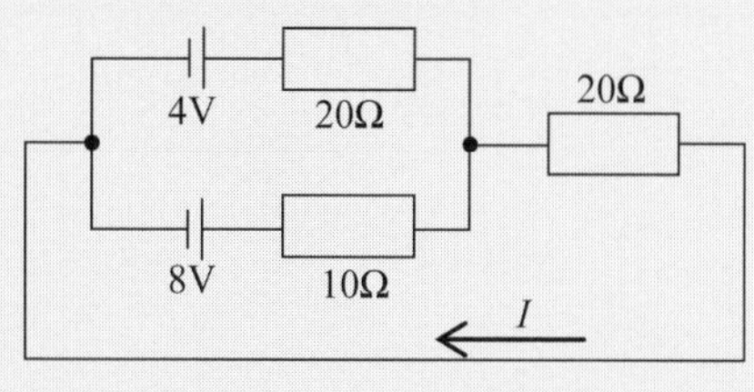

1 $\dfrac{3}{20}$A　2 $\dfrac{6}{25}$A　3 $\dfrac{1}{4}$A　4 $\dfrac{4}{15}$A　5 $\dfrac{3}{8}$A

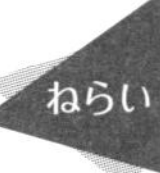

キルヒホッフの法則の練習です。電流を文字で置き，ループを決めて電流の立場で電圧を計算していきましょう。

【正解】3

図のように，4V の電池を流れる電流を I_1，8V の電池を流れる電流を I_2 とおく。このとき，$I = I_1 + I_2$ である。

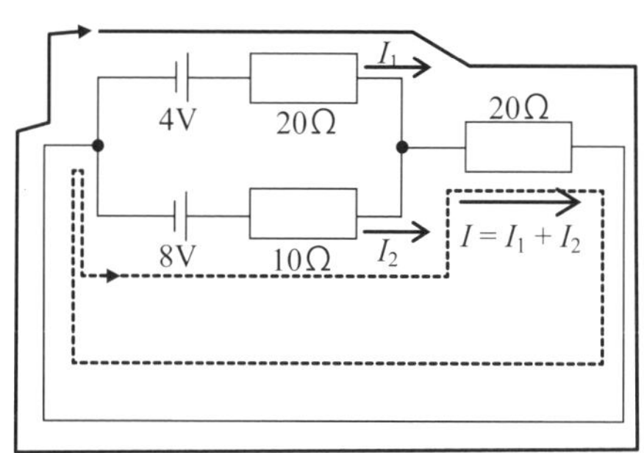

ここで，図の太い矢印に沿って，キルヒホッフの第 2 法則を立てると，

$$4 = 20I_1 + 20(I_1 + I_2) \quad \cdots①$$

図の点線に沿って，キルヒホッフの第 2 法則を立てると，

$$8 = 10I_2 + 20(I_1 + I_2) \quad \cdots②$$

以上を解く。

①式を整理して，

$$10I_1 + 5I_2 = 1 \quad \cdots ③$$

②式を整理して，

アドバイス

電気系の人は，電流源，電圧源の変換の基本的な練習問題として考えてみるとよいでしょう。

$$10I_1 + 15I_2 = 4 \quad \cdots ④$$

④－③より，

$$10I_2 = 3 \qquad \therefore \quad I_2 = \frac{3}{10}\mathrm{A}$$

③に代入して，

$$10I_1 + \frac{3}{2} = 1 \qquad \therefore \quad I_1 = -\frac{1}{20}\mathrm{A}$$

したがって，

$$I = I_1 + I_2 = -\frac{1}{20} + \frac{3}{10} = \frac{1}{4}\mathrm{A}$$

例題 7－3 電位差

H.15 国家Ⅱ種　重要度 A

図のような回路において，端子 AB 間の電位差はいくらか。

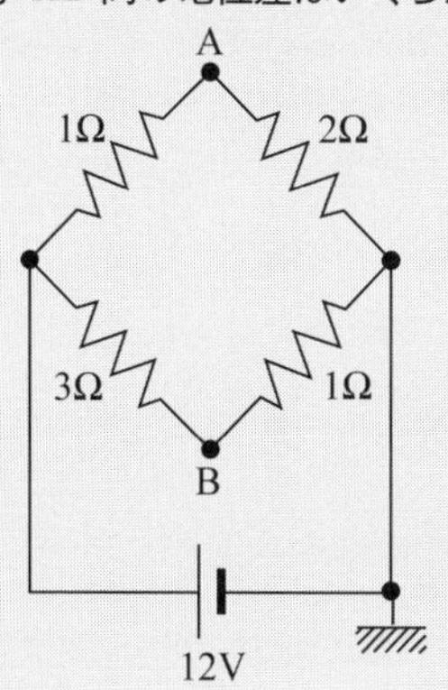

1　5V　　2　4V　　3　3V　　4　2V　　5　1V

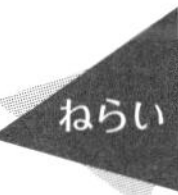

電位差の意味が問われる問題です。電位とは，電荷が持っているエネルギーに等しいですが，電圧や電位差はその差（抵抗でエネルギーが変化した量）となります。コンデンサの問題でこの違いは重要です。

【正解】1

A を通る電流を I_A とすると，この電流は，電源→ 1Ω → 2Ω → 電源と回ってくるので，キルヒホッフの法則から，

$$12 = 1\times I_A + 2\times I_A \qquad \therefore \quad I_A = 4\text{ A}$$

B を通る電流を I_B とすると，この電流は，電源→ 3Ω → 1Ω → 電源と回ってくるので，キルヒホッフの法則から，

$$12 = 3\times I_B + 1\times I_B \qquad \therefore \quad I_B = 3\text{ A}$$

したがって，接地されているところを電位の基準（0V）とすると，点 A の電位 V_A は，

$$V_A = 12 - 1\times I_A = 8\text{V}$$

点 B の電位は，

$$V_B = 12 - 3\times I_B = 3\text{V}$$

したがって，AB の電位差 V_{AB} は，

$$V_{AB} = 8 - 3 = 5\text{V}$$

アドバイス

単純に，1Ω と 2Ω を直列合成すると 3Ω になるので，$I_A = 12\div 3 = 4$A としてもよいです。また，直列では，電圧は抵抗に比例するため，電圧も 1 : 2 になりますので，A の電位は，$12\times\frac{2}{3} = 8$V と計算することもできます。

例題 7－4 ホイートストンブリッジと合成抵抗

H.16 国家Ⅰ種　重要度 A

図のような回路において，端子 AB 間の抵抗値として最も妥当なのはどれか。

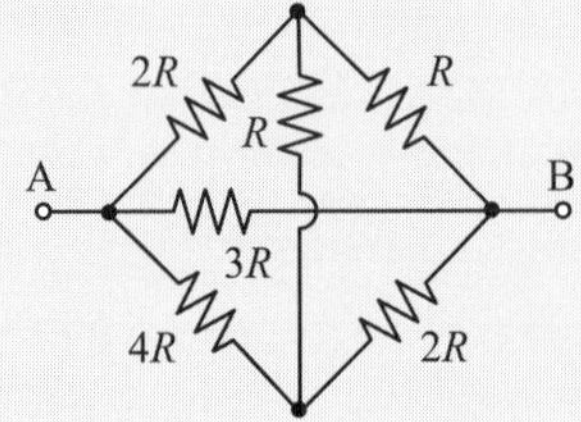

1　$\frac{2}{3}R$　　2　$\frac{3}{4}R$　　3　$\frac{6}{5}R$　　4　$2R$　　5　$\frac{9}{2}R$

ホイートストンブリッジの平衡条件を使った問題です。公式は単純ですが，ホイートストンブリッジと気づかせないようなひねりの入った問題が多く見られます。多くのパターンに触れることが大切です。

【正解】3

問題の回路はホイートストンブリッジと似ているが，中央の抵抗 $3R$ のみが違っている。そこで，この $3R$ の抵抗を外側に回るように回路を書き直す（下左図）。するとホイートストンブリッジの形となり，しかも，

$$2R\times2R = R\times4R$$

となり平衡している。つまり，縦の R の抵抗には電流は流れない。したがって，この抵抗は取り外しても同じである（下右図）。このとき，直列部分を合成すると，上から順に，$3R(= 2R + R)$，$6R(= 4R + 2R)$，$3R$ の抵抗が並列になっているので，これを合成して，

$$\frac{1}{3R}+\frac{1}{6R}+\frac{1}{3R}=\frac{5}{6R} \quad \rightarrow \quad \frac{6}{5}R$$

例題 7－5 電力と熱量

H.25 地方上級　重要度 A

消費電力 840W の電熱線で 3kg の水の温度を 20°C から 60°C まで上げるのに何分かかるか。ただし，水の比熱を 4.2J/g·°C とし，発生した熱はすべて水の温度上昇に使われるものとする。

1　5分　　2　10分　　3　15分　　4　20分　　5　25分

電力の問題は熱量の問題と融合されることが少なくありません。この問題では回路そのものは出てきませんが，電力の意味を確認することを目的としてここで取り扱います。

【正解】2

求める時間を t 分とすると，それは $60t$ 秒である。消費電力は 1 秒当たりのエネルギーなので，発生した熱は全部で $840 \times 60t$ J となる。この熱で水の温度が上昇したので，

$$840 \times 60t = 4.2 \times 3000 \times (60 - 20)$$

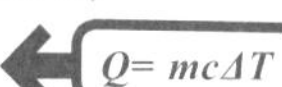

$$\therefore \quad t = 10$$

例題 7－6 コンデンサ入りの回路

H.25 国家一般職 重要度 A

図のような，起電力 V の直流電源，抵抗値が R 及び $2R$ の抵抗，静電容量が C のコンデンサ，スイッチ S からなる回路がある。

この回路のスイッチ S を閉じて十分に時間が経過したとき，コンデンサに蓄えられている電気量として最も妥当なのはどれか。

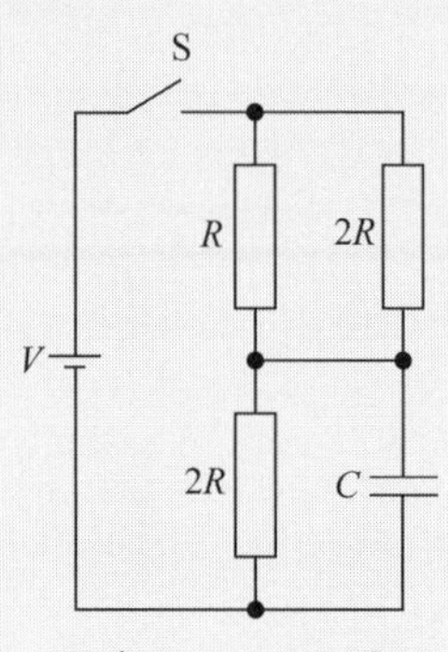

1 $\dfrac{2}{5}CV$　2 $\dfrac{3}{4}CV$　3 $\dfrac{4}{5}CV$　4 $\dfrac{5}{4}CV$　5 $\dfrac{3}{2}CV$

コンデンサの入った回路は，事実上直流回路の問題になります。とはいえ，コンデンサが入っただけでずいぶんと難しく見えますので，まずはコンデンサを取り除いて考えてみましょう。

【正解】2

十分に時間が経つと，コンデンサには電流は流れないため，これを取り除いても他の部分には影響が出ない。つまり下図のようになる。

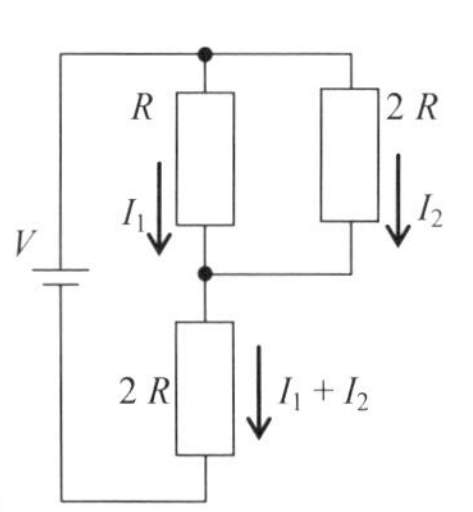

この右図のように電流を文字でおく。

R を通って回路を 1 周すると，

$$V = RI_1 + 2R(I_1 + I_2) = 3RI_1 + 2RI_2$$

$2R$ を通って回路を 1 周すると，

$$V = 2RI_2 + 2R(I_1 + I_2) = 2RI_1 + 4RI_2$$

以上を解く。上の式の 2 倍から下の式を引くと，

$$V = 4RI_1 \qquad \therefore \quad I_1 = \frac{V}{4R}$$

アドバイス

上側の 2 つの抵抗は並列なので合成すると $\frac{2}{3}R$ となります。そこで，直列の場合，電圧が抵抗の比に比例するため，下側の 2 つの抵抗の電圧は全体の電圧の $\frac{3}{4}$ の $\frac{3}{4}V$ となります。

これを最初の式に代入すると，

$$V=\frac{3}{4}V+2RI_2 \qquad \therefore \ I_2=\frac{V}{8R}$$

ここで，コンデンサは下側の $2R$ の抵抗と並列に接続されているので，この抵抗と電圧は等しく，

$$2R(I_1+I_2)=\frac{3}{4}V$$

となる。したがって，求める充電量 Q は，

$$Q=\frac{3}{4}CV$$

例題 7－7 コンデンサの並列回路

H.25 国家総合職 重要度 **A**

図のような回路において，スイッチを端子 a に接続して十分に時間が経過した後，端子 b に切り替えた。b に接続されたスイッチを通って移動する電気量はいくらか。

ただし，スイッチを切り替える前，静電容量 2μF のコンデンサは充電されていなかったものとする。

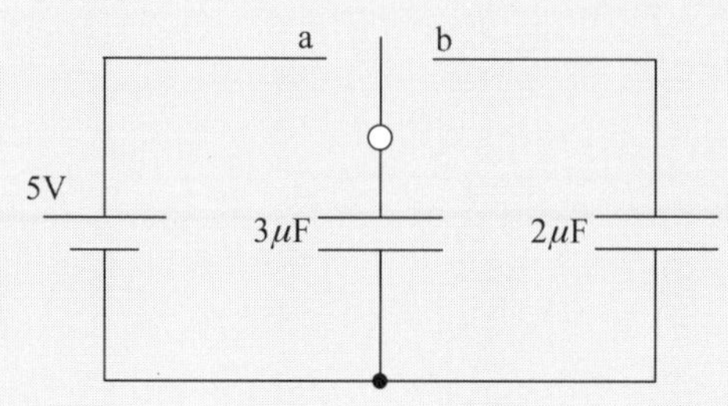

1 6μC　2 7μC　3 8μC　4 9μC　5 10μC

コンデンサ回路の問題では，複雑な操作を伴う問題はほとんど出題がありません。出題頻度を考えると，この問題の場合を用意していれば十分に対応できると考えられます。

【正解】1

スイッチを a に接続すると，5V の電源と 3μF のコンデンサが接続される。このとき充電される電気量 Q は，

$$Q = 3 \times 5 = 15\ \mu\text{C}$$

次に，スイッチを b に接続して十分時間が経過した後，3μF のコンデンサに Q_1，2μF のコンデンサに Q_2 の電気量が充電されたとする。充電された電気量の合計は変わらないので，

$$Q_1 + Q_2 = 15$$

次に，上の極板どうし，下の極板どうしが導線でつながれているので，このコンデンサは電圧が等しい。したがって，電圧について，

$$\frac{Q_1}{3} = \frac{Q_2}{2} \quad \Leftarrow \boxed{Q = CV} \qquad \therefore \quad Q_1 = \frac{3Q_2}{2}$$

これより，

$$\frac{3}{2}Q_2 + Q_2 = \frac{5}{2}Q_2 = 15 \qquad \therefore \quad Q_2 = 6\mu\text{C}$$

並列ならば，電圧が等しくなりますから，$Q = CV$ の公式から電気量は，静電容量に比例します。今回は電気量が 3：2 になりますので，15×0.4 = 6μC と計算できます。練習問題 No.11 を参考にしてください。

例題 7－8 交流回路

H.15 国家Ⅱ種　重要度 B

交流回路に関する次の記述のア，イ，ウに当てはまるものの組合せとして最も妥当なのはどれか。

「図のような電圧 v，周波数 f の正弦波交流電圧源の周波数を少しずつ高くしていくと，抵抗 R のインピーダンスは［ア］，コイル L のインピーダンスは［イ］。すなわち，この回路に流れる電流 i の大きさは，周波数 f が高くなっていくにしたがって［ウ］なっていく。」

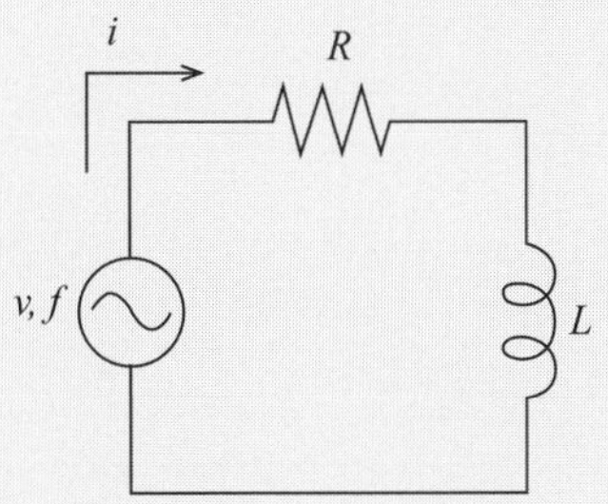

	ア	イ	ウ
1	大きくなり	大きくなる	小さく
2	大きくなり	小さくなる	大きく
3	小さくなり	大きくなる	大きく
4	変わらないが	小さくなる	大きく
5	変わらないが	大きくなる	小さく

交流回路の例題です。交流回路は難しい問題は出題されないのですが，そもそも公式を覚えにくいという難しさがあります。どのように公式を思い出すか，ということを考えておきましょう。

【正解】5

インピーダンスとは，電圧と電流の大きさの比 $\left|\dfrac{V}{I}\right|$ のことである。抵抗 R のインピーダンスは R で，周波数によって変化しない（ア）。一方，コイルについては，

$$V = L\frac{dI}{dt}$$

の式が成立するが，仮に $I = I_0\sin(2\pi ft)$ とおいてここに代入すると，

$$V = 2\pi fLI_0\ \cos(2\pi t)$$

となるため，電圧の大きさは $2\pi fLI_0$ となる。したがってインピーダンスは，

$$\left|\frac{V}{I}\right| = \frac{2\pi fLI_0}{I_0} = 2\pi fL$$

となる。したがって，fが大きくなるとインピーダンスも大きくなる（イ)。インピーダンスが大きくなると，同じ電圧なら電流が小さくなる。したがって，fが大きくなると，電流の大きさは小さくなる（ウ)。

練習問題

No.1　図の回路において，抵抗値 R_x はいくらか。

H.23 国家Ⅱ種
重要度 A 類 例題 7－1
答 P.86

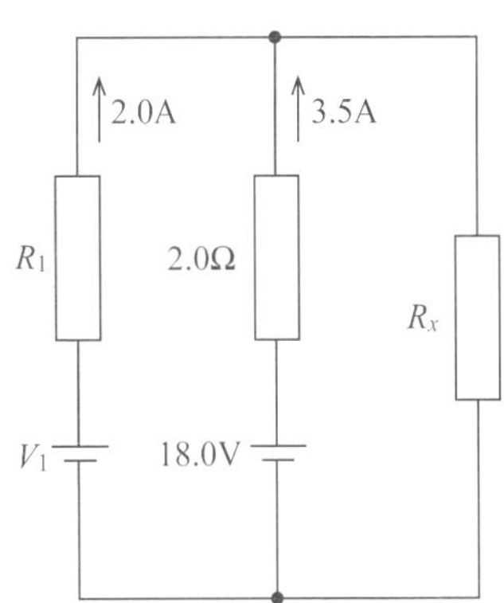

1　0.50Ω　　2　1.0Ω　　3　1.5Ω　　4　2.0Ω　　5　2.5Ω

No.2　図のような回路において，電流 I_1，I_2 の大きさの組合せとして最も妥当なのはどれか。

H.26 国家一般職
重要度 A 類 例題 7－2
答 P.86

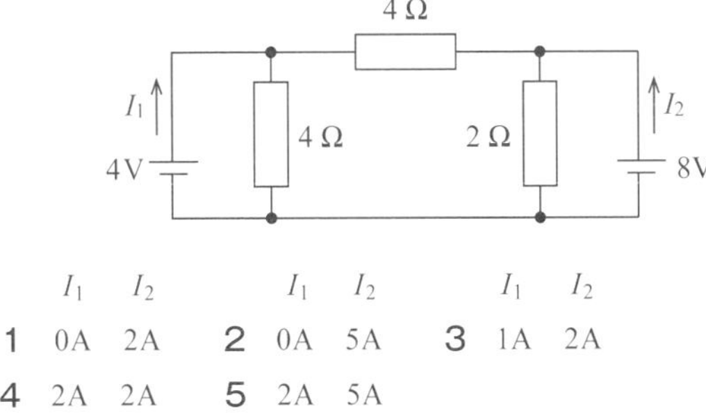

	I_1	I_2		I_1	I_2		I_1	I_2
1	0A	2A	2	0A	5A	3	1A	2A
4	2A	2A	5	2A	5A			

第7章　電気回路

No.3 図に示す直流回路において，各枝路を流れる電流をそれぞれ I_1, I_2, I_3 とし，矢印の向きを電流の正の方向とするとき，I_1, I_2, I_3 の値として正しいのはどれか。

ただし，電池の内部抵抗は無視するものとする。

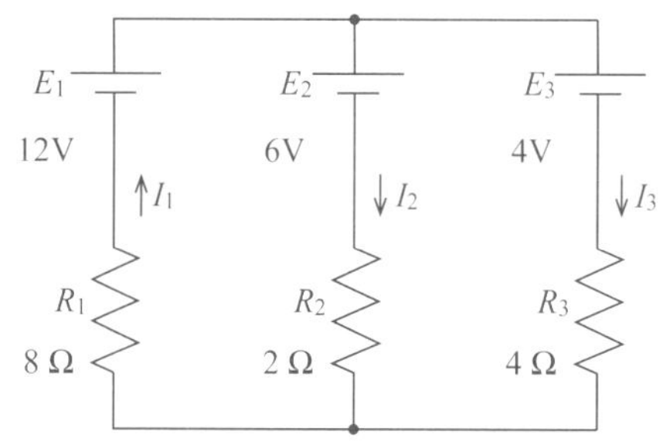

	I_1	I_2	I_3
1	$\frac{5}{7}$A	$\frac{1}{7}$A	$\frac{4}{7}$A
2	$\frac{4}{7}$A	$\frac{5}{7}$A	$\frac{1}{7}$A
3	$-\frac{4}{7}$A	$-\frac{5}{7}$A	$\frac{1}{7}$A
4	$-\frac{5}{7}$A	$\frac{1}{7}$A	$-\frac{4}{7}$A
5	$\frac{4}{7}$A	$-\frac{5}{7}$A	$-\frac{1}{7}$A

No.4 断面積が一定で均質な材料でできた長さ 15m の金属棒の両端に，電圧 E の直流電源を接続したところ，4A の電流が流れた。

いま，この金属棒を長さ 5m と 10m の 2 本に切断し，この 2 本の金属棒の両端を，導線を用いて並列接続して，電圧 E の直流電源に接続したとき，電源から流れ出る電流はいくらか。

1　10A　　2　12A　　3　15A　　4　16A　　5　18A

No.5 図に示す回路において，抵抗 R_b の値は抵抗 R_a の値の 2 倍で，R_a で消費する電力は R_b で消費する電力の 8 倍であった。このとき R_a の値はいくらか。

H.16 国家Ⅱ種
重要度 A 類 例題 7－5
答 P.88

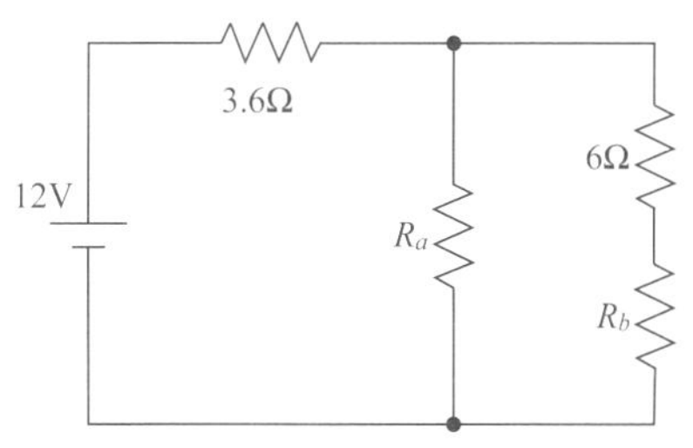

1　3Ω　　2　4Ω　　3　5Ω　　4　6Ω　　5　7Ω

No.6 図の回路で，R_x を除く他の抵抗の抵抗値をそれぞれ 2Ω とすると，検流計 G に電流が流れなかった。R_x はいくらか。

H.25 労基 B
重要度 A 類 例題 7－4
答 P.89

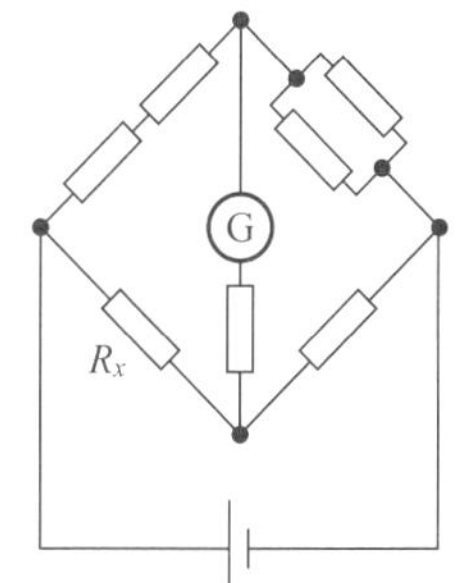

1　1Ω　　2　2Ω　　3　3Ω　　4　4Ω　　5　8Ω

No.7 図の回路において，端子 ab から見た抵抗はいくらか。

H.17 労基 B
重要度 A 類 例題 7－4
答 P.89

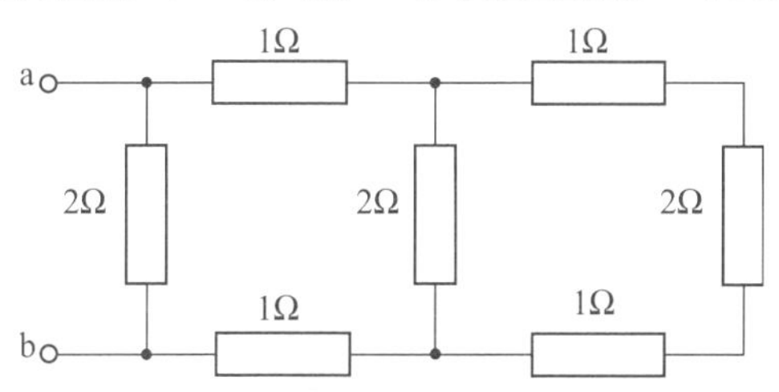

1　$\frac{5}{4}\Omega$　　2　$\frac{22}{19}\Omega$　　3　$\frac{14}{5}\Omega$　　4　$\frac{24}{7}\Omega$　　5　$\frac{23}{6}\Omega$

No.8 図の回路で電流計 A を流れる電流が 0 のとき，抵抗値の比 $\dfrac{R_1}{R_2}$はおよそいくらか。

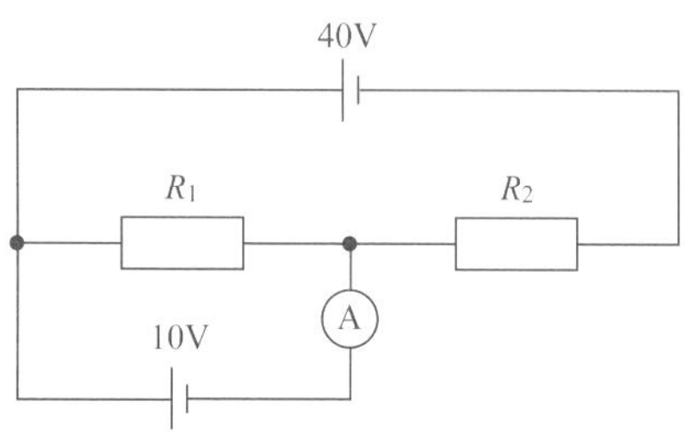

1 $\frac{1}{7}$　2 $\frac{1}{6}$　3 $\frac{1}{5}$　4 $\frac{1}{4}$　5 $\frac{1}{3}$

H.23 労基 B
重要度 A 類 例題 7－
答 P.90

No.9 図 I に示す回路において，可変電圧源の電圧 E[V] を 0V から徐々に増加させながら電流 I[A] を測定したところ，図 II に示すようになった。このとき抵抗 R_2 はいくらか。

ただし，ヒューズは電流が流れるときの抵抗を無視でき，限度以上の電流が流れると電流を遮断して，以降電流が流れない素子である。また，ヒューズ A，B が遮断を行う電流の大きさは異なるものとする。

H.18 国家 I 種
重要度 B
答 P.91

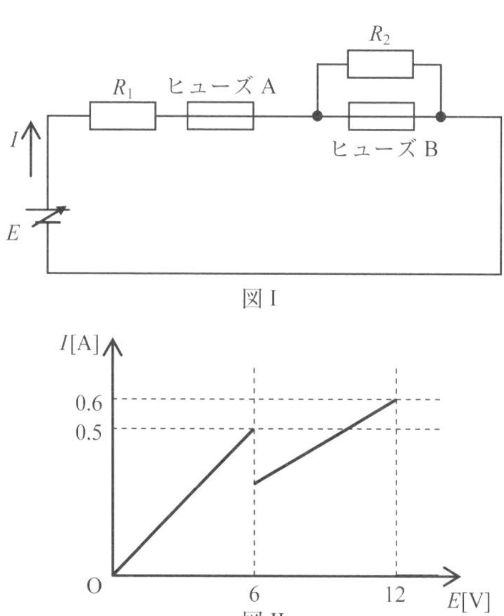

図 I
図 II

1 2Ω　2 4Ω　3 6Ω　4 8Ω　5 10Ω

No.10 図のような回路がある。いま，スイッチ S を閉じてから十分に時間がたっているものとする。このとき，電流 I とコンデンサ C に蓄えられた電荷（電気量）Q の組合せとして正しいのはどれか。

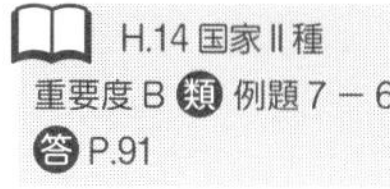
H.14 国家Ⅱ種
重要度 B 類 例題 7 − 6
答 P.91

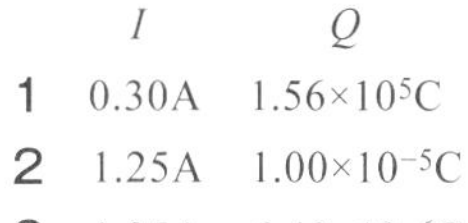

	I	Q
1	0.30A	1.56×10^{5}C
2	1.25A	1.00×10^{-5}C
3	1.25A	6.40×10^{-6}C
4	1.50A	1.00×10^{-5}C
5	1.50A	1.56×10^{5}C

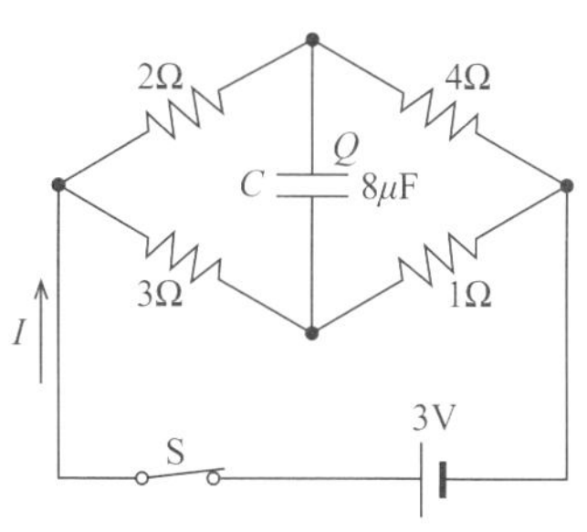

No.11 図のような回路がある。いま，スイッチを①の状態にして十分長い時間が経過した。

次に，スイッチを①から②へ切り替え，十分な時間が経過した。このときの AB 間の電圧 V_{AB} はいくらか。

ただし，スイッチが①の状態にあったときの V_{AB} は 0V であったものとする。

H.16 国家Ⅱ種
重要度 A 類 例題 7 − 7
答 P.92

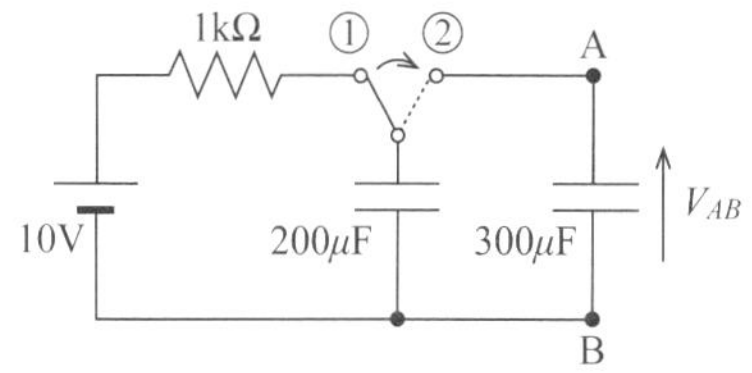

1 4V　　2 5V　　3 6V　　4 8V　　5 10V

No.12 静電容量がそれぞれ C, $2C$, $4C$ のコンデンサがある。これらのコンデンサに蓄えられる電気量がそれぞれ $3Q$, $2Q$, $2Q$ となるように充電し，図のように接続した。スイッチ S_1 及び S_2 を閉じてから十分に時間が経過したとき，静電容量が C のコンデンサに蓄えられている電気量として最も妥当なのはどれか。

H.26 国家一般職
重要度 A 類 例題 7－
答 P.92

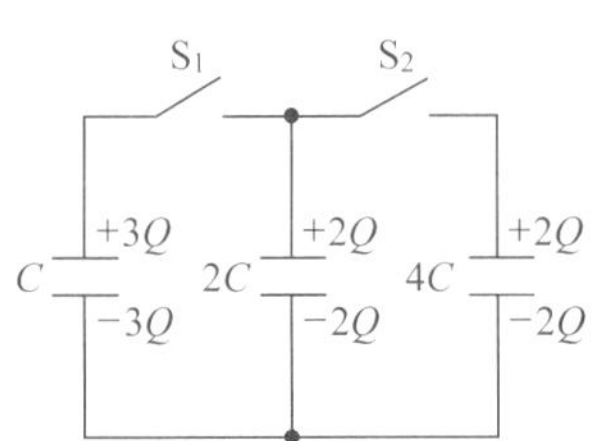

1 $\frac{1}{7}Q$　2 $\frac{3}{7}Q$　3 $\frac{6}{7}Q$　4 Q　5 $3Q$

No.13 コンデンサに流れる交流電流に関する次の記述のア，イ，ウに当てはまるものの組合せとして最も妥当なのはどれか。

H.24 国家一般職
重要度 B 類 例題 7－
答 P.93

「図のように，静電容量 C のコンデンサに対して，角周波数 ω，振幅 V_0 の正弦波交流電圧 $V = V_0 \sin \omega t$ を加えた。このとき，コンデンサに蓄えられる電気量 Q は ［ア］ であり，コンデンサに流れる電流 I は，［イ］ であるから，電流を求めると $I =$ ［ウ］ となる。」

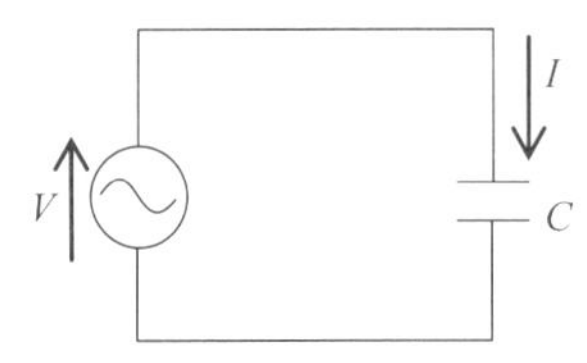

	ア	イ	ウ
1	$CV_0\sin\omega t$	$\int_0^t Q dt$	$\frac{CV_0}{\omega}(1-\cos\omega t)$
2	$CV_0\sin\omega t$	$\frac{dQ}{dt}$	$\omega CV_0\cos\omega t$
3	$CV_0\cos\omega t$	$\int_0^t Q dt$	$\frac{CV_0}{\omega}\sin\omega t$
4	$CV_0\cos\omega t$	$\int_0^t Q dt$	$-\frac{CV_0}{\omega}\sin\omega t$
5	$CV_0\cos\omega t$	$\frac{dQ}{dt}$	$-\omega CV_0\sin\omega t$

No.14 交流回路に関する次の記述のア，イに当てはまるものの組合せとして最も妥当なのはどれか。

「図のように，抵抗値 R の抵抗と静電容量 C のコンデンサを並列に接続し，周波数 f の交流電圧を加えた。交流回路においては，リアクタンスは電流を妨げる一種の抵抗のような働きをするものであり，図のコンデンサのリアクタンスは [ア] である。これより，交流電源の周波数 f が [イ] ほどコンデンサに流れ込む電流が小さくなることが分かる。」

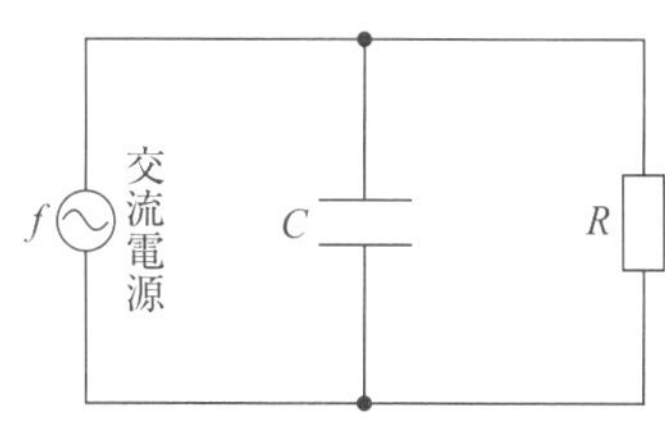

	ア	イ
1	$\dfrac{1}{2\pi fC}$	低い
2	$\dfrac{1}{2\pi fC}$	高い
3	$2\pi fC$	低い
4	$2\pi fC$	高い
5	$\dfrac{1}{2}\pi fC^2$	高い

H.22 国家Ⅰ種
重要度B 類 例題7－8
答 P.93

付章

付章 その他の分野

最後に，特定試験のみでの出題しかない，あるいは，稀な出題しかない分野を簡単に眺めてみましょう。取り上げるのは，複素数，水圧，原子物理です。このうち原子物理は，様々な性質について聞かれますので，例題，練習問題のみを掲載しておきます。

知っておきたい 基礎知識

1 複素数

(1) 複素数とその計算

2 乗すると −1 になる数を i と書き，i を含む数を虚数といいます。また，

$$z = a + bi$$

(a, b は実数) の形で書かれる数を複素数といいます。複素数は，実数と虚数を合わせたものです。

複素数の計算は，実数とほとんど変わりません。i は文字として計算していきます。しかし，$i^2 = -1$ になることに注意します。

このほか，次の計算には注意が必要です。

① $\dfrac{1}{i} = \dfrac{i}{i^2} = -i$

② $\dfrac{1}{a+bi} = \dfrac{a-bi}{(a+bi)(a-bi)} = \dfrac{a-bi}{a^2+b^2}$

②は分母の実数化と呼ばれます。

(2) 複素平面とその計算

複素数 $z = a + bi$ に対して，座標 (a, b) を取り出して平面座標にプロットしたものを複素平面といいます。

> **アドバイス**
> 複素数は電気系では交流回路の計算に必須となります。電気系の人は，この①②の計算と複素平面までは確実に理解する必要があります。

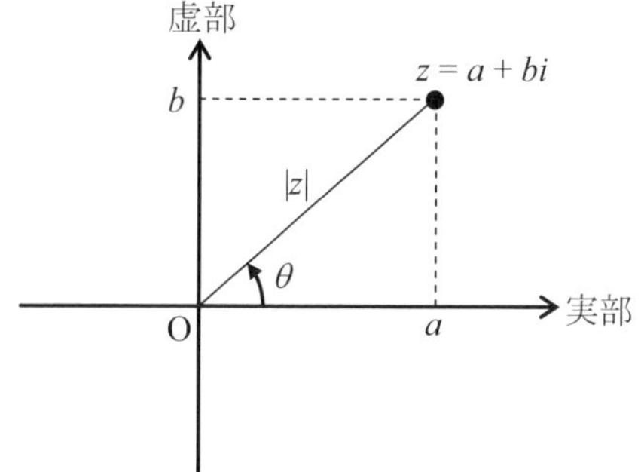

この複素平面に対して，絶対値と偏角が定義されます。

$$|z| = \sqrt{a^2 + b^2}$$

$$\tan\theta = \frac{b}{a}$$

$|z| = r$ とすると，複素平面上で，原点との距離が r，偏角が θ の座標が（$r\cos\theta$，$r\sin\theta$）と表されることから，複素数は r と θ を使って次のように表されます。

$$z = r(\cos\theta + i\sin\theta)$$

一般に，複素数のかけ算をする場合に，直接かけるのではなく，絶対値と偏角に分けて計算することができます。つまり，

$$z = z_1 \times z_2$$

となるとき，絶対値はかけ算で，偏角はたし算で計算できます。

$$|z| = |z_1| \times |z_2|$$

$$\theta = \theta_1 + \theta_2$$

なお，z_1，z_2，z の偏角をそれぞれ θ_1，θ_2，θ とします。

アドバイス

工学の基礎では，この性質まで無理に覚えている必要はありませんが，知っていると計算が簡単になります。

(3) ド・モアブルの定理，オイラーの定理

ここまでの複素数の性質をまとめたとき，次のド・モアブルの定理とオイラーの定理が成り立ちます。

① ド・モアブルの定理

$$(\cos\theta + i\sin\theta)^n = \cos n\theta + i\sin n\theta$$

② オイラーの定理

$$e^{i\theta} = \cos\theta + i\sin\theta$$

ひとこと

ド・モアブルの定理は，複素数のかけ算が，偏角のたし算になっていることの現れです。実際，n 乗が偏角では n 倍になるという意味ですね。

2 静水圧

(1) 静水圧の公式

水面からの深さが h のとき，水の密度を ρ，重力加速度を g として，静水圧 P は次の公式で表されます。

$$P = \rho g h$$

静水圧の方向は，物の面を垂直に押す方向です。結果的に，面の向きに合わせてあらゆる方向に同じ大きさではたらくことになります。

液体は，同じ高さで同じ圧力でないと，圧力の高い方から低い方へと移動していきます。したがって，一種類のつながった液体では，同じ高さであれば同じ水圧となります。

(2) 浮力

液体 ρ の液体中に浮いている物体には，次に大きさの鉛直上向きの浮力 F がはたらきます。

$$F = \rho g V$$

ただし，V は水中に沈んでいる部分の体積です。

なお，浮力はもともとは水圧の合力です。したがって，水圧と浮力を両方同時に考えてはいけません。

例題 1 複素数の計算

H.25 国家一般職 重要度 B

複素数 $\alpha = 1 - \sqrt{3}i$（i は虚数単位）において，α^n が実数となるための正の整数 n の条件として正しいのはどれか。

ただし，選択肢において，k は正の整数とする。

1 $n = 3k - 1$　2 $n = 3k$　3 $n = 4k - 1$　4 $n = 4k$　5 $n = 4k + 1$

複素数の計算練習です。選択肢を見れば，順々に計算していけばいずれ答えがわかりそうです。一方，専門によっては，複素平面を利用した解法も押さえておく必要があります。

【正解】2

解法 1　順次 α^n を求める

$\alpha^2 = (1-\sqrt{3}i)^2 = 1 - 2\sqrt{3}i + (\sqrt{3}i)^2 = 1 - 2\sqrt{3}i - 3 = -2 - 2\sqrt{3}i$

$\alpha^3 = \alpha \times \alpha^2 = (1-\sqrt{3}i)(-2-2\sqrt{3}i) = -2(1-\sqrt{3}i)(1+\sqrt{3}i) = -2(1^2 - (\sqrt{3}i)^2) = -8$

これより，k を整数とすると，$n = 3k$ のとき，

$\alpha^n = \alpha^{3k} = (\alpha^3)^k = (-8)^k$

となり，実数になる。なお，$n = 3k + 1$ のときは，

$\alpha^{3k+1} = \alpha^{3k} \times \alpha = (-8)^k \alpha$

$n = 3k + 2$ のときは，

$\alpha^{3k+2} = \alpha^{3k} \times \alpha^2 = (-8)^k \alpha^2$

であり，いずれも実数ではない。

解法 2　複素平面で考える

$$\alpha = 1 - \sqrt{3}i = 2\left(\frac{1}{2} - \frac{\sqrt{3}}{2}i\right) = 2\left(\cos\left(-\frac{\pi}{3}\right) + i\sin\left(-\frac{\pi}{3}\right)\right)$$

したがって，ド・モアブルの定理より，

$$\alpha^n = 2^n\left(\cos\left(-\frac{n\pi}{3}\right) + i\sin\left(-\frac{n\pi}{3}\right)\right)$$

α^n が実数になるのは，偏角が π の実数倍になるときなので，

$\dfrac{n\pi}{3} = k\pi$　　∴　$n = 3k$

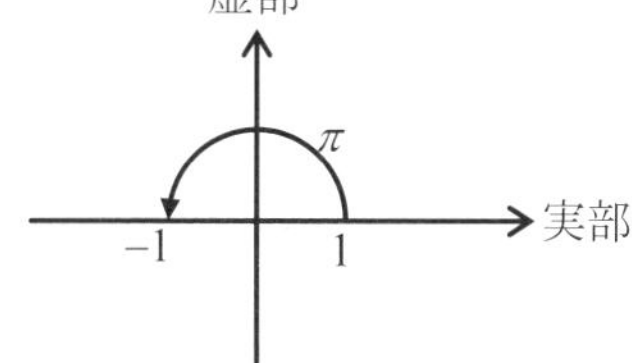

ひとこと

選択肢の形から，最悪でも $n = 6$ まで計算すれば，答えが決まりますが，実際には $n = 3$ までで答えが絞れます。

ひとこと

α, α^2 が虚数であることは，最初の計算からわかりますね。

ひとこと

図から，偏角が $\pi(180°)$，$2\pi(360°)$，$3\pi(540°)\cdots$ となると，対応する複素数は -1，1，-1 となり，実数です。

例題 2 静水圧

H.19 国家Ⅱ種 重要度 B

図のように，円を底面とし高さの等しい容器 A，B，C に，底面からそれぞれ高さ h_A，h_B，h_C まで水が入っている。このとき，水により底面全体に作用する力の大きさ F_A，F_B，F_C の大小関係として最も妥当なのはどれか。

ただし，大気圧は無視できるものとする。

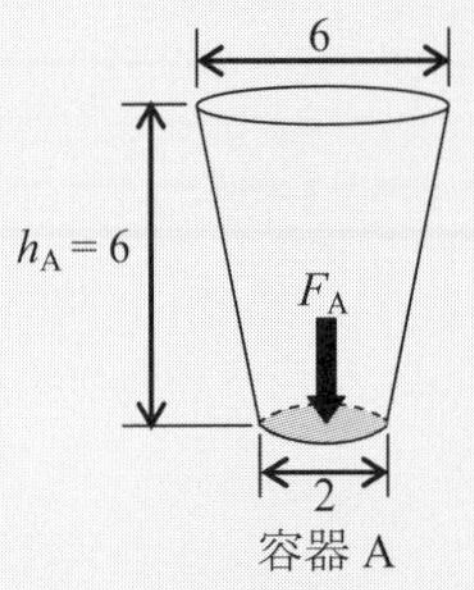

容器 A

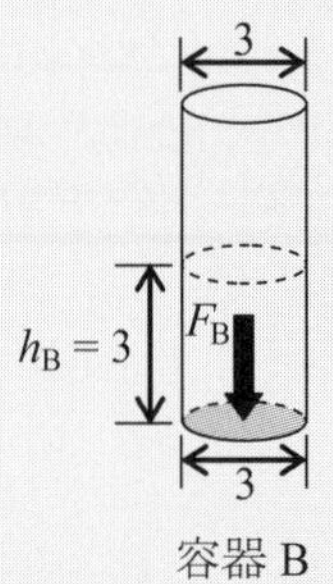

容器 B

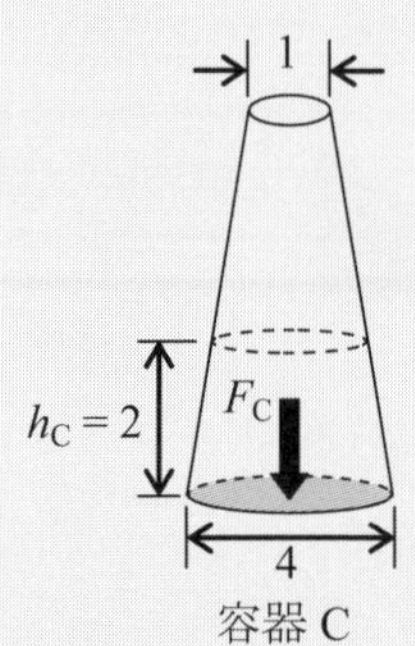

容器 C

1 $F_A > F_C > F_B$　2 $F_B > F_A > F_C$　3 $F_B > F_C > F_A$
4 $F_C > F_A > F_B$　5 $F_C > F_B > F_A$

静水圧の公式の練習問題です。容器の形に惑わされずに正しく公式を使っていくことが大切です。特に，水面の断面積は関係がないことに注意しましょう。

【正解】5

水の密度を ρ，深さを h とすると，底面の水圧 P は静水圧の公式から，$P = \rho gh$ で表される。この公式の h に水面から底面までの深さを代入すれば底面における静水圧になる。ここに底面積 A をかければ底面に加わる水圧の合力となるので，

$$F = \rho ghA$$

ここに，与えられた数値を代入する。大小関係だけが問題なので，仮に $\rho g = 1$ として，

$$F_A = 6\pi,\ F_B = 6.75\pi,\ F_C = 8\pi$$

となるので，$F_A < F_B < F_C$

例題 3 浮力

H.14 国家Ⅱ種　重要度 B

密度 3ρ の液体中に密度 2ρ の直方体を入れたところ，釣り合って浮いた。

水面から出ている部分の高さが図のように l となったとき，液体に沈んでいる部分の高さはいくらか。

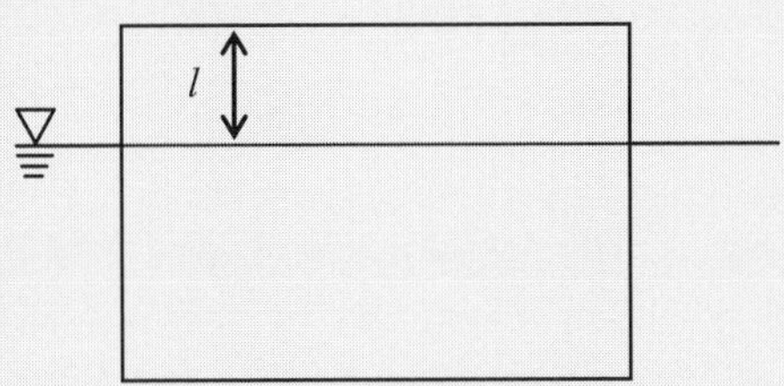

1 $\frac{3}{2}l$　2 $2l$　3 $\frac{5}{2}l$　4 $3l$　5 $\frac{7}{2}l$

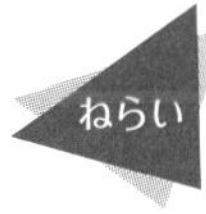

浮力の典型的な問題です。浮力の計算にも重力の計算にも密度が出てきますが，それぞれ何の密度なのかを混同しないようにしましょう。

【正解】2

求める水面下の高さを x とする。物体に働く浮力と重力がつり合って，物体が浮いている。

まず物体の重力を求める。密度と体積をかけることで質量になるので，体積を求めると，底面積を S として，高さが $l+x$ となることから，体積は $S(l+x)$ である。したがって，重力は，

$$2\rho \times S(l+x) \times g = 2\rho gS(l+x)$$

次に浮力は，水中に沈んでいる部分の体積が Sx なので，

$$3\rho \times g \times Sx = 3\rho gSx$$

重力と浮力がつり合っているので，

$$2\rho gS(l+x) = 3\rho gSx \quad \therefore 2(l+x) = 3x$$

これを解いて，

$$3x - 2x = x = 2l$$

例題 4　原子物理

H.24 地方上級　重要度 C

$^{238}_{92}\mathrm{U}$ は不安定なため，α 崩壊と β 崩壊を繰り返して，最終的に安定な $^{206}_{82}\mathrm{Pb}$ になる。このときの α 崩壊の回数 N_α と β 崩壊の回数 N_β として正しいのはどれか。

	N_α	N_β
1	8	6
2	10	6
3	8	10
4	10	10
5	10	12

地方上級試験では，近年，数回原子物理が出題されたことがあります。ほぼ知識問題に近いため，ノーヒントで解くのは難しいのですが，念のため確認しておくとよいでしょう。

【正解】1

α 崩壊では α 線が放出されるが，これは He の原子核 $^{4}_{2}\mathrm{He}$ が放出されたことになる。したがって，1 回の α 崩壊で，原子番号が 2，質量数が 4 減少する。

一方，β 崩壊では β 線が放出されるが，これは中性子から飛び出した電子の流れである。これにより，原子核では中性子から電子が飛び出して変化した陽子が増加したことになるので，1 回の β 崩壊で質量数は変化しないが，原子番号は 1 増加する。

以上をふまえて本問を解く。質量数が変化するのは α 崩壊だけなので，まずは質量数の変化から N_α を求める。問題の場合では質量数は 238 から 206 に $238 - 206 = 32$ だけ減っている。1 回の α 崩壊で質量数は 4 減少するので，

$$N_\alpha = 32 \div 4 = 8$$

このとき，1 回の α 崩壊で原子番号が 2 減少したので，$8 \times 2 = 16$ の原子番号が減少し，原子番号が $92 - 16 = 76$ にならないといけない。しかし実際の原子番号は 82 なので，β 崩壊が 6 回起きて，原子番号が 6 増加したことがわかる。したがって，

$$N_\beta = 6$$

ひとこと

$^{b}_{a}\mathrm{A}$ と書くとき，a は A の原子番号つまり陽子の数，b は A の質量数，つまり陽子と中性子の数の和です。

練習問題

No.1 $\sqrt{e^{i\pi}} = a + ib$ と書くとき，a，b の値の組合せはどれか。

H.26 地方上級
重要度 C 答 P.94

	a	b
1	1	1
2	1	−1
3	0	1
4	−1	0
5	−1	1

No.2 $w = (3 + 2i)^3$ の絶対値はいくらか。
ただし，i を虚数単位とする。

H.26 労基 B
重要度 B 類 例題1
答 P.94

1 $13\sqrt{13}$　**2** $12 + 25\sqrt{5}$　**3** $32 + 36\sqrt{3}$
4 $121\sqrt{11}$　**5** $169\sqrt{13}$

No.3 ワインのたるに直径の違う栓が取り付けられている。栓の位置，ワインの量，栓の直径が図のような場合，たるの中のワインが栓を開けようとする力の大小関係を正しく表しているのはどれか。
ただし，たるの中のワインは同じものとし，鏡板の点線までワインが満たされているものとする。

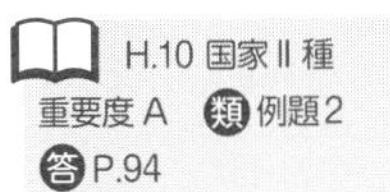
H.10 国家Ⅱ種
重要度 A 類 例題2
答 P.94

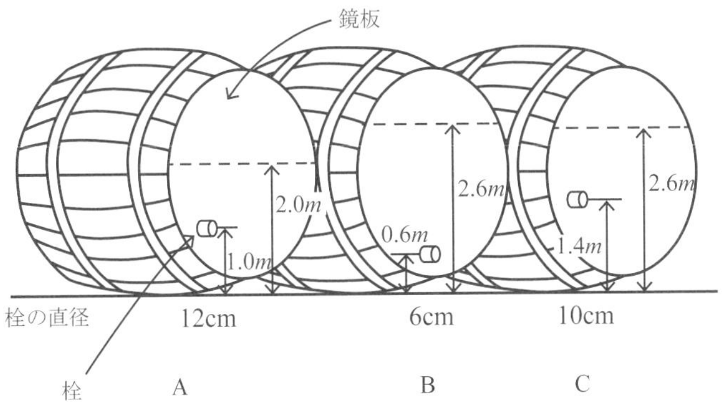

1 A ＞ B ＞ C　**2** A ＞ C ＞ B　**3** A ＝ C ＝ B
4 B ＞ A ＝ C　**5** C ＞ A ＝ B

H.17 国家Ⅱ種
重要度B 類 例題2
答 P.95

No.4 図のように，密閉容器と管を接続し，内部に密度 ρ_A，ρ_B，ρ_C の液体 A，B，C を入れたところ，液体 A，B，C は互いに混ざり合うことなく，境界面の床からの高さがそれぞれ $7h$, $6h$, $9h$ となって釣り合った。このとき，床からの高さが $3h$ の位置にある密閉容器内の a 点の圧力として最も妥当なのはどれか。

ただし，重力加速度を g，大気圧を P_0 とし，液体 C は大気に解放されているものとする。

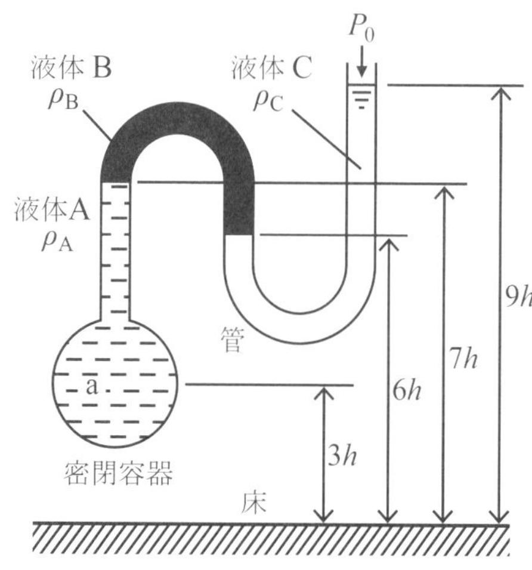

1 $P_0 + (4\rho_A + 3\rho_C)gh$　　2 $P_0 + (3\rho_A - \rho_B + 2\rho_C)gh$

3 $P_0 + (4\rho_A - \rho_B + 3\rho_C)gh$　　4 $P_0 + (4\rho_A + \rho_B + 3\rho_C)gh$

5 $P_0 + (4\rho_A + 3\rho_B + 6\rho_C)gh$

No.5 水の入った容器にある大きさの氷を浮かべると，水面より上に見えている体積は 10cm^3 であった。水の比重を 1，氷の比重を 0.95 とすると，氷全体の体積はいくらか。

1 90 cm^3　　2 95 cm^3　　3 105 cm^3

4 195 cm^3　　5 200 cm^3

No.6 同一の円すいA，B，Cが，図のように水槽内の段差のある平
うな水底に沈んでいる。この円すいを水底から体積及び質量の無視でき
るロープで鉛直に引き上げるとき，引き上げ始める瞬間に必要な力 F_A，
F_B，F_C の大小関係として最も妥当なのはどれか。
　ただし，円すいA，Bの底面は水底と**密着**し，円すいCの頂点は水
底と接した状態で，いずれの円すいも静止しているものとする。

H.17 国家Ⅰ種
重要度B　類 例題3
答 P.96

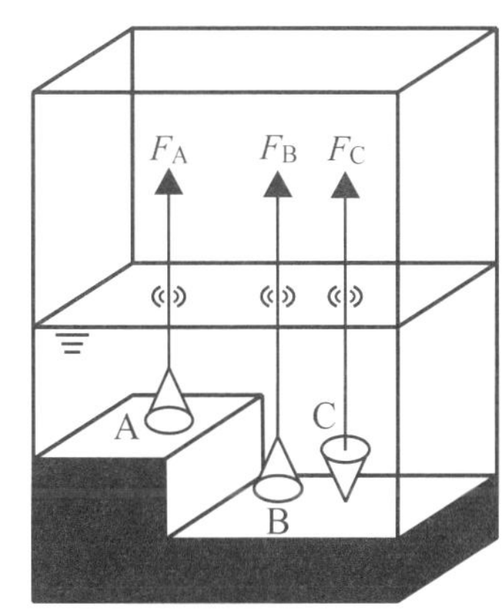

1　$F_A=F_B=F_C$　　2　$F_A<F_B=F_C$　　3　$F_A<F_C<F_B$
4　$F_C<F_A=F_B$　　5　$F_C<F_A<F_B$

No.7 放射性元素の壊変（崩壊）に関する次の記述のア，イ，ウに当
てはまるものとして最も妥当なのはどれか。
「放射性元素のセシウム137（$^{137}_{55}\mathrm{Cs}$）の半減期はおよそ30年なので，
セシウム137の原子核の数が最初の$\frac{1}{16}$になるには，およそ［ア］年
かかる。また，セシウム137が壊変すると［イ］を放出した後，不安
定なバリウム137（$^{137m}_{56}\mathrm{Ba}$）になり，更に，［ウ］を放出して安定なバリ
ウム137（$^{137}_{56}\mathrm{Ba}$）になるものがほとんどである。」

H.25 労基B
重要度C　類 例題4
答 P.96

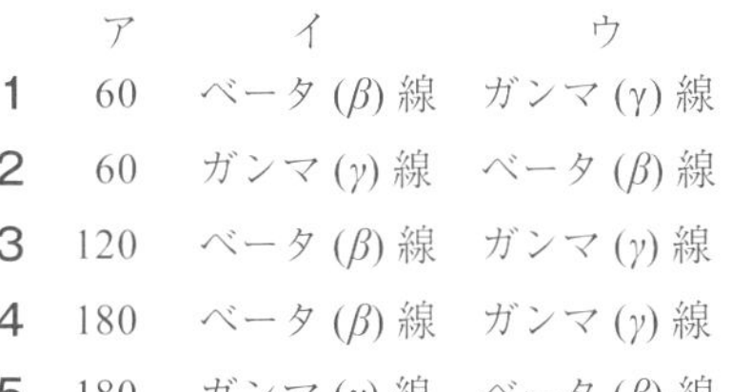

	ア	イ	ウ
1	60	ベータ（β）線	ガンマ（γ）線
2	60	ガンマ（γ）線	ベータ（β）線
3	120	ベータ（β）線	ガンマ（γ）線
4	180	ベータ（β）線	ガンマ（γ）線
5	180	ガンマ（γ）線	ベータ（β）線

練習問題

No.8 2種類の重水素原子核 $^{2}_{1}\mathrm{H}$ が，互いに等しい運動エネルギーで正面衝突して，

$$2\,^{2}_{1}\mathrm{H} \rightarrow\, ^{3}_{2}\mathrm{He} + \,^{1}_{0}\mathrm{n}$$

という核反応を起こした。この核反応に関する次の記述のア，イに当てはまるものの組合せとしてもっとも妥当なのはどれか。

ただし，$^{2}_{1}\mathrm{H}$，$^{3}_{2}\mathrm{He}$ の原子核，中性子 $^{1}_{0}\mathrm{n}$ の質量は，それぞれ 3.3436×10^{-27}kg，5.0064×10^{-27}kg，1.6749×10^{-27}kg とし，真空中の光速度は 3.0×10^{8}m/s とする。また，この核反応では，$^{3}_{2}\mathrm{He}$ と $^{1}_{0}\mathrm{n}$ 以外でエネルギーを運び去る光子などの粒子はなかったものとする。

・この核反応で放出される核エネルギーは，およそ［ ア ］$\times10^{-13}$J である。

・核反応後の $^{3}_{2}\mathrm{He}$ と $^{1}_{0}\mathrm{n}$ の運動エネルギーを，それぞれ K_1, K_2 とする。この衝突において運動量が保存されると仮定すると，K_1，K_2 はおよそ 1:［ イ ］である。

H.26 国家一般職
重要度C　類 例題4
答 P.96

	ア	イ
1	2.7	1
2	2.7	2
3	2.7	3
4	5.3	2
5	5.3	3

【著者紹介】

丸山大介（まるやま・だいすけ）
1974年長野県生まれ。
技術系公務員試験指導のカリスマ。東京大学大学院工学系研究科社会基盤工学専攻修士課程修了。過去に国家公務員Ⅰ種試験（現国家公務員総合職試験）で2回1位合格（土木職、理工Ⅰで各1回）する。主な著書に『めざせ技術系公務員　最優先30テーマの学び方』『技術系〈最新〉過去問　工学に関する基礎（数学・物理）』『技術系〈最新〉過去問　土木』『技術系　新スーパー過去問ゼミ　土木』（実務教育出版）がある。
ホームページ「丸山の技術系公務員試験のページ」で、日々最新情報を発信中。

「丸山の技術系公務員試験のページ」http://www.maru-will.com

●本書の内容に関するお問合せについて

本書の内容に誤りと思われるところがありましたら，まずは小社ブックスサイト（jitsumu.hondana.jp）中の本書ページ内にある正誤表・訂正表をご確認ください。正誤表・訂正表がない場合や該当箇所が掲載されていない場合は，書名，発行年月日，お客様の名前・連絡先，該当箇所のページ番号と具体的な誤りの内容・理由等をご記入のうえ，郵便，FAX，メールにてお問合せください。

〒163-8671　東京都新宿区1-1-12　実務教育出版 第二編集部問合せ窓口
FAX：03-5369-2237　　E-mail：jitsumu_2hen@jitsumu.co.jp

【ご注意】
※電話でのお問合せは，一切受け付けておりません。
※内容の正誤以外のお問合せ（詳しい解説・受験指導のご要望等）には対応できません。

技術系公務員試験
工学の基礎［数学・物理］攻略問題集 新版

2020年　4月20日　初版第１刷発行
2021年　8月　5日　初版第３刷発行

編著者　丸山大介
発行者　小山隆之
発行所　株式会社 実務教育出版
〒163-8671　東京都新宿区新宿1-1-12
郵便振替 00160-0-78270
電話　編集 03-3355-1812　　販売 03-3355-1951
印　刷　シナノ印刷
製　本　東京美術紙工
DTP作成　株式会社カイクリエイト
カバーデザイン　斉藤よしのぶ

ISBN 978-4-7889-3660-7 C0030　Printed in Japan

技術系公務員試験

工学の基礎

［数学・物理］

攻略問題集

新版

別冊解答

実務教育出版

第1部

数学

第1章　解　説

No.1　【正解】2

指数法則を使って与えられた方程式を変形すると,

$$3^{x-2}\times 9^{x^2} = 3^{x-2}\times(3^2)^{x^2}$$

$$= 3^{2x^2+x-2}$$ ← 指数法則：$(a^n)^m = a^{nm}$

$$= \frac{1}{3} = 3^{-1}$$

したがって,

$2x^2 + x - 2 = -1$

$\therefore\quad 2x^2 + x - 1 = (2x-1)(x+1) = 0$

これより，求める解は $x = -1,\ \dfrac{1}{2}$ であり，その和は $-\dfrac{1}{2}$ になる。

ひとこと

解と係数の関係を使うこともできます。

2 次方程式

$ax^2 + bx + c = 0$

の解の和は $-\dfrac{b}{a}$ となります。

No.2　【正解】5

底の変換公式より,

$$\log_9(x+132) = \frac{\log_3(x+132)}{\log_3 9} = \frac{\log_3(x+132)}{2}$$ ← $\log_3 9 = \log_3 3^2 = 2$

したがって，与えられた方程式の両辺に 2 をかけて,

$2\log_3 x = \log_3 x^2 = \log_3(x+132)$

$\therefore\quad x^2 = x + 132$

これを変形して,

$x^2 - x - 132 = (x-12)(x+11) = 0$

したがって，$x = -11,\ 12$

真数は正でなければならないので，$x = 12$

No.3　【正解】3

出てきた対数の底を 2 にそろえる。

$$\log_{\frac{1}{2}}(x-4) = \frac{\log_2(x-4)}{\log_2\frac{1}{2}} = -\log_2(x-4)$$ ← 底の変換公式

$$\log_{\frac{1}{4}} x + \log_{\frac{1}{4}} 2 = \log_{\frac{1}{4}} 2x = \frac{\log_2 2x}{\log_2\frac{1}{4}} = -\frac{\log_2 2x}{2}$$

両辺に -2 をかけて整理すると，

$$2\log_2(x-4) = \log_2(x-4)^2 < \log_2 2x$$

したがって，

$$(x-4)^2 < 2x$$

$$\therefore\quad x^2 - 8x + 16 - 2x = x^2 - 10x + 16 = (x-2)(x-8) < 0$$

これより，$2 < x < 8$

また，真数は正でなければならないので，

$$x - 4 > 0 \quad \therefore\quad x > 4$$

以上を合わせると，

$$4 < x < 8$$

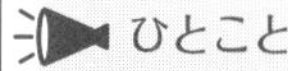

$\log a < \log b$ のとき，底が 1 より大きければ，$a < b$ といえますが，1 より小さければ $a > b$ と不等号の向きが逆になります。これが底を 2 にした理由です。

No.4　**【正解】4**

$\cos\theta$ を $\sin\theta$ に直すと，

$$\begin{aligned}2\cos^2\theta + \sin\theta - 1 &= 2(1-\sin^2\theta) + \sin\theta - 1\\ &= -2\sin^2\theta + \sin\theta + 1\\ &= (2\sin\theta + 1)(-\sin\theta + 1) = 0\end{aligned}$$

$$\therefore\quad \sin\theta = -\frac{1}{2},\ 1$$

ここで，$\sin\theta = -\frac{1}{2}$ となる θ は，$\theta = \frac{7}{6}\pi$，$\frac{11}{6}\pi$ の 2 つ，$\sin\theta = 1$ となる θ は $\theta = \frac{\pi}{2}$ の 1 つであるから，合計で 3 つである。

No.5　**【正解】1**

$\sin\theta + \cos\theta = a$ の両辺を 2 乗して，

$$(\sin\theta + \cos\theta)^2 = \sin^2\theta + 2\sin\theta\cos\theta + \cos^2\theta = 1 + 2\sin\theta\cos\theta = a^2$$

$$\therefore\quad \sin\theta\cos\theta = \frac{a^2-1}{2}$$

したがって，

$$(\sin\theta - \cos\theta)^2 = \sin^2\theta - 2\sin\theta\cos\theta + \cos^2\theta = 1 - (a^2-1) = 2 - a^2$$

ここで，$0 < \theta < \frac{\pi}{4}$ より，$\sin\theta < \cos\theta$ なので，$\sin\theta - \cos\theta < 0$ であり，

$$\sin\theta - \cos\theta = -\sqrt{2-a^2}$$

No.6　**【正解】1**

肢 1 以外は次のように表すことができる。

肢2：$0.25 = \frac{1}{2^2} = 0.01_{(2)}$

肢３：$0.5=\frac{1}{2}=0.1_{(2)}$

肢４：$0.625=0.5+0.125=\frac{1}{2}+\frac{1}{2^3}=0.101_{(2)}$

肢５：$0.75=0.5+0.25=\frac{1}{2}+\frac{1}{2^2}=0.11_{(2)}$

肢１は $0.1=\frac{1}{10}$ であり，2 の累乗の単位分数だけで表すことはできない。

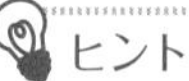
ひとこと

通分を考えるとわかります。2，2^2，2^3，… が分母では，いくら通分しても分母は 10 になりませんね。

No.7　**【正解】３**

A^2，A^3 と計算して答えを類推していく。

$$A^2=\begin{pmatrix}1&2&1\\0&1&1\\0&0&1\end{pmatrix}\begin{pmatrix}1&2&1\\0&1&1\\0&0&1\end{pmatrix}=\begin{pmatrix}1&4&4\\0&1&2\\0&0&1\end{pmatrix}$$

$$A^3=A^2\times A=\begin{pmatrix}1&4&4\\0&1&2\\0&0&1\end{pmatrix}\begin{pmatrix}1&2&1\\0&1&1\\0&0&1\end{pmatrix}=\begin{pmatrix}1&6&9\\0&1&3\\0&0&1\end{pmatrix}$$

$$A^4=A^3\times A=\begin{pmatrix}1&6&9\\0&1&3\\0&0&1\end{pmatrix}\begin{pmatrix}1&2&1\\0&1&1\\0&0&1\end{pmatrix}=\begin{pmatrix}1&8&16\\0&1&4\\0&0&1\end{pmatrix}$$

これより，$A^n=\begin{pmatrix}1&2n&n^2\\0&1&n\\0&0&1\end{pmatrix}$ と類推できるので $A^{100}=\begin{pmatrix}1&200&10000\\0&1&100\\0&0&1\end{pmatrix}$

ヒント

右上側の 3 つだけ計算すれば十分だと，途中で気づきますね。

No.8　**【正解】４**

（解法１）階差数列を考える

対角線に並んだ数字の階差数列をとると，2，4，6，… となる。したがって，階差数列は，$2n$ の形となることがわかる。したがって，対角線に並んだ数を，100 を超える前まで具体的に書くと，

$1+3+7+13+21+31+43+57+73+91=340$

アドバイス

100 までですから，一般項を求めるより，具体的に計算した方が速いですね。

（解法２）規則性を考える

y 軸上に平方数 $(y+1)^2$ が並んでいる。対角線はその y 個前なので，対角線は，y 座標を使って，

$(y+1)^2-y=y^2+y+1$

となる。以下は解法１と同じように計算する。

No.9 【正解】5

$S_n = 2a_n + 1$ と，$S_{n-1} = 2a_{n-1} + 1$ より，

$S_n - S_{n-1} = a_n = (2a_n + 1) - (2a_{n-1} + 1) = 2a_n - 2a_{n-1}$

$\therefore \ a_n = 2a_{n-1}$ ← $S_n - S_{n-1} = a_n$

さらに，$n = 1$ として，$S_1 = a_1 = 2a_1 + 1$　　$\therefore \ a_1 = -1$

したがって，a_n は初項 -1，公比 2 の等比数列なので，$a_n = -2^{n-1}$

No.10 【正解】4

$$\begin{pmatrix} a & b \\ c & d \end{pmatrix}\begin{pmatrix} 1 \\ 0 \end{pmatrix} = \begin{pmatrix} a \\ c \end{pmatrix}$$

となるので，点 (1，0) の移った先の y 座標を計算すればよい。点 (1，0) を通り，$y = 2x$ に直交する傾き $-\frac{1}{2}$ の直線の式は，

$$y = -\frac{1}{2}(x-1) = -\frac{1}{2}x + \frac{1}{2}$$

2 直線が直交するとき，
傾きの積が −1

これと直線 $y = 2x$ の交点が求める垂線の足であり，

$$2x = -\frac{1}{2}x + \frac{1}{2} \qquad \therefore \ x = \frac{1}{5}, \ y = \frac{2}{5}$$

となる。したがって，$c = \frac{2}{5}$

なお，同じように $\begin{pmatrix} a & b \\ c & d \end{pmatrix}\begin{pmatrix} 0 \\ 1 \end{pmatrix} = \begin{pmatrix} b \\ d \end{pmatrix}$ を使って (0，1) の移った先を計算すれば，行列全体を求めることができる。結果として $\frac{1}{5}\begin{pmatrix} 1 & 2 \\ 2 & 4 \end{pmatrix}$ となる。

ヒント

問題文にあるとおり (α，β) のまま計算しては大変です。成分 c だけを狙って求めていきます。

ひとこと

他にも，図を具体的に描けば，相似な三角形を利用する方法などが考えられます。

第2章　解説

No.1　【正解】5

△ABC と△APQ の面積を比較する（下左図）。BQ：BC ＝ 3：7 なので△ABQ = $\frac{3}{7}$ △ABC となる。また，AP：AB = 2：5 なので，AB を底辺とみて，

$$\triangle APQ = \frac{2}{5}\triangle ABQ = \frac{2}{5}\times\frac{3}{7}\triangle ABC = \frac{6}{35}\triangle ABC$$

次に，△ABC と△ARQ の面積を比較する(下右図)。QC：BC = 4：7 なので△ACQ = $\frac{4}{7}$ △ABC となる。また，AR：AC = 5：9 なので，AC を底辺とみて，

$$\triangle ARQ = \frac{5}{9}\triangle ACQ = \frac{5}{9}\times\frac{4}{7}\triangle ABC = \frac{20}{63}\triangle ABC$$

したがって，

$$\triangle APQ : \triangle ARQ = \frac{6}{35} : \frac{20}{63} = 27 : 50$$

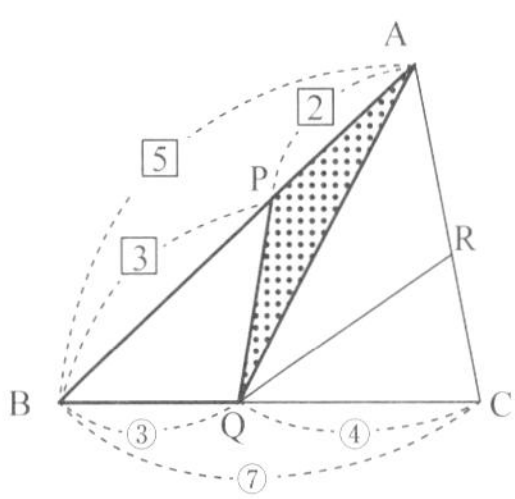

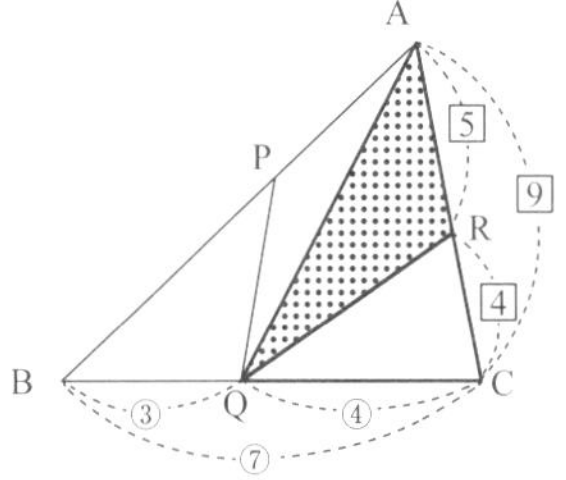

面積比は共通する大きな三角形（ここでは△ABC）と比べる，という定石にしたがって計算しています。

No.2　【正解】1

右図のように三角形に分ければ，頂角は 360°÷12 ＝ 30° である。この 1 つの面積は，

$$S = \frac{1}{2}1^2 \sin 30^\circ = \frac{1}{4}$$

これが 12 個あるので面積は

$$12\times\frac{1}{4} = 3$$

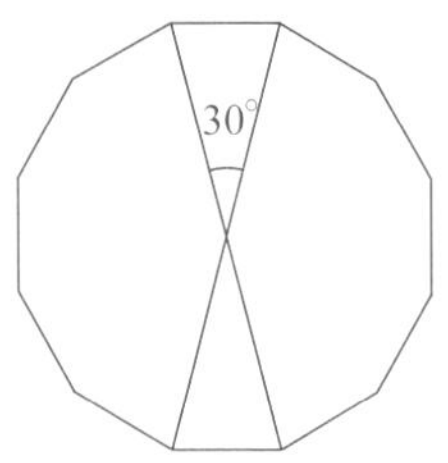

三角形の面積は本文 P.35 の

$S=\frac{1}{2}bc\sin\theta$

の公式を使っています。

No.3 【正解】3

図のように，DE と AC の延長の交点を P，円の中心を O として，OP を結び，さらに O から DE に垂線を下ろす。また，CE と OP の交点を M とする。このとき，対称性から EM $= \dfrac{L}{2}$ となる。ここで，∠ EDF $= \theta$ とおくと，平行線の錯角から∠ MPE $= \theta$ である。したがって，図の打点の直角三角形も，図の太線の直角三角形も△ DEF と相似になる。

まず打点の三角形について，MP $= x$ とすると，

MP：ME ＝ DF：EF ＝ 4：3 ← △ MPE ∽ FDE

となるので，$x = \dfrac{L}{2} \times \dfrac{4}{3} = \dfrac{2}{3}L$

さらに，太線の三角形について，

OP：OH ＝ DE：EF ＝ 5：3 ← △ HPO ∽ FDE

となるので，

$$(r + x) : r = 5 : 3 \qquad \therefore \quad 5r = 3r + 3x$$

これより，

$$r = \frac{3}{2}x = \frac{3}{2} \times \frac{2}{3}L = L$$

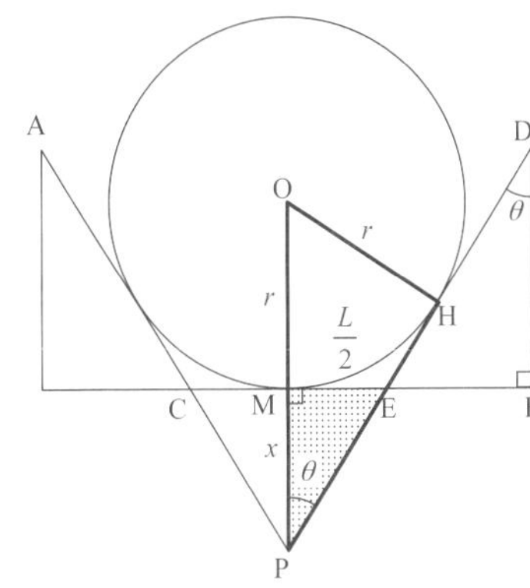

No.4 【正解】4

小さい方の球を球 1，大きい方を球 2 とする。そして，立方体の 1 辺の長さを 2 とする。このとき，球の直径が立方体の 1 辺の長さと等しくなるので，球 1 の半径は 1 となる。したがって，表面積は，

$S_1 = 4\pi$ ← 半径 r の球の表面積 $S = 4\pi r^2$

次に，球 2 の中心は対称性から立方体の中心にあり，したがって，立方体の対角線が直径となる。つまり直径は $\sqrt{2^2+2^2+2^2}=2\sqrt{3}$ となるので半径は $\sqrt{3}$ となる。したがって，球 2 の表面積は，

$$S_2=4\pi(\sqrt{3})^2=12\pi$$

したがって，

$$S_1:S_2=1:3$$

No.5 【正解】4

正四面体の 1 辺の長さは 2 である。したがって，AB 及び AC は 1 辺の長さが 2 の正三角形の中線なので，その長さは $\sqrt{3}$ である。また，AD の長さは，△ ACD に三平方の定理を使うと，

$$\mathrm{AD}=\sqrt{3-1}=\sqrt{2}$$

したがって O によって AD は二等分されるので，

$$\mathrm{OD}=\frac{\sqrt{2}}{2}$$

となる。そこで今度は△ BOD に三平方の定理を使うと, BD = 1 なので,

$$\mathrm{BO}=\sqrt{\left(\frac{\sqrt{2}}{2}\right)^2+1^2}=\frac{\sqrt{6}}{2}$$

したがって求める x は,

$$x=\mathrm{BO}-1=\frac{\sqrt{6}}{2}-1$$

ヒント

1:2:$\sqrt{3}$ のタイプの直角三角形が隠されていますね。

No.6 【正解】1

（解法 1）接線を求めるのに微分を使い，図形的に tan を求める

$A(a,\ a^2)$ とおく。点 A における接線の式は，$y=x^2$ を微分すると $y'=2x$ となることから，傾きが $2a$ となるので，

$$y=2a(x-a)+a^2=2ax-a^2$$

これが P(0, −2) を通るので,

$$-2=-a^2 \qquad \therefore \quad a=\sqrt{2}$$

ここで，図から，

$$\tan\theta=\frac{\mathrm{AQ}}{\mathrm{PQ}}=\frac{\mathrm{AQ}}{\mathrm{OP}+\mathrm{OQ}}=\frac{\sqrt{2}}{2+(\sqrt{2})^2}=\frac{\sqrt{2}}{4}$$

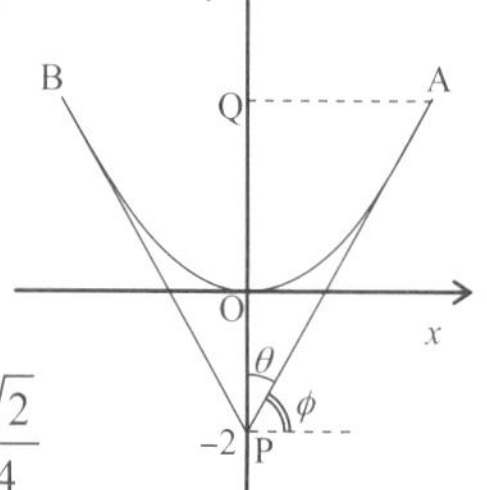

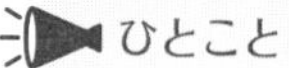

ひとこと

解法 1 と 2 は混ぜて使っても構いません。たとえば，接線を微分で求めてから，傾きが tan になることを利用して tanθ を求めてもよいでしょう。

（解法2）接線を求めるのに判別式を使い，傾きが tan になることを利用

P(0, −2) を通る直線は $y = kx - 2$ とおくことができる。これと $y = x^2$ が重解をもてば接線になる。そこで，$y = x^2$ を代入して整理すると，

$$x^2 - kx + 2 = 0$$

判別式 D が 0 なら重解を持つので，

$$D = k^2 - 8 = 0 \qquad \therefore \quad k = 2\sqrt{2}$$

ここで，$\tan\phi = k$ なので，

$$\tan\theta = \tan(90^\circ - \phi) = \frac{1}{\tan\phi} = \frac{1}{k} = \frac{1}{2\sqrt{2}} = \frac{\sqrt{2}}{4}$$

> **ヒント**
> 二次方程式 $ax^2 + bx + c = 0$ の判別式は $D = b^2 - 4ac$ です。

No.7 【正解】5

X を x t, Y を y t 生産するとする。条件は, a, b の供給可能量について，

$$2x + 8y \leqq 200, \qquad 5x + 5y \leqq 200$$

さらに，

$$x \geqq 0,\ y \geqq 0$$

ここで，利益 f は，

$$f = 10x + 20y$$

これを図示すると，右の図の OPQR になる。

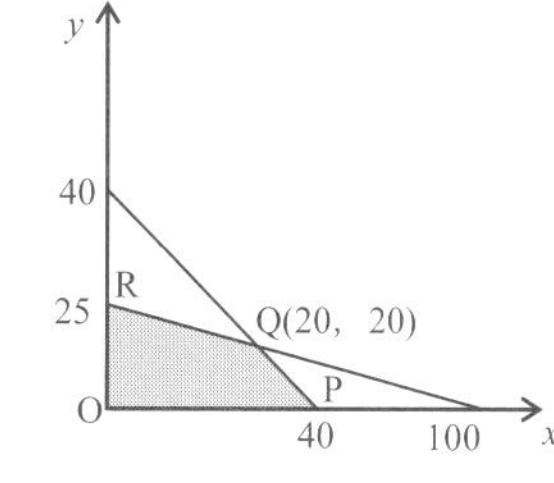

この頂点のいずれかで最大となるので，実際に代入すると，

点 P：$f = 400$，点 Q：$f = 600$，点 R：$f = 500$

よって，最大は 600 万円になる。

No.8 【正解】5

ベクトルに直すと，

$$\overrightarrow{AB} = \overrightarrow{OB} - \overrightarrow{OA} = \begin{pmatrix} 3 \\ 2 \\ 2 \end{pmatrix} - \begin{pmatrix} 2 \\ 1 \\ 2 \end{pmatrix} = \begin{pmatrix} 1 \\ 1 \\ 0 \end{pmatrix},\ \overrightarrow{AC} = \overrightarrow{OC} - \overrightarrow{OA} = \begin{pmatrix} 1 \\ -1 \\ 3 \end{pmatrix} - \begin{pmatrix} 2 \\ 1 \\ 2 \end{pmatrix} = \begin{pmatrix} -1 \\ -2 \\ 1 \end{pmatrix}$$

したがって，

$$\cos\angle BAC = \frac{\overrightarrow{AB} \cdot \overrightarrow{AC}}{|\overrightarrow{AB}||\overrightarrow{AC}|} = \frac{1 \cdot (-1) + 1 \cdot (-2) + 0 \cdot 1}{\sqrt{1^2 + 1^2}\sqrt{(-1)^2 + (-2)^2 + 1^2}}$$

$$= \frac{-3}{2\sqrt{3}} = -\frac{\sqrt{3}}{2}$$

これより，$\angle BAC = 150^\circ$

No.9　【正解】2

A から BC への距離を h とする。三角形 ABC の面積を S とすると，h が高さとなるので，

$$S=\frac{1}{2}h\times|\overrightarrow{BC}| \qquad \therefore \quad h=\frac{2S}{|\overrightarrow{BC}|}$$

ここで，面積は△ ABC から 2 辺のベクトルをとって外積をとれば計算できる。ここでは選択肢に合わせて，

$$S=\frac{1}{2}|\overrightarrow{AB}\times\overrightarrow{BC}|$$

とすると，

$$h=\frac{|\overrightarrow{AB}\times\overrightarrow{BC}|}{|\overrightarrow{BC}|}$$

なお，図において，

$$|\overrightarrow{AB}\times\overrightarrow{BC}|=|\overrightarrow{AB}||\overrightarrow{BC}|\sin\theta$$

となるので，

$$\frac{|\overrightarrow{AB}\times\overrightarrow{BC}|}{|\overrightarrow{BC}|}=\frac{|\overrightarrow{AB}||\overrightarrow{BC}|\sin\theta}{|\overrightarrow{BC}|}=|\overrightarrow{AB}|\sin\theta=h$$

No.10　【正解】4

外積の大きさを計算することで三角形の面積を計算する。

$$\overrightarrow{AB}=\overrightarrow{OB}-\overrightarrow{OA}=\begin{pmatrix}1\\-1\\1\end{pmatrix}-\begin{pmatrix}3\\1\\2\end{pmatrix}=\begin{pmatrix}-2\\-2\\-1\end{pmatrix}$$

$$\overrightarrow{AC}=\overrightarrow{OC}-\overrightarrow{OA}=\begin{pmatrix}-1\\0\\3\end{pmatrix}-\begin{pmatrix}3\\1\\2\end{pmatrix}=\begin{pmatrix}-4\\-1\\1\end{pmatrix}$$

なので，外積を計算するために，次のように行列式を計算する。

$$\begin{vmatrix}x & y & z\\-2 & -2 & -1\\-4 & -1 & 1\end{vmatrix}=\left|\begin{array}{ccc|cc}x & y & z & x & y\\-2 & -2 & -1 & -2 & -2\\-4 & -1 & 1 & -4 & -1\end{array}\right|$$

$$=-2x+4y+2z-(8z+x-2y)$$

$$=-3x+6y-6z$$

これより,

$$\overrightarrow{AB}\times\overrightarrow{AC}=\begin{pmatrix}-3\\6\\-6\end{pmatrix}$$

したがって，求める△ ABC の面積 S は,

$$S=\frac{1}{2}|\overrightarrow{AB}\times\overrightarrow{AC}|=\frac{1}{2}\sqrt{(-3)^2+6^2+(-6)^2}=\frac{9}{2}$$

No.11　**【正解】4**

$$6\overrightarrow{PA}+3\overrightarrow{PB}+\overrightarrow{PC}=k\overrightarrow{BC}$$

の式を P を始点に書き直す。

$$6\overrightarrow{PA}+3\overrightarrow{PB}+\overrightarrow{PC}-k\overrightarrow{BC}=6\overrightarrow{PA}+3\overrightarrow{PB}+\overrightarrow{PC}-k(\overrightarrow{PC}-\overrightarrow{PB})$$
$$=6\overrightarrow{PA}+(3+k)\overrightarrow{PB}+(1-k)\overrightarrow{PC}$$

P が三角形の内部にあるためには，係数が全て正でなければいけないので,

$3+k>0$，$1-k<0$　　∴　$-3<k<1$

アドバイス

例題２－７の結果を使って解きました。P を始点のベクトルの形に変形したのも，それが理由です。

No.1 【正解】3

$f'(x) = 3ax^2 + 2bx + c = 0$

の解が $x = -3$，2 なので，因数分解した形を考えると，

$f'(x) = 3ax^2 + 2bx + c = 3a(x+3)(x-2) = 3ax^2 + 3ax - 18a$

ここで $f'(0) = -18a = -36$ なので，$a = 2$ となる。これより，

$f'(x) = 6x^2 + 6x - 36 = 6(x+3)(x-2)$

これを積分して，

$f(x) = 2x^3 + 3x^2 - 36x + 7$

ここから増減表を書いて調べると次のようになる。

x	$\cdots$	-3	$\cdots$	2	$\cdots$
$f'(x)$	+	0	−	0	+
$f(x)$	↗	88 極大	↘	−37 極小	↗

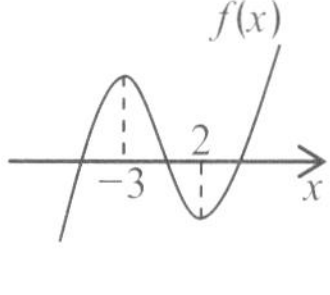

これより，極小値は −37 となる。

ひとこと
$f'(-3) = f'(2) = 0$ を直接代入してもいいですし，解と係数の関係も考えられます。

アドバイス
3 次関数のグラフの形が頭に入っているのであれば，すぐに $f(2)$ を計算してもよいでしょう。

No.2 【正解】4

$f(x)$ を微分すると，

$f'(x) = 2xe^{-x} - x^2e^{-x} = (2-x)xe^{-x}$ ← 積の微分公式

これを元に増減表を書くと次のようになる。

x	$\cdots$	0	$\cdots$	2	$\cdots$
$f'(x)$	−	0	+	0	−
$f(x)$	↘	0 極小	↗	$4e^{-2}$ 極大	↘

ここから，極大値は $4e^{-2}$ である。

ひとこと
選択肢を見れば，増減表は書く必要がありませんね。

No.3 【正解】3

$$\frac{\partial \phi}{\partial x} = \frac{1}{2(x^2+y^2)}\frac{\partial}{\partial x}(x^2+y^2) = \frac{x}{x^2+y^2}$$ ← 合成関数の微分公式

$$\frac{\partial^2\phi}{\partial x^2}=\frac{(x)'(x^2+y^2)-x(x^2+y^2)'}{(x^2+y^2)^2}$$

商の微分公式

$$=\frac{x^2+y^2-2x^2}{(x^2+y^2)^2}=\frac{y^2-x^2}{(x^2+y^2)^2}$$

x と y の対称性から,

$$\frac{\partial^2\phi}{\partial y^2}=\frac{x^2-y^2}{(x^2+y^2)^2}$$

したがって,

$$\frac{\partial^2\phi}{\partial x^2}+\frac{\partial^2\phi}{\partial y^2}=0$$

ヒント

元の関数を見れば，x も y も同じ形ですね。ですので，微分した結果も x, y を入れ替えるだけです。

No.4 【正解】2

分子を有理化する。

$$\sqrt{x^2+ax}-\sqrt{x^2+bx}=\frac{\left(\sqrt{x^2+ax}-\sqrt{x^2+bx}\right)\left(\sqrt{x^2+ax}+\sqrt{x^2+bx}\right)}{\sqrt{x^2+ax}+\sqrt{x^2+bx}}$$

$$=\frac{(x^2+ax)-(x^2+bx)}{\sqrt{x^2+ax}+\sqrt{x^2+bx}}$$

$(x-a)(x+a)=x^2-a^2$

$$=\frac{(a-b)x}{\sqrt{x^2+ax}+\sqrt{x^2+bx}}$$

$$=\frac{a-b}{\dfrac{\sqrt{x^2+ax}}{x}+\dfrac{\sqrt{x^2+bx}}{x}}$$

分母分子を x で割る

$$=\frac{a-b}{\sqrt{1+\dfrac{a}{x}}+\sqrt{1+\dfrac{b}{x}}}$$

ここで，$x\to\infty$ とすると，$\dfrac{a}{x}$，$\dfrac{b}{x}$ は 0 に収束するので,

$$\lim_{x\to+\infty}\left(\sqrt{x^2+ax}-\sqrt{x^2+bx}\right)=\frac{a-b}{2}$$

ひとこと

平方根の引き算ですので，分子を有理化します。分母が 0 になるタイプではないので，ロピタルの定理は使えません。

No.5　**【正解】4**

接点の x 座標を p とおく。曲線の式を微分すると，

$$y' = ee^{ex}$$

となるので，接線の式は，

$$y = ee^{ep}(x - p) + e^{ep} = e^{ep}(ex - ep + 1)$$

とおける。これが原点を通るので，

$$-ep + 1 = 0 \qquad \therefore \quad p = \frac{1}{e}$$

← **(0, 0) を代入**

したがって，曲線の式は，

$$y = e^2x$$

となる。

ひとこと

微分で接線を求めるときには，接点の x 座標を文字（ここでは p）でおくのが定石です。

No.6　**【正解】3**

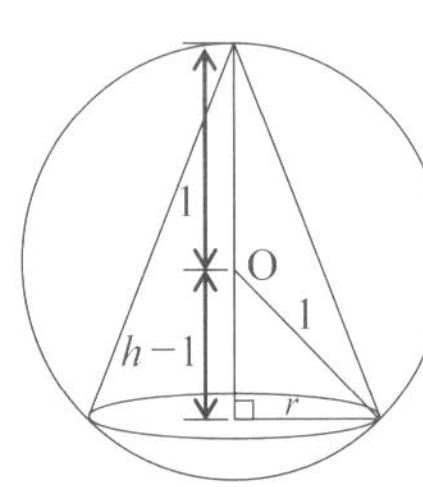

まず立式を行う。底面の円の半径を r，高さを h とする。このとき，下の図の直角三角形（O は球の中心）について三平方の定理を立てると，

$$r^2 + (h - 1)^2 = 1 \qquad \therefore \quad r^2 = 1 - (h - 1)^2 = 2h - h^2$$

このとき体積

$$V = \frac{\pi}{3}r^2h$$

について，

$$V = \frac{\pi}{3}r^2h = \frac{\pi}{3}(2h^2 - h^3) \qquad \therefore \quad \frac{dV}{dh} = \frac{\pi}{3}(4h - 3h^2) = 0$$

よって，最大になるのは，

$$h = \frac{4}{3}$$

アドバイス

必要な文字をおいて立式をすることが大切です。

No.7　**【正解】1**

鉄板の使用量は，円筒の表面積に注意する。底の面積は πr^2 であり，側面積は πrh なので，表面積 S は，

$$S = \pi r^2 + 2\pi rh$$

次に，体積 V は，

$$V = \pi r^2h$$

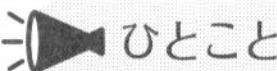

ひとこと

円柱を題材とした問題は頻出で，H.10, 15 にも出題されています。

ここで体積の式を h について解いて,

$$h = \frac{V}{\pi r^2}$$

これより表面積は,

$$S = \pi r^2 + \frac{2V}{r}$$

これを r で微分して,

$$\frac{dS}{dr} = 2\pi r - \frac{2V}{r^2} = 0 \qquad \therefore\ V = \pi r^3$$

これを h の式に代入して,

$$h = \frac{\pi r^3}{\pi r^2} = r$$

つまり, $r : h = 1 : 1$

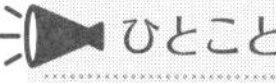

ラグランジュの未定乗数法も有効ですが，ここでは 1 文字消去を選びました。

No.8 【正解】5

（解法 1）1 文字消去をする

扇形の半径を r，一定となっている周の長さを L，面積を S とする。ここで，扇形の弧の長さを l とすると，角度が rad の場合の扇形の公式から,

$$l = r\theta, \quad S = \frac{1}{2}r^2\theta$$

このことから，周の長さは,

$$L = r\theta + 2r$$

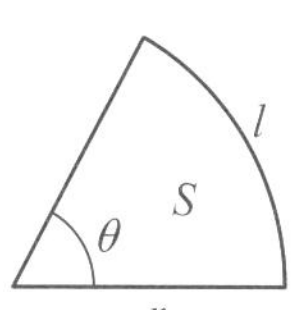

この式を r について解いて,

$$r = \frac{L}{2+\theta}$$

これを S に代入して,

$$S = \frac{L^2\theta}{2(2+\theta)^2}$$

これを θ で微分して,

$$\frac{dS}{d\theta} = \frac{L^2\{(2+\theta)^2 - \theta \cdot 2(2+\theta)\}}{2(2+\theta)^4} = \frac{L^2(2-\theta)}{2(2+\theta)^3} = 0$$

$$\therefore \quad \theta = 2.0\text{rad}$$

ひとこと

ここでは r を消去しましたが，実は θ を消去した方が計算は簡単です。

（解法２）ラグランジュの未定乗数法を使う

解法1の立式のあと，次のように関数を作る。

$$F=\frac{1}{2}r^2\theta+k(r\theta+2r-L)$$

r と θ でそれぞれ偏微分をして「=0」とすると，

$$\frac{\partial F}{\partial r}=r\theta+k(\theta+2)=0 \quad\rightarrow\quad r\theta=-k(\theta+2)$$

$$\frac{\partial F}{\partial \theta}=\frac{1}{2}r^2+kr=0 \quad\rightarrow\quad r=-2k$$

辺ごと割り算をして，

$$\frac{r\theta}{r}=\frac{-k(\theta+2)}{-2k} \quad\rightarrow\quad 2\theta=\theta+2 \qquad \therefore\quad \theta=2.0\ \text{rad}$$

ひとこと
偏微分した後，k を消去しましょう。

No.9　**【正解】5**

（解法１）合成関数の微分を使う

角とＡの距離を y，角とＢの距離を x とおくと，三平方の定理から，

$$x^2+y^2=100$$

両辺を t で微分して，

$$2x\frac{dx}{dt}+2y\frac{dy}{dt}=0$$ ← 合成関数の微分公式

ここに，$x=6$，$y=8$，$\dfrac{dx}{dt}=3$ を代入して，

$$\frac{dy}{dt}=-\frac{9}{4}$$

アドバイス
距離の関係式が1つあれば，どこからでも速度が求められることに注意しましょう。

ひとこと
y は減少しているので，$\dfrac{dy}{dt}<0$ です。答えは絶対値をとります。

（解法２）距離を時間の関数で表す

Ｂの速度が 3m/s なので，Ｂと角の距離を，時間を t として $3t$ とおける。したがって，三平方の定理より，Ａと角の距離は，

$$x=\sqrt{100-9t^2}=(100-9t^2)^{\frac{1}{2}}$$

これを時間で微分して，

$$\frac{dx}{dt}=\frac{1}{2}(100-9t^2)^{-\frac{1}{2}}\times(100-9t^2)'$$ ← 合成関数の微分公式

$$=\frac{-18t}{2\sqrt{100-9t^2}}=\frac{-9t}{\sqrt{100-9t^2}}$$

Ｂが角から 6m 離れたときには $t=2$ なので，

$$\frac{dx}{dt}=\frac{-9\times2}{\sqrt{100-9\cdot2^2}}=-\frac{9}{4}\ \text{m/s}$$

アドバイス
解法1より計算量はかなり増えますが，方針としては自然です。必要な文字はおくようにしましょう。

No.10 【正解】5

$(x-a)^2+(y-a)^2=r^2$ の両辺を x で微分して，

$$2(x-a)+2(y-a)\frac{dy}{dx}=0$$ ← 合成関数の微分公式

ここに $(x,\ y)=(1,\ 3)$，$\dfrac{dy}{dx}=3$ を代入して，

$$2(1-a)+2(3-a)\times 3=0 \qquad \therefore \quad a=\frac{5}{2}$$

ひとこと

y について解くと大変です。直接微分できるようにしましょう。

No.11 【正解】3

風船の体積 V は，水を入れた分だけ増加するため，

$$\frac{dV}{dt}=15\ \mathrm{cm^3/s}$$

一方，体積と半径 r の関係は，

$$V=\frac{4}{3}\pi r^3$$ ← 球の体積の公式

この式の両辺を時間で微分して，

$$\frac{dV}{dt}=4\pi r^2\frac{dr}{dt}$$ ← 合成関数の微分公式

$$\therefore \quad \frac{dr}{dt}=\frac{1}{4\pi r^2}\frac{dV}{dt}=\frac{1}{60\pi}\ \mathrm{cm/s}$$

ヒント

関係式は1つあれば，どこからでも時間変化率は求められます。これが考える指針になります。

No.12 【正解】3

問題の状況を図示すると右のようになる。

なお，OP と x 軸正方向，PQ と x 軸正方向のなす角度をそれぞれ α，β とする。

また，三角形の内角と外角の関係より，

$$\theta=\beta-\alpha$$

これより，与えられた tan の加法定理を使うと，

$$\tan\theta=\tan(\beta-\alpha)=\frac{\tan\beta-\tan\alpha}{1+\tan\alpha\tan\beta}$$

ここで，$\tan\alpha$ は直線 OP の傾きに等しいので，

$$\tan\alpha=\frac{a^2}{a}=a$$

また，接線の傾きは部分で求めることができるので，$y=x^2$ を微分して $y'=2x$ となることから，

$$\tan\beta=2a$$

アドバイス

平面図形の問題ですから，まず図を描くところから始めます。

アドバイス

平面座標で tan といったら，直線の傾きを連想しましょう。

これを先ほどの加法定理の式に代入して，

$$\tan\theta = \frac{2a-a}{1+a\cdot 2a} = \frac{a}{1+2a^2} = f(a)$$

とおくと，

$$f'(a) = \frac{1+2a^2-a\cdot 4a}{(1+2a^2)^2} = \frac{1-2a^2}{(1+2a^2)^2} = 0$$ ← 商の微分公式

$$\therefore \quad a = \frac{1}{\sqrt{2}}$$

これより，求める $\tan\theta$ の最大値は，

$$f\left(\frac{1}{\sqrt{2}}\right) = \frac{\frac{1}{\sqrt{2}}}{1+2\left(\frac{1}{\sqrt{2}}\right)^2} = \frac{\sqrt{2}}{4}$$

なお，$f(a)$ の最大値を求める場合に，分母・分子を a で割って，

$$f(a) = \frac{a}{1+2a^2} = \frac{1}{\frac{1}{a}+2a}$$

ここで，

$$\frac{1}{a}+2a \geqq 2\sqrt{\frac{1}{a}\times 2a} = 2\sqrt{2}$$ ← 相加平均・相乗平均の関係

なので，

$$f(a) = \frac{1}{\frac{1}{a}+2a} \leqq \frac{1}{2\sqrt{2}} = \frac{\sqrt{2}}{4}$$

としてもよい。

ひとこと

図形的に最大値が 1 つあるのは明らかですので（a を極端に大きくすると θ は小さくなる）増減表を省略しましたが，必要なら書きましょう。

ひとこと

この計算方法は，電気系の専門で，回路の電力を最大化するような場面でよく使われます。

ヒント

a，b が正のとき

$$\frac{a+b}{2} \geqq \sqrt{ab}$$

等号は $a=b$ のとき成立します。

第4章 解 説

No.1 【正解】1

$x < 0$ のとき $e^x - 1 < 0$ となり，$x \geqq 0$ のとき $e^x - 1 \geqq 0$ となる。
したがって，求める積分は，

$$\int_{-1}^{1} |e^x - 1|\,dx = \int_{-1}^{0}(1-e^x)dx + \int_{0}^{1}(e^x - 1)dx$$

右辺第 1 項の積分について，

$$\int_{-1}^{0}(1-e^x)dx = \left[x - e^x\right]_{-1}^{0} = (0-1)-\left(-1-e^{-1}\right) = \frac{1}{e}$$

右辺第 2 項の積分について，

$$\int_{0}^{1}(e^x - 1)dx = \left[e^x - x\right]_{0}^{1} = (e-1)-(1-0) = e-2$$

これより，

$$\int_{-1}^{1} |e^x - 1|\,dx = \frac{1}{e} + e - 2$$

ヒント
絶対値のついた積分の場合，まず絶対値を外すのが鉄則です。

No.2 【正解】5

$3x + 1 = t$ と置換する。このとき，$x = \frac{t}{3} - \frac{1}{3}$ であり，これを微分して $dx = \frac{dt}{3}$ となる。また，積分区間は次のようになる。

x	0	$\cdots$	1
t	1	$\cdots$	4

$$I = \int_0^1 \frac{x}{\sqrt{3x+1}}dx = \int_1^4 \frac{1}{\sqrt{t}} \times \left(\frac{t}{3} - \frac{1}{3}\right)\frac{dt}{3} = \frac{1}{9}\int_1^4 \left(\sqrt{t} - \frac{1}{\sqrt{t}}\right)dt$$

ここで，

$$\int_1^4 \sqrt{t}\,dt = \int_1^4 t^{\frac{1}{2}}dt = \left[\frac{2}{3}t^{\frac{3}{2}}\right]_1^4 = \frac{2}{3}(\sqrt{4^3} - \sqrt{1^3}) = \frac{2}{3}(8-1) = \frac{14}{3}$$

$$\int_1^4 \frac{1}{\sqrt{t}}dt = \int_1^4 t^{-\frac{1}{2}}dt = \left[2t^{\frac{1}{2}}\right]_1^4 = 2(\sqrt{4} - \sqrt{1}) = 2(2-1) = 2$$

したがって，

$$I = \frac{1}{9}\left(\frac{14}{3} - 2\right) = \frac{8}{27}$$

ひとこと
置換積分の練習です。気づきにくい置換積分だと思いますが，ルートの中身や分数の分母が複雑な式の場合に使われることがあります。

解　説

No.3　【正解】1

$\iint_D xydxdy$ を順番に積分する。ここでは y から先に積分する。与えられた範囲から，y は $0 \leqq y \leqq x$ の範囲で積分し，x は $0 \leqq x \leqq 1$ で積分する。

$$\iint_D xydxdy = \int_0^1 x\left\{\int_0^x ydy\right\}dx = \int_0^1 x \times \frac{x^2}{2}dx = \frac{1}{2}\int_0^1 x^3 dx = \frac{1}{2}\left[\frac{x^4}{4}\right]_0^1 = \frac{1}{8}$$

ヒント

重積分の計算練習です。$0 \leqq y \leqq x$ と y の範囲の中に x が入っていますので，先に積分しました。

No.4　【正解】1

（解法１）直接面積を求める

求める面積 S は，右の図の斜線部である。これは長方形から T を引けばよい。

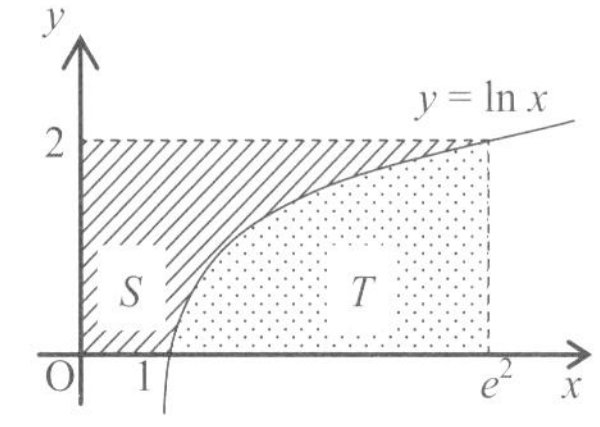

ここで T を求めると，

$$\int_1^{e^2} \ln xdx = \int_1^{e^2} 1 \times \ln xdx = \left[x\ln x\right]_1^{e^2} - \int_1^{e^2} x \times \frac{1}{x}dx$$ ⇐ **部分積分**

$$= e^2 \ln e^2 - \int_1^{e^2} 1dx$$ ⇐ **ln1＝0**

$$= 2e^2 - (e^2 - 1) = e^2 + 1$$

求める S は，長方形の面積から T を引いて，

$$S = 2e^2 - (e^2 + 1) = e^2 - 1$$

アドバイス

面積を積分で求める問題の練習です。問題文に図がありませんので，まずは図を描いて，求める部分をはっきりさせましょう。

なお，$\ln x$ は自然対数です。$\ln x$ の不定積分を覚えていれば，それを使ってもよいでしょう。

（解法２）逆関数に注目する

$y = \ln x$ なら $x = e^y$ である。ここで，求める面積は，$x = e^y$ と y 軸で囲まれた部分の $0 \leqq y \leqq 2$ の部分の面積である。したがって，

$$S = \int_0^2 e^y dy = \left[e^y\right]_0^2 = e^2 - 1$$

ひとこと

このことに気づくためにも作図をすべきですね。

No.5　【正解】1

$y = (1 - x^2)e^x = 0$ を解くと，$e^x \neq 0$ なので，$x = \pm 1$ となる。そのため，求める面積は，

$$\int_{-1}^1 (1 - x^2)e^x dx$$

で計算できる。部分積分を使うと，$\int e^x dx = e^x$，$(1 - x^2)' = -2x$ なので，

$$\int_{-1}^1 (1 - x^2)e^x dx = \left[(1 - x^2)e^x\right]_{-1}^1 - \int_{-1}^1 (-2x)e^x dx = 2\int_{-1}^1 xe^x dx$$

ヒント

部分積分の計算練習です。2 次式ですから，2 回の部分積分が必要になります。

さらに，もう1回部分積分して，

$$\int_{-1}^{1} xe^x dx = \Big[xe^x\Big]_{-1}^{1} - \int_{-1}^{1} e^x dx$$

$$= 1 \times e - (-1) \times e^{-1} - \Big[e^x\Big]_{-1}^{1}$$

$$= e + \frac{1}{e} - \left(e - \frac{1}{e}\right) = \frac{2}{e}$$

← $e^{-1} = \dfrac{1}{e}$

これより，

$$\int_{-1}^{1} (1 - x^2) e^x dx = 2\int_{-1}^{1} xe^x dx = \frac{4}{e}$$

No.6 【正解】3

まずは，a，b を求める。曲線は（0，3）を通るので，

$b = 3$ ← $\sin\pi = 0$

さらに点（3，0）を通るので，

$\sin 3\pi + 3a + 3 = 3a + 3 = 0 \qquad \therefore \quad a = -1$

次に，面積を求めると，

$$\int_0^3 (\sin(\pi x) - x + 3) dx = \left[-\frac{1}{\pi}\cos(\pi x) - \frac{1}{2}x^2 + 3x\right]_0^3$$

$$= \left(-\frac{(-1)}{\pi} - \frac{9}{2} + 9\right) - \left(-\frac{1}{\pi}\right) = \frac{2}{\pi} + \frac{9}{2}$$

No.7 【正解】4

曲線の長さの公式に代入する。まず曲線の式を x で微分して，

$$\frac{dy}{dx} = x - \frac{1}{4x}$$

これより，

$$1 + \left(\frac{dy}{dx}\right)^2 = 1 + \left(x - \frac{1}{4x}\right)^2 = 1 + x^2 - \frac{1}{2} + \frac{1}{16x^2}$$

$$= x^2 + \frac{1}{2} + \frac{1}{16x^2} = \left(x + \frac{1}{4x}\right)^2$$

したがって，曲線の長さ s について，

$$s = \int_1^e \sqrt{1 + \left(\frac{dy}{dx}\right)^2} dx = \int_1^e \sqrt{\left(x + \frac{1}{4x}\right)^2} dx = \int_1^e \left(x + \frac{1}{4x}\right) dx$$

アドバイス

最初から，平方根が外れるように2乗の形になることを意識して変形しましょう。

これを積分して,

$$s=\left[\frac{x^2}{2}+\frac{\log_e x}{4}\right]_1^e=\left(\frac{e^2}{2}+\frac{1}{4}\right)-\frac{1}{2}=\frac{e^2}{2}-\frac{1}{4}$$

$\log_e e = 1$, $\log_e 1 = 0$

No.8　【正解】1

曲線 $y=x^2-2x$ と x 軸の交点は, $x^2-2x=0$, したがって, $x=0$, 2 となる。これより, 求める体積は,

$$V=\pi\int_0^2(x^2-2x)^2dx=\pi\int_0^2x^2(x-2)^2dx$$

ここで, 積分公式

$$\int_a^b(x-a)^2(b-x)^2dx=\frac{1}{30}(b-a)^5$$

を使うと,

$$V=\pi\int_0^2x^2(x-2)^2dx=\frac{\pi}{30}\times2^5=\frac{16}{15}\pi$$

ひとこと

積分公式を使わずに, 多項式を展開しても簡単に計算できます。

No.9　【正解】2

問題の図形は左右対称なので, その中央より左側の $-1\leqq x\leqq\frac{1}{2}$ のみを考える。この部分は, 図の斜線部である。

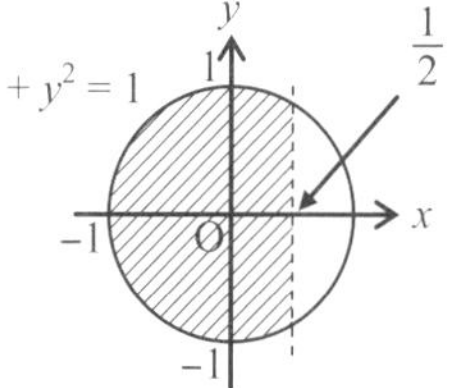

したがって, 求める体積の左半分 V は,

$$V=\pi\int_{-1}^{\frac{1}{2}}y^2dx$$

ここで, 円の式から $y^2=1-x^2$ と変形できるので,

$$V=\pi\int_{-1}^{\frac{1}{2}}(1-x^2)dx=\pi\left[x-\frac{x^3}{3}\right]_{-1}^{\frac{1}{2}}$$

$$=\pi\left(\frac{1}{2}-\frac{1}{24}\right)-\pi\left(-1+\frac{1}{3}\right)=\frac{9}{8}\pi$$

これより, 求める体積は $2\times\frac{9}{8}\pi=\frac{9}{4}\pi$

No.10 【正解】1

まず，$x = 1$ における接線を求める。傾きは，$y' = e^x$ となることから $x = 1$ を代入して $y' = e$ となる。また，点 $(1,\ e)$ を通るので，

$$y = e(x - 1) + e = ex$$

となる。したがって，図のようになる。

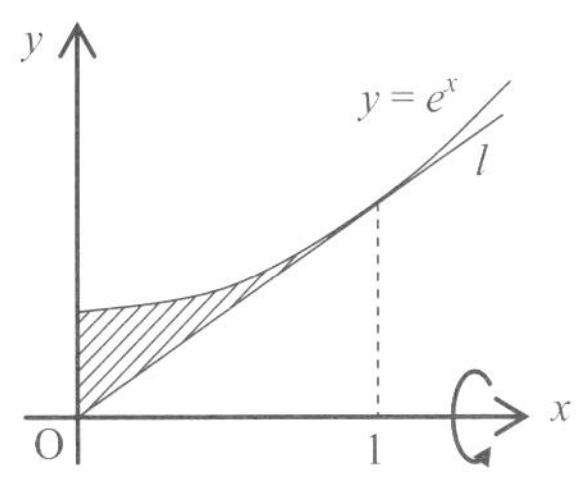

これより，回転体の体積の公式から，回転体の体積 V は，

$$V = \pi\int_0^1 (e^x)^2 dx - \pi\int_0^1 (ex)^2 dx$$

$$= \pi\int_0^1 e^{2x} dx - \pi e^2 \int_0^1 x^2 dx$$

← $(e^x)^2 = e^{2x}$

$$= \pi\left[\frac{1}{2}e^{2x}\right]_0^1 - \pi e^2\left[\frac{1}{3}x^3\right]_0^1 = \left(\frac{1}{2}e^2 - \frac{1}{2} - \frac{1}{3}e^2\right)\pi = \left(\frac{1}{6}e^2 - \frac{1}{2}\right)\pi$$

No.11 【正解】5

微分方程式 $\frac{dy}{dx} - \frac{1}{y} = 0$ を移項して $\frac{dy}{dx} = \frac{1}{y}$ となる。ここで変数を分離すると，

$$y\,dy = dx$$

これを積分して，

$$\int ydy = \int dx \qquad \therefore \quad \frac{1}{2}y^2 = x + C$$

ただし，C は積分定数である。$x = 0$ のとき $y = 1$ なので，

$$\frac{1}{2} = 0 + C = C \qquad \therefore \quad \frac{1}{2}y^2 = x + \frac{1}{2}$$

$y = 3$ を代入して，

$$x = \frac{1}{2}\times 3^2 - \frac{1}{2} = 4$$

ヒント
変数分離法で微分方程式を解いていきます。

No.12 【正解】2

$v_P > v_Q$ なら PQ の距離は大きくなっており，$v_P < v_Q$ なら距離は縮まっている。したがって，距離が最大になるのは，距離が大きくなるところから縮まるところに変わる点なので，$v_P = v_Q$ となる。このとき，

$$t \log t = at$$

第4章 積分

解　説

$t \neq 0$ なので，$\log t = a$ となる。つまり $t = e^a$

このとき，動点 P が原点から移動した座標は，

$$\int_0^{e^a} v_P dt = \int_0^{e^a} at dt = \left[\frac{a}{2}t^2\right]_0^{e^a} = \frac{1}{2}ae^{2a}$$

動点 Q が原点から移動した座標は，

$$\int_1^{e^a} v_Q dt = \int_1^{e^a} t\log t dt = \left[\frac{t^2}{2}\log t\right]_1^{e^a} - \int_1^{e^a} \frac{t^2}{2}\times\frac{1}{t}dt$$

部分積分

$$= \frac{e^{2a}}{2}\log e^a - \int_1^{e^a}\frac{t}{2}dt$$

$$= \frac{ae^{2a}}{2} - \left[\frac{t^2}{4}\right]_1^{e^a}$$

$$= \frac{ae^{2a}}{2} - \frac{e^{2a}}{4} + \frac{1}{4}$$

したがって，求める距離の最大値は，

$$\frac{1}{2}ae^{2a} - \left(\frac{ae^{2a}}{2} - \frac{e^{2a}}{4} + \frac{1}{4}\right) = \frac{1}{4}(e^{2a} - 1)$$

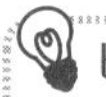

ヒント

速度を積分すると，移動した分の座標の差になります。

$\int_A^B v dt = x_B - x_A$

ヒント

P と Q の座標の差が，PQ 間の距離になります。

第5章 解 説

No.1 【正解】5

(解法1) 間に並べると考える

まず，A，C，D，E の4人を最初に並べる。そして最後にB をそのどこかの間に入れると考える。どのような並び方をしても，B が入る場所は最初と最後を含め5カ所であり，その中でA と隣り合わないのは，A の左右以外の3通りなので，隣り合わない確率は $\frac{3}{5}$ になる。

(解法 2) 余事象を考え，場合の数を数える

5人を並べる並べ方は $5! = 5\times4\times3\times2\times1 = 120$ 通りである。ここで，A，B が隣り合わない場合ではなく，逆に隣り合う場合を考える。この場合には，隣り合ったA，B を1組として仮にF とし，C，D，E，F の4組を並べると考えると，その並べ方は $4!$ になるが，A，B の隣り合う並べ方がA–B，B–A の2つあるため，結局場合の数は，$4!\times2 = 48$ 通りとなる。したがって，求める確率は，余事象であることに注目して，

$$1-\frac{48}{120}=\frac{3}{5}$$

ひとこと

例題5－2を参照してください。

No.2 【正解】1

(解法1) 場合の数を数える

合計10個から3個の玉を取り出す場合の数は，

$${}_{10}C_3=\frac{10\times9\times8}{3\times2\times1}=120 \text{ 通り}$$

次に，3個とも赤を取り出す場合の数は ${}_5C_3 = {}_5C_2 = \frac{5\times4}{2\times1} = 10$ 通りであり，3個とも青を取り出す場合の数は ${}_4C_3 = {}_4C_1 = 4$ 通りなので，求める確率は，

$$\frac{10+4}{120}=\frac{7}{60}$$

(解法 2) 積の法則を考える

同時に取り出しても，順番に取り出しても確率は変わらない。赤を3回続けて取り出す確率は，

$$\frac{5}{10}\times\frac{4}{9}\times\frac{3}{8}=\frac{1}{12}$$

アドバイス

もしここが納得いかない場合には，「どんなに同時に取り出しても，ほんのわずかの時間差はあるはずだ」と納得しましょう。積の法則では，必ず引く順番を決めます。

青を 3 回続けて取り出す確率は，

$$\frac{4}{10}\times\frac{3}{9}\times\frac{2}{8}=\frac{1}{30}$$

したがって，求める確率はこの合計なので，

$$\frac{1}{12}+\frac{1}{30}=\frac{7}{60}$$

No.3　【正解】2

1 回目から順番に「白か青」→「赤」→「黒以外」→「黒」の順番に取り出せばよいので，玉を元に戻すことに注意して，

$$\frac{10}{20}\times\frac{6}{20}\times\frac{16}{20}\times\frac{4}{20}=\frac{3}{125}$$

ヒント

引く順番の決まっている確率ですから，積の法則が簡単です。

No.4　【正解】4

おまけの出方は，1 個買うたびに 3 通りのいずれかの可能性があるため，$3^4=81$ 通りある。

次に，3 種類そろう場合の数を考える。まずは A を 2 つ，B と C を 1 つ取り出す場合は，4 回のうち，どこで B，C が出たのかを考えると，まず B が出た順番は 1 ～ 4 番の 4 通りであり，そのそれぞれについて C については残りの 3 通りのどこかで出ればよいので，$4\times3=12$ 通りとなる。これは B が 2 つ，C が 2 つのときも同じなので，結局 3 種類そろうのは $12\times3=36$ 通りとなる。

したがって，求める確率は，$\dfrac{36}{81}=\dfrac{4}{9}$

ひとこと

積の法則を使う場合には，仮に A→A→B→C と引く順番を決めて計算します。

No.5　【正解】2

1 回のじゃんけんでは，A から見て，勝ち，負け，あいこ，いずれの確率も $\dfrac{1}{3}$ である。ここで，6 回のうち，まずどの 2 回で勝ったかを考え，さらに残りの 4 回のどの 2 回で負けたのかを考えると，勝ち，負け，あいこの順番は全部で，

$${}_6C_2\times{}_4C_2=\frac{6\times5}{2\times1}\times\frac{4\times3}{2\times1}=90\text{ 通り}$$

なので，求める確率は，

$$90\times\left(\frac{1}{3}\right)^6=\frac{10}{81}$$

No.6 【正解】2

まず1回のじゃんけんで起こる結果の確率を求める。3人でじゃんけんをした場合の手の出方は$3^3 = 27$通りである。このうち，全員が同じ手になるのは3通りであり，全員が異なる手になる場合の数は，1人ずつ順番に手を出すと考えると，1人目の出す手が3通り，2人目の出す手は残りの2通りとなるので，$3 \times 2 = 6$通りとなる。以上があいこになる確率なので$\frac{9}{27} = \frac{1}{3}$である。

次に1人だけが勝つ確率は，この1人が誰なのかで3通り，さらに，どの手で勝ったのかで3通りあるので，結局9通りで確率は$\frac{1}{3}$。

残りは2人が勝つ確率で，これも$\frac{1}{3}$となる。

これを前提に考えると，まず，1回目があいこで，2回目に1人だけ勝つ確率は，

$$\frac{1}{3} \times \frac{1}{3} = \frac{1}{9}$$

次に，1回目で2人が勝ち，2回目で1人の勝者が決まる確率を考える。2人のじゃんけんで勝者が決まる確率が，1人ずつ順番に手を出したと考えると，1人目の手に対して，2人目が勝つか負けるかの手を出したことになるので$\frac{2}{3}$であることから，

$$\frac{1}{3} \times \frac{2}{3} = \frac{2}{9}$$

以上ですべての場合が出てきているので，求める確率は，

$$\frac{1}{9} + \frac{2}{9} = \frac{1}{3}$$

ひとこと
3人目の出す手は，前の2人が出さなかった手の1通りに決まります。

ひとこと
この結果は，3人のじゃんけんの確率として覚えておくとよいでしょう。

No.7 【正解】2

余事象を考える。4回目までに同じ面が連続して出ていないとすると，「表→裏→表→裏」の順番か，「裏→表→裏→表」の順番で出たことになる。どちらも確率は同じなので，求める確率は，

$$1 - 2 \times \left(\frac{1}{2}\right)^4 = \frac{7}{8}$$

No.8　【正解】5

①　3 人とも正解する場合

積の法則から,

$$\frac{5}{6}\times\frac{4}{5}\times\frac{3}{4}=\frac{1}{2}$$

②　2 人が正解する場合

A のみが不正解の場合は, $\frac{1}{6}\times\frac{4}{5}\times\frac{3}{4}=\frac{1}{10}$

B のみが不正解の場合は, $\frac{5}{6}\times\frac{1}{5}\times\frac{3}{4}=\frac{1}{8}$

C のみが不正解の場合は, $\frac{5}{6}\times\frac{4}{5}\times\frac{1}{4}=\frac{1}{6}$

以上で全ての場合が出ているので，求める少なくとも 2 人が正解できる確率は，和の法則から,

$$\frac{1}{2}+\frac{1}{10}+\frac{1}{8}+\frac{1}{6}=\frac{60+12+15+20}{120}=\frac{107}{120}$$

ひとこと

「少なくとも 1 人」であれば余事象が考えられますが,「少なくとも 2 人」となると，余事象でも場合が多くなります。

なお，計算はいずれも積の法則で A → B → C の順番に結果を考えています。

No.9　【正解】5

2 色となる確率よりも 1 色あるいは 3 色になる確率の方が求めやすいため，余事象で計算をする。以下，2 つの解法を紹介する。

（解法 1）場合の数を数える

全部の場合の数は，10 個から 3 個を選ぶ場合の数になるので,

$${}_{10}C_3=\frac{10\times9\times8}{3\times2\times1}=120 \text{ 通り}$$

まず 1 色となる場合は，赤，黄が 1 通り，青が ${}_4C_3=4$ 通りとなるので合計 6 通りである。次に 3 色となる場合は, $3\times3\times4=36$ 通りである。結局 2 色となるのは,

$$120-6-36=78 \text{ 通り}$$

となる。したがって，求める確率は,

$$\frac{78}{120}=\frac{13}{20}$$

（解法 2）積の法則を使う

1 色となる確率は，赤，黄，青とそれぞれ計算して,

$$\frac{3}{10}\times\frac{2}{9}\times\frac{1}{8}+\frac{3}{10}\times\frac{2}{9}\times\frac{1}{8}+\frac{4}{10}\times\frac{3}{9}\times\frac{2}{8}=\frac{1}{20}$$

3 色となる確率は，色の出方が，赤，黄，青の 3 つを並べる場合で考えて $3! = 6$ 通りとなるので，赤，黄，青の順番で出ると考えて計算すると，

$$6 \times \frac{3}{10} \times \frac{3}{9} \times \frac{4}{8} = \frac{3}{10}$$

以上から余事象を計算すると，求める確率は，

$$1 - \frac{1}{20} - \frac{3}{10} = \frac{13}{20}$$

No.10 【正解】5

与えられた割合から，不良品の個数はそれぞれ，

工場 A・・・$100 \times 0.02 = 2$ 個

工場 B・・・$200 \times 0.025 = 5$ 個

工場 C・・・$300 \times 0.01 = 3$ 個

である。

今，この合計 $2 + 5 + 3 = 10$ 個の不良品のうちの 1 つが取り出されたことまでは決まっている。それが工場 A で生産された製品である確率は，

$$\frac{2}{10} = \frac{1}{5}$$

No.11 【正解】4

この製品が良品か不良品か，正しく判断されたかで分類されると次の 4 種類に分類される。

製品	検査結果	確率
良品 $\left(\frac{10}{11}\right)$	良品 $\left(\frac{4}{5}\right)$	① $\frac{10}{11} \times \frac{4}{5} = \frac{8}{11}$
	不良品 $\left(\frac{1}{5}\right)$	② $\frac{10}{11} \times \frac{1}{5} = \frac{2}{11}$
不良品 $\left(\frac{1}{11}\right)$	良品 $\left(\frac{1}{10}\right)$	③ $\frac{1}{11} \times \frac{1}{10} = \frac{1}{110}$
	不良品 $\left(\frac{9}{10}\right)$	④ $\frac{1}{11} \times \frac{9}{10} = \frac{9}{110}$

ここで今，良品と判定されているので，あり得る場合は①，③のいずれかである。この中で③に入る確率が求める確率なので，

$$\frac{③}{①+③}=\frac{1}{80+1}=\frac{1}{81}$$

No.12　【正解】4

偶数を引いた場合の点数の平均値は,

$$\frac{2+4+\cdots+100}{50}=\frac{1}{50}\times\frac{2+100}{2}\times 50=51$$

したがって，求める期待値は,

$$\frac{1}{2}\times 51+\frac{1}{2}\times(-1)=25$$

ひとこと

偶数を引いた場合については，場合が多いため，まとめて計算しました。平均は明らかに中央ですね。

No.13　【正解】4

期待値の公式に代入すると,

$$\int_2^4 i\left(\frac{1}{2}i-1\right)di=\int_2^4\left(\frac{1}{2}i^2-i\right)di$$

$$=\left[\frac{1}{6}i^3-\frac{1}{2}i^2\right]_2^4$$

$$=\left(\frac{64}{6}-\frac{16}{2}\right)-\left(\frac{8}{6}-\frac{4}{2}\right)=\frac{8}{3}+\frac{2}{3}=\frac{10}{3}$$

No.14　【正解】4

与えられた確率分布の平均は明らかに $\frac{1}{2}$ である。したがって，与えられた分散の公式に代入すると,

$$\sigma^2=\int_0^1\left(x-\frac{1}{2}\right)^2dx$$

$$=\int_0^1\left(x^2-x+\frac{1}{4}\right)dx$$

$$=\left[\frac{1}{3}x^3-\frac{1}{2}x^2+\frac{1}{4}x\right]_0^1=\frac{1}{3}-\frac{1}{2}+\frac{1}{4}=\frac{1}{12}$$

ひとこと

$$\int\left(x-\frac{1}{2}\right)^2dx$$

$$=\frac{1}{3}\left(x-\frac{1}{2}\right)^3$$

と計算してもかまいません。平行移動して,

$$\int_{-\frac{1}{2}}^{\frac{1}{2}}x^2dx=2\int_0^{\frac{1}{2}}x^2dx$$

とすることもできます。

第6章 解　説

No.1 【正解】5

N, X, A, S の 4 つがあるので，4 つの変数について表を書いていく。最後の S の値が出力される。

N	4							
X	1	−1		2		−6		24
A	1		2		3		4	
S	0	−1		1		−5		19

アドバイス

表で調べることがフローチャートの基本です。まずは1つ1つできるところまで表を書く練習をしましょう。

No.2 【正解】3

変数は I, k, M である。これを表にして調べると次のようになる。

I	0	1	2	3	4	5	6	7	8	9	10	11	12
k	0	2	4	6	8	10	12	14	16	18	20	22	24
M	180	178	174	168	160	150	138	124	108	90	70	48	24

よって，出力されるのは 12 である。

No.3 【正解】2

変数は N, I, J なのでこれを表にして調べる。なお，出力された値に ( ) を付けて示した。

N	10			9					8			(7)	
I		2			2		3			2			2
J			5			4.5		3			4		

N				6			(5)					4	
I		3			2			2		3			2
J	3.5		2.33			3			2.5		1.67		

N		(3)			(2)			1
I			2			2		
J	2			1.5			1	

ヒント

問題文中にある「J の値を超えない最大の整数」とは，J が 0 以上なら J の整数部分のことです。J が負のときのことをふまえて複雑な説明になっていますが，本問では J は正の値なので，単純に考えましょう。

解　説

No.4 【正解】2

実際に，a，b，i，c の値の変化を表に書いて調べてみる。また，x_i も併記する。すると，次のようになる。

i	1		2	3	4	5
x_i	8		5	6	2	6
a	10	10	8	6	5	
b	10	8	5	5	2	
c		2	3	1	3	3

これより，c を見れば，3 番目に 1 が，5 番目に 3 が出力されることがわかる。

ひとこと

最終的には，b で最も小さい数，a で 2 番目に小さい数を求めるフローチャートになっています。ただ，c は実際に調べるのが速いですね。

No.5 【正解】4

変数は N，I なので，この変化を実際に調べていけばよい。

N	168	84	42	21		7					1	
I	2				3		4	5	6	7		8
指示		F	F	F,L		F,R	L	R	L		F,R	

ただし，表中，F は前進，L は左回転，R は右回転を表している。これより，たどり着くところは D になる。

ひとこと

素因数分解をするフローチャートを流用した問題ですが，実際調べるのが一番の解き方です。

No.6 【正解】1

問題の状況を整理すると，うるう年となり，2 月が 29 日となるのは，「4 の倍数であり」「100 の倍数でない」または，「400 の倍数である」場合である。フローチャートではうるう年へ至る道筋がいずれも YES となっているため，最初の「4 の倍数」はフローチャートにすでにあるので，残りの 2 つが問題となる。ところで，4 の倍数には，

「100 の倍数ではない」…①→うるう年
「100 の倍数で，400 の倍数ではない」…②→うるう年ではない
「400 の倍数」…③→うるう年

の 3 種類がある。フローチャートを見ると，アの質問で NO ならうるう年が確定する。つまり，①か③のいずれかが，アで NO となる場合である。場合を分けて考えてみる。

(1)　アの質問で，①のうるう年が確定する場合

アは「Y は 100 の倍数である」が質問内容となる。

つまり mod(Y，100) = 0 となる。

そうだとすると，イの質問では，「Y は 400 の倍数である」で YES となればうるう年となるので mod(Y, 400) = 0 が入る。これは肢 1 である。

(2) アの質問で，③のうるう年が確定する場合

アは「Y は 400 の倍数ではない」が質問内容となる。

つまり，mod(Y, 400)≠0 となる。

そうだとすると，イの質問では①の場合が YES となるので，「Y は 100 の倍数ではない」が質問内容となる。これは mod(Y, 100)≠0 で表される。しかし肢の中にこの組合せはない。

No.7 【正解】3

ア，ウは繰り返しに関係する部分である。したがって，アは，増分となる I←I + 1 でないといけない。また，繰り返しが働く間はウの返答は yes でなければならないが，これは I を 1 から増やしていくことを考えると，I < N に対応する。これをウに入れる。

最後にウを見る。I は，調べている番号と考えられるので，K か J が最大か最小を表す変数であると考えられる。ここで，アとイの間を見ると，D(I) > D(K) のときに K の値を変えている。これは，D(I) が D(K) よりも大きいときなので，つまるところ，大きい値が見つかるごとに K の値を変えていることになる。つまり K は最大値である。したがって，J が最小値であり，この場合，小さい値が見つかるごとに値を変えていけばよいので，イに入るのは D(I) < D(J) である。

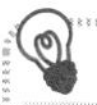
ヒント

ウについては，最大値と最小値を見つけるのですから，D(I) > D(K) と同じではいけません。すると選択肢から D(I) < D(J) とわかります。

No.8 【正解】1

k が数列の値を表している。変数 j を使って繰り返しをしているので，繰り返しの処理で計算すべき式がアに入る。アには漸化式の計算が入るので，

$$k \leftarrow 2 \times k + 1$$

となる。

さらにイには，ループが終わるときの条件が入る。漸化式を 9 回計算すれば a_{10} が求まり，最後に漸化式の計算後に，また j の値を 1 つ増やしているので，結局，j = 10 のときにイで YES とかえるような条件を入れればよい。

No.9　**【正解】4**

フローチャートで漸化式を計算しているのは，$j \leftarrow i \times j + 1$ の部分であり，j が a_i を表しているが，直前で i の値を 1 つ増やしているため，$a_{i+1} = (i + 1) \times a_i + 1$ を計算していることになる。

また，和を計算しているところは，フローチャート中では $k \leftarrow j + k$ の部分である。この部分では，a_1 からの和がとられているが（漸化式を計算してから和をとっているため），$a_0 = 1$ は最初の $k \leftarrow 1$ の部分ですでに加えられているため a_0 から和がとられていることになる。また，最後は $i = 10$ で終了するため，a_{10} まで和がとられていることになる。

No.10　**【正解】2**

2 進法で $(b_1,\ b_2,\ \cdots b_n)$ と表される数は 10 進法では，$b_1 \times 2^{n-1} + b_2 \times 2^{n-2} + \cdots + b_n \times 1$ と表されるので，b_1 に 2^{n-1} が，b_2 に 2^{n-2} が … とかけ算されなければならない。ここで，もし 2 桁の場合には $b_1 \times 2 + b_2$ となるが，選択肢の中でこれと対応するのは，肢２，３の $p \leftarrow 2p + b_i$ である。3 桁の場合には，これをさらに 2 倍してから b_3 を加えると，

$$(b_1 \times 2 + b_2) \times 2 + b_3 = b_1 \times 2^2 + b_2 \times 2 + b_3$$

となって，3 桁でも妥当である。

さらに，$i = n+1$ になったら終了しなければならないので，$i \leqq n$ が正しい。

アドバイス

具体例が問題文中にありますので，これを使って選択肢を 1 つ 1 つ表で調べても案外速く解くことができます。

No.11　**【正解】2**

素数を見つけるためには，自分自身よりも小さい素数で順次割っていけばよい。その部分にあたるのが，「MOD(*j*,*PRIME*(*i*))」の計算で，割り切れれば素数でないため，次の数へ移ることになり，割り切れなければ，次の素数で割ることになる。したがって，B はウにつながる。C は割り切れた場合で，ア，イのどちらでもよさそうだが，素数が見つかったわけではなく，100 個目の素数が見つかったかどうかのチェックをしても意味がないので，イにつなげる。残る A は，その直前で，*PRIME* に値を代入していることから，素数が見つかった場合を表していることが分かる。したがって，A はアとつながっている。

ヒント

B を見てみましょう。すぐ上にあるのは i の増分処理です。その行き先に初期条件があるわけがありません。そうだとすると，B の行き先はウしかありません。同じように A を見ると，ほぼアにつながると推測できますね。

第2部

物理

第1章　解　説

No.1　【正解】2

左右対称なので，糸の張力は 2 本とも同じになる。また，糸と棒のなす角度は，長さの関係から，60° であるとわかる。そこで，糸の張力を T として力を図示すると，次のようになる。

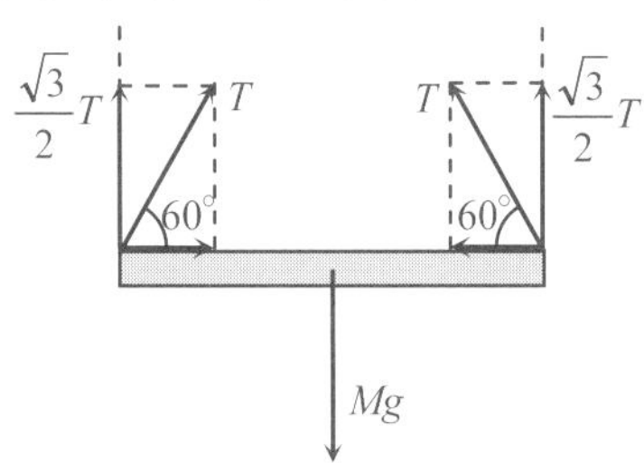

縦方向の力のつり合いより，

$$\frac{\sqrt{3}}{2}T \times 2 = Mg \qquad \therefore \quad T = \frac{\sqrt{3}}{3}Mg$$

No.2　【正解】4

人と板についてそれぞれ図を描いて力を見つける。人と板の間の抗力を N，人が糸を引く力（糸の張力）を T と置くと，次のようになる。

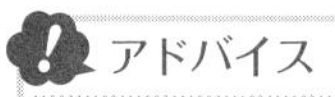

アドバイス
1つ1つ分けて考えることが最大のポイントです。

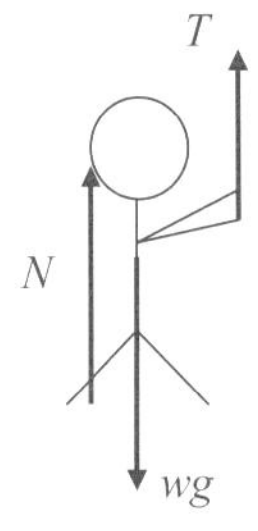

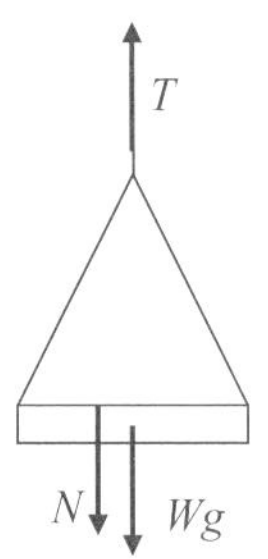

人についての力のつり合いより，重力加速度を g とすると，

$$T + N = wg$$

板についての力のつり合いより，

$$T = N + Wg$$

この 2 式を解く。$N = T - Wg$ となるので，上の式に代入して，

$$T + T - Wg = wg \qquad \therefore \quad T = \frac{W + w}{2}g\ , \quad N = \frac{w - W}{2}g$$

ここで，$N \geqq 0$ でないと，板が浮き上がる前に，人が浮き上がってしまう。したがって，持ち上がる条件は $W \leqq w$

No.3　**【正解】4**

下図のように力をおく。つまり，垂直抗力を N，摩擦力を R とする。
斜面垂直方向の力のつり合いより，

$$N = Mg \cos \theta$$

また，斜面方向の力のつり合いより，

$$R = F + Mg \sin \theta$$

ここで，物体が動き出す条件は，$R \geqq \mu N = \mu Mg \cos \theta$ なので，

$$F \geqq \mu Mg \cos \theta - Mg \sin \theta = (\mu \cos \theta - \sin \theta)\, Mg$$

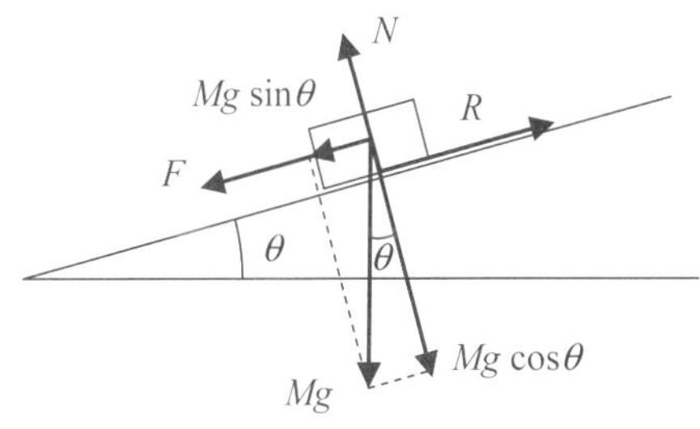

No.4　**【正解】4**

物体に加わる力を図示すると，次のようになる。A，B の摩擦力はそれぞれ R_A，R_B，垂直抗力はそれぞれ N_A，N_B，糸の張力は T とおく。

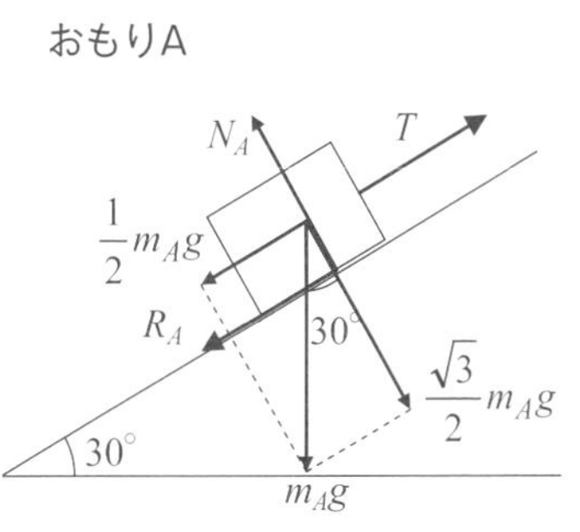

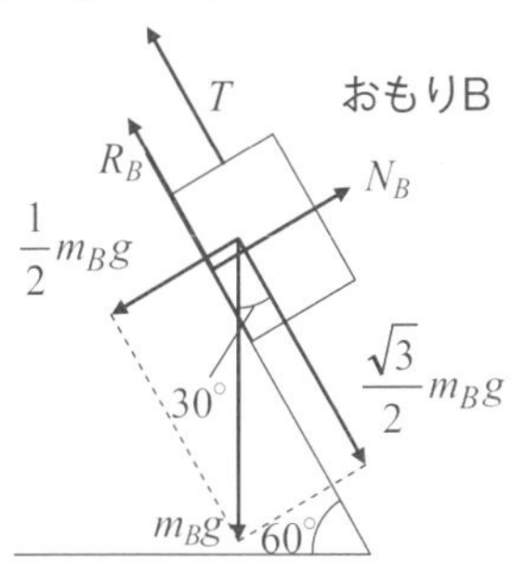

おもり A が上に動き出すとき，おもり B は下に動きます。ですので摩擦力は，おもり A には下向き，おもり B には上向きに加わります。

A についての斜面方向の力のつり合いより，

$$T = \frac{1}{2}m_Ag + R_A$$

斜面に垂直な方向の力のつり合いより，

$$N_A = \frac{\sqrt{3}}{2}m_Ag$$

B についての斜面方向の力のつり合いより，

$$T + R_B = \frac{\sqrt{3}}{2} m_B g$$

斜面に垂直な方向の力のつり合いより，

$$N_B = \frac{1}{2} m_B g$$

A についての斜面方向の式を，B についての斜面方向の式に代入して，

$$\frac{1}{2} m_A g + R_A + R_B = \frac{\sqrt{3}}{2} m_B g$$

ここで，おもりが動き出さないためには，$R_A \leqq \mu N_A$，$R_B \leqq \mu N_B$ が成り立たなければいけないので，

$$R_A + R_B = \frac{\sqrt{3}}{2} m_B g - \frac{1}{2} m_A g \leqq \mu \left(\frac{\sqrt{3}}{2} m_A g + \frac{1}{2} m_B g \right)$$

これを解いて，

$$\frac{m_A}{m_B} \geqq \frac{-\mu + \sqrt{3}}{\sqrt{3}\mu + 1}$$

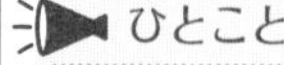
ひとこと

符号を入れるかどうかは考え方にもよるでしょうが，選択肢に合わせておくとよいでしょう。

No.5 【正解】5

糸の張力を T，円盤と壁との摩擦力を R とする。また，円盤の半径を r とする。鉛直方向の力のつり合いより，

$$R + T\cos\theta = Mg$$

水平方向の力のつり合いより，

$$N = T\sin\theta$$

円の中心まわりのモーメントのつり合いを立てると，

$$Rr = Tr \quad \therefore R = T$$

これを解いて，

$$T = R = \frac{Mg}{1+\cos\theta}, \quad N = \frac{\sin\theta}{1+\cos\theta} Mg$$

ヒント

モーメントのつり合いでは，張力 T を分けずに合力のまま計算します。モーメント中心は，距離の計算のやりやすい位置にとっています。

No.6 【正解】5

棒に加わる力を図示する。問題文中に「なめらか」というような摩擦がないという記述がないため，摩擦があるものとして図示すれば，円からの垂直抗力 N，円からの摩擦力 R，床からの垂直抗力 N'，床からの摩擦力 R' に重力ですべての力となる。これは図のようになる。

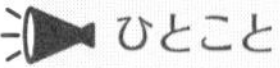
ひとこと

力をいくつか忘れても，点 B 回りのモーメントのつり合いを考えれば解くことができます。しかし，力はすべて正しく図示できるように練習するのがいいですね。

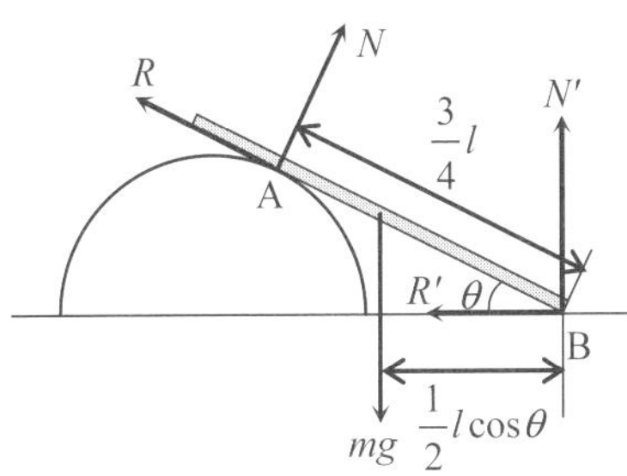

点 B 回りのモーメントのつり合いより，

$$N\times\frac{3}{4}l=mg\times\frac{1}{2}l\cos\theta \qquad \therefore\quad N=\frac{2}{3}mg\cos\theta$$

不必要な N'，R'，R すべてが消えるモーメントのつり合いの中心が B ですね。この 3 つの力の作用線が B を通っていることを確認しましょう。

No.7 **【正解】2**

（解法 1）通常通りモーメントのつり合いを立てる

棒に加わる力を図示する。上側の糸の張力を T，水平になっている糸の張力を F とすると，図のようになる。

横方向の力のつり合いより，

$$\frac{1}{2}T=F$$

縦方向の力のつり合いより，

$$\frac{\sqrt{3}}{2}T=mg$$

棒の左端回りのモーメントのつり合いより，

$$F\times l\sin\theta=mg\times\frac{1}{2}l\cos\theta$$

最初の 2 つの式より，

$$T=\frac{2}{\sqrt{3}}mg,\quad F=\frac{1}{2}T=\frac{1}{\sqrt{3}}mg$$

これをモーメントのつり合いの式に代入して，

$$\tan\theta=\frac{\sin\theta}{\cos\theta}=\frac{mg}{2F}=\frac{\sqrt{3}}{2}$$

（解法 2）3 力のつり合いに注目する

解法 1 と同じように棒に加わる力を図示する。なお，便宜上，力 F の作用線の長さの一部を図のように a とおいている。

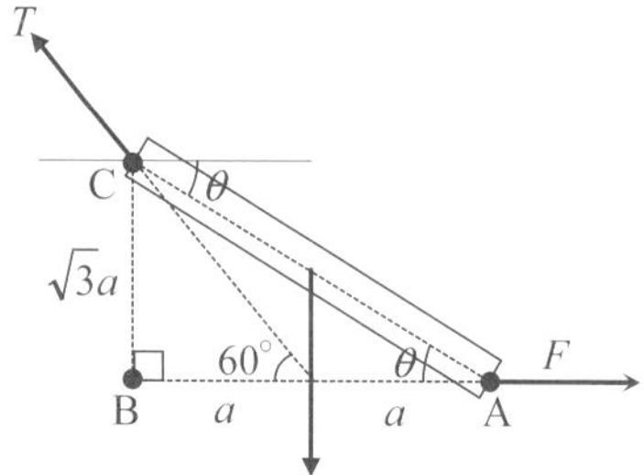

このとき，図の直角三角形 ABC について，

$$\tan\theta = \frac{\sqrt{3}a}{2a} = \frac{\sqrt{3}}{2}$$

No.8　**【正解】2**

（解法 1）通常通りモーメントのつり合いを立てる

力を図示すると図のようになる。

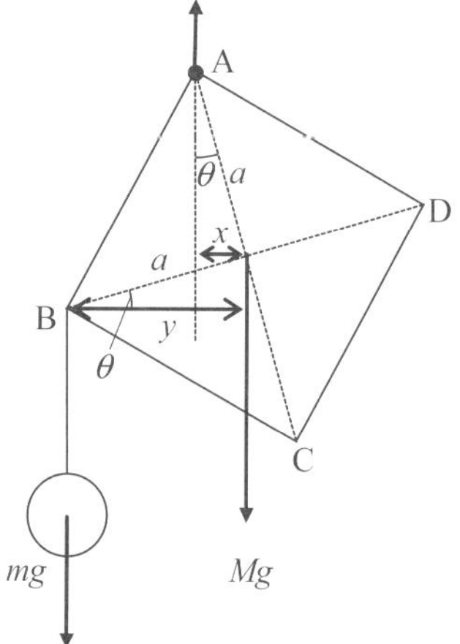

ここで対角線の半分の長さを図のように a とおく。図の x, y の長さは，

$$x = a\sin\theta,\ \ y = a\cos\theta$$

となるので，点 A 回りのモーメントのつり合いより，

$$mg(y - x) = Mgx$$

$$\therefore\ \ m = M\frac{x}{y-x} = M\frac{x/y}{1-x/y} = M\frac{\tan\theta}{1-\tan\theta} = \frac{M}{6}$$

(解法2）てんびんのつり合いを考える

力を図示するところまでは解法1と同じである。働いている力は3つで平行なので，てんびんのつり合いが成立している。そこで対角線の交点をO，つり下げている糸の張力の作用線と対角線BDの交点をPとすると，図のようになる。

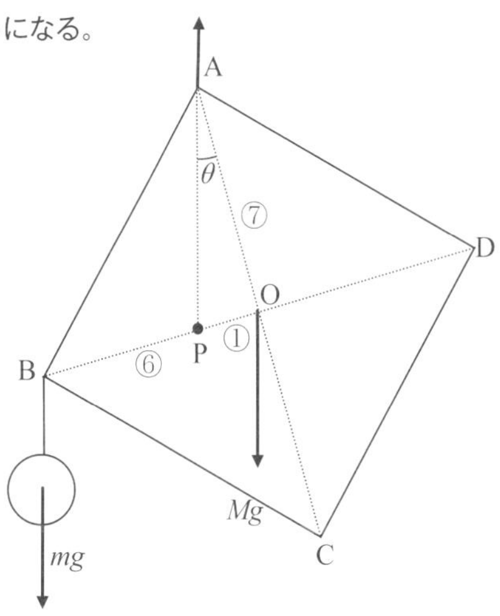

図において，△OAPは直角三角形なので，OP＝①とすると，OA＝⑦となる。また，正方形の対角線の長さは等しいのでOB＝⑦となるので，PB＝⑦−①＝⑥となる。したがって，てんびんのつり合いから，

$$M : m = 6 : 1 \qquad \therefore \quad m = \frac{M}{6}$$

No.9　【正解】5

針金は一様なので，1cmあたりの質量を1とする。針金を横の12cmと，縦の8cmに分けて考える。12cmの質量12は横の針金の中心に，8cmの質量8も縦の針金の中心にくる。これを図示すると次のようになる。

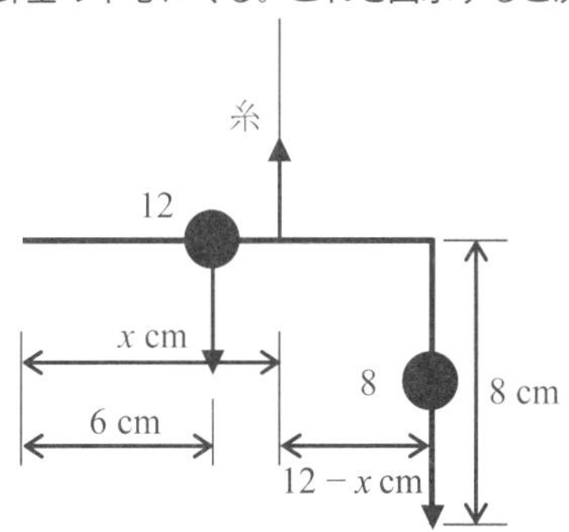

ヒント

働く力が3つしかないことに注目しています。

糸の回りのモーメントのつり合いを考えると，

$$12\times(x-6)=8\times(12-x)\qquad \therefore x=8.4$$

なお，3 つの平行な力によるつり合いなので，てんびんのつり合いが成立する。これを使うと，針金の重心の水平位置は，図の 2 つの点の水平距離を 8：12 = 2：3 に内分する位置にくるので，求める x を，

$$6+6\times\frac{2}{5}=8.4\text{ cm}$$

と計算することもできる。

No.10　**【正解】4**

力を図示すると，次のようになる。床からの垂直抗力を N，摩擦力を R，壁からの垂直抗力を N' とする。

ヒント
壁はなめらかで，床は粗いことに気をつけましょう。

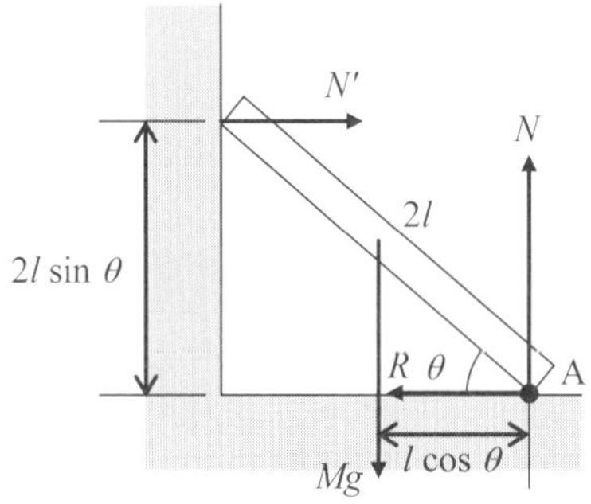

鉛直方向の力のつり合いより，

$$N=Mg$$

水平方向の力のつり合いより，

$$R=N'$$

ここで，棒と床の接点回り（図の点 A 回り）のモーメントのつり合いより，

$$N'\times 2l\sin\theta=Mg\times l\cos\theta$$

これより，

$$R=N'=\frac{\cos\theta}{2\sin\theta}Mg=\frac{1}{2\tan\theta}Mg$$

No.11　**【正解】3**

棒 I の質量を M とし，床からの垂直抗力を N_1，棒からの垂直抗力を N_2 とし，静止摩擦係数を μ とする。

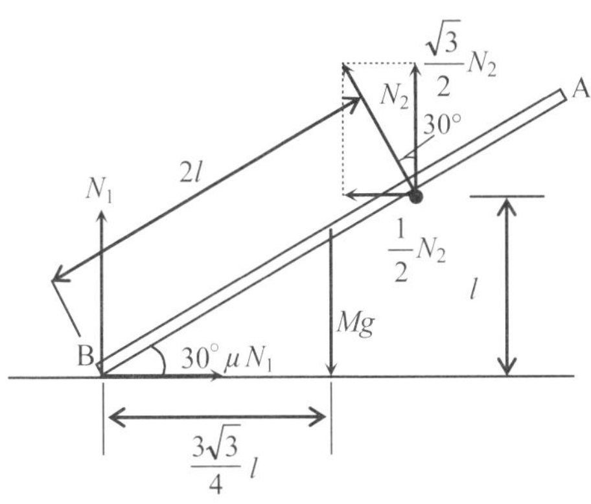

鉛直方向の力のつり合いより，

$$N_1+\frac{\sqrt{3}}{2}N_2=Mg$$

水平方向の力のつり合いより，

$$\mu N_1=\frac{1}{2}N_2$$

B を中心とするモーメントのつり合いより，

$$N_2\times 2l=Mg\times\frac{3\sqrt{3}}{4}l \qquad \therefore \quad N_2=\frac{3\sqrt{3}}{8}Mg$$

これらを解いて，

$$N_1=Mg-\frac{\sqrt{3}}{2}\times\frac{3\sqrt{3}}{8}Mg=\frac{7}{16}Mg,\ \ \mu=\frac{N_2}{2N_1}=\frac{3\sqrt{3}}{7}$$

No.12　【正解】2

図 I，図 II に共通して，A，B，C の伸びをそれぞれ X_A，X_B，X_C とする。また，おもり 1 つの質量を m，ばねのばね定数を k とする。3 つのおもりをそれぞれ図示して力を見つけると，次のようになる。ただし，点線の F は図 II のみに出てくる力で，M_3 を押す力である。

ヒント

まずはおもりを１つ１つ分けて考えることが大切です。

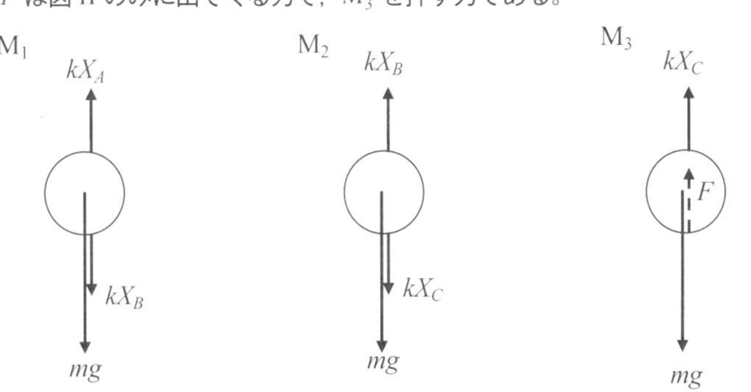

解　説

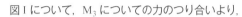

図Ⅰについて，M_3 についての力のつり合いより，

$$mg = kX_C$$

M_2 についての力のつり合いより，

$$mg + kX_C = kX_B$$

M_1 についての力のつり合いより，

$$mg + kX_B = kX_A$$

以上を解くと，$X_C = \frac{mg}{k}$，$X_B = \frac{2mg}{k}$，$X_A = \frac{3mg}{k}$ となる。したがって，

$$X_T = X_A + X_B + X_C = \frac{6mg}{k}$$

次に図Ⅱについては，図Ⅰと変わるのは M_3 についての力のつり合いで，これは

$$mg = kX_C + F$$

となる。また，全体の長さは，自然長と同じなので，

$$X_A + X_B + X_C = 0$$

M_2，M_1 の力のつり合いに変わりはない。以上を解く。3 つの力のつり合いの式から，$X_C = \frac{mg - F}{k}$，$X_B = \frac{2mg - F}{k}$，$X_A = \frac{3mg - F}{k}$ となり，全体の長さの式から $F = 2mg$ となる。これより，

$$X_A = \frac{mg}{k}$$

したがって，6 倍となる。

ヒント

力を見つけるときには，接しているものだけを見ます。したがって F が影響するのは M_3 だけですね。

X_C，X_B，X_A の順に計算していくとよいでしょう。

第2章 解 説

No.1 【正解】1

（解法1）等加速度運動の公式のみで解く

投げる前と投げ出された後では運動が変わるので，場合を分ける。また，地面に原点を取って，上向きに x 座標をとる。

① 加速度 a で上昇しているとき

等加速度運動の公式より，時間 t で急停車したときの高さ x と速度 v は，

$$\begin{cases} x = \dfrac{1}{2}at^2 \\ v = at \end{cases}$$

② 小球が投げ出された後

加速度は $-g$ となる。投げ出された後の時間を T とすると，等加速度運動の公式より，時間 t で急停車したときの高さ x と速度 v は，初速度，初期座標に①で求めた式を使って，

$$\begin{cases} x = -\dfrac{1}{2}gT^2 + (at)T + \dfrac{1}{2}at^2 \\ v = -gT + at \end{cases}$$

最高点では $v = 0$ となるので，

$$0 = -gT + at \qquad \therefore \quad T = \frac{a}{g}t$$

これを x の式に代入して，求める高さ h は，

$$h = -\frac{g}{2}\left(\frac{a}{g}t\right)^2 + at \times \frac{a}{g}t + \frac{1}{2}at^2 = \frac{ag + a^2}{2g}t^2 = \frac{a}{2}\left(1 + \frac{a}{g}\right)t^2$$

アドバイス

状況が途中で変化する場合には，それぞれを分けて考えましょう。このような問題は第３章で多く出てきます。

（解法 2）エネルギー保存則を使う

①は解法1と同じである。

②において，求める高さを h として，エネルギー保存則を立てると，

$$mg\left(\frac{1}{2}at^2\right) + \frac{1}{2}m\left(at\right)^2 = mgh$$

$$\therefore \quad h = \frac{1}{2}at^2 + \frac{a^2t^2}{2g} = \frac{a}{2}\left(1 + \frac{a}{g}\right)t^2$$

ただし，m は小球の質量である。

ひとこと

エネルギー保存則は第３章で扱います。

No.2　【正解】4

①　加速度を求める

運動方程式を立てる。質量を m，重力加速度を g とすると，力は図のようになる。加速度を a とおく。すると，次のようになる。

$$ma = mg\sin\theta \qquad \therefore\quad a = g\sin\theta$$

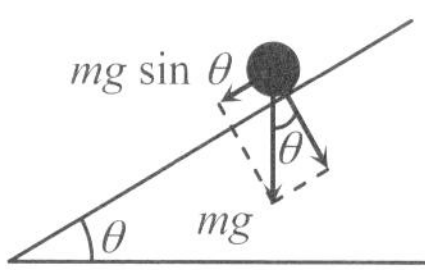

ヒント
摩擦がないため，単純に重力加速度 g の斜面方向成分 $g\sin\theta$ を加速度として構いません。

②　地面に到達するまでの時間

高さを h とすると，斜面を下りる長さは $\dfrac{h}{\sin\theta}$ なので，等加速度運動の公式から，

$$\frac{h}{\sin\theta} = \frac{1}{2}g\sin\theta\cdot T^2 \qquad \therefore\quad T = \frac{1}{\sin\theta}\sqrt{\frac{2h}{g}}$$

ヒント
2 つの場合は高さが変わりませんので，高さを h とおきました。

そこで，角度が 2 倍になると，求める時間は，

$$\frac{1}{\sin 2\theta}\sqrt{\frac{2h}{g}} = \frac{1}{2\cos\theta\sin\theta}\sqrt{\frac{2h}{g}} = \frac{T}{2\cos\theta}$$

No.3　【正解】4

投げたところを原点として，水平方向を x 軸，鉛直上方向を y 軸にとって等加速度運動の公式を使う。初速度は水平方向を u_0，鉛直方向を v_0 とする。

ヒント
必要な初速度は文字でおきましょう。本問は最初から水平方向・鉛直方向に分けると便利です。

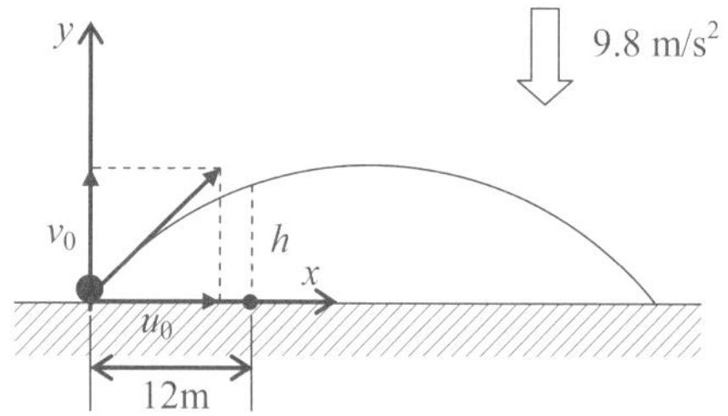

鉛直方向について，等加速度運動の公式から，座標 y の式は，

$$y = -\frac{9.8}{2}t^2 + v_0 t = -4.9t^2 + v_0 t$$

まず，投げてから $1+4=5$ 秒後に地面に落下しているので，y の式に $y=0$ を代入して，

$$0 = -4.9\times5^2 + 5v_0 \qquad \therefore\quad v_0 = 24.5\ \text{m/s}$$

改めて y の式に $t=1$ を代入して，A の高さを求めると，

$$h=-4.9\times1^2+24.5\times1=19.6\ \text{m}$$

ひとこと
A の水平距離の 12m は関係ありませんでしたね。

No.4　【正解】1

運動方程式を立てるために，2 つの物体についてそれぞれ力を図示する。糸の張力を T として，力は図のようになる。斜面上の質量 m の物体について運動方程式を立てて，

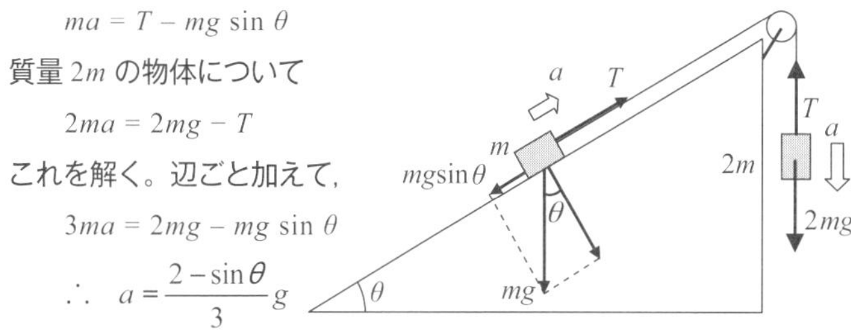

$$ma=T-mg\sin\theta$$

質量 $2m$ の物体について

$$2ma=2mg-T$$

これを解く。辺ごと加えて，

$$3ma=2mg-mg\sin\theta$$

$$\therefore\quad a=\frac{2-\sin\theta}{3}g$$

No.5　【正解】4

まず, B と M_1 の加速度の関係を考える。動滑車 B が仮に h だけ上がったとすると，両側にあったひもがなくなることになり，その分 M_1 は下がることになる。したがって，M_1 は $2h$ だけ下がることになる。これは加速度も同じであり，結局，M_1 の加速度の大きさは，M_2 の加速度の大きさの 2 倍となる。

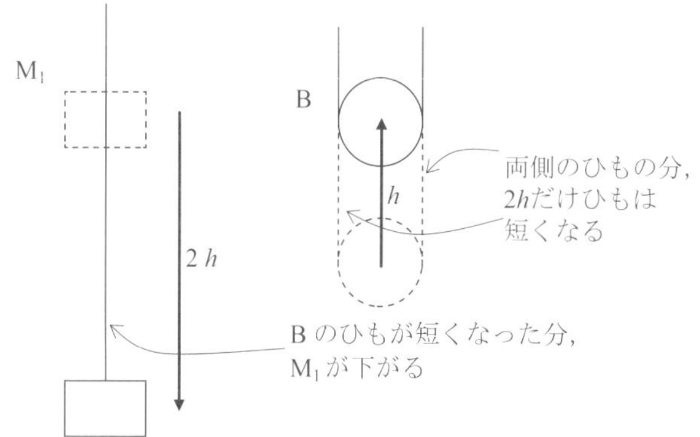

いま，M_1 の加速度を上向きに a とする。この場合，上の考察から，B についている M_2 の加速度は下向きに $\frac{a}{2}$ となる。このときに糸の張力を T として，運動方程式を立てる。M_1 がつながっている糸は M_2 ではなく

ひとこと
動滑車のこの性質は覚えておきましょう。動滑車を使うと，M_2 とつり合わせる M_1 の質量は，M_2 の半分で足りることになります。この問題では，M_1 は M_2 の半分の $3.5m$ より質量が大きいため（$4m$），M_1 が下降することがわかります。

て動滑車Bにかかっているので，動滑車BとM_1は1つの物体とみる。力を図示すると次のようになる。

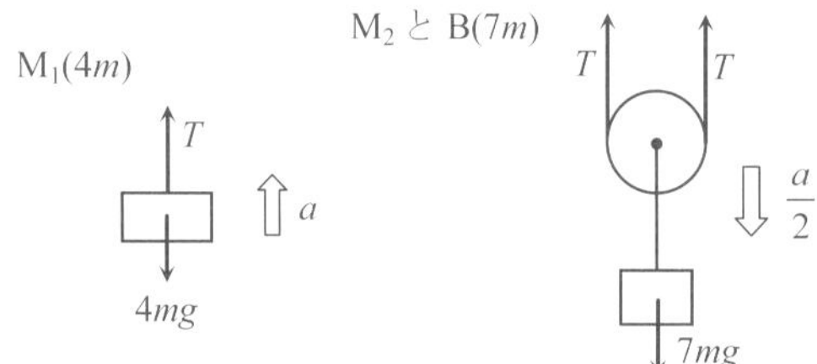

M_1の運動方程式は，

$$4ma = T - 4mg \quad \cdots①$$

M_2の運動方程式は，糸2本に支えられていることに注意して，

$$7m\times\frac{a}{2} = 7mg - 2T \quad \cdots②$$

これを解く。

①×2＋②より，

$$\frac{23}{2}ma = -mg \qquad \therefore \quad a = -\frac{2g}{23}$$

つまり，下向きに加速度$\dfrac{2g}{23}$となる。

No.6　**【正解】1**

A，B，Cそれぞれについて運動方程式を立てる。そのために力を図示すると次のようになる。ただし，B，Cの垂直抗力をそれぞれN_B，N_Cとし，AとBとの間の糸の張力をT_1，BとCとの間の糸の張力をT_2とした。さらに，重力加速度を$g = 9.8$ m/s^{2}とおいている。また，共通の加速度をaとする。

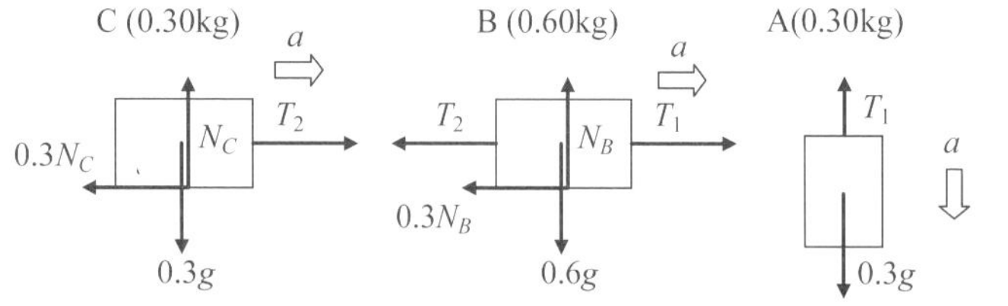

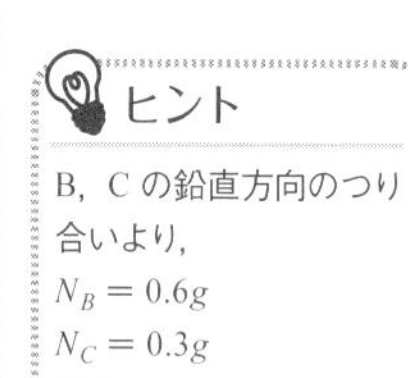

B，Cの鉛直方向のつり合いより，
$N_B = 0.6g$
$N_C = 0.3g$
です。

Cについての運動方程式は，

$$0.3a = T_2 - 0.3N_C = T_2 - 0.09g$$

Bについての運動方程式は，

$$0.6a = T_1 - T_2 - 0.3N_B = T_1 - T_2 - 0.18g$$

についての運動方程式は，

$$0.3a = 0.3g - T_1$$

つの式を辺ごと加えると，

$$1.2a = 0.3g - 0.09g - 0.18g = 0.03g \qquad \therefore \ a = \frac{g}{40}$$

したがって，2s 後の速さ v は，等加速度運動の式から，

$$v = a \times 2 = \frac{g}{20} = 0.49 \text{ m/s}$$

No.7　【正解】3

人とかごに分けて運動方程式を立てる。そのためにまずは力を図示する。人がひもを引く力を T とする。すると，力は次の図のようになる。

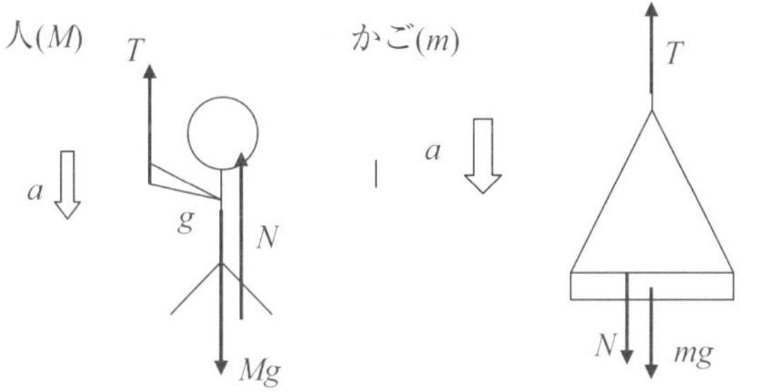

かごと人の加速度を a（下向き）とおく。かごについての運動方程式より，

$$ma = mg - T + N \quad \cdots①$$

人についての運動方程式より，

$$Ma = Mg - T - N \quad \cdots②$$

これを解く。②−①より，

$$(M - m)a = (M - m)g - 2N \qquad \therefore \ a = g - \frac{2N}{M - m}$$

No.8　【正解】3

解法1）慣性力を加えた力のつり合いを立てる

質量を m とする。慣性力 $-ma$ を加え，代わりに加速度 a で運動せず，物体が静止していたと考える（加速度 a で動く斜面から見て運動方程式を立てると考えたことになる）。垂直抗力を N とすると，次のようになる。

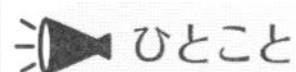

この問題の解答が第１章の練習問題 No.2 と途中まで全く同じであることに注意しましょう。つまり，運動方程式も力のつり合いも，力を図示するところまではほとんど同じ手順になるのです。

台や床が動く場合には，慣性力の考え方が便利です。

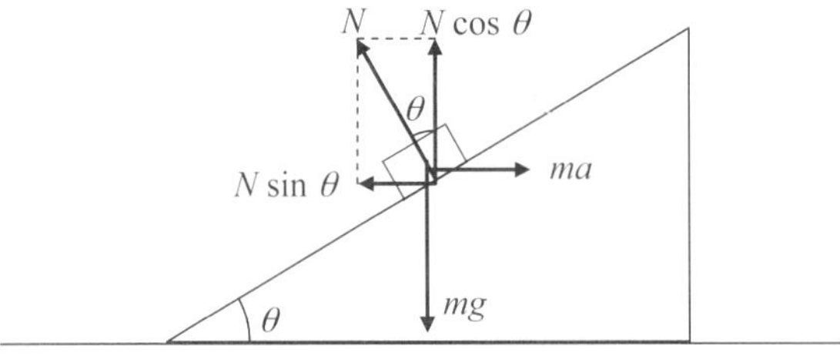

垂直方向の力のつり合いより，

$$N\cos\theta = mg$$

水平方向の力のつり合いより，

$$N\sin\theta = ma$$

これを解いて a を求める。

$$\tan\theta = \frac{N\sin\theta}{N\cos\theta} = \frac{ma}{mg} = \frac{a}{g} \qquad \therefore \quad a = g\tan\theta$$

（解法２）見かけの重力の考え方を使う

斜面が滑らかなので，斜面に平行な方向に力が加われば必ず斜面に沿って動いてしまう。したがって，慣性力と重力の合力が斜面に垂直になるはずである。このとき，下の図の直角三角形より，$a = g\tan\theta$

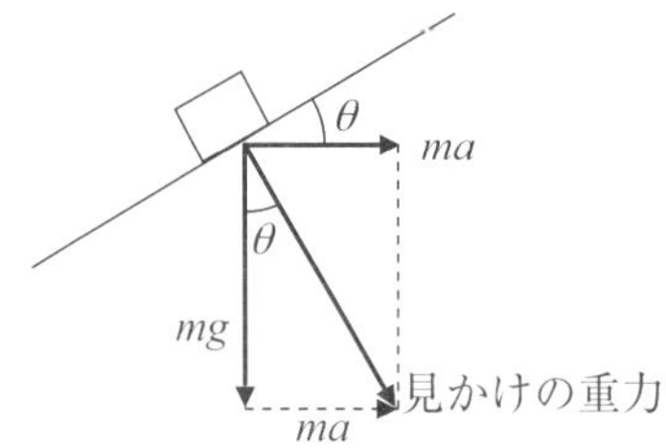

ひとこと

土木，機械系の水面の相対的静止の問題で使われる考え方です。加速度運動する水槽の水面は，この見かけの重力に直交するように傾きます。

No.9　**【正解】4**

一体となったということは，同じ速度で運動したということである。この場合，2 つの物体は質量が $2m + m = 3m$ の 1 つの物体になったと考えてもよい。そこで，衝突後の速さについて，下の図のようにその速さを v とおく。

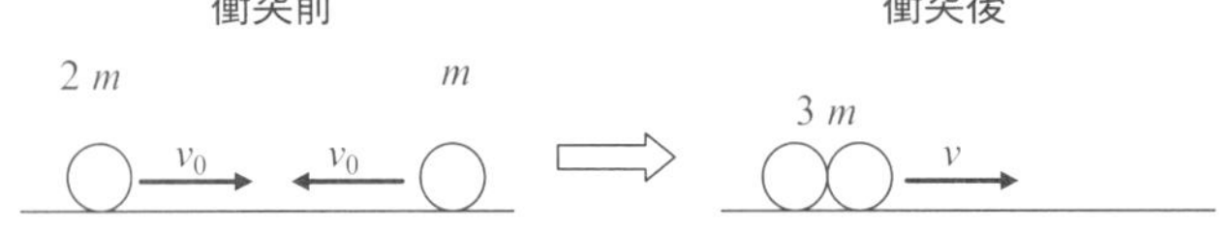

運動量の保存則より,

$$2mv_0 - mv_0 = 3mv \qquad \therefore \quad v = \frac{v_0}{3}$$

したがって，運動エネルギーの減少量は,

$$\left(\frac{1}{2}\cdot 2m{v_0}^2 + \frac{1}{2}m{v_0}^2\right) - \frac{1}{2}\cdot 3m\left(\frac{v_0}{3}\right)^2 = \frac{4}{3}m{v_0}^2$$

ひとこと

運動エネルギーは第３章で扱います。

No.10 **【正解】5**

1 回目の衝突後の A の速さを v_A，B の速さを v_B とする（ともに右向きとする)。また質量は等しいので，これを 1 とおく。このときの衝突前と衝突後の A と B の様子を図示すると次のようになる。

衝突前　$m=1$ Ⓐ 1.0m/s → $m=1$ Ⓑ　⇒　衝突後　$m=1$ Ⓐ v_A → $m=1$ Ⓑ v_B →

このとき，運動量保存則より,

$$1 = v_A + v_B$$

また，跳ね返り係数が 0.6 なので,

$$0.6 = v_B - v_A$$

以上の 2 式を解く。右辺どうし，右辺どうしを加えて,

$$1.6 = 2v_B \qquad \therefore \quad v_B = 0.80$$

これより,

$$v_A = 1 - v_B = 0.20$$

次に, 2 回目の衝突を考える。衝突後の B, C の速さをそれぞれ u_B, u_C(右向き）とおくと，次の図のようになる。

衝突前　$m=1$ Ⓑ 0.8m/s → $m=1$ Ⓒ　⇒　衝突後　$m=1$ Ⓑ u_B → $m=1$ Ⓒ u_C →

このとき，運動量保存則より,

$$0.8 = u_B + u_C$$

また，跳ね返り係数が 0.6 なので,

$$0.6\times 0.8 = u_C - u_B$$

以上の 2 式を解く。左辺どうし，右辺どうしを加えて，

$$1.28 = 2u_C \qquad \therefore u_C = 0.64$$

これより，

$$u_B = 0.8 - u_C = 0.16$$

さらに 2 回目の衝突後の A の速さが B よりも大きいため，3 回目の衝突を考える。

衝突後の A，B の速さをそれぞれ V_A，V_B（右向き）とする。すると，衝突前後の様子は次のようになる。

衝突前　　　　　　　　　　衝突後

$m = 1$ Ⓐ 0.2m/s → 　$m = 1$ Ⓑ 0.16m/s → 　⇒　$m = 1$ Ⓐ V_A → 　$m = 1$ Ⓑ V_B →

このとき，運動量保存則より，

$$0.2 + 0.16 = V_A + V_B$$

また，跳ね返り係数が 0.6 なので，

$$0.6 \times (0.20 - 0.16) = V_B - V_A$$

以上の 2 式を解く。左辺どうし，右辺どうしを加えて，

$$0.384 = 2V_B \qquad \therefore \quad V_B = 0.192$$

これより，

$$V_A = 0.36 - V_B = 0.168$$

$$V_A = 0.168,\ V_B = 0.192$$

したがって，B が速さ 0.64m/s の C に追いつくことはないので，これ以上衝突は起きない。つまり，0.64m/s が C の最終的な速さとなる。

なお，今回はすべての衝突について考えたが，実際には 1 回目の衝突だけ計算すれば十分である。2 回目の衝突は，1 回目と比べると最初に B が衝突する速さが，1 回目の A の 0.80 倍になっている以外は，全く同じである。したがって，計算結果も 0.80 倍になるだけである。

また，3 回目の衝突については，計算しなくとも，A，B の運動エネルギーの和が，

$$\frac{1}{2}\cdot 1\cdot 0.2^2 + \frac{1}{2}\cdot 1\cdot 0.16^2 = 0.0328\ \mathrm{J}$$

であり，C のもつ運動エネルギー $\frac{1}{2}\cdot 1\cdot 0.64^2 = 0.2048\ \mathrm{J}$ より小さいため，C の速さより B が速くなることはなく，C とは衝突しないことがわかる。

ひとこと

ここでは厳密な理由を書きましたが，直感的に 3 回目の衝突が計算不要であることはわかりますね。

No.11 【正解】1

衝突後の A と B の速さをそれぞれ V_A, V_B とおく。横方向，縦方向をそれぞれ分けて考えるので，衝突後の図では，横方向と縦方向に分けておく。

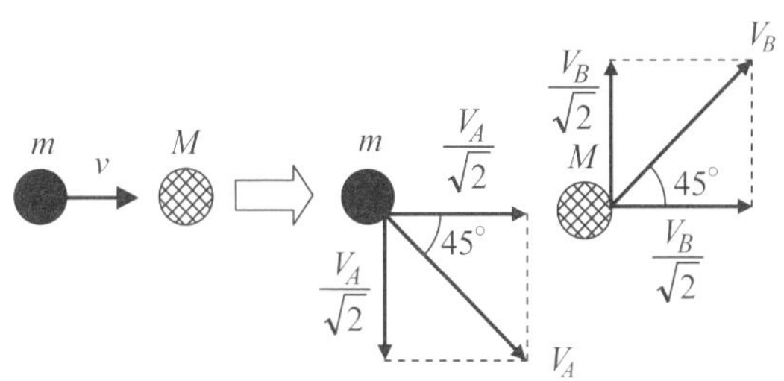

横方向について

$$mv = \frac{mV_A}{\sqrt{2}} + \frac{MV_B}{\sqrt{2}}$$

縦方向について，上方向を正とすると，

$$0 = -\frac{mV_A}{\sqrt{2}} + \frac{MV_B}{\sqrt{2}}$$

以上を解く。そのまま辺ごと加えて整理すると，

$$V_B = \frac{mv}{\sqrt{2}M} = \frac{\sqrt{2}}{2}\frac{m}{M}v$$

辺ごと引いて整理すると，

$$V_A = \frac{v}{\sqrt{2}} = \frac{\sqrt{2}}{2}v$$

ヒント

運動量はベクトル量ですから，縦横に分けて式を立てましょう。

No.12 【正解】4

運動方程式を立てるために，まずは力を見つける。水平方向には，板にも小物体にも摩擦力しか働かない。また，床と板の間の摩擦がないことにも注意する。

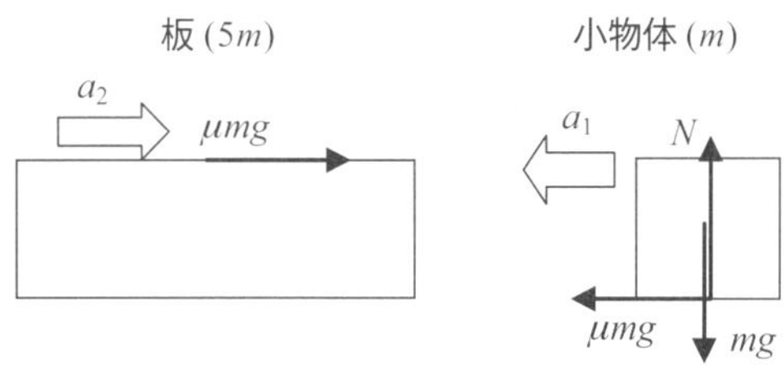

アドバイス

ポイントは2つあります。1つは，1つ1つ分けて運動方程式を立てること，もう1つは，そもそもなぜ運動方程式を立てようとしたのかです。後者については，第3章を学習した後に考えてみましょう。

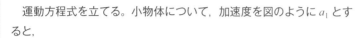

解　説

運動方程式を立てる。小物体について，加速度を図のように a_1 とすると，

$$ma_1 = \mu mg \qquad \therefore \quad a_1 = \mu g$$

したがって，時刻 t における上の物体の速さ v_1 は，等加速度運動の速さの公式より，

$$v_1 = -\mu gt + v_0$$ ← $v = at + v_0$

次に，板について，加速度を図のように a_2 とおくと，

$$5ma_2 = \mu mg \qquad \therefore \quad a_2 = \frac{\mu g}{5}$$

したがって，速さを v_2 とすると，等加速度運動の公式より，

$$v_2 = \frac{\mu g}{5}t$$

上の物体が下の物体に対して静止するとき $v_1 = v_2$ となるので，

$$-\mu gt_s + v_0 = \frac{\mu g}{5}t_s \qquad \therefore \quad t_s = \frac{5v_0}{6\mu g}$$

第3章 解説

No.1 【正解】4

AとBについて運動の様子を図に表すと次のようになる。

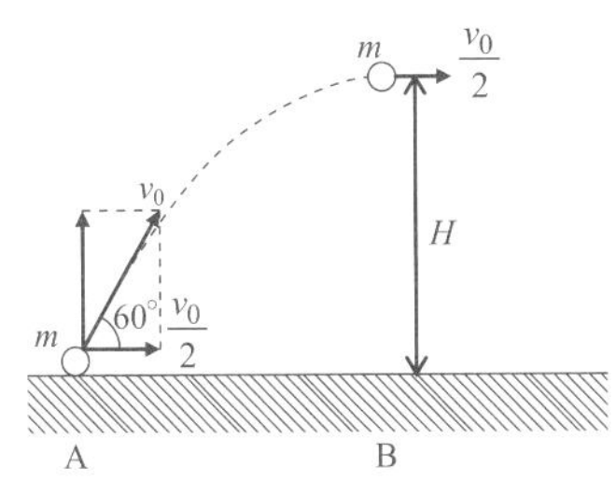

Bでは水平方向に速さをもっているが，AB間で水平方向に力は加わっていないため，この間水平方向の速さは変わっていない。したがって，エネルギー保存則より，

$$\frac{1}{2}mv_0^2 = \frac{1}{2}m\left(\frac{v_0}{2}\right)^2 + mgH \qquad \therefore \quad v_0 = \sqrt{\frac{8gH}{3}} = \frac{20\sqrt{6}}{3} \text{ m/s}$$

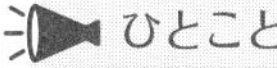
ひとこと

等加速度運動の公式を使っても解くことができます。

No.2 【正解】5

AとBについて図を描く。左がA→B，右がB→Aである。

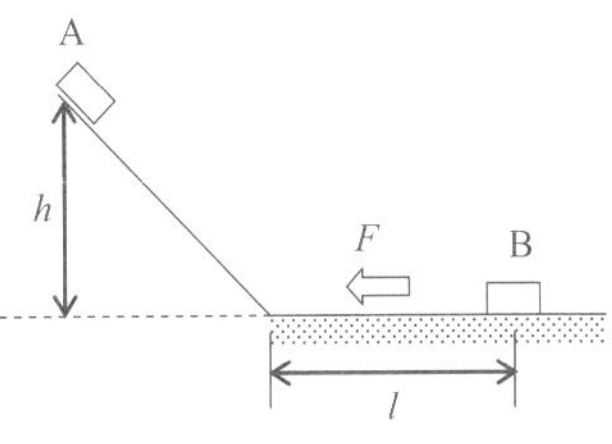

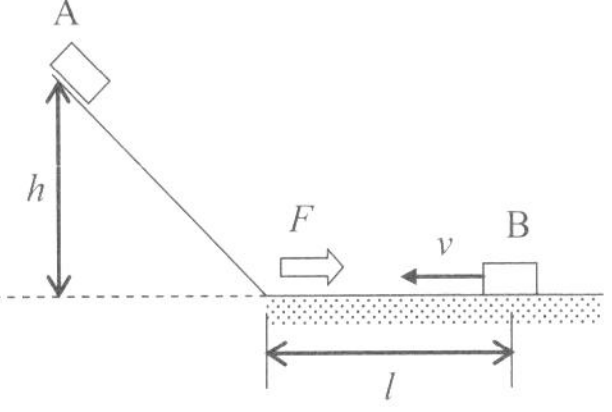

質量をmとし，水平面の摩擦力をF，水平面の距離をlとおくと，Aから B に下りる場合について，エネルギー保存則より，

$$mgh - Fl = 0$$

次に，Bでの速さをvとして，BからAに上がる場合についてエネルギー保存則を立てると，

$$\frac{1}{2}mv^2 - Fl = mgh$$

ヒント

最初に持っていた位置エネルギーがすべて仕事でなくなりました。

辺ごと引くと，

$$mgh - \frac{1}{2}mv^2 = -mgh \qquad \therefore \quad v = 2\sqrt{gh}$$

No.3　**【正解】3**

A，C，及び最高点について図を描く。

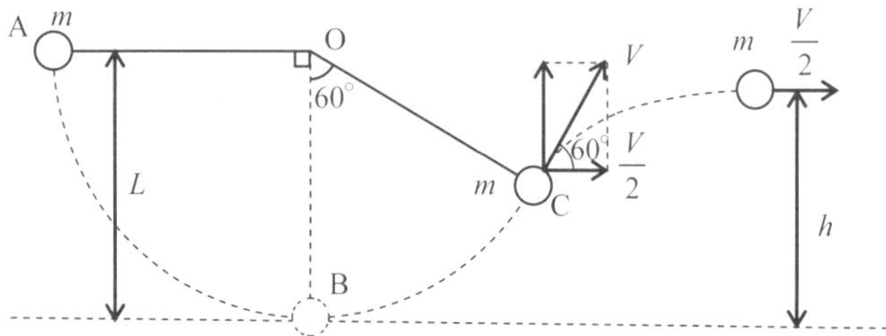

アドバイス

最高点までしっかりと図を描きましょう。後は例題3－2を思い出します。

C における速さを V として，AC 間でエネルギー保存則を使うと，

$$mgL = \frac{1}{2}mgL + \frac{1}{2}mV^2 \qquad \therefore \quad V = \sqrt{gL}$$

この水平成分は $\frac{\sqrt{gL}}{2}$ であり，最高点でもこれは変わらないので，A と最高点においてエネルギー保存則を立てると，最高点の B からの高さを h として，

$$mgL = mgh + \frac{1}{2}m\left(\frac{\sqrt{gL}}{2}\right)^2 \qquad \therefore \quad h = \frac{7}{8}L$$

ヒント

エネルギーは最初から最後まで保存されていますので，C と最高点の間でエネルギー保存則を立ててもよいでしょう。

No.4　**【正解】1**

A，B，最高点の 3 カ所について図を描く。

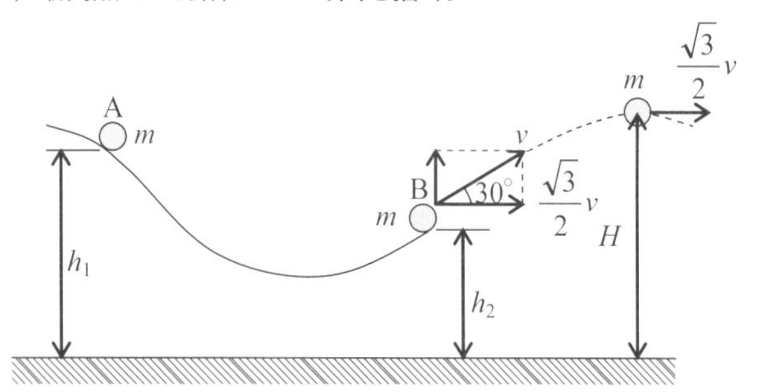

B での速さを v とする。A，B 間でエネルギー保存則を立てると，

$$mgh_1 = mgh_2 + \frac{1}{2}mv^2$$

したがって，

$$v = \sqrt{2g(h_1 - h_2)}$$

次に，最高点での高さを H とする。B と最高点の間では水平方向には力がはたらかず，等速なので，最高点での速度の水平成分は，B での速度の水平成分と等しく，

$$\frac{\sqrt{3}}{2} \times v = \frac{\sqrt{6g(h_1 - h_2)}}{2}$$

A と最高点の間でのエネルギー保存則より，

$$mgh_1 = mgH + \frac{1}{2}m\left(\frac{\sqrt{6g(h_1 - h_2)}}{2}\right)^2 = mgH + \frac{3mg(h_1 - h_2)}{4}$$

したがって，

$$H = \frac{h_1 + 3h_2}{4}$$

No.5 【正解】5

この問題では，速度の水平方向成分は，放物運動でも衝突でも変化しない。そこでこの水平方向成分は無視して考えてもよい。

はね返り係数が e なので，階段に衝突する直前の速度の鉛直速度成分を v とすると，衝突する直後は ev になっている。

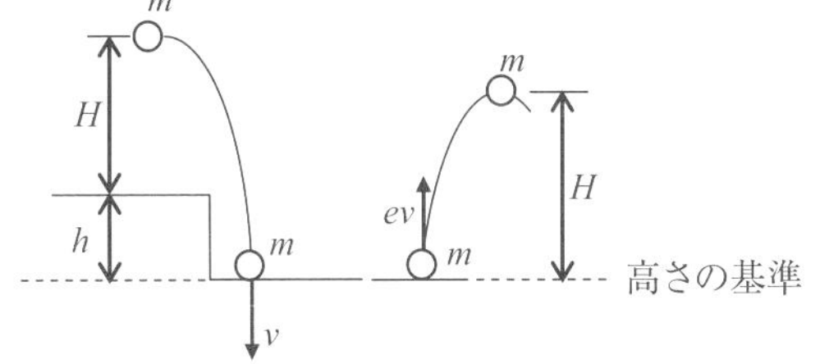

まずは図から，最高点と衝突直前についてエネルギー保存則を立てる。高さの基準を衝突した高さとすると，

$$mg(H + h) = \frac{1}{2}mv^2 \quad \therefore \quad v = \sqrt{2g(H + h)}$$

次に，衝突直後と，次の最高点についてエネルギー保存則を立てる。高さの基準に注意して，

$$\frac{1}{2}m(ev)^2 = mgH$$

ここに先ほどの速さを代入すると，

$$\frac{1}{2}me^2 \times 2g(H + h) = mgH$$

アドバイス

壁との衝突で速さが e 倍になるということは，運動エネルギーは e^2 倍になるということです。したがって放物運動の最高点の高さも e^2 倍になります。これを使うと，$H = e^2(H + h)$ とすぐに式が立てられます。

ひとこと

水平成分を u として考えても，両辺に $\frac{1}{2}mu^2$ が加わるだけで，他に影響がありませんね。

これを解いて，

$$h = H\left(\frac{1}{e^2} - 1\right)$$

No.6　【正解】5

一体となって運動した後の速さを V とおくと，運動量保存則より，

$$1 \times v = (1+9) \times V \qquad \therefore \quad V = \frac{v}{10}$$

このときに失われたエネルギーは，

$$\frac{1}{2} \times 1 \times v^2 - \frac{1}{2} \times (1+9) \times \left(\frac{v}{10}\right)^2 = \frac{9}{20}v^2$$

これが，摩擦力がする仕事 FL に等しいので，

$$\frac{9}{20}v^2 = FL \qquad \therefore \quad L = \frac{9v^2}{20F}$$

ヒント

一体となるのは衝突の一種ですので，運動量保存則を考えました。

アドバイス

運動エネルギーの減少量が摩擦力の仕事に等しいことは覚えておくとよいでしょう。

No.7　【正解】4

エネルギー保存則より，水平面に下りてきたときの小球の速さを v とすると，最初に持っていた位置エネルギーが運動エネルギーに変わるので，

$$mgh = \frac{1}{2}mv^2 \qquad \therefore \quad v = \sqrt{2gh}$$

次に，衝突直後の小球の速さを V，板の速さを u とする（いずれも右向きが正）。この状況を図に示すと次のようになる。

衝突前　　　　　　衝突後

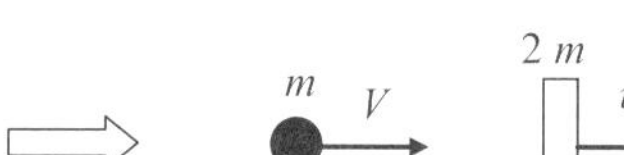

運動量保存則より，

$$2mu + mV = mv \quad \cdots ①$$

はね返り係数について，

$$u - V = \frac{2}{3}v \quad \cdots ②$$

これを解く。①を m で割って②を加えると，

$$3u = \frac{5}{3}v \qquad \therefore \quad u = \frac{5}{9}v$$

最後に，求めるばねの変位を x として，板とばねの振動について，衝突直後と，最も縮んだときについてエネルギー保存則を立てる。最も縮んだときには，板は静止しているので，最初に板が持っていた運動エネルギーがばねの弾性エネルギーに変わることになる。したがって，

$$\frac{1}{2}2m\left(\frac{5}{9}v\right)^2=\frac{1}{2}kx^2 \qquad \therefore \quad x=\frac{5v}{9}\sqrt{\frac{2m}{k}}=\frac{10}{9}\sqrt{\frac{mgh}{k}}$$

No.8　**【正解】1**

遠心力を加えた力のつり合いを考える。

角速度を ω，垂直抗力を N とする。

遠心力は，$6\times1.5\times\omega^2$ となり，力は図のようになる。

鉛直方向のつり合いより，

$$N=60$$

水平方向のつり合いより，

$$0.3N=18=6\times1.5\times\omega^2=9\omega^2 \qquad \therefore \quad \omega=\sqrt{2}=1.4\ \text{rad/s}$$

No.9　**【正解】4**

円運動の半径を r，糸の張力を T，垂直抗力を N とする。また，糸の鉛直方向からなす角度を θ, 角速度を ω とする。ここで，等速円運動では，遠心力 $mr\omega^2$ を加えると，物体にはたらく力がつり合うので，力を図示すると，次のようになる。

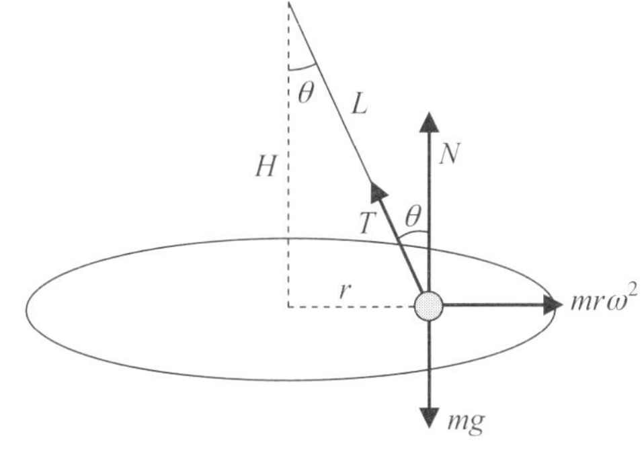

ここで，垂直方向の力のつり合いより，

$$N+T\cos\theta=mg$$

アドバイス

頂角 θ が与えられていませんが，これがないと計算が大変になります。与えられなくても必要な文字は自分で定義する。このことを学習しましょう。

解説

水平方向の力のつり合いより,

$$mr\omega^2 = T\sin\theta$$

この 2 式から張力を消去すると,

$$N = mg - T\cos\theta = mg - \frac{mr\omega^2\cos\theta}{\sin\theta}$$

ここで, $\cos\theta = \dfrac{H}{L}$, $\sin\theta = \dfrac{r}{L}$ を代入すると,

$$N = mg - \frac{mr\omega^2\cos\theta}{\sin\theta} = mg - mH\omega^2$$

離れるためには, $N < 0$ とならなければいけないので,

$$\omega > \sqrt{\frac{g}{H}}$$

No.10 【正解】2

地球が太陽から受ける万有引力 $G\dfrac{Mm}{R^2}$ と遠心力 $m\dfrac{v^2}{R}$ がつり合って等速円運動をするので,

$$G\frac{Mm}{R^2} = m\frac{v^2}{R} \qquad \therefore \quad v = \sqrt{\frac{GM}{R}}$$

この速さで $2\pi R$ だけ運動する時間が 1 周の時間 T となるので,

$$T = \frac{2\pi R}{v} = 2\pi\sqrt{\frac{R^3}{GM}}$$

No.11 【正解】3

円の最高点の速さを v として図を描くと次のようになる。

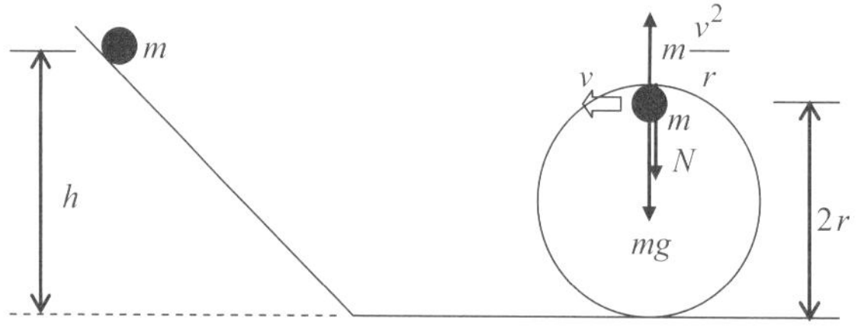

そこで, エネルギー保存則は,

$$mgh = \frac{1}{2}mv^2 + 2mgr$$

円の最高点での力のつり合いは, 垂直抗力を N として,

ひとこと

非等速円運動の問題であることは見抜けましたか。これに気づけば, 立てられる式が決まってしまいます。

$$m\frac{v^2}{r} = N + mg$$

ここで，離れずに一周するためには，$N \geqq 0$ なので，

$$N = m\frac{v^2}{r} - mg = \frac{2mgh}{r} - 4mg - mg = \frac{mg(2h-5r)}{r} \geqq 0$$

$$\therefore \quad h \geqq \frac{5}{2}r$$

No.12 【正解】4

最下端における速さを v として，最初と最下端について図を描くと次のようになる。また，最下端での糸の張力が知りたいので，最下端での糸の張力を T として力も図示した。このとき，おもりは半径 l の非等速円運動をするため，遠心力 $m\frac{v^2}{l}$ も加えている。

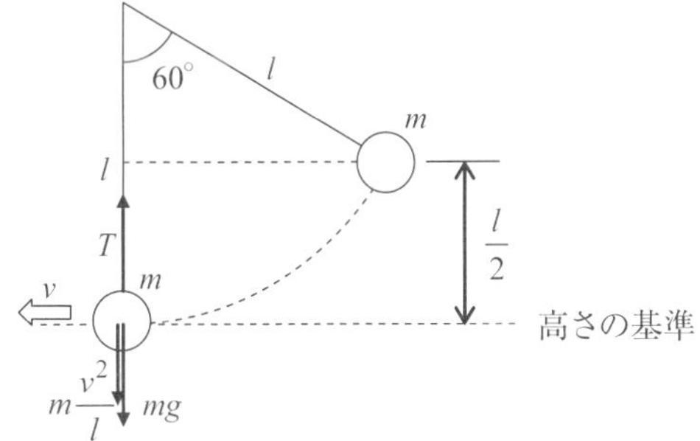

最初と最下端においてエネルギー保存則より，

$$\frac{1}{2}mgl = \frac{1}{2}mv^2 \qquad \therefore \quad v = \sqrt{gl}$$

最下端において，鉛直方向の力のつり合いを立てると，

$$T = mg + m\frac{v^2}{l} = 2mg$$

No.13 【正解】4

ばねのばね定数を k とおくと，ばね振り子の公式から，

$$T_0 = 2\pi\sqrt{\frac{m}{k}}$$

となる。次に図 II について，ばねが直列に接続されているので，この全体のばね定数を k_2 とおくと，ばねの合成公式から，

アドバイス

この問題も，非等速円運動の問題として覚えておきましょう。

ひとこと

ばねを直列につなげると，つなげる前の1本のばねより，ばね定数は小さくなります。

$$\frac{1}{k_2}=\frac{1}{k}+\frac{1}{k}=\frac{2}{k} \qquad \therefore \quad k_2=\frac{k}{2}$$

したがって，ばね振り子の公式から，

$$T_1=2\pi\sqrt{\frac{m}{k/2}}=2\sqrt{2}\pi\sqrt{\frac{m}{k}}=\sqrt{2}T_0$$

No.14　**【正解】3**

問題の 2 つのばねは，両側がばねで固定されているので並列と同じである。したがって，全体を 1 つにまとめると，そのばね定数はばねの合成公式から $2k$ となる。これより，このばね振り子の周期 T は，

$$T=2\pi\sqrt{\frac{m}{2k}}$$

であり，振動数 f は，

$$f=\frac{1}{T}=\frac{1}{2\pi}\sqrt{\frac{2k}{m}}$$

となる。ここで，1 回の振動で，自然長の位置は 2 回通過するので，自然長となる回数は，

$$2f=\frac{1}{\pi}\sqrt{\frac{2k}{m}}$$

No.15　**【正解】5**

単振り子の周期は，

$$T=2\pi\sqrt{\frac{l}{g}}$$

で与えられる。これは m とは無関係なので，T_{i} は T と等しい。さらに T_{ii} は T より小さくなる。

次に，下向きに加速する場合は，慣性力の考え方を使う。慣性力は加速度とは逆向きの，上向きに加わるので，見かけの重力が減少する。これは上の公式の重力加速度 g が小さくなったことと同じなので周期は大きくなる。

斜面上で振らせた場合には，振り子を元に戻そうとする力が，重力のうち斜面方向成分の $mg\sin\phi$ のみとなる。これは上の公式の重力加速度 g が $g\sin\phi$ になったことと同じであり，g よりも小さくなるため，周期は大きくなる。

以上から，周期が T より大きくなるのは T_{iii} と T_{iv} である。

No.16 【正解】3

ばね振り子の角振動数 ω は，ばね振り子の公式より，小物体の質量を $m = 0.2\text{kg}$，ばね定数を $k = 80\text{N/m}$ とおくと，

$$\omega = \sqrt{\frac{k}{m}} = \sqrt{\frac{80}{0.2}} = 20 \text{ rad/s}$$

したがって，小物体の座標は，

$$x(t) = A \sin(20t) + B\cos(20t)$$

と書くことができる。ここで $x(0) = 0.1$ なので，

$$x(0) = B = 0.1$$

となる。これより，

$$x(t) = A \sin(20t) + 0.1\cos(20t)$$

と書ける。これを時間で微分して，

$$\frac{dx(t)}{dt} = 20A\cos(20t) - 2\sin(20t)$$

時刻 $t = 0$ で静かに放しているので，

$$\frac{dx(0)}{dt} = 20A = 0$$

以上から，

$$\frac{dx(t)}{dt} = -2\sin(20t)$$

No.17 【正解】5

非等速円運動なので，エネルギー保存則と，半径方向の力のつり合いを立てるが，点 B で離れることから，点 B における半径方向の力のつり合いを立てる。点 B における速さを u，中心角を図のように鉛直方向から θ とする。下の図が，必要な力を描いたもので，B における円筒との垂直抗力を N とする。

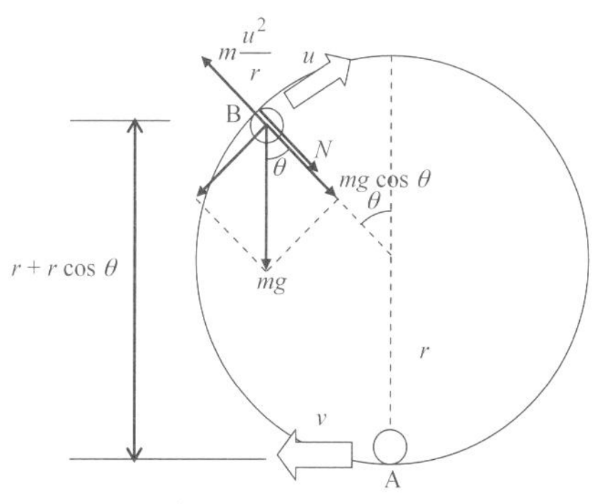

アドバイス
最初（$t = 0$）に静かに放す場合は cos で表せることを覚えておいてもよいでしょう。

ひとこと
速度の振幅は，変位の振幅 A と角振動数 ω を使って $A\omega$ と表されます。本問でも，$A\omega = 0.1 \times 20 = 2$ で正解と一致しますね。

アドバイス
非等速円運動のパターンの1つですが，この場合では，中心角 θ があると便利であることは覚えておくとよいでしょう。

解　説

A と B の間のエネルギー保存則より,

$$\frac{1}{2}mv^2 = mg(r + r\cos\theta) + \frac{1}{2}mu^2$$

点 B における半径方向の力のつり合いより,

$$N + mg\cos\theta = m\frac{u^2}{r}$$

点 B で円筒から離れるので $N = 0$ であり, 2 つの式から u を消去すると,

$$mg\cos\theta = \frac{mu^2}{r} = \frac{mv^2 - 2mgr(1 + \cos\theta)}{r} = \frac{mv^2}{r} - 2mg(1 + \cos\theta)$$

$$\therefore \quad \cos\theta = \frac{v^2}{3gr} - \frac{2}{3}$$

求める高さ h は,

$$h = r(1 + \cos\theta) = \frac{v^2}{3g} + \frac{r}{3}$$

第4章 解説

No.1 【正解】2

(解法1)エネルギー保存則を考える

求める温度をT°Cとする。すると，接触前と接触後の温度などの状況は次の表のようになる。

	接触前	
	コーヒー	カップ
質量	200g	160g
比熱	4.2	1.0
温度	80	25

接触後	
コーヒー	カップ
200g	160g
4.2	1.0
T	T

したがって，エネルギー保存則を考えると，

$$200\times4.2\times80+160\times1.0\times25=200\times4.2\times T+160\times1.0\times T$$

$$\therefore\quad 71200=1000T$$

これを解くと，$T=71.2$°Cとなる。

(解法2)熱の移動を考える

コーヒーが失った熱量$Q=200\times4.2\times(80-T)$と，カップが受け取った熱量$Q=160\times1.0\times(T-25)$が等しいので，

$$200\times4.2\times(80-T)=160\times1.0\times(T-25)\qquad\therefore\quad T=71.2\text{°C}$$

No.2 【正解】5

水をxl，お湯をyl注入するものとする。全部で$410l$にしなければならないので，

$$x+y=260$$

比熱をすべて1として計算して，エネルギーの保存則を立てると，

$$18\times150+16\times x+90\times y=42\times410\qquad\therefore\quad 16x+90y=14520$$

これを解いて，

$$x=120,\quad y=140$$

したがって，最短で，水は1分で$15l$入れられるので，$120\div15=8$分，お湯は1分で$10l$入れられるので$140\div10=14$分かかる。お湯と水は同時に入れられるので，結局14分かかることになる。

ヒント

入れる時間をt分とおいて，水の量を$15t[l]$，お湯の量を$10t[l]$とすると失敗します。問題文には，「同時に入れることができる」とありますが「同時に入れなければいけない」とは書かれていないからです。

第4章 熱力学

No.3　**【正解】4**

水が失った熱量は，

$$(48-25)\times4.2\times1000=96600\ \text{J}$$

である。次に，$-10°C$ の氷 1g が 25°C の水になる熱量は，まず，$-10°C$ の氷が 0°C まで上昇し（$10\times2.1=21$J），融解して水になり（334J），0°C から 25°C まで上昇する（$25\times4.2=105$J）ので，

$$21+334+105=460\text{J}$$

である。したがって，求める氷の量を x g とすると，

$$460\times x=96600 \qquad \therefore\quad x=96600\div460=210\text{g}$$

No.4　**【正解】4**

（解法１）状態方程式を立てる

気体定数を R とする。ヘリウムの物質量を n_A とすると，コックを開く前の容器 A についての状態方程式から，

$$120\times1.0=n_A\times R\times T$$

窒素の物質量を n_B とすると，コックを開く前の容器 B についての状態方程式から，

$$150\times2.0=n_B\times R\times T$$

最後に混合後の気体について，物質量を n，圧力を P とすると，状態方程式から，1.0 + 2.0= 3.0l になるので，

$$P\times3.0=n\times R\times T$$

ここで，物質量について，

$$n_A+n_B=n$$

ここに状態方程式から物質量を求めて代入すると，

$$\frac{120}{RT}+\frac{300}{RT}=\frac{3P}{RT} \qquad \therefore\quad P=140\ \text{kPa}$$

（解法２）分圧と全圧の関係を考える

He は等温のまま体積が 3 倍となったので，圧力は $\frac{1}{3}$ の 40kPa となり，N_2 は等温のまま体積が $\frac{3}{2}$ 倍となったので，圧力は $\frac{2}{3}$ の 100kPa となる。したがって，全圧は，分圧を合計して 140kPa となる。

アドバイス

途中で状態が変化する場合には，受け取った熱量を考えると考えやすくなります。途中の変化を分けて考えられるからです。

ひとこと

単位が気になる人もいるかもしれませんが，全部の式で単位がそろっていれば問題ありません。

ヒント

温度が一定なら，圧力は体積に反比例します（ボイルの法則といいます）。

No.5 【正解】2

温度は PV の大きさで判断できる。それぞれの変化についてこれを比べると，

ア：$A(PV) \rightarrow B(5PV)$：上昇

イ：$B(5PV) \rightarrow C(6PV)$：上昇

ウ：$C(6PV) \rightarrow A(PV)$：下降

したがって，温度が上昇するのはアとイ

No.6 【正解】3

pV 線図のサイクルが囲む面積が求める正味の仕事である。つまり下の図の斜線部の面積を求めればよい。

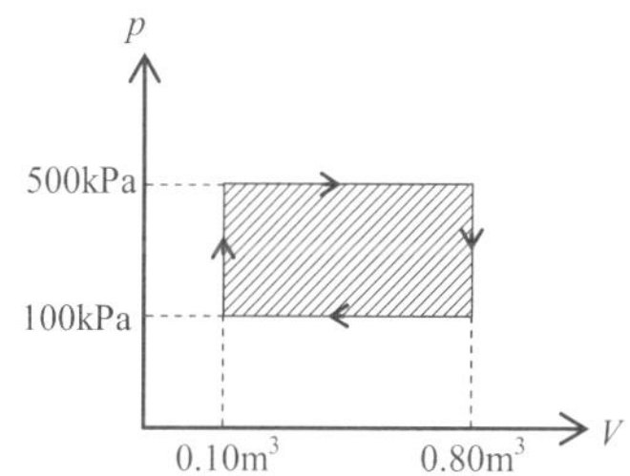

したがって，

$W = 400 \times 0.70 = 280$ kJ

No.7 【正解】5

温度は圧力と体積の積 PV の大小で判断する。

状態 2 → $4P_0 \times V_0 = 4P_0V_0$

状態 3 → $2P_0 \times 2V_0 = 4P_0V_0$

状態 4 → $3P_0 \times V_0 = 3P_0V_0$

状態 5 → $P_0 \times 3V_0 = 3P_0V_0$

したがって，$T_4 = T_5 < T_2 = T_3$

1 サイクルで行う正味の仕事は，サイクルの囲む面積に等しい。

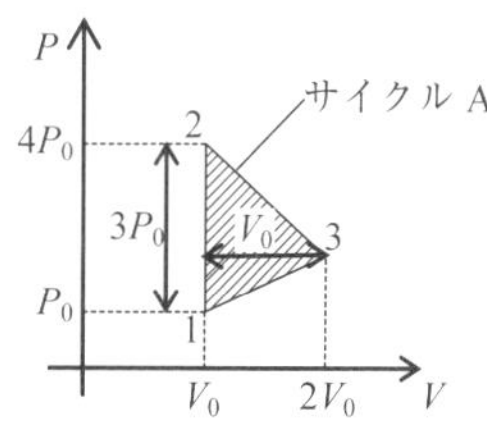

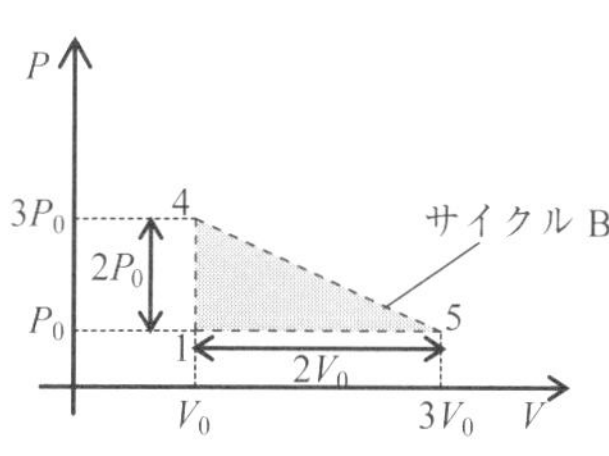

解　説

図で，リイクル A は斜線の三角形，リイクル B は打点の三角形の面積が仕事となるので，

$$W_A = \frac{1}{2} \times 3P_0 \times V_0 = \frac{3}{2} P_0 V_0 \text{，} W_B = \frac{1}{2} \times 2P_0 \times 2V_0 = 2P_0 V_0$$

これより，$W_A < W_B$ とわかる。

No.8 【正解】2

等温変化では，常に

$$PV = nRT$$

である。これを使って，仕事を計算する。最初の体積を V_0 とすると，最後の体積は $2V_0$ となる。したがって，

$$W = \int PdV$$

$$= \int_{V_0}^{2V_0} \frac{nRT}{V} dV \quad \Leftarrow \boxed{PV = nRT}$$

$$= nRT \int_{V_0}^{2V_0} \frac{1}{V} dV \quad \Leftarrow \boxed{nRT\text{ は等温変化なので一定}}$$

$$= nRT [\ln V]_{V_0}^{2V_0} = nRT \ln 2 \quad \Leftarrow \boxed{\ln 2 = \log_e 2}$$

> **アドバイス**
> 等温変化の仕事の計算は特殊です。計算方法を覚えておく必要があります。

No.9 【正解】5

（解法 1）　熱のやりとりを熱力学第 1 法則から考える

アについて，気体が外部に対して正の仕事をするときには，気体の体積が増加する（膨張する）。これは B → C が該当する。

イについて，A → B では，気体が外部に対して仕事をせず，しかも温度が上昇しているので，外部から熱を吸収している。また，B → C も，気体が等温変化をして内部エネルギーが変化していないにもかかわらず外部に仕事をしているので，そのぶん外部から熱を吸収したことがわかる。一方，C → A では，外部から仕事を受けてもなお温度が減少しているので，気体が外部に熱を捨てている。したがって，A → B と B → C が該当する。

> **ヒント**
> 熱力学第 1 法則から，
> $Q = \Delta U + W$
> です。A → B では $W = 0$ です。内部エネルギーは温度に比例しますので，温度が上昇すれば $\Delta U > 0$ つまり，熱を吸収したことになります。

（解法 2）　*PV* 線図から，熱量の正負を判別する

アについては，解法 1 と同じである。

イについて，過程が吸熱か排熱かは，その境界である断熱変化の線を描いて，その線のどちら側に向かう過程なのかで判断できる。たとえば，まずは過程 B → C を考える。このときには過程の出発点である B を通る断熱変化の線を描く。次の図では点線の「断熱線 B」で示している。

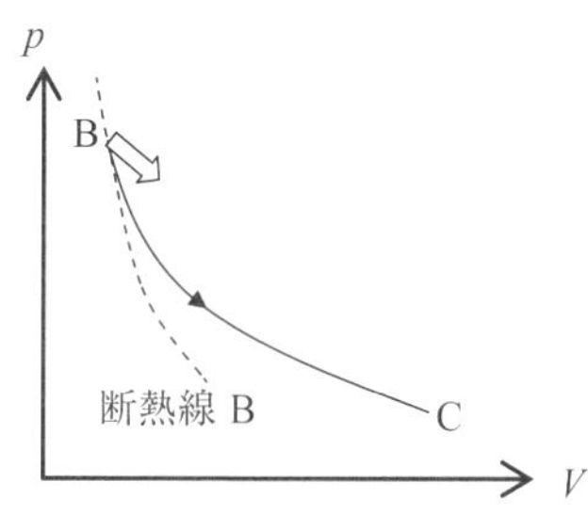

B → C は，この断熱線よりも右側に進んでいるが，断熱線よりも右側に進む場合には，その過程は吸熱過程とわかる。つまり熱を吸収している。

C → A，A → B についても，同様に下図に示した。すると，過程 C → A は断熱線の左側に進んでいるので，熱を捨てている過程（排熱過程），A → B は断熱線の右に進む過程なので熱を吸収している過程（吸熱過程）とわかる。

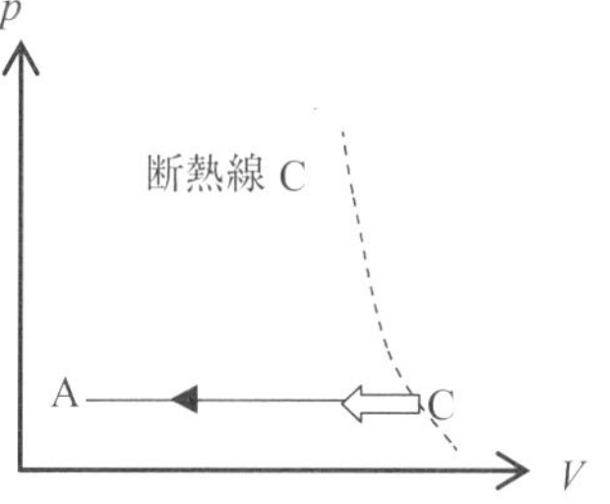

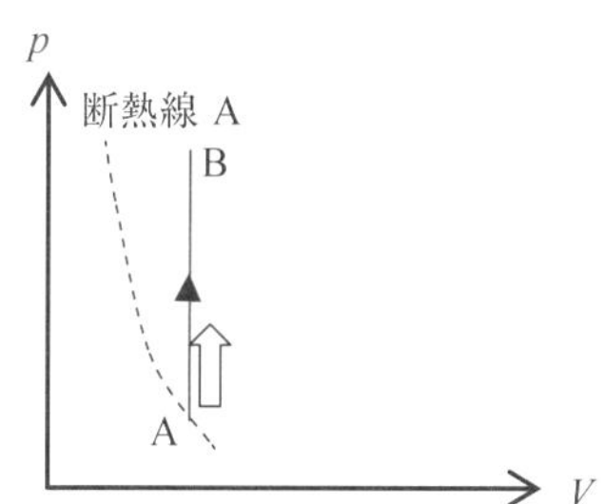

ヒント

PV 線図で等温変化よりも断熱変化の方が急な右下がり曲線になることを確認しましょう。

第5章 解説

No.1 【正解】4

図 I から，波長は 36×2 = 72cm，周期は 1.2×2 = 2.4 秒とわかる。

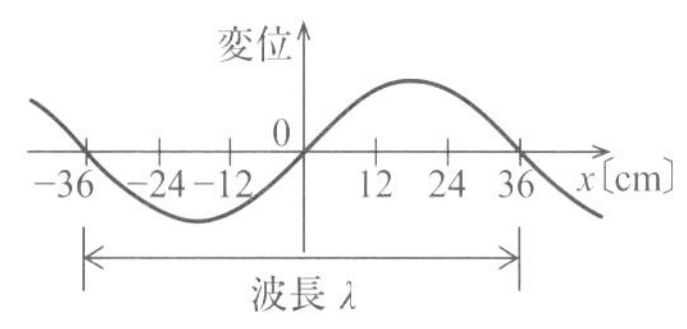

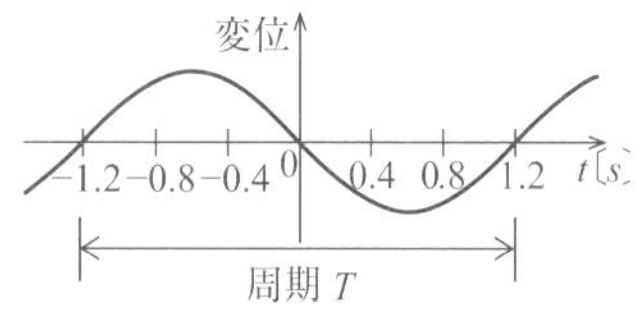

これより，波の速さは

$$v = \frac{72}{2.4} = 30 \text{ cm/s}$$

$$v = f\lambda = \frac{\lambda}{T}$$

とわかる。

このことから 10s の間に，波は 30×10 = 300cm 進んでいることになるが，波長が 72cm なので，

$$300 = 72 \times 4 + 12 = 4\lambda + 12$$

であることから，4 波長と 12cm 進んでいることになる。

最後に，波の進行方向について考えると，図 II から，$x = 0$ では，$t = 0$ のあと，原点より低い谷の部分が進んでくることになる。つまり，波は正方向に伝播していることになる（下図参照）。このことから，図 I と比べ，波が正方向に 12cm 移動したグラフを選べばよいことになるが，それは肢 4 である。

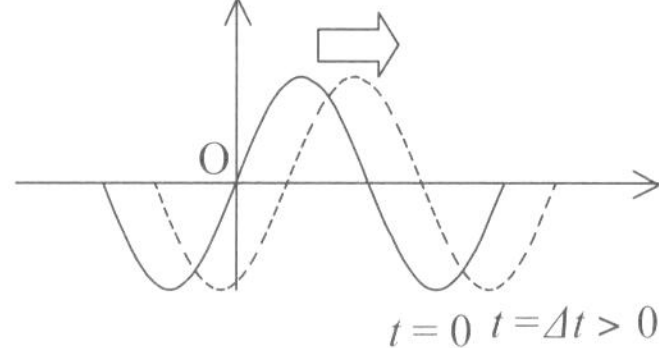

波のグラフの総合的な実力を問われる問題です。例題 5－1，5－2 を理解した後で解きましょう。グラフの変化を調べる上で最もわかりやすい量が，波の速さ v です。これを狙って，波長や周期を図 I，図 II から読み込んでいます。

No.2 【正解】5

図 II のグラフは媒質の運動を表しているが，これは単振動と同じである。単振動の加速度 a と変位 x の関係は，

$$a = -\omega^2 x$$

なので，比例定数を除けば，正負が異なるのみである。したがって，この場所の変位 x のグラフは，加速度のグラフと符号のみを変えて次のよ

うになっている。

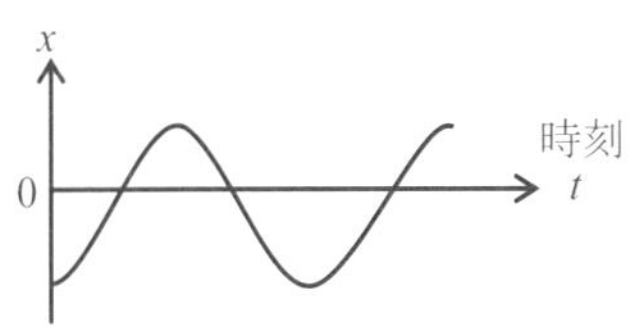

このグラフでは$t=0$では負の最大値となっている。これは点Eである。

No.3 【正解】1

縦波とは，媒質が波の進行方向と同じ方向に運動する波のことである。各媒質が進行方向に変位した場合を上側に，進行方向と逆方向に変位した場合を下側にとったのが与えられたグラフである。したがって，グラフに媒質が移動している方向を矢印で示すと次のようになる。

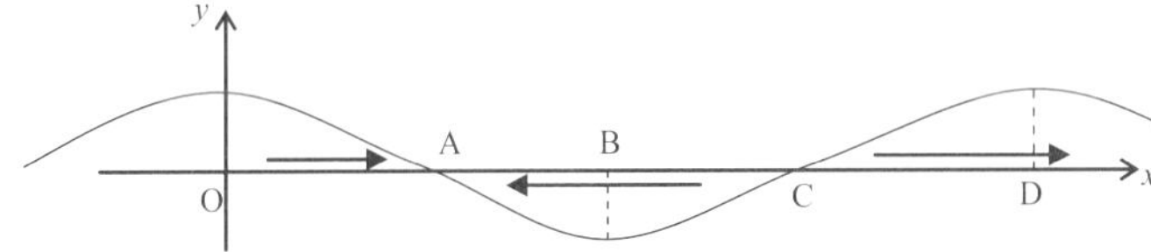

この図より，媒質が集まって密なのはAである。なお，Cが疎の点である。

No.4 【正解】3

光の速度はおよそ3.0×10^8m/sである。したがって，求める波長λは，

$$\lambda=\frac{3.0\times10^8}{900\times10^6}=3.3\times10^{-1}\ [\mathrm{m}]$$

← $v=f\lambda$

No.5 【正解】4

（解法1）周期Tと波長λを求める

$t=x=0$を代入すると，$y=A\sin0$となる。ここを基準に考える。まず，周期を求めるために，$t=T$，$x=0$を代入すると，

$$y=A\sin(\omega T)$$

Tが周期となるためには，三角関数の周期が2πなので，

$$\omega T=2\pi \qquad \therefore \quad T=\frac{2\pi}{\omega}$$

ヒント

加速度のグラフは使いにくいですから，これを変位xのグラフに直すのが，最初の方針ですね。

ひとこと

この問題では，光の速度3.0×10^8m/sは覚えてないと解けません。なお，M（メガ）は10^6を表します。

次に，波長を求めるために，$t=0$，$x=\lambda$ を代入すると，

$$y=A\sin(-k\lambda)$$

λ が波長となるためには，同じく三角関数の周期から，

$$k\lambda=2\pi \qquad \therefore \quad \lambda=\frac{2\pi}{k}$$

したがって求める速度 v は，式の符号から，問題の波が正方向に伝播していることに注意すると，

$$v=f\lambda=\frac{\lambda}{T}=\frac{\omega}{k}$$

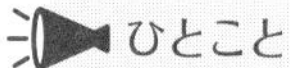

$\omega t+kx$ となっていれば，負方向に伝播することになります。

（解法２）微分して計算する

波の山，谷など特定の場所は，三角関数の中身

$$\omega t-kx=C$$

が一定になることで表される。したがって，この式の両辺を時間 t で微分すると，求める速度 v は $\dfrac{dx}{dt}=v$ で表されるので，

$$\omega-kv=0 \qquad \therefore \quad v=\frac{\omega}{k}$$

ひとこと

たとえば，$\omega t-kx=\dfrac{\pi}{2}$ であれば，$y=A\sin\dfrac{\pi}{2}=A$ ですから，そこが山になります。

No.6　**【正解】２**

2 つの場合について，振動数を計算していく。まず，長さが L_A の糸について，糸を伝わる波の速さを v_A とする。密度を σ，断面積を A とすると，単位長さ当たりの質量は σA となるので，与えられた公式より，

$$v_A=\sqrt{\frac{S}{\sigma A}}$$

また，基本振動をしているので，波の波長は糸の長さの 2 倍である $2L_A$ となる。したがって，音の周波数を f とすると，

$$f=\frac{1}{2L_A}\sqrt{\frac{S}{\sigma A}}$$ ← $v=f\lambda$

次に長さが L_B の糸を振動させるときの，波が糸を伝わる速さを v_B とすると，直径が A の 2 倍なので，断面積は 4 倍の $4A$ となる。材質は変わらないので，密度は同じ σ となることから，

$$v_B=\sqrt{\frac{2S}{4\sigma A}}=\sqrt{\frac{S}{2\sigma A}}$$

波長は，基本振動をさせているので糸の長さの $2L_B$ となる。したがって，振動数は，

$$f=\frac{1}{2L_B}\sqrt{\frac{S}{2\sigma A}}$$

音の高さが同じということは，振動数が同じということである。したがって，

$$f=\frac{1}{2L_A}\sqrt{\frac{S}{\sigma A}}=\frac{1}{2L_B}\sqrt{\frac{S}{2\sigma A}} \qquad \therefore \quad \frac{L_B}{L_A}=\frac{1}{\sqrt{2}}=\frac{\sqrt{2}}{2}$$

No.7 **【正解】5**

管が共鳴する場合，閉じた端が節，開いた端が腹となるような定常波を生じる。その中で，最も振動数が低い音は，音速が一定であれば，波長が長い音波を生じる。つまり基本振動となる。本問の場合，次のような形となる。

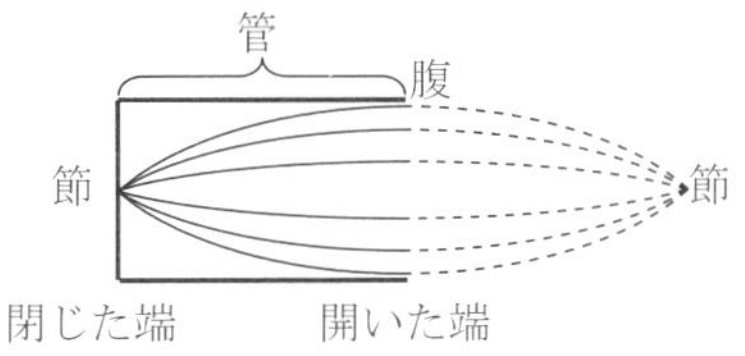

したがって，生じる定常波の波長は，管の 4 倍の長さとなる。これはヘリウムでも空気でも同じなので，結局いずれの場合も，生じる音波の波長は等しいことになる。そこでこれを λ とする。

まず，空気中の場合を考える。音速が 3.40×10^2m/s，振動数が 3.00×10^2Hz なので，

$$3.40\times10^2=3.00\times10^2\times\lambda \qquad \therefore \quad \lambda=\frac{3.4}{3}$$

← $v=f\lambda$

次に，ヘリウム中の場合を考える。このときに生じる音の振動数を f とすると，波長が λ で，音速が 1.02×10^3m/s なので，

$$1.02\times10^3=f\lambda \qquad \therefore \quad f=\frac{1.02\times10^3}{\lambda}=\frac{1.02\times10^3\times3}{3.4}=9.00\times10^2\text{ Hz}$$

No.8 **【正解】5**

音叉の振動数を f_0，速さを v とおく。音叉が観測者に近づくときの様子を図に示すと次のようになる。

ヒント

$v=f\lambda$ の公式から，v が一定なら，f が小さくなるほど，λ は大きくなります。

第5章　波動

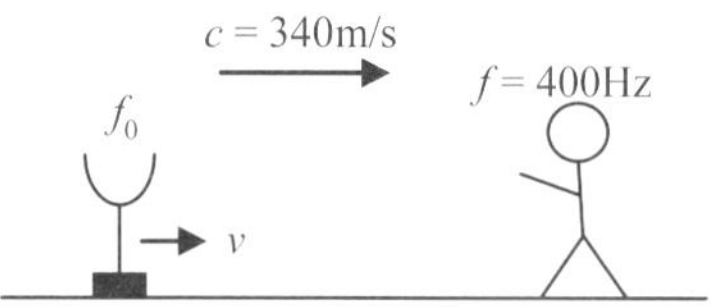

したがって，ドップラー効果の公式より，

$$400 = f_0 \times \frac{340}{340 - v} \qquad \therefore \quad 400(340 - v) = 340 f_0$$

次に遠ざかるときについても同じように図に描くと，次のようになる。

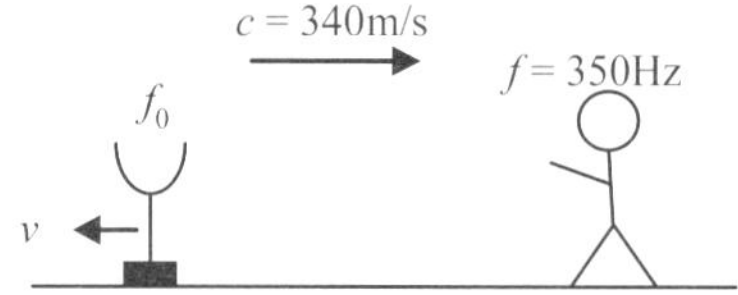

したがって，ドップラー効果の公式より，

$$350 = f_0 \times \frac{340}{340 + v} \qquad \therefore \quad 350(340 + v) = 340 f_0$$

以上を解く。まず f_0 を消去すると，

$$400(340 - v) = 350(340 + v) \qquad \therefore \quad v = \frac{68}{3}$$

これを最初のドップラー効果の式に代入して，

$$f_0 = 400 \times \frac{340 - \frac{68}{3}}{340} = 373.3\ \text{Hz}$$

No.9　**【正解】2**

車の速さを v とおく。A で放出した音を車が受け取り，それと同じ音を車が出したと考えて解く。まず，A で放出した音を車が受け取るときの周波数を f_1 とおくと，次の図のようになる。

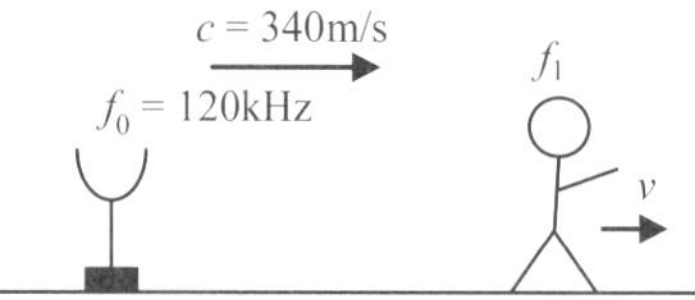

ドップラー効果の公式より，

$$f_1 = \frac{340 - v}{340} \times 120\ \text{kHz}$$

さらに，この音を車が反射し，それを A が受け取るときの周波数を f_2 とおく。今度は，車が音源の立場となるので，図を描くと次のようになる。

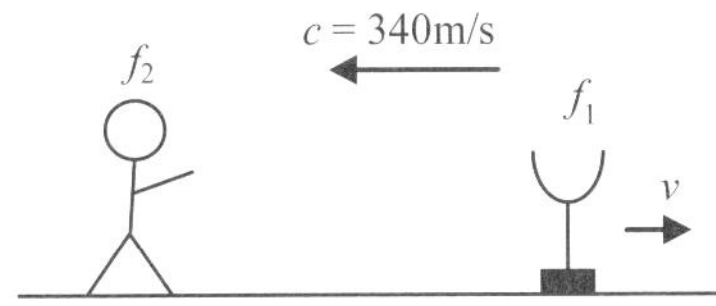

ドップラー効果の公式より，

$$f_2 = \frac{340}{340+v} f_1 = \frac{340-v}{340+v} \times 120 \text{ kHz}$$

うなりが 12 kHz ということは，元の音の周波数との周波数の差が 12kHz ということである。したがって，

$$120 - f_2 = \frac{2v}{340+v} \times 120 = 12 \text{ kHz} \qquad \therefore \quad v = \frac{340}{19} = 17.9 \text{ m/s}$$

No.10 **【正解】4**

図から，BC と AC で全反射が起きているが，入射角が小さい方が全反射が起こりにくいため，AC で全反射が起こる条件を調べれば十分である（このとき，確実に BC でも全反射する）。

下の図のように，AC の入射角は 30° なので，屈折率を n とすると，

$$\sin 30° > \frac{1}{n} \qquad \therefore \quad n > 2$$

条件を満たすのは，キュービックジルコニアとダイヤモンドである。

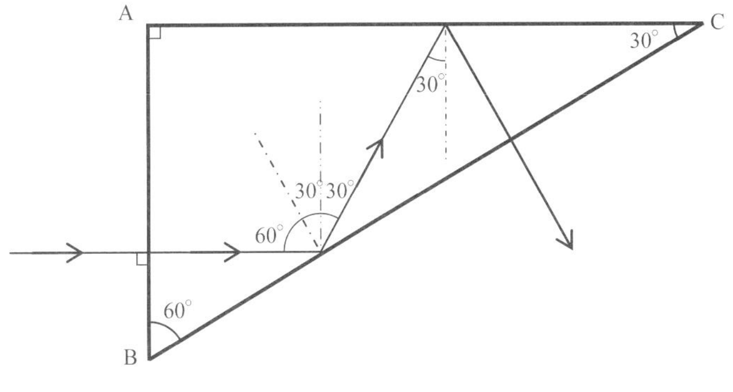

ひとこと
BC で全反射する条件は，
$n > \frac{2}{\sqrt{3}} = 1.15$
です。すべての材料が全反射しますね。

No.11 【正解】4

板の端に向けて発せられた光の経路を図示すると，次のようになる。

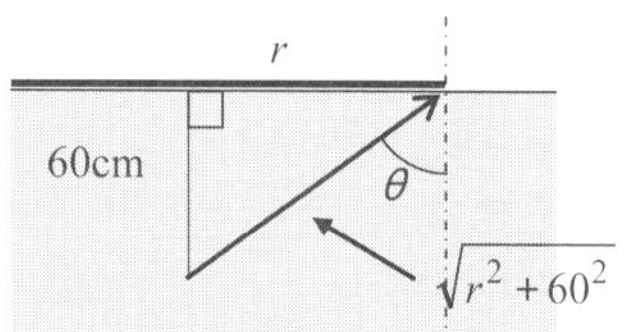

この板の端を通る光が全反射すれば，それよりも外側では入射角が大きくなることから，外へは光は出ないことになる。そこでこの光について全反射の公式より，

$$\sin\theta = \frac{r}{\sqrt{3600+r^2}} = \frac{4}{5}$$

$$\therefore\quad 5r = 4\sqrt{3600+r^2}$$

２乗して，

$$25r^2 = 16(3600+r^2)$$

$$\therefore\quad 9r^2 = 16\times3600$$

よって，

$$r = \sqrt{6400} = 80$$

No.12 【正解】3

全く振動しないのは，ちょうど逆位相の波が重なる場合である。つまり，波長の半分の 2cm のずれがあれば，逆位相の波が重なるため，全く振動しないことになる。ただし，この場合でもさらに波長の整数倍分（1 波長，2 波長）ずれる場合は全く影響を与えない。そこで，結局のところ，

$$|x-y| = 4m+2$$

No.13 【正解】2

（解法１）光学的距離を使う

求める時間の比は，光学的距離の比に等しい。

図 I の光学的距離は l になる。図 II では，屈折率 n のガラスの距離のみ n 倍して，

$$(l-d)+n\times d = l+(n-1)\,d$$

したがって，

$$\frac{T_2}{T_1}=\frac{l+(n-1)d}{l}=1+(n-1)\frac{d}{l}$$

(解法2）時間を直接計算する

光速を c とする。図Iの場合には,

$$T_1=\frac{l}{c}$$

次に，図IIについては，ガラスの中を通るときの速さが $\frac{1}{n}$ 倍となるので,

$$T_2=\frac{l-d}{c}+\frac{d}{c/n}=\frac{l-d+nd}{c}=\frac{l+(n-1)d}{c}$$

これより,

$$\frac{T_2}{T_1}=\frac{l+(n-1)d}{l}=1+(n-1)\frac{d}{l}$$

No.14　**【正解】1**

図の光①と光②が打ち消し合えばよい。

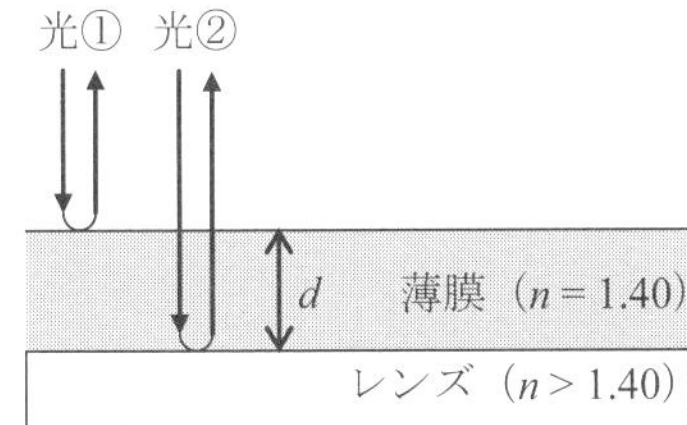

打ち消しあうためには，逆位相にならなければいけないので，光路差が 0.5 波長，1.5 波長，2.5 波長 … となっていればよいが，最も距離が小さいのは，光路差が 0.5 波長のときである。光①も光②も 1 回反射しているが，いずれも屈折率の小さな媒質から大きな媒質へ向かう面での反射なので固定端反射となる。どちらも固定端反射であれば，結局反射による違いはないことと同じである。したがって，光路差は光②の薄膜の往復分の距離となるが，これは光学的距離で計算しなければならない。したがって,

$$1.4\times 2d=0.5\times 546\ \text{nm}\qquad \therefore\ d=\frac{0.5\times 546}{1.4\times 2}=97.5\ \text{nm}$$

No.15　【正解】5

全反射をするときの光の道筋は次のようになる。

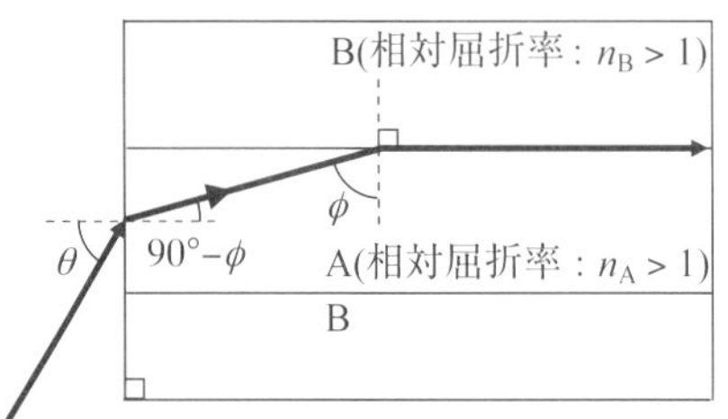

A に入るときについて，スネルの法則から，

$$n_A = \frac{\sin\theta}{\sin(90° - \phi)} = \frac{\sin\theta}{\cos\phi}$$

$\sin(90°-\phi) = \cos\phi$

次に，B に対する A の屈折率 n は，

$$n = \frac{n_A}{n_B}$$

となるので，全反射の公式より，

$$\sin\phi = \frac{1}{n} = \frac{n_B}{n_A}$$

ここで，

$$\sin^2\phi + \cos^2\phi = 1$$

なので，

$$\frac{n_B^2}{n_A^2} + \frac{\sin^2\theta}{n_A^2} = 1 \qquad \therefore \quad \sin\theta = \sqrt{n_A^2 - n_B^2}$$

 ヒント

屈折1回につきスネルの法則を1回立てます。今回は全反射も1回ありますので，2つの式を立てることになります。

第6章 解説

No.1 【正解】2

電気的なエネルギーが運動エネルギーに転換する。電気的なエネルギーは電源の電圧より，

$$U = 1.6\times10^{-19}\times10\times10^{3} = 1.6\times10^{-15}\ \text{J}$$

したがって，求める速さを v とすると，

$$1.6\times10^{-15} = \frac{1}{2}\times9.1\times10^{-31}\times v^{2}$$

$$\therefore\quad v = \sqrt{\frac{2\times1.6\times10^{-15}}{9.1\times10^{-31}}} = \sqrt{35\times10^{14}} = 6.0\times10^{7}\ \text{m/s}$$

ヒント

平方根はきれいに外れません。$\sqrt{35}$ に近い $\sqrt{36}=6$ を選ぶか，場合によっては選択肢を2乗しましょう。

No.2 【正解】4

小球Aには重力，クーロン力，糸の張力の3つの力が加わってつり合っている。これを図にすると右のようになる。

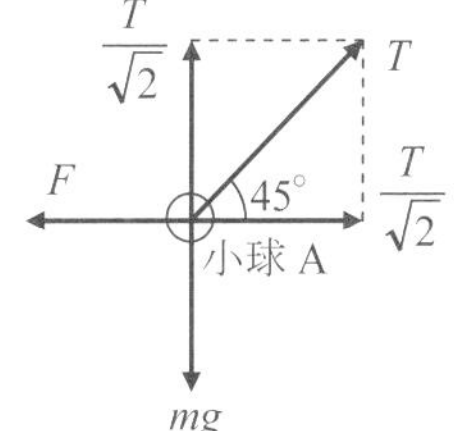

たて，横のつり合いより，

$$F = mg = \frac{T}{\sqrt{2}}$$

ただし，F はクーロン力，mg は重力，T は張力である。

クーロンの法則より，Bの電気量を Q_B C とすると，

$$F = \frac{1}{4\pi\varepsilon}\frac{3.0\times10^{-7}\times Q_B}{1^2} = 27\times10^{2}Q_B\ \text{N}$$

重力は，

$$mg = 1.0\times10^{-3}\times10 = 1.0\times10^{-2}\ \text{N}$$

したがって，

$$27\times10^{2}Q_B = 1.0\times10^{-2}\qquad\therefore\quad Q_B = 3.7\times10^{-6}\ \text{C}$$

アドバイス

力学の問題と同様に，しっかりと力を図示しましょう。

No.3 【正解】5

電界は，正の電荷から出る方向に発生する。したがって，下の図のようになる。クーロンの法則より，

$$E_0 = \frac{1}{4\pi\varepsilon}\frac{Q}{2^2} = \frac{Q}{16\pi\varepsilon}$$

Q　$2Q$
O　E_1　2　E_0　3　x

ヒント

電界は力なのですから，向きも考えましょう。

次に，後においた電荷 $2Q$ のつくる電界を E_1 とおくと，クーロンの法則より，

$$E_1 = \frac{1}{4\pi\varepsilon}\frac{2Q}{1^2} = \frac{Q}{2\pi\varepsilon} = 8E_0$$

したがって，求める電界の大きさは，$8E_0 - E_0 = 7E_0$

No.4 【正解】1

ヒント

絶縁されている，ということは，電荷が移動しないということです。

絶縁されているので，電荷 Q は変わらない。また問題文にもあるとおり，静電容量 C は 2 倍になる。したがって，静電エネルギー U は，

$$U = \frac{Q^2}{2C}$$

となるので $\frac{1}{2}$ 倍になる。したがって，最初が E なら $\frac{E}{2}$ となる。

No.5 【正解】2

ヒント

比誘電率が ε_s の物体の誘電率は $\varepsilon_s\varepsilon_0$ となります。

静電容量 C を左右に分けて計算し，並列合成して求める。すると，

$$C = \varepsilon_0\frac{ab/2}{d} + \varepsilon_s\varepsilon_0\frac{ab/2}{d} = (\varepsilon_s + 1)\varepsilon_0\frac{ab}{2d}$$

電圧 V の電源と接続しているため，静電エネルギー U は，

$$U = \frac{1}{2}CV^2 = (\varepsilon_s + 1)\varepsilon_0\frac{ab}{4d}V^2$$

No.6 【正解】2

空気の誘電率を ε とする。C_0 は，静電容量の公式より，

$$C_0 = \varepsilon\frac{S}{d}$$

次に，C_1 については，金属板の分だけ間隔が狭まったと考えてよい。したがって，

$$C_1 = \varepsilon\frac{S}{d-t}$$

アドバイス

厚さが t のままでは，静電容量の大小を比較しにくくなります。具体的に $t = \frac{d}{2}$ などと設定して計算してもよいでしょう。比誘電率も同様です。

最後に C_2 について，誘電体の比誘電率を ε_r とすると，計算上は誘電体を端に移動させて直列合成して，

$$\frac{1}{C_2}=\frac{d-t}{\varepsilon S}+\frac{t}{\varepsilon\varepsilon_r S}=\frac{\varepsilon_r(d-t)+t}{\varepsilon\varepsilon_r S}$$

$$\therefore\quad C_2=\frac{\varepsilon\varepsilon_r S}{\varepsilon_r(d-t)+t}=\frac{\varepsilon S}{d-t+t/\varepsilon_r}$$

ここで分母の大小関係を見ると，

$$d>d-t+\frac{t}{\varepsilon_r}>d-t$$

となる。分子は εS で等しいので，分母が小さいと静電容量は大きくなる。したがって，静電容量の大小関係は，

$$C_0<C_2<C_1$$

となる。

No.7　**【正解】2**

問題の状況を磁力線を描いて真上から見た図に示すと，次のようになる。

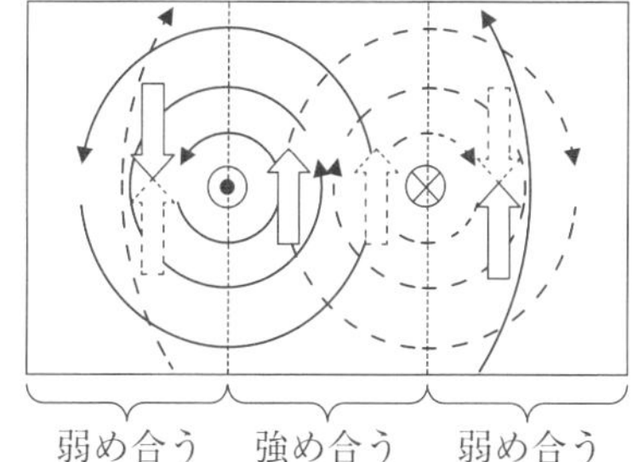

> **ひとこと**
> 左の図で $2I$ のつくる磁力線を実線に，I のつくる磁力線を点線にしています。

したがって，A，C，D では 2 つの電流による磁界は弱め合うが，B では強め合う。それぞれの大きさはアンペールの法則より，

$$H_A=\frac{2I}{2\pi a}-\frac{I}{2\pi\cdot 2a}=\frac{3I}{4\pi a}$$

$$H_B=\frac{2I}{2\pi\cdot 2a/3}+\frac{I}{2\pi\cdot a/3}=\frac{3I}{\pi a}$$

$$H_C=\frac{2I}{2\pi\cdot 2a}-\frac{I}{2\pi\cdot a}=0$$

$$H_D=\frac{2I}{2\pi\cdot 3a}-\frac{I}{2\pi\cdot 2a}=\frac{I}{12\pi a}$$

したがって，$H_C<H_D<H_A<H_B$

No.8 【正解】2

図の上下方向の対称性から a，c の方向の力はあったとしても打ち消すはずである。したがって，b，d 方向について考えると，最も大きな力を受けるのは電流が最も近づいたところなので，ここで働く力が最終的には残るはずである（図の点線で囲まれた部分）。

ここには，右ねじの法則から，I' が奥行き方向の磁界を作っている。

したがって，フレミングの左手の法則より，I には b の向き（図の太い矢印）に力が働く。

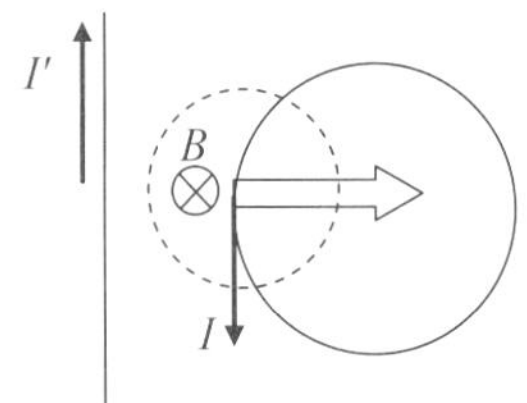

No.9 【正解】2

B は A と C から力を受けるが，A と C は距離が同じで，電流の大きさは C の方が大きい。したがって（強め合うにしても，弱め合うにしても）C からの力の向きだけを考えればよい。

C が B の位置に作る磁界は，右ねじの法則によりウの向きである。したがって，フレミングの左手の法則より，B に働く力はイの向きとなる。

ヒント

異なる向きの 2 つの電流の間にはしりぞけ合う力が働くことを考えると，すぐに向きが求まります。

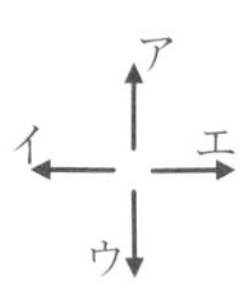

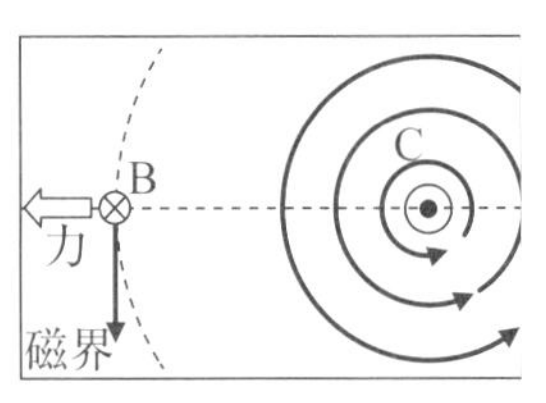

No.10 【正解】2

フレミングの左手の法則より，A は $+z$ 方向，B は $-z$ 方向に力を受ける。

また，磁界から受ける力 F は，磁束密度を B，電流を I，力を受ける電流の長さを l とすると，図の場合は，

$$F = BIl$$

となる。I とは A と B で等しい。l は磁界を横切る長さで，本問の場合には奥行きになるので，いずれの場合も面積を磁界の高さで割って

$\frac{4a^2}{2a} = \frac{2a^2}{a} = 2a$ となり等しい。磁束密度は，磁束 Φ を面積で割ったものである。今回は，A と B で磁束は等しく，磁束密度は A が $\frac{\Phi}{4a^2}$，B が $\frac{\Phi}{2a^2}$ となり，B の方が 2 倍になっている。したがって，上の公式の と l はいずれも等しいが，磁束密度 B は B の方が 2 倍なので，力も B の方が 2 倍である。

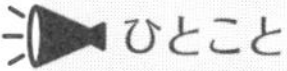

ひとこと

図からも奥行きが $2a$ であることがわかります。

No.11 【正解】3

電荷 q の運動を考える。荷電粒子 q は磁界及び速度の両方に垂直な方向に一定のローレンツ力 $F = qvB$ を受けて運動するが，この力は速度方向に垂直なので，粒子は等速円運動をする。その半径を r とすると，遠心力とローレンツ力がつり合うので，

$$qvB = m\frac{v^2}{r} \qquad \therefore \quad r = \frac{mv}{qB}$$

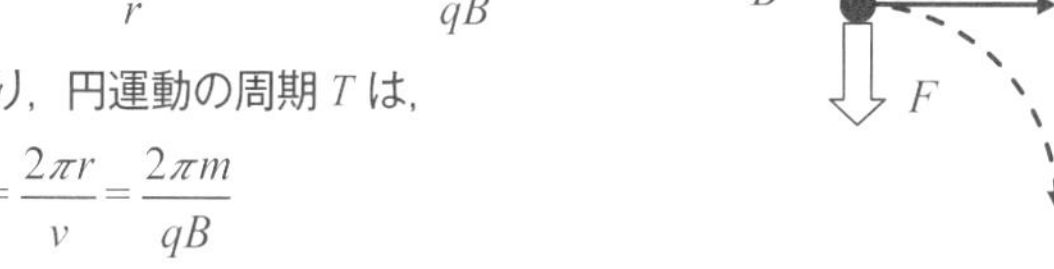

これより，円運動の周期 T は，

$$T = \frac{2\pi r}{v} = \frac{2\pi m}{qB}$$

この式で磁束密度 B が $\frac{1}{2}$ 倍，質量が $\frac{1}{2}$ 倍，電荷が 2 倍になると，周期は $\frac{1}{2}$ 倍となる。したがって，求める周期は $\frac{T}{2}$ となる。

ひとこと

速度は周期と無関係です。

No.12 【正解】1

解法 1）磁束の変化を考える

磁石の N 極が近づくと，N 極から出る下向きの磁界が増加する。したがって，増加する下向きの磁界を減少させるように，電磁誘導が起こる。仮に E から F に向かって電流が流れると仮定すると，右ねじの法則より，回路となっている GHCB 部分に上向きの磁界が発生するので（次ページ左図），下向きの磁界が減少する。つまり，E から F に向かって電流が発生する。

またこのとき，電流には棒磁石から下向きの磁界から力を受けるので，フレミングの左手の法則より，X の方向に力がはたらく（次ページ右図）。

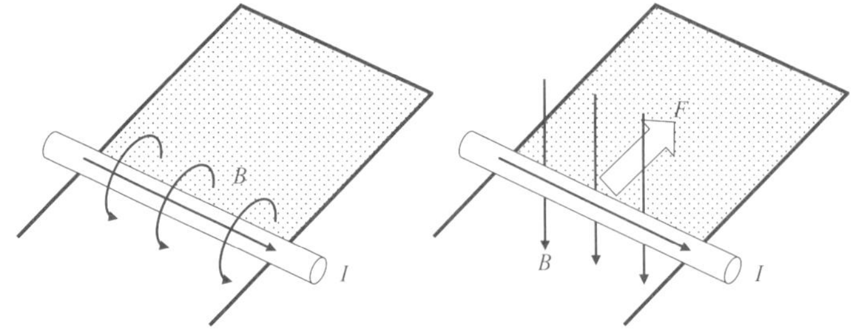

（解法２）導体棒の動きを考える

下向きの磁束 $\Phi = BS$（B：磁束密度，S：面積）が増加するのを妨げるように導体棒が移動する。そのためには，導体棒が動くことで面積 S が減少すればよい。したがって，導体棒は X 方向に運動する。

また，導体棒を X 方向に運動させる力は，電磁力となるので，フレミングの左手の法則で，X 方向に力が働くような電流の向きを考えると，E から F の方向とわかる（上右図を参考のこと）。

No.13　**【正解】5**

電磁誘導の誘導起電力は，ファラデーの法則によって，磁束の変化に比例する。今回は，面積は変わらないため，

$$\frac{d\Phi}{dt} = S\frac{dB}{dt}$$

となる。そこで，磁束密度の傾きの絶対値が最大となる時間を求めればよい。傾きの絶対値は，

$0 \leqq t \leqq 1$ で 1，$2 \leqq t \leqq 3$ で 0.5，$4 \leqq t \leqq 5$ で 1.5 であり，他は 0 である。したがって，傾きの絶対値が最大なのは $t = t_5$ となる。このとき，誘導起電力も最大となる。

No.14 【正解】1

まず，静電容量を計算する。図 I の静電容量は，

$$C_1 = \varepsilon_1 \frac{S}{d}$$

次に図 II の静電容量を計算する。これは，真空部分との直列合成として計算する。真空部分の静電容量は，

$$C = \varepsilon_0 \frac{S}{2d}$$

これより，合成静電容量は，

$$C_2 = \frac{1}{\frac{1}{C_1} + \frac{1}{C}} = \frac{1}{\frac{d}{\varepsilon_1 S} + \frac{2d}{\varepsilon_0 S}} = \frac{S\varepsilon_0\varepsilon_1}{d(\varepsilon_0 + 2\varepsilon_1)}$$

ここで，この場合では電源を取り外しているので，電荷は移動しない。したがって，この電荷を公式 $Q = CV$ から図 I，図 II の両方で計算すると等しくなる。これより，

$$\varepsilon_1 \frac{S}{d} V_0 = \frac{S\varepsilon_0\varepsilon_1}{d(\varepsilon_0 + 2\varepsilon_1)} V \qquad \therefore \quad V = \frac{\varepsilon_0 + 2\varepsilon_1}{\varepsilon_0} V_0$$

アドバイス

電荷が移動しない，つまり 2 つの図で電荷が等しいことに気づくことが，本問で最も重要な点です。

第7章 解 説

No.1 【正解】4

図の合流点 P を見ると，R_x を流れる電流は，キルヒホッフの第一法則から，

$$2.0 + 3.5 = 5.5\text{A}$$

とわかる。したがって，図の点線に沿って一周をして，キルヒホッフの第二法則を考えると，

$$18 = 2\times3.5 + 5.5\times R_x$$

$$\therefore \quad R_x = \frac{18 - 2\times3.5}{5.5} = 2.0\,\Omega$$

No.2 【正解】2

下の回路図の点線 A の順に回って回路を見ると，左側の 4Ω の抵抗には 4V の電圧がかかっていることがわかる。したがって，4Ω の抵抗を流れる電流はオームの法則から 1A である。

同様に，点線 B の順に回って回路を見ると，2Ω の抵抗には 8V の電圧がかかっていることがわかる。したがって，2Ω の抵抗を流れる電流は 4A である。

ここで，上の 4Ω を流れる電流を，点 Q に入る電流（I_2）と出る電流が等しくなるように，図のように左向きに $I_2 - 4$ と決めると，点線 C に沿って回って回路を見て，キルヒホッフの第二法則より，

$$8 = 4(I_2 - 4) + 4 \qquad \therefore \quad I_2 = 5\text{A}$$

したがって，点 P に入る電流と出る電流の関係より，

$$I_1 + (5 - 4) = 1$$

$$\therefore \quad I_1 = 0\text{A}$$

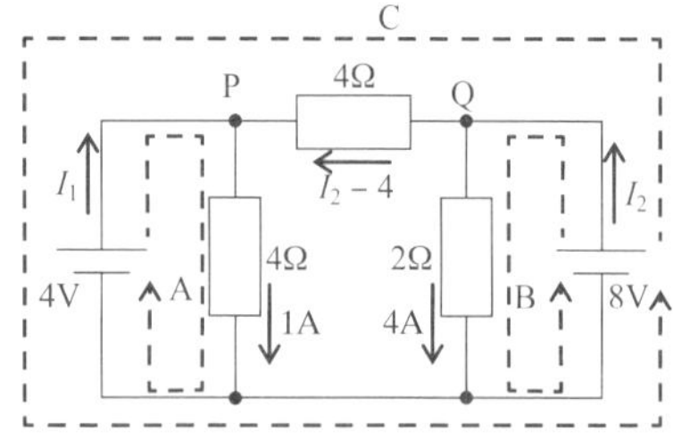

アドバイス

簡単な回路ですが，電気系の人は，重ね合わせの理や，四端子回路（縦続行列）の練習として解いてみてもよいでしょう。

No.3 【正解】1

図の接合点 P について考えると，$I_1 = I_2 + I_3$ となる。以下，I_2，I_3 のみを使って考える。

ループ A について回ってキルヒホッフの法則を立てると，

$$12 = 6 + 2I_2 + 8(I_2 + I_3) \qquad \therefore \quad 5I_2 + 4I_3 = 3 \quad \cdots ①$$

ループ B について回ってキルヒホッフの法則を立てると，

$$12 = 4 + 4I_3 + 8(I_2 + I_3) \qquad \therefore \quad 2I_2 + 3I_3 = 2 \quad \cdots ②$$

以上を解く。① ×3 − ② ×4 より，

$$15I_2 - 8I_2 = 7I_2 = 1 \qquad \therefore \quad I_2 = \frac{1}{7}\text{A}$$

これを①に代入して，

$$4I_3 = 3 - \frac{5}{7} = \frac{16}{7} \qquad \therefore \quad I_3 = \frac{4}{7}\text{A}$$

よって，$I_1 = I_2 + I_3 = \frac{5}{7}\text{A}$

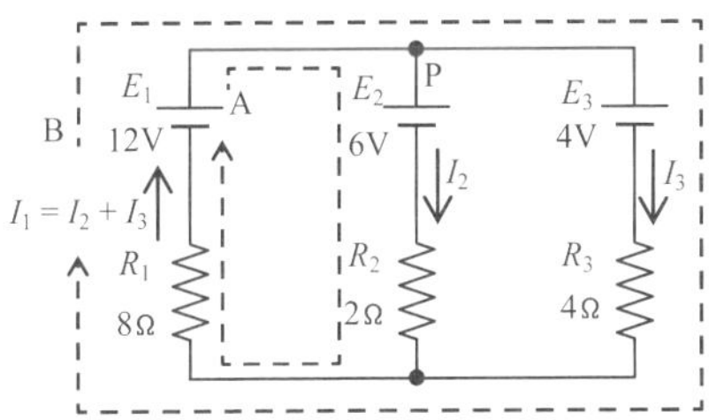

No.4 【正解】5

抵抗率 ρ，長さ l，断面積 S の抵抗の抵抗値 R は次の式で与えられる。

$$R = \rho\frac{l}{S}$$

最初の 15m の金属棒の抵抗を R とおくと，抵抗値は長さに比例するので，5m の抵抗は $\frac{R}{3}$，10m の抵抗は $\frac{2}{3}R$ となる。これを並列合成すると，$\frac{3}{R} + \frac{3}{2R} = \frac{9}{2R}$ より，$\frac{2}{9}R$ となる。つまり，元の抵抗の $\frac{2}{9}$ 倍の抵抗となったので，電流は $\frac{9}{2}$ 倍の $4 \times \frac{9}{2} = 18\text{A}$ となる。

No.5　**【正解】1**

（解法１）キルヒホッフの法則を使う

電力 P の公式は，抵抗値を R，電流を I とすると，

$$P = I^2R$$

で与えられる。ここで R_b は R_a の 2 倍なので，$R_b = 2R_a$ である。R_a を流れる電流を I_a，R_b を流れる電流を I_b とする。R_a の電力は R_b の電力の 8 倍なので，

$$R_aI_a{}^2 = 8R_bI_b{}^2 = 16R_aI_b{}^2 \qquad \therefore \quad I_a = 4I_b$$

したがって，次の図のようになる。

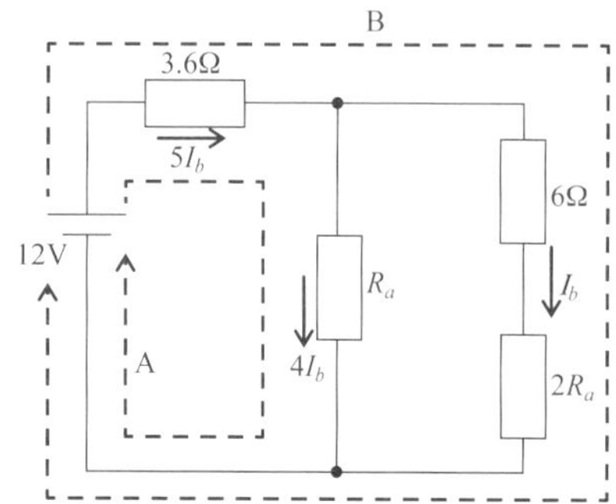

図の点線 A に沿って，キルヒホッフの法則より，

$$12 = 3.6\times5I_b + R_a\times4I_b = 18I_b + 4R_aI_b$$

図の点線 B に沿って，キルヒホッフの法則より，

$$12 = 3.6\times5I_a + 6\times I_b + 2R_a\times I_b = 24I_b + 2R_aI_b$$

最初の式を 2 で割って後の式を引くと，

$$-6 = -15I_b \qquad \therefore \quad I_b = 0.4\text{A}$$

これを 2 つ目の式に代入して，

$$12 = 9.6 + 0.8R_a \qquad \therefore \quad R_a = \frac{12 - 9.6}{0.8} = 3\Omega$$

（解法２）抵抗の比を使う

電流の比を求めるまでは解法１と同じである。R_a と，6Ω と $R_b(= 2R_a)$ の直列部分を比べると，R_a の方が電流が 4 倍ということは，R_a の方が抵抗は $\frac{1}{4}$ 倍ということである。したがって，

$$R_a : (6 + 2R_a) = 1 : 4 \qquad \therefore \quad 6 + 2R_a = 4R_a$$

これより，$R_a = 3\Omega$ である。

No.6 【正解】5

等しい2つの抵抗を直列に接続すると，抵抗値は2倍となり，並列に接続すると $\frac{1}{2}$ 倍となる。したがって，下図のようになる。検流計Gに電流が流れないとき，ホイートストンブリッジの平衡条件より，

$$4\times2 = 1\times R_x \qquad \therefore \quad R_x = 8\Omega$$

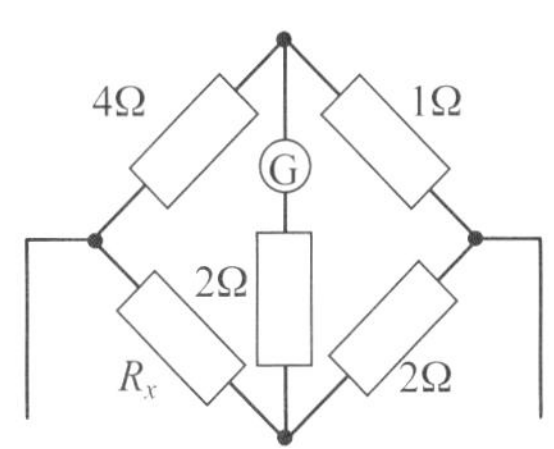

No.7 【正解】1

右の方から順番に合成していく。

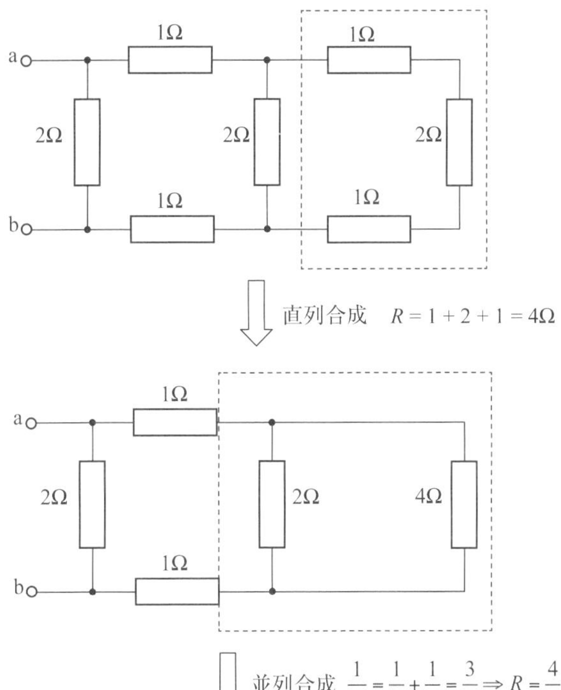

並列合成 $\frac{1}{R} = \frac{1}{2} + \frac{1}{4} = \frac{3}{4} \Rightarrow R = \frac{4}{3}\Omega$

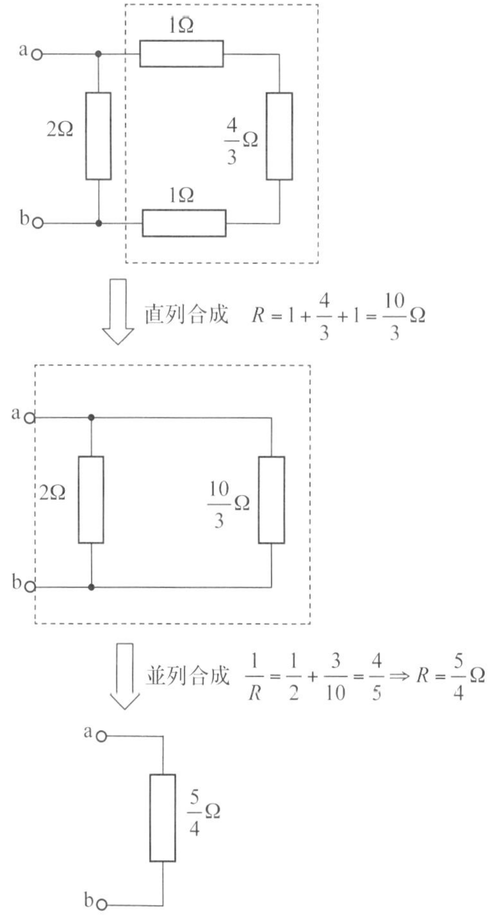

No.8　**【正解】5**

電流計を流れる電流が 0A なので，R_1，R_2 を流れる電流は等しい。したがって，R_1 と R_2 の比は，電圧の比に等しい。ところで，R_1 と 10V の電源は並列なので，R_1 の電圧は 10V である。したがって，R_2 の電圧は，キルヒホッフの法則より 30V である。よって，$\frac{R_1}{R_2}=\frac{1}{3}$

No.9 【正解】4

ヒューズAが切れてしまうと，一切の電流が流れなくなるため，最初にヒューズBが切れて，次にヒューズAが切れたことがわかる。また，ヒューズBに電流が流れている間は，R_2には電流が流れない。

したがって，6Vまでは，抵抗R_1のみに電流が流れており（加えて，両方のヒューズにも），その抵抗は，6Vのときに0.5Aなので，

$$R_1 = 12\Omega$$

とわかる。

次に，ヒューズBが切れた後は，R_2にも電流が流れ，$R_1 = 12\Omega$と直列の関係になる。したがって，回路全体の合成抵抗は$R_2 + 12$となる。このとき，12Vで0.6Aの電流が流れているので，合成抵抗は$\dfrac{12}{0.6} = 20\Omega$となる。よって，

$$R_2 + 12 = 20 \qquad \therefore \quad R_2 = 8\Omega$$

ヒント

ヒューズBは電圧が0Vなので，それと並列のR_2も0Vとなります。オームの法則から，電流は流れませんね。

No.10 【正解】2

十分時間がたつと，コンデンサには電流が流れないため，まずはコンデンサ部分を取り去って，残りの部分を直流回路として解く。コンデンサを取り去ると，直並列回路となるので，その合成抵抗を求めると，

$$R = \frac{1}{\dfrac{1}{2+4} + \dfrac{1}{3+1}} = \frac{12}{5}\,\Omega$$

したがって，

$$I = \frac{V}{R} = \frac{5 \times 3}{12} = 1.25\,\text{A}$$

このとき，3Vの電池のマイナス側を電位0Vとすると，コンデンサの下側の電位は，

$$3 \times \frac{1}{4} = \frac{3}{4}\,\text{V}$$

上側の電位は$3 \times \dfrac{4}{6} = 2\,\text{V}$となるので，コンデンサに加わる電圧は$2 - \dfrac{3}{4} = \dfrac{5}{4}\,\text{V}$となる。したがって，コンデンサに蓄えられる電荷は，

$$\frac{5}{4} \times 8 \times 10^{-6} = 1.0 \times 10^{-5}\,\text{C}$$ ← $Q = CV$

ヒント

例題7－3との関連を考えましょう。同じように電位差をもとめて$Q = CV$の公式を使います。

No.11　**【正解】1**

（解法1）　コンデンサの並列接続の公式を考える

スイッチを①に接続すると，200μF のコンデンサに 10V で充電されるので，

$$Q = 200 \times 10 = 2000 \mu C$$

だけ充電される。他に電荷はないため，これが全電荷量である。次にスイッチを②に接続すると，200μF と 300μF のコンデンサが並列接続される。並列の場合，静電容量と電気量は比例関係にあるので，2000μC の電気量が 2:3 に分配される。つまり，300μF のコンデンサに，$2000 \times \frac{3}{2+3} = 1200 \mu C$ の電荷が充電されることになるので，求める電圧は，

$$V_{AB} = \frac{1200}{300} = 4\ \mathrm{V}$$

（解法2）　コンデンサの並列合成を考える

全電荷量を求めるまでは，解法1と同じである。スイッチを②に接続すると，2 つのコンデンサが並列に接続される。その合成容量は，

$$C = 200 + 300 = 500\ \mu F$$

ここに 2000μC の電気量が充電されているので，電圧は，

$$V_{AB} = \frac{2000}{500} = 4\ \mathrm{V}$$

例題７－７の解法と同じように連立方程式を立てることもできます。

No.12　**【正解】4**

コンデンサの上側の電極板が接続されると，全部で

$$3Q + 2Q + 2Q = 7Q$$

の電気量の電荷が充電されている。スイッチ S_1，S_2 を閉じると並列接続されるので，充電される電気量は静電容量に比例する。したがって，C と $2C$ と $4C$ の静電容量には 1：2：4 の電気量の電荷が充電される。これより，静電容量 C のコンデンサに充電される電気量は，

$$7Q \times \frac{1}{1+2+4} = Q$$

No.13 【正解】2

コンデンサの電荷量は,

$$Q = CV = CV_0 \sin \omega t$$

ここで，電荷は電流が流れた分蓄えられるので,

$$Q = \int_0^t I dt \qquad \therefore \quad \frac{dQ}{dt} = I$$

したがって，求める電流は,

$$I = \omega C V_0 \cos \omega t$$

No.14 【正解】1

リアクタンスとは，コンデンサやコイルの場合に，電圧と電流の比率を表すものである。交流電源の電圧を $v(t) = V_0 \sin(2\pi ft)$ とおくと，コンデンサに電源が並列に接続されているので,

$$Q(t) = Cv(t) = CV_0 \sin(2\pi ft)$$

ここで，電流が入ってきた分だけ電荷が蓄えられるので，電流を I とすると,

$$Q = \int I dt$$

これを時間で微分して,

$$I = \frac{dQ}{dt} = 2\pi f C V_0 \cos(2\pi ft)$$

リアクタンスは,

$$\left|\frac{V_0}{I}\right| = \frac{1}{2\pi f C}$$

また，リアクタンスが大きくなるほど電流は小さくなるが，上の式より f が小さくなるとリアクタンスが大きくなるので，電流は小さくなる。

ひとこと

リアクタンスについては，電気系以外の人は詳しく知らなくてよいでしょう。ここでは，コイルやコンデンサのインピーダンスのようなものと考えて構いません。

ひとこと

リアクタンスを覚えることもできますが，このようにして導く方が現実的ですね。

No.1 【正解】3

オイラーの定理より，

$$e^{i\pi} = \cos \pi + i \sin \pi = -1$$

したがって，

$$\sqrt{e^{i\pi}} = \sqrt{-1} = i$$

これより，$a = 0$，$b = 1$

ひとこと

実は答えは 1 つではありません。
$\sqrt{-1} = -i$ も正しいことは 2 乗してみればわかります。ただし，選択肢にはありませんね。

No.2 【正解】1

w^3 を計算する。

$$w^3 = (3 + 2i)^3$$
$$= 3^3 + 3 \cdot 3^2 \cdot (2i) + 3 \cdot 3 \cdot (2i)^2 + (2i)^3$$
$$= 27 + 54i - 36 - 8i = -9 + 46i$$

この絶対値をとって，

$$\sqrt{9^2 + 46^2} = \sqrt{2197} = \sqrt{13^3} = 13\sqrt{13}$$

ヒント

$|w| = \sqrt{3^2 + 2^2} = \sqrt{13}$
となるので，
$|w^3| = (\sqrt{13})^3 = 13\sqrt{13}$
と計算できます。

No.3 【正解】2

水面から栓の深さを h とすると，栓に加わる静水圧は $p = \rho gh$ となる。これに栓の断面積をかけると栓に加わる力になる。断面積は栓の直径を d として $\dfrac{\pi d^2}{4}$ なので，求める力 F は，

$$F = \frac{\pi d^2 \rho gh}{4}$$

となる。これを A から順に計算する。

$$\text{A}：F = \rho g \times 1 \times \frac{\pi 0.12^2}{4} = 3.6 \times 10^{-3} \times \pi\rho g$$

$$\text{B}：F = \rho g \times 2 \times \frac{\pi 0.06^2}{4} = 1.8 \times 10^{-3} \times \pi\rho g$$

$$\text{C}：F = \rho g \times 1.2 \times \frac{\pi 0.1^2}{4} = 3.0 \times 10^{-3} \times \pi\rho g$$

よって，大小関係は A ＞ C ＞ B

アドバイス

大小関係だけ分かればいいのですから，d^2h の部分だけ計算して大きさを比較してもいいですね。

No.4 【正解】3

U 字マノメータにおいては，同じ種類の液体でつながった部分では，同じ高さで同じ水圧である。これを利用して順番に水圧を計算していく。

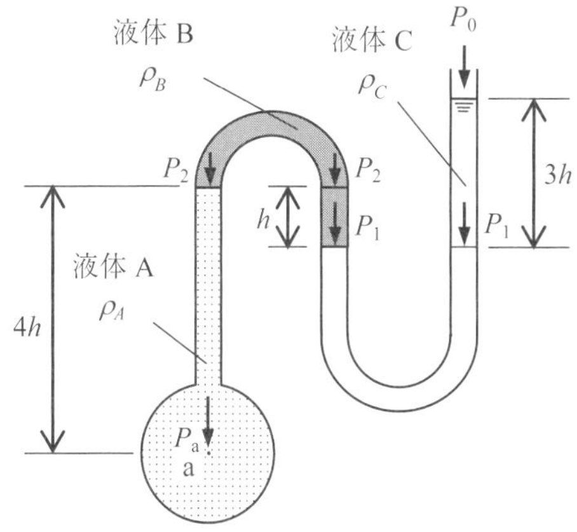

図の P_1 について，右側の管をみて，上に乗っている重さとして計算すると，

$$P_1 = P_0 + 3\rho_C gh$$

次に，図の P_2 について中央の管をみて，P_1 より高さ h の液体 B の分水圧が低いので，

$$P_2 = P_1 - \rho_B gh = P_0 + 3\rho_C gh - \rho_B gh$$

したがって，求める水圧は，

$$P_a = P_2 + 4\rho_A gh = P_0 + (4\rho_A - \rho_B + 3\rho_C)gh$$

No.5 【正解】5

氷全体の体積を V とする。氷にはたらく浮力は，沈んでいる部分の体積が $V-10$ と計算できるので，$1\times(V-10)$ であり，重力は $0.95V$ となる。

この 2 つの力はつり合っているので，

$$V - 10 = 0.95V \quad \therefore \quad V = 200 \text{ cm}^3$$

付章 その他の分野

No.6　【正解】5

A と B は水底に密着しているので，水からは下向きの水圧を受ける。そのため，A と B は円すいの重力より大きな力で引き上げる必要がある。一方，C は水で囲まれ，水圧の合力は浮力となるので，円すいの重力より小さい力でよい。水圧が深さに比例することも考えると，

$$F_C < F_A < F_B$$

No.7　【正解】3

アについて。30 年ごとに $\frac{1}{2}$ となるので，120 年では，これを 4 回繰り返して，$\left(\frac{1}{2}\right)^4 = \frac{1}{16}$ となる。

イ，ウについて，${}^{137}_{55}\mathrm{Cs}$ から ${}^{137m}_{56}\mathrm{Ba}$ の壊変では原子番号が 1 つ大きくなっているので，β 崩壊をしてベータ線をだしたことがわかる。次に ${}^{137m}_{56}\mathrm{Ba}$ から ${}^{137}_{56}\mathrm{Ba}$ の壊変では，原子番号も質量数も変わっていないため，エネルギーの流れであるガンマ線を出したことがわかる。

ひとこと

$\frac{1}{16} = \left(\frac{1}{2}\right)^4$ から 30 × 4 = 120 年と計算してもよいでしょう。

No.8　【正解】5

質量 m の物体がもつ核エネルギー E は，光速度を c として $E = mc^2$ で表される。いま，考えている核反応で質量は $2\times3.3436\times10^{-27} = 6.6872\times10^{-27}$ kg から $5.0064\times10^{-27} + 1.6749\times10^{-27} = 6.6813\times10^{-27}$ kg になっており，質量は，

$$(6.6872 - 6.6813)\times10^{-27} = 0.0059\times10^{-27} = 5.9\times10^{-30}\ \mathrm{kg}$$

だけ減少している。質量が減少したのは，その分核エネルギーが放出されたからである。その大きさは，

$$E = 5.9\times10^{-30}\times(3.0\times10^{8})^2 = 53.1\times10^{-14} = 5.31\times10^{-13}\mathrm{J}$$

次に，重水素原子核は正面衝突をしており，逆方向に同じ速さで運動しているため，最初に持っている運動量は全体で 0 となる。したがって，ヘリウム原子核の質量と速さをそれぞれ m_1，V_1，中性子の質量と速さをそれぞれ m_2 と V_2 とすると，

$$m_1V_1 = m_2V_2 \qquad \therefore \quad \frac{V_2}{V_1} = \frac{m_1}{m_2}$$

したがって，運動エネルギーの比は，

$$K_1 : K_2 = \frac{1}{2}m_1V_1^2 : \frac{1}{2}m_2V_2^2 = 1 : \frac{m_2}{m_1}\frac{V_2^2}{V_1^2} = 1 : \frac{m_2}{m_1}\frac{m_1^2}{m_2^2} = 1 : \frac{m_1}{m_2} = 1 : \frac{5.0064}{1.6749} = 1 : 3$$